新时代刑事法学
系列教材

总主编　刘艳红

U1014771

刑法总论案例研习

主　编　曾文科
撰稿人（以撰写章节先后为序）
曾文科　何　龙　蔡　燊　隗　佳
康子豪　杨绪峰　雷　昊　武晓雯
徐　然　耿佳宁　徐永伟　石亚淙

中国人民大学出版社
·北京·

总　序

2023 年 2 月中共中央办公厅、国务院办公厅联合印发《关于加强新时代法学教育和法学理论研究的意见》，对法学教育和法学研究提出了新的要求。法学教育和法学理论研究承担着为法治中国建设培养高素质法治人才、提供科学理论支撑的光荣使命，在推进全面依法治国进程中具有重要地位和作用。刑事法学作为传统法学学科，在新时代法学教育中具有重要地位。刑事法教学与研究需紧跟时代步伐，尤其在构建中国刑事法学自主知识体系的大背景下，不仅刑事法学的研究承担持续开拓、深挖原创性理论资源的重任，而且刑事法学的教学也肩挑有效转化、运用自主知识来培养下一代优秀刑事法治人才的重担。

中国政法大学刑事司法学院具有雄厚的教学与研究实力，在全国法学院校中具有重要的影响力及引领作用，在教学与研究领域均有着鲜明的特色。近年来，刑事司法学院更是积极推动“刑事一体化”发展战略，整合刑法学、刑事诉讼法学、侦查学、犯罪学、网络法学等专业方向，初步构建学科协同体系，树立刑事一体化学术品牌，在各方的关心与支持下，取得了一定成绩。在教学方面，刑事司法学院认真落实全国教育大会精神和《教育强国建设规划纲要（2024—2035 年）》的要求，结合服务国家重大战略的指导方针，以打造融合型人才为目标，着力深度完善课程体系和教材体系，高质量助力教育部高等学校法学国家教材建设重点研究基地建设、中国特色刑事法学教材体系构建。

在此背景下，中国政法大学刑事司法学院组织编写了“新时代刑事法学系列教材”。本套教材坚持马克思主义立场、观点、方法，并在教材内容中充分融入习近平法治思想，全面贯彻党的二十大和二十届二中、三中全会精神；邀请院内相关领域的资深教学与科研专家独立编写或担任主编，实现老、中、青结合，并适当吸纳其他法学院校的学者参与编写，特色鲜明地体现刑事一体化的教学优势。值得一提的是，这里所说的“刑事一体化”，不仅表现为本套教材内容上涵盖刑事法学科的各重要领域，而且实质地体现在每本教材中都融入了刑事法学科间的交叉切磋以推陈出新的一体化思考。这种刑事一体化风格的系列教材撰写，可以说是一次新颖且颇具价值的有益尝试。

本套教材拟首先出版 11 本，兼顾刑事法核心课程与大部分法学专业会开设的刑事法选修课程，向全国高校推广使用，以期能将中国政法大学刑事司法学院在教学研究中取得的最新成果与兄弟院校共享。与此同时，也诚挚地希望得到广大读者以及各使用单位的使用反馈，以便将来持续完善本套教材内容，从而更好地服务于我国刑事法学教育和理论研究的长远发展。

作为面向全国本科生乃至研究生的刑事法专业教材，本套教材的内容不仅基于通说展开详细阐述，而且适当关注前沿研究方向，在注重介绍基本概念、基本原理、基本制度的同时，与时俱进地展现本学科最新的理论研究和实践发展成果；在语言表述上力求简明，在结构框架上力求清晰。此外，众所周知，刑事法学科是实践性非常强的学科，理论联系实际一直是刑事法学科遵循的基本发展要求。因此，本套教材在保证理论水准的基础上，特别重视解决我国司法实践中出现的真问题、难问题，通过对疑难案例、司法实务规则等的细致分析、讲授来纾解教学中学生普遍产生的困惑，增强教材的可读性与实践性，提高学生的案例分析和实践技能，为学生将来走向刑事法相关工作岗位奠定扎实的学术基础。

承蒙中国人民大学出版社厚爱，给予本套教材宝贵的出版机会。我谨代表全体执笔人员一并深表谢意。

最后，呼吁对我国刑事法学发展感兴趣的广大读者朋友，共同加入推动刑事一体化发展的伟大进程。

中国政法大学刑事司法学院执行院长　王志远

2025 年 4 月 28 日

前 言

《刑法总论案例研习》一书是中国政法大学刑事司法学院组织编写的“新时代刑事法学系列教材”之一。受学院嘱托，我担任本书主编，不胜欣喜，也不胜惶恐。之所以欣喜，是因为这是我主编的第一本书；之所以惶恐，同样是因为这是我主编的第一本书。编写过程中我可谓战战兢兢、如履薄冰。

众所周知，对于刑法的学习而言，理论与案例二者不可偏废。全国几乎所有法学院系在开设刑法学总论、刑法学分论等基础理论课之外，都会配备案例研讨类课程作为刑法学方向的选修课。但是，刑法案例研讨类课程应当依托何种案例、采用何种方式展开研讨？研讨又应当达到何种深度、取得何种效果？因时代不同、授课理念不同、听课学生不同，对上述追问的回答或许会不断发生变化。也正是由于刑法案例研讨类课程的设计会因时因人而异，所以面对市面上已经存在大量刑法案例教材的现状，我仍然决定编写本书以适应新时代高素质法治人才培养的需要。为便于读者尽快了解本书，更好地利用本书，关于本书的编写我略作以下几点说明。

第一，本书贯彻落实中共中央办公厅、国务院办公厅印发的《关于加强新时代法学教育和法学理论研究的意见》，旨在通过细致分析我国司法实践中遇到的真实难题，深化学生对刑法总论中重要知识点的理解，展现相关理论学说在实际案例中的运用过程与论理方式。本书是尝试融合课程思政与专业学习的一次实践，通过/利用本书开展教学，既能增强学生对我国刑法学自主知识体系的文化自信，又能提高学生“学刑法、用刑法”的案例分析能力，还能为有志于进一步开展刑法理论研究的学生奠定扎实的学术研究基础。

第二，本书以法学高年级本科生与研究生为读者对象，以我国政法类院校的法学学生作为主要的预设读者。因此，本书既不是面向刑法学界的专门性案例研究著作（这类作品对大部分法学学生而言太过艰深，有时反而会浇灭初学者研究刑法的热情），也不是面向一般民众的普法性案例宣传读物（这类作品对大部分法学学生而言过于简单，有时反而会减弱初学者深思难题的动力）。作为一本高水平的刑法案例教材（至少本书的执笔者在编写过程中都一同朝着这个目标努力），本书将理论难度大体控制在以传统“五院四系”为代表的高水平法学院系的本科生认真阅读后大体能够理解的水平。本书每章大体按照一周 3 课时来设计（也可以按照每章中的各节分别对应一课时来把握），本书可作为

2～3 学分（按一学期 16 个教学周计算，则为 32 或 48 课时）的刑法案例研讨等选修课程的教材或刑法学总论等必修课程的学习参考资料。

第三，本书没有采用时下较为热门的鉴定式案例分析方法，而是采用了争点式案例分析方法来撰写。争点式案例分析方法不仅在日本等大陆法系国家以“判例百选”等面貌被广泛运用在法学人才培养过程中，而且在我国为以《刑事审判参考》等为代表的诸多刊物所采用，为我国刑法研究者所熟知，且长期被用于法学教学。较之于鉴定式案例分析方法，争点式案例分析方法在刑法基础知识、基本原理方面对学生提出了更高的要求，试图培养学生熟悉理论学说并能在个案中迅速识别出争议焦点的能力，而不是依循固定模板按套路逐一检索犯罪的各个成立条件。当然不可否认，鉴定式案例分析方法的确有助于从零开始培养学生分析案例的良好习惯，有助于防止遗漏对重要问题的讨论。案例分析方法本无对错之分，但无论对于刑事司法实践而言，还是对于高素质法学人才培养而言，最终的落脚点都在于提升对案件争点的发现归纳能力与说理解决能力。因此，本书仍然决定依托争点式案例分析方法直奔提升案例分析能力这一目标，通过对典型案件或者疑难案件的绵密分析，让学生理解何为争点，学习归纳争点的方法，掌握围绕争点展开学理分析、符合逻辑地推导出合目的的结论并最终形成文字表达出来的综合技能。

第四，本书共 12 章，涉及刑法学总论课程学习过程中几乎所有的重点难点。尤其是，本书不限于以往备受学界关注的犯罪构成理论问题，对单位犯罪、罪数论、刑罚论等以往案例教材中作省略处理的部分予以了同等关注。作为本书研习对象的主案例均为我国司法实践中真实发生的案例，如最高人民法院、最高人民检察院发布的指导性案例，刊登在《最高人民法院公报》《刑事审判参考》等出版物上确有学术研讨价值的重要案例等。此外，针对每章的主题，特意组织了相关领域有深入研究的青年学者执笔撰写，在确保各部分内容的准确性的基础上，兼顾了国内外在相关问题上的最新见解与发展趋势，由浅入深，循序渐进。而且，执笔人员都是长期活跃在刑法学教学一线的教师，对学生的困惑感受最深，与学生的沟通也更为顺畅，能够在每章的讨论主题下有针对性地选择值得讨论的案件以及对刑法初学者来说必须掌握的关键问题，运用更贴近学生思维的表达方式让分析案例、处理争点的技巧能够入脑入心。

本书各章执笔人员分工如下，由我负责统稿：

第一章因果关系与结果归属——曾文科（中国政法大学副教授）；

第二章不作为犯——何龙（中国政法大学副教授）；

第三章正当防卫——蔡桑（北京林业大学讲师）；

第四章紧急避险——隗佳（南开大学副教授）；

第五章故意与认识错误——康子豪（中国政法大学讲师）；

第六章过失犯——杨绪峰（中国政法大学副教授）；

第七章犯罪未完成形态——雷昊（上海师范大学讲师）；

第八章正犯与共犯——武晓雯（中共中央党校副教授）；

第九章特殊的共同犯罪——徐然（中国政法大学副教授）；

第十章单位犯罪——耿佳宁（中国政法大学副教授）；

第十一章罪数论——徐永伟（中国政法大学讲师）；

第十二章刑罚论——石亚淙（中国政法大学讲师）。

最后，承蒙中国人民大学出版社厚爱，给予了本书宝贵的出版机会。若非如此，这本令我既欣喜又惶恐的书恐怕无法如此迅速面世。另外，我指导的硕士研究生刘丁玲、杨崴、马昕彧、粟志杰、周泽伊、邵亚雅，协助我完成了本书的文字修改、体例调整、资料核实等工作。在此，对关心本书、促成本书，以及愿意选择本书、阅读本书的各位朋友，我谨代表全体执笔人员一并深表谢意。愿翻开本书的读者都能从中领略到研习刑法案例的些许乐趣。

曾文科

2025年4月3日

目 录

第一章 因果关系与结果归属

知识点概述

刑法中的因果关系是实行行为与具体结果之间的一种客观的引起与被引起的联系。需要特别判断因果关系的，主要是杀人、伤害、毁坏财物等缺乏实行行为定型性的实害犯案件。

首先，因果关系具有客观性。此即因果关系的认定不受主观认识的影响，不能离开行为时存在的客观条件认定因果关系。[①] 行为人或一般人能否料想到某个行为可能导致该种危害结果，对因果关系的有无不造成任何影响。尤其注意，客观存在的被害人的特殊体质等应作为判断资料。例如，甲与素不相识的崔某发生口角，推了他肩部一下，踢了他屁股一脚。崔某忽觉胸部不适，继而倒地，在医院就医时死亡。经鉴定，崔某因患冠状粥样硬化性心脏病，致急性心力衰竭死亡。无论甲或一般人是否能预见到崔某有特殊体质，甲的行为与崔某死亡结果之间有因果关系，这是客观事实。在得出甲的行为与崔某死亡之间有因果关系之后，甲具备了成立犯罪的不法要件，但由于甲不能预见到崔某会因自己的行为死亡，欠缺故意和过失，不满足责任要件，所以甲最终不成立犯罪。

其次，因果关系中的原因，是指类型化的正犯的实行行为。如果行为本身不具有法益侵害的危险，甚至减少了法益侵害的危险，就不是实行行为，其与结果之间的关系就不是刑法上的因果关系。例如，杀人犯的母亲将杀人犯生下来的行为，由于不属于刑法中的实行行为，所以不用判断该行为与被杀人犯所杀害的被害人的死亡之间是否具有因果关系，即可排除犯罪的成立。又如，乙正瞄准丙的头部准备开枪时，甲推了丙一下，致使丙肩部中弹。甲的行为减少了乙对丙的侵害，并非伤害的实行行为，甲不构成犯罪。此外，教唆行为、帮助行为等共犯行为与结果之间的因果关系不需要达到正犯的程度。反过来说，如果某个参与犯罪的人其行为达到了认定因果关系的标准，那么该人可以称得上是正犯，而非狭义的共犯。

再次，因果关系中的"结果"是具体的法益侵害结果。尤其是在致人死亡的案件中，需要明确具体死因。例如，甲给乙服下 6 小时后生效的毒药，3 小时后丙举枪将乙射死。

① 高铭暄，马克昌. 刑法学. 10 版. 北京：北京大学出版社，2022：74.

虽然乙的死亡是甲所期盼的结果，但本案中需要将结果具体描述为“因枪击而死”。因此，与该具体结果之间存在因果关系的不是甲的下毒行为，而是丙的射击行为。所以，甲成立故意杀人罪未遂（因为甲实施了具有致人死亡高度危险的行为，已经着手杀人了），丙成立故意杀人罪既遂。

最后，因果关系既不是构成犯罪的充分条件，也不是构成犯罪的必要条件。不能以最终是否构成犯罪来反推是否存在因果关系。一方面，肯定因果关系，只是满足了成立犯罪的一个要件而已，并不意味着犯罪即告成立。例如，甲敲击乙的头部，但甲没想到乙的脑中有颗毒瘤，毒瘤因甲的敲击破裂导致乙死亡。即便认定甲的敲击行为与乙的死亡结果之间存在因果关系，也并不意味着甲构成犯罪。如果甲对死亡结果完全没有预见可能性，那么只能作为意外事件处理。此时是在肯定存在因果关系之后，通过否定故意、过失来排除犯罪的成立。另一方面，否定因果关系，也不意味着不成立犯罪，只意味着不成立犯罪既遂，仍有成立犯罪未遂的余地。因果关系解决的是能否将出现的侵害结果归属于行为（既遂犯）的问题，并不解决行为是否具有造成侵害结果的紧迫危险（未遂犯）的问题。当否定因果关系，即不将结果归属于行为时，不能认为犯罪已经既遂；但当行为具有造成侵害结果的紧迫危险时，仍然可以说已经着手实行犯罪，可成立犯罪未遂。

关于因果关系的判断，存在诸多理论。条件说（等价说）认为，当实行行为与侵害结果之间存在“非 P 则非 Q”的关系时，就存在因果关系。换言之，当能确定没有实行行为，就没有侵害结果时，可以肯定二者之间具有因果关系。可是，若彻底贯彻条件说，会得出杀人犯的母亲将杀人犯生下来的行为也与被害人的死亡之间存在因果关系这一看上去不合理的结论。于是出现了各种试图以条件说为基础，进而在具有条件关系的行为中划定妥当的结果归属范围的因果关系理论。简言之，这些因果关系理论呈现为“条件说＋α”的形式。其中较为重要的有相当因果关系说①、危险现实化理论②以及客观归责理论。③

刑法理论上使用“因果关系”一词时，常有广义与狭义之分。④ 狭义的因果关系是基于存在论的事实判断（如“非 P 则非 Q”这样的条件关系的判断），而广义的因果关系则包括了狭义的因果关系与结果归属的内容，并非单纯的事实判断。结果归属是基于刑法目的的规范判断（如某行为引起某结果是否具有“经验上的通常性”的判断）。所以，认定广义的因果关系，要以狭义的因果关系为基础，最终需要规范地解决能否将发生的结果归属于某行为的问题。简言之，必须先进行事实判断，再进行规范判断。本书在广义上使用“因果关系”这一用语，基本上采用相当因果关系理论，但吸收危险现实化理

---

① 邹兵建. 论相当因果关系说的三种形态. 清华法学，2019（4）；李冠煜. 我国刑法因果关系论宜采取修正的相当因果关系说. 政治与法律，2017（2）；等等。

② 黎宏. 刑法因果关系论考察. 清华法学，2022（3）；黎宏. 因果关系错误问题及其应对：以行为危险现实化的再阐释为中心. 法学研究，2022（1）；蒋太珂. 危险现实化评价的类型构造. 中外法学，2020（2）；马春晓. 危险现实化与结果归属. 国家检察官学院学报，2020（6）；等等。

③ 陈兴良. 从归因到归责：客观归责理论研究. 法学研究，2006（2）；周光权. 行为无价值论与客观归责理论. 清华法学，2015（1）；孙运梁. 客观归责论在我国的本土化：立场选择与规则适用. 法学，2019（5）；等等。

④ 张明楷. 也谈客观归责理论：兼与周光权、刘艳红教授商榷. 中外法学，2013（2）：308-309.

论与客观归责理论中的诸多有益的判断规则，主张认定因果关系时，应当在确认具有（1）条件关系后，再判断（2）相当性，从而决定将出现的具体结果看作是哪个行为的"作品"（所谓的结果归属）。以下根据结果归属的标准宽严不同，区分一般的结果归属判断、严格的结果归属判断以及缓和的结果归属判断，通过实例分别展开论述与分析。

第一节　一般的结果归属判断

案例 1-1　董某某等人污染环境案[①]

（一）案情介绍

2015 年 2 月，被告人董某某将应由河北省黄骅市某化工有限公司处置的废碱液交由没有资质的被告人刘某 1 处置。后刘某 1 联系被告人刘某 2 租用被告人李某 1 停车场场地，挖设隐蔽排污管道，连接到河北省某县城市下水管网，用于排放废碱液。2015 年 2 月至 5 月，董某某雇佣被告人石某某等，将 2 816.84 吨废碱液排放至挖设的排污管道，并经案涉暗道流入该县城市下水管网。同时，从 2015 年 3 月起，被告人高某某等明知被告人娄某无废盐酸处置资质，将回收的废盐酸交由娄某处置。娄某又将废盐酸交由无资质的被告人张某等人处置。张某、段某某等人又联系李某 1，商定在其停车场内经案涉暗道排放废盐酸。2015 年 5 月 16、17 日，石某某等人经案涉暗道排放 100 余吨废碱液至城市下水管网。同月 18 日上午，张某等人将 30 余吨废盐酸排放至案涉暗道。下午 1 时许，停车场及周边下水道大量废水外溢，并产生大量硫化氢气体，致停车场西侧经营饭店的被害人李某 2 被熏倒，经抢救无效死亡。经鉴定，本案废碱液与废盐酸结合会产生硫化氢，并以气体形式逸出；李某 2 系因硫化氢中毒死亡。

（二）裁判经过

河北省蠡县人民法院一审认为，案涉废碱液、废盐酸均被列入《国家危险废物名录》，属危险废物。被告人董某某等违反国家规定，非法处置、排放有毒物质，严重污染环境。其行为均已构成污染环境罪。董某某等人非法排放废碱液，娄某等人非法排放废盐酸，均对李某 2 硫化氢中毒死亡这一结果的发生起到了决定性的作用，应对李某 2 的死亡结果承担刑事责任。根据各被告人的犯罪事实、情节和社会危害性，一审法院判决被告人董某某等犯污染环境罪，判处有期徒刑 7 年至 2 年不等，并处罚金。河北省保定市中级人民法院二审对一审刑事判决部分予以维持。

---

① 2019 年 3 月 2 日《最高人民法院发布 10 起生态环境保护典型案例》之一，《刑事审判参考》2021 年总第 130 辑第 1463 号案例，河北省保定市中级人民法院（2017）冀 06 刑终 202 号刑事附带民事判决书.

（三）争点整理

分别实施的排污行为单独不能导致死亡，但发生化学反应造成他人死亡时，各排污行为与该死亡后果之间是否存在因果关系？

（四）案例分析

董某某等人排放废碱液的行为与娄某等人排放废盐酸的行为之间不存在意思联络，故不能根据“部分行为、全部责任”等原理，追究各被告人共同犯罪的刑事责任。既然不是共同犯罪，那么就应当分别考察因果关系。本案中被害人的死亡是两种物质产生化学反应后生成的硫化氢气体所导致的，所以董某某等人排放废碱液的行为和娄某等人排放废盐酸的行为，单独来看均不能导致被害人死亡结果的发生。但是，某行为单独来看不能导致结果的发生，并不意味着该行为与结果之间就当然地不存在刑法上的因果关系。刑法上因果关系的有无，要经过规范的检验过程才能得出合理的结论。

本书主张采取以下步骤判断因果关系：

第一步，判断行为与结果之间是否存在条件关系。条件关系的判断标准是看实行行为与具体结果之间是否存在“非 P 则非 Q”的关系。在作为犯的场合，当不实施该作为就不会出现侵害结果时，可以肯定作为与结果之间具有条件关系。而在不作为犯的场合，行为人如果履行自己的作为义务就能够防止犯罪结果发生，因不履行该作为义务而致该结果发生的，可以认定条件关系。倘若不满足条件关系，即没有行为时结果也会出现，则说明不存在结果回避可能性。换言之，条件关系以具有结果回避可能性为前提。本案中，若仅除去董某某等人的行为，或娄某等人的行为，则均不会导致化学反应并产生致被害人死亡的硫化氢气体，这说明二人的排污行为均与死亡结果之间存在条件关系。像这样，“两个以上相互独立的行为，单独不能导致结果的发生，但在没有意思联络的情况下，合并在一起后导致了结果的发生”，理论上称为重叠的因果关系。[①] 本案判决中提道，“董某某等人非法排放废碱液，娄某等人非法排放废盐酸，均对李某 2 硫化氢中毒死亡这一结果的发生起到了决定性的作用”。这里所说的“决定性的作用”，表达的正是“非 P 则非 Q”意义上的条件关系。

第二步，在具有条件关系的前提下，判断行为造成结果是否具有经验上的通常性（或者说相当性）。如果行为与结果之间存在条件关系，且二者之间不存在介入因素，那么行为与结果之间就具有因果关系。只有当出现介入因素时，才有必要进一步判断介入因素是否因其异常性等起到否定因果关系的作用。具体到本案中，则需要判断行为一，即 2015 年 5 月 16、17 日，石某某等人经案涉暗道排放 100 余吨废碱液至城市下水管网，与行为二，即同月 18 日上午，张某等人将 30 余吨废盐酸排放至案涉暗道，这两个独立的排污行为是否互相构成介入因素。所谓介入因素，是指需要判断有无因果关系的行为（以下简称“原行为”）开始产生影响后才出现的因素。因此，诸如被害人的特

---

① 周光权. 刑法总论. 4 版. 北京：中国人民大学出版社，2021：120. 但值得注意的是，作为前提，各行为仍然具有导致结果发生的危险。换言之，是在各行为具有相应犯罪的实行行为性的基础上才讨论重叠的因果关系问题。

殊体质等（如脑部肿瘤、心脏疾病、白血病等），在开始实施原行为之前就存在的事项，当然不属于介入因素。① 尤其需要注意，对因果关系的判断而言，重要的其实并非原行为与介入因素事实上出现时点的先后，而是介入因素是否在原行为开始产生作用之后才对因果流程产生影响。虽然行为一事实上出现在行为二之前，但直到两种物质开始产生化学反应时，两个行为才说得上开始对结果的发生产生影响。因此，站在产生化学作用的时点来看，两个行为其实不分先后，换言之，并不能相互构成介入因素。既然如此，那么本案实际上属于两行为均与死亡结果之间具有条件关系，且不存在介入因素的情形，故能够将被害人的死亡结果归属于两个独立的排污行为。

案例 1－2　刘香某过失致人死亡案②

（一）案情介绍

2015 年 5 月 6 日，被害人汪某（女，殁年 24 岁）在被告人刘香某所经营的北京市大兴区甲美容有限公司实施吸脂手术，过程中被害人汪某因注射麻醉药物而感不适。被告人刘香某与其朋友王某某等人（被告人王某某已被法院以伪证罪作出判决）将被害人汪某送往北京市乙医院（位于北京市大兴区）治疗，后汪某因病情严重，被转入重症监护室治疗。5 月 8 日 16 时许，被告人刘香某不顾医务人员的病危劝告，冒充被害人汪某的姐姐，在医院的“病危病重通知书”“自动出院或转院告知书”上签字，强行将被害人汪某接出医院，并用私家车将其送回被害人汪某的暂住地（被害人汪某对此未予反对），导致被害人汪某未得到及时医治。同日 22 时许，由于病情严重，被害人汪某联系王某某，王某某与被告人刘香某取得联系后，将被害人汪某先后送往丙医院、丁医院（位于北京市海淀区）进行救治，被害人汪某未及时如实告知医生自己的致病原因及前期治疗经过。后被害人汪某于次日 16 时许在丁医院死亡。经鉴定，被害人汪某系急性药物中毒导致多器官功能衰竭死亡。在本案审理期间，被告人刘香某在家属帮助下赔偿被害人汪某家属人民币 70 万元整。

（二）裁判经过

北京市海淀区人民法院经审理认为，被告人刘香某在自己经营的美容机构内对被害人汪某实施吸脂手术，向被害人汪某体内注射利多卡因等药物，导致被害人汪某急性药物中毒，后将汪某送至医院进行救治时，又不顾医生劝阻强行将被害人汪某接出医院，导致被害人汪某因药物中毒未及时获得有效医治而死亡，其行为已构成过失致人死亡罪，应予惩处。

影响被告人量刑的因素可以分为罪前、罪中和罪后三类。在罪前因素中，被告人刘

① 除了不能把被害人的特殊体质作为异常的介入因素，从而否定因果关系，还如前所述，条件关系的判断是纯客观的事实判断，即使被害人的特殊体质不被行为人、被害人乃至一般人所认识，甚至不具有预见可能性，也不影响条件关系的判断。

② 北京市海淀区人民法院（2018）京 0108 刑初 1789 号刑事判决书.

香某无犯罪前科，系初犯。在罪中因素中，本案的吸脂手术本质上是对注意义务具有较高要求的专业行为，虽然不能认定被告人刘香某构成非法行医罪，但不可否认该涉案行为与违反一般注意义务行为之间存在差别，即在量刑时应酌情予以考虑被告人的过失程度，同时也应考虑被害人在丙医院及丁医院对医生隐瞒了在乙医院接受治疗的情况，因而在一定程度上不利于医生及时开展更为有效的治疗这一事实。在罪后因素中，被告人刘香某迄今拒不供认被害人汪某在其美容院内注射涉案药物的事实，且在侦查阶段拒不如实供述，误导侦查方向。被告人刘香某当庭虽认罪，但并无积极诚恳之悔罪态度。考虑到其在家属帮助下，赔偿被害人汪某的家属人民币 70 万元，被害人家属对其表示谅解，本院对被告人刘香某酌情予以从轻处罚。最终认定被告人刘香某犯过失致人死亡罪，判处有期徒刑 4 年。

（三）争点整理

被害人不反对被告人将其从医院接出，并在再次入院后隐瞒致病原因及前期治疗经过，这些行为能否阻断被告人实施吸脂手术等行为与死亡结果之间的因果关系？

（四）案例分析

本案涉及的罪名是过失致人死亡罪。从我国《刑法》分则的规定来看，过失犯罪都是实害犯，必须造成严重后果才予以处罚。这主要是考虑到比起故意犯罪，过失犯罪的非难可能性更小，因此需要具有较大的违法性，如造成死亡、重伤或重大财产损失等严重后果，才值得动用刑罚进行处罚。虽然《刑法》总则中对犯罪预备、犯罪未遂和犯罪中止等犯罪未完成形态作出了概括性规定，但刑法理论一致认为过失犯罪不处罚未完成形态。[①] 这也是因为在过失犯罪的未完成形态中，并没有出现严重后果，不具备进行刑事处罚的严重违法性。

此外，过失致人死亡罪的实行行为定型性较弱，因此除了要考虑是否存在违反注意义务的过失行为，以及是否对死亡结果具有预见可能性，还需要重点考虑过失行为与死亡结果之间是否存在因果关系。本案中，倘若不能认定被告人（1）向被害人体内注射利多卡因等药物，导致被害人汪某急性药物中毒，以及（2）不顾医生劝阻强行将被害人汪某接出医院等一系列行为（以下简称“本案行为”），与被害人死亡之间的因果关系，那么应当认定被告人无罪。反之，倘若能够认定因果关系，那么如本案判决所示，被告人将承受 4 年的有期徒刑。可见，本案中因果关系的有无，对被告人人身自由的影响不可谓不大。

根据本书提出的因果关系判断步骤，第一步，倘若（1）被告人没有向被害人体内注射利多卡因等药物，又或者（2）被告人没有不顾医生劝阻强行将被害人汪某接出乙医院，那么不会出现“2015 年 5 月 9 日 16 时许被害人急性药物中毒导致多器官功能衰竭死于丁医院”这一具体的构成要件结果。所以，被告人的行为与被害人的死亡结果之间存在条件关系，应无异议。接下来第二步，要考虑本案行为与死亡结果之间是否存在介入

---

① 对于间接故意犯罪是否处罚未完成形态存在争议，参见付立庆. 刑法总论. 北京：法律出版社，2020：270 - 271。

因素。介入因素既可能是被害人的行为，也可能是第三人的行为或自然力，甚至有可能是行为人的其他行为，但都必须是本案行为开始产生影响后才出现的因素。本案中，被害人（1）没有反对被告人将其从乙医院接出，并且（2）被送至丙医院、丁医院接受治疗时，隐瞒了致病原因及前期治疗经过。被害人的这两个行为成为介于本案行为与死亡结果之间的因素。存在介入因素时应当根据以下规则判断其对因果关系的影响：

规则一，如果行为对最终结果的贡献极大（如已经造成了致命伤等），那么即便在最终结果（如死亡）发生前存在介入因素，也不阻断行为与结果之间的因果关系。

规则二，如果行为只是开启了导向最终结果的因果流程，只有导致结果发生的一般危险，那么当介入因素异常时，阻断行为与结果之间的因果关系；当介入因素不异常时，行为与结果之间仍然具有因果关系。介入因素异常与否，根据社会一般生活经验判断即可。

规则三，无论介入因素是否阻断原行为与结果之间的因果关系，都不影响独立判断介入因素本身是否与结果之间存在因果关系。换言之，完全可能存在多因一果的情形，即多个人的多个行为都与同一个结果存在因果关系。

本案中，被害人系急性药物中毒导致多器官功能衰竭死亡，这里所说的急性药物正是被告人向被害人体内注射的利多卡因等药物。所以根据上述规则一，当被告人的本案行为对死因的作用极大时，或者说本案行为中所蕴含的致死危险直接在本案结果中得以现实化时，那么不用考虑介入因素的异常性，可直接将死亡结果归属于本案行为。因此，虽然本案介入了被害人的行为，且关于这些行为是否具有异常性或者说不具有社会生活经验上的通常性可能未必能有完全一致的结论，但处理本案时既然不是根据规则二，那么被害人行为的异常性有无及其大小并不会左右本案中因果关系的判断。即便认为被害人的行为也是导致结果发生的原因，那么根据规则三，也应当认为本案其实属于多因一果的情形，并不因为介入因素与结果之间存在因果关系，就能够否定本案行为与结果之间的因果关系。因此，如本案法院所指出的，被害人的行为的确“在一定程度上不利于医生及时开展更为有效的治疗”，应当在量刑时考虑该事实，但前提仍然是认定被害人的行为未能阻断本案被告人行为与被害人死亡之间的因果关系。

案例 1-3　李某 1 故意伤害案[①]

（一）案情介绍

2011 年 12 月 27 日 17 时许，李某 1 怀疑其医疗站牌子被本村村民李某 2 损坏（本案死者）。李某 1 遂在李某 2 家地坝中打李某 2 一耳光，并抓住李某 2 的衣服将其仰面摔倒在地，并乱踢李某 2 的身体。李某 2 被打后站起来，李某 1 再次踢李某 2，致李某 2 仰面倒地。后李某 1 继续踢李某 2，被群众劝开。约一小时后李某 2 到邻居牟某某家吃了晚饭即回家。2011 年 12 月 28 日 17 时许，李某 2 被文某某发现死于李某 2 家的楼梯口处，尸

① 重庆市高级人民法院（2014）渝高法刑终第 00070 号刑事裁定书.

体呈仰卧状。经鉴定，李某2系颅脑损伤死亡。

重庆市人民检察院第二分院以被告人李某1犯故意伤害罪，向重庆市第二中级人民法院提起公诉。被告人李某1及其辩护人提出，公诉机关出示的证据不能证明李某2的死亡结果与李某1实施的行为具有因果关系，不能排除李某2因自身原因或者其他因素的介入造成颅脑损伤死亡的可能性，应判决李某1无罪。

（二）裁判经过

重庆市第二中级人民法院认为：首先，现有证据不能证明李某2颅脑损伤形成的具体时间，亦不能确定李某2颅内出血直至失去意识的时间。其次，根据现场照片和证人证实，李某2被李某1殴打时仰面倒在泥巴地上，泥巴地上有凹凸不平的小石头；死亡现场照片显示尸体头部左下方有半块沙砖，头部下方的地面欠平整且杂乱。在两处现场李某2均有仰面倒地，打架现场和尸体仰卧处同为地面，李某2的颅脑损伤既有可能是被李某1殴打后倒地时形成，也有可能是李某2在自家楼梯口处因其他原因倒地时形成。最后，自2011年12月27日20时左右李某2离开牟某某家后至2011年12月28日17时左右文某某发现李某2尸体时止，在20余小时的时间内，李某2是否接触其他人，其活动范围和具体状况均无确凿证据证明，尚有多种因素可能单独作用或者共同作用引起李某2死亡结果的发生，不能排除李某2因其他原因再次受伤的可能性。根据公诉机关举示的证据不能得出李某1殴打李某2的行为是造成李某2死亡的唯一结论，不能证明李某2的死亡结果与李某1的侵害行为具有刑法意义上的因果关系。公诉机关指控李某1犯故意伤害罪的证据不足，指控的犯罪不能成立。重庆市二中院依法判决被告人李某1无罪。

一审判决后，重庆市人民检察院第二分院提出抗诉。重庆市高级人民法院经公开开庭审理后认为：现有证据能够证实2011年12月27日17时许，原审被告人李某1殴打李某2。次日17时许，李某2被发现仰面倒地死于家中楼梯口处。经鉴定，李某2系颅脑损伤死亡。但是现有证据尚不能确实、充分地证明李某1的殴打行为与李某2死亡结果具有刑法上的因果关系。具体理由如下：（1）现有证据不能证实李某1的殴打行为必然造成了李某2的颅脑损伤。李某2被打后无明显颅脑损伤伤痕，亦未送医检查，且证人牟某某证实在李某2被殴打后在他家吃晚饭，并未提及头痛及头晕症状。（2）现有证据不能排除其他原因造成李某2颅脑损伤的可能性。1）杨某等证人证实，李某2在2011年12月27日中午饮酒后躺在路边，处于半昏迷状态，身上有泥巴，不能排除李某2酒后摔倒致颅脑损伤的可能性。2）李某2尸体头部下方有半块砂砖，不能排除其在家中摔倒造成颅脑损伤的可能性。3）李某2于2011年12月27日20时许离开牟某某家至28日17时许被发现死于家的楼梯口处，时间间隔长达20多小时，无充分的证据能够排除李某2被第三人伤害或自己倒地受伤造成颅脑损伤的可能性。

重庆市高级人民法院认为，公诉机关举示的证据不能形成完整、排他的证据锁链证实李某1的殴打行为与被害人李某2的死亡结果具有刑法上的因果关系，裁定驳回抗诉，维持原判。

（三）争点整理

对被告人的行为与被害人的死亡结果之间的条件关系，以及介入因素的存否与其影响力存在合理怀疑时，如何影响因果关系的判断？

（四）案例分析

关于因果关系是否属于独立的构成要件要素，理论上存在争议。如果认为构成要件具有故意规制机能，而因果关系错误（至少狭义的因果关系错误）又不影响故意的判断，那么不把因果关系作为独立的构成要件要素来看待，在逻辑上似乎更加通畅。倘若认为因果关系是独立的构成要件要素，那么在具体案件中，无疑应当以排除合理怀疑的标准认定因果关系的存在。即便认为因果关系不是独立的构成要件要素，也需要认识到，因果关系的有无实际上关系到能否在同一案件中同时认定存在行为与结果要素。如果不能认定因果关系，那么现实中出现的死伤等结果就不能被认定为案件中行为所导致的结果，换言之，案件中的实害结果这一要素就不能得到证明。因此，因果关系无论是作为独立的构成要件要素，还是作为具体案件中同时存在行为与结果的思考过程，都必须采用与其他构成犯罪的要素同等的证明标准，即“事实认定清楚，证据确实充分”，或者说达到排除合理怀疑的程度。

如前所述，判断因果关系时，除了要求行为与结果之间存在条件关系，还需要判断介入因素的有无及其通常性程度。当被告人的行为对结果的发生没有产生极大的作用，且介入因素具有异常性时，应否定被告人行为与结果之间的因果关系。在与介入因素有关的场合，所谓因果关系的证明需要达到排除合理怀疑的程度，意味着需要排除合理怀疑地证明以下三种情形之一：情形一，即具体案件中并不存在真正意义上的介入因素。情形二，即虽然存在介入因素，但被告人的行为对结果的发生作出了巨大贡献。情形三，即虽然存在介入因素，但介入因素的出现具有社会生活经验上的通常性。

本案即属于在因果关系的事实认定上存疑的案件。如一审法院指出的，“现有证据不能证明李某 2 颅脑损伤形成的具体时间，亦不能确定李某 2 颅内出血直至失去意识的时间”，“李某 2 的颅脑损伤既有可能是被李某 1 殴打后倒地时形成，也有可能是李某 2 在自家楼梯口处因其他原因倒地时形成”。这说明，在条件关系的判断上无法排除合理怀疑地证明“没有被告人的殴打行为”就“不会出现被害人颅脑损伤致死的后果”。连条件关系都无法证明时，直接就可以否定因果关系，没有必要进入介入因素异常性的判断。

即使被告人的殴打行为与其他因素共同引起了被害人颅脑损伤，即假定被告人的殴打行为与死亡结果之间存在条件关系，也无法排除合理怀疑地证明上述三种情形之一。

第一，一审法院与二审法院均指出，从被告人结束殴打行为到被害人死亡之间，时间跨度较大，现有证据不能排除被害人因其他原因（即介入因素）再次受伤的可能性。换言之，本案中完全可能存在介入因素，因此不符合情形一。

第二，二审法院指出，“现有证据不能证实李某 1 的殴打行为必然造成了李某 2 的颅脑损伤。李某 2 被打后无明显颅脑损伤伤痕，亦未送医检查，且证人文某某证实在李某 2 被殴打后在他家吃晚饭，并未提及头痛及头晕症状”。这反映出，在被告人的殴打行为之后，被害人体态上并无太大变化，无法证明是被告人的行为导致了被害人的致命伤，即无法证明其对死亡结果作出了巨大贡献，因此不符合情形二。

第三，一审、二审法院均指出，现有证据不能排除被害人“酒后摔倒致颅脑损伤”“在家中摔倒造成颅脑损伤（尸体头部下方有半块砂砖）”“被第三人伤害或自己倒地受伤”等多种因素单独作用致死的可能性。而在被告人实施殴打行为当时，一般人无法凭借日常生活经验预料到这些情形的出现。换言之，介入因素超出经验上的通常性而具有异常性的概率很大，因此不符合情形三。

判断因果关系时，无论是第一步（条件关系）还是第二步（介入因素的相当性）均不能排除合理怀疑时，都不能将结果归属于被告人的行为。本案在两个步骤上均无法排除合理怀疑，所以更加不能认定被告人的殴打行为与被害人的死亡结果之间存在因果关系。

第二节　严格的结果归属判断

案例 1－4　赵某等故意伤害案[1]

（一）案情介绍

被告人赵某与马某曾经有矛盾，案发前赵某听说马某扬言要把自己砍掉，决定先下手为强。2003 年 8 月 14 日晚 7 时许，被告人赵某在汉川城区欢乐商城得知马某在紫云街出现后，邀约被告人李某及韩某甲、韩某 1、韩某乙、汪某、谢某（均另案处理）前往帮忙，并在一租住处拿一尺多长的砍刀 7 把，一行人乘“面的”到紫云街。在车上被告人赵某发给每人砍刀一把，车行至紫云街看见马某正在街上同人闲聊，被告人赵某等人下车持刀向马某逼近，距离马某四五米时被马某发现，马某见势不妙立即朝街西头向涵闸河堤奔跑，被告人赵某持刀带头追赶，被告人李某及韩某甲、韩某 1、韩某乙、汪某跟随追赶。被告人赵某一行人追赶 40 余米后，马某从河堤上跳到堤下的水泥台阶上，摔倒在地后又爬起来扑到河里，并且往河心游。被告人赵某等人看马某游了几下，因为怕警察来，就一起跑到附近棉花田里躲藏。等了半小时未见警察来，被告人等逃离现场。同年 8 月 16 日马某尸体在涵闸河内被发现。经法医鉴定，马某系溺水死亡。

（二）裁判经过

湖北省汉川市人民法院认为：被告人赵某、李某等为报复被害人，主观上有伤害他人身体的故意，客观上实施了持刀追赶他人的行为，并致被害人死亡后果的发生，其行为均已构成故意伤害（致人死亡）罪。被害人被逼跳水的行为是被告人等拿刀追赶所致，

---

① 《刑事审判参考》2007 年总第 55 辑第 434 号案例.

被害人跳水后死亡与被告人的行为有法律上的因果关系，即使被告人对被害人的死亡结果是出于过失，但鉴于事先被告人等已有伤害故意和行为，根据主客观相一致原则，亦应认定构成故意伤害（致人死亡）罪。被告人李某明知被告人赵某等有伤害他人的故意，且明知拿刀会有伤人的后果，受邀约参与并持刀进行了追赶，构成故意伤害（致人死亡）罪的共犯，但系从犯，根据其地位作用及本案具体情况，可减轻处罚。最终认定被告人赵某犯故意伤害罪，判处有期徒刑 15 年，剥夺政治权利 3 年；认定被告人李某犯故意伤害罪，判处有期徒刑 10 年。一审宣判后，被告人赵某、李某不服，提起上诉。

湖北省孝感市中级人民法院经审理认为，上诉人赵某、李某等人为报复马某持刀对其追赶，致马某在追逼下跳水溺水死亡，其行为均已构成故意伤害（致人死亡）罪。原审判决认定事实清楚，证据充分，定性准确，量刑适当，审判程序合法。裁定驳回上诉，维持原判。

（三）争点整理

结果加重犯中基本行为与加重结果之间的直接性关联如何判断？

（四）案例分析

本案涉及的罪名是故意伤害罪，且属于故意伤害致人死亡的情形。故意伤害致人死亡是典型的结果加重犯。构成结果加重犯，一般认为需要满足以下四个条件：(1) 实施基本犯罪行为但造成了加重结果。(2) 加重结果与基本犯罪行为之间具有直接性关联。(3) 除对基本犯罪具有故意或者过失外还需对加重结果至少有过失（预见可能性）。(4) 针对加重结果刑法加重了法定刑。由于“各国刑法所规定的结果加重犯的法定刑都远远重于基本犯与过失犯的法定刑之和。但迄今为止的各种学说，几乎都不能圆满说明结果加重犯的加重根据”[①]，因此除了如条件（3）那样基于责任主义在主观上要求对加重结果具有预见可能性，还提出了条件（2）这样在客观上限定结果归属范围的直接性要件。

条件（1）和（2）可以说是对结果加重犯因果关系的双重要求。条件（1）表明加重结果与基本行为之间需要具有客观上的引起与被引起的关系，满足上一节中提出的一般的结果归属的标准。条件（2）则在满足条件关系与相当性的基础上，进一步要求加重结果与基本行为之间还具有直接性。因此，比起一般的结果归属，结果加重犯中的结果归属要件更多、范围更窄，理论上可将其称为严格的结果归属。问题在于，如何理解结果加重犯中的“直接性”要件。

一种观点（高度危险说）认为，直接性意味着“加重结果是基本行为的高度危险的直接现实化。如果具有高度危险的基本行为没有直接现实化为加重结果，即使产生了加重结果，也不能认定为结果加重犯。例如，故意伤害（致死）罪的成立，必须是伤害行为所具有的导致被害人死亡的特殊危险，直接实现了死亡结果，或者说，内在于伤害的特殊危险实现了被害人的死亡结果。至于伤害行为有无特殊危险，不能进行一种脱离时空的抽象的限定，而应根据行为时的具体状况、被害人的心理状态等事项进行综合判

---

① 张明楷．严格限制结果加重犯的范围与刑罚．法学研究，2005（1）：84.

断”。另一种观点（致命伤说）则认为，“故意伤害（致死）罪的典型情形是由伤害结果产生死亡结果，所以，必须是故意实施的身体伤害本身产生死亡结果，或者说，必须是由故意实施的伤害本身即创伤的具体样态产生的死亡结果的危险现实化”[①]。较之高度危险说，致命伤说会导致故意伤害致死的处罚范围过窄，本书赞成高度危险说。

具体到本案中，首先，倘若没有赵某等人追砍马某的故意伤害行为，马某不至于跳入河中最终溺死，存在“非P则非Q”的条件关系。其次，在追砍行为与马某的溺死结果之间存在被害人跳入河中的行为，该跳河行为属于介入因素。由于马某的死因不是砍伤而是溺水，所以尚不能说追砍行为造成了致命伤，对死亡结果的贡献极大。因此，需要进一步判断作为介入因素的跳河行为是否具有异常性。虽然判决书中未做具体描述，但可以估计，马某在8月跳入河中却溺死，并非因水温过低等引发死亡，而是因为其水性不好。在这种假设下，水性不好的人却选择跳入水中，看似属于非理性的异常行为，但判断介入因素的通常性（或者反过来说异常性）时，需要在具体情境下进行考虑。即便马某水性不好，但为了避免即刻被砍伤甚至被砍死的紧迫危险，选择跳入河中躲避并非不可理解，即在当时的情况下并不出人意料，没有超出经验上的通常性。因此，马某的跳河行为不具有异常性，不能阻断砍伤行为与溺死结果之间的因果关系。最后，就直接性来看，如果采用致命伤说，那么由于马某的溺死结果并非砍刀造成的伤害结果进一步发展而造成的，所以不能认定直接性。如果采用高度危险说，那么由于在河边的持刀追砍行为除了有造成被害人因砍伤而死的高度危险，也存在被害人因被逼入绝境而不慎落入或主动跳入河中的高度危险，可以说马某的溺死是追砍行为在当时具体时空状态下内在危险的现实化，二者之间具有直接性关联。

本案中，法院认定“被害人被逼跳水的行为是被告人等拿刀追赶所致，被害人跳水后死亡与被告人的行为有法律上的因果关系”，可见没有采用致命伤说来判断直接性要件。但由于没有明确说明这种“法律上的因果关系”是通过何种步骤判断出来的，所以法院既有可能是根本没有考虑直接性要件，按照一般的结果归属标准认定本案中的因果关系；也有可能受高度危险说的影响，认为本案同时满足了条件关系、相当性与直接性三个要件，从而能够认定本案追砍行为与溺死结果之间的因果关系。

案例1-5 张某某非法行医案[②]

（一）案情介绍

被告人张某某在未取得医生资格以及医疗机构执业许可证的情况下，开办医疗机构从事诊疗活动。2012年6月4日12时许，被告人在对有心脏疾患的被害人赵某某（男，殁年49岁）进行诊断治疗中，采取人工呼吸、心脏按压及注射过期的硝酸甘油注射液等措施。上述措施均无效，被害人赵某某于当日死亡。经鉴定，被害人赵某某符合系患冠心病、急性心肌梗死、轻度脂肪心等心脏疾患导致急性心功能衰竭死亡。鉴定意见载明：

---

① 张明楷.刑法学：上.6版.北京：法律出版社，2021：217-218.

② 北京市第二中级人民法院（2013）二中刑抗终字第346号刑事裁定书.

被害人生前患有心脏疾患是死亡发生的基础；张某某非法行医，盲目治疗、施救与死因二者间虽无直接因果关系，但是张某某的行为在客观上一定程度地延误了抢救时间，使被害人失去了抢救机会，在赵某某的死亡过程中负有一定责任，建议参与度为50%。2012年8月2日，被告人张某某被抓获归案。

北京市朝阳区人民检察院指控被告人张某某犯非法行医罪且造成就诊人死亡，向北京市朝阳区人民法院提起公诉。被告人张某某对起诉书中指控的内容没有提出异议。其辩护人提出，被告人有自首情节，被告人的行为属于《刑法》第336条第1款所规定的“未取得医生执业资格的人非法行医，情节严重的”，应在有期徒刑3年以下量刑档次量刑。

（二）裁判经过

北京市朝阳区人民法院经审理认为，被告人张某某未取得医生执业资格而非法行医，行医过程中出现了就诊人死亡的后果，负有一定责任，属于非法行医情节严重情形，其行为已构成非法行医罪，应予惩处。对于公诉机关指控被告人张某某的行为造成就诊人死亡的意见，根据在案的证据材料，被害人赵某某生前患有心脏疾患是其死亡发生的基础，被告人张某某非法行医，盲目治疗、施救与死因二者间并无直接因果关系，且参与度仅为50%，因此不应认定被告人张某某非法行医的行为造成被害人赵某某死亡。最终对刑事部分判决如下：被告人张某某犯非法行医罪，判处有期徒刑3年，罚金3万元。一审宣判后，被告人张某某未上诉，公诉机关提出抗诉。北京市第二中级人民法院作出裁定：驳回北京市朝阳区人民检察院的抗诉，维持原判。

（三）争点整理

裁判实务中常要求结果加重犯中的基本行为与加重结果之间存在“直接因果关系”，如何理解这里所说的直接性？

（四）案例分析

本案涉及非法行医罪。关于该罪，《刑法》第336条第1款规定，“未取得医生执业资格的人非法行医，情节严重的，处三年以下有期徒刑、拘役或者管制，并处或者单处罚金；严重损害就诊人身体健康的，处三年以上十年以下有期徒刑，并处罚金；造成就诊人死亡的，处十年以上有期徒刑，并处罚金”。构成本罪基本犯的，不需要造成就诊人死伤；非法行医严重损害就诊人身体健康甚至造成就诊人死亡的，构成本罪的结果加重犯。

本案被告人构成非法行医罪的基本犯，对此没有疑义。有争议的是能否认定被告人非法行医致人死亡。本案中，法院最终没有认定被告人的非法行医行为与被害人的死亡之间不存在“直接因果关系”。本案判决在否定因果关系的直接性时，主要是基于鉴定意见，指出：(1) 被害人生前患有心脏疾患是死亡发生的基础，(2) 被告人非法行医，盲目治疗、施救的行为在客观上一定程度地延误了抢救时间，(3) 被告人的行为对被害人的死亡结果而言贡献度仅为50%，因此不应认定被告人张某某非法行医的行为造成被害人赵某某死亡。但值得讨论的是，本案中究竟是不符合结果加重犯因果关系判断中的哪一要件，判决中所谓的“直接”的因果关系究竟是什么含义。

在判断结果加重犯的因果关系时，需要同时满足条件关系、相当性与直接性这三个要件。首先，上述第（1）点说明本案中被告人实施行为时被害人已经存在特殊体质。但在一般的结果归属中也反复提及，被害人的特殊体质不属于介入因素，应当作为判断素材纳入条件关系的判断中。具体到本案，如果没有被告人的非法行医行为，那么患有心脏疾病的被害人不会死于本案案发的具体时点，被告人的行为与具体的死亡结果之间存在条件关系。尽管根据上述第（3）点，被告人的行为与被害人的特殊体质对结果的发生贡献度大体相当，均为50%，但刑法中并不否定多因一果的情形，所以不能以被害人心脏疾病严重为由直接否定被告人行为与死亡结果之间的条件关系。除非能够证明，即便没有被告人的行为，被害人也会在大体相近的时点死于同一疾病，即没有结果回避的可能性。既然认为被告人非法行医，盲目治疗、施救的行为在客观上一定程度地延误了抢救时间，被告人的行为对死亡结果负有一定责任，则说明并非完全没有结果回避的可能性。因此，说本案中“不存在直接因果关系”，并不意味着连条件关系都不存在。

其次，被告人实施人工呼吸、心脏按压及注射过期的硝酸甘油注射液等措施后，在被害人死亡结果出现前并不存在值得关注的介入因素。在一般的结果归属判断中，具有条件关系后，若不存在介入因素，则能够直接认定因果关系的存在。所以，认为本案中“不存在直接因果关系”，并不意味着存在异常的介入因素导致被告人的行为与死亡结果之间不具有社会生活经验上的通常性。

最后，由于本案涉及的是非法行医致人死亡这一结果加重犯，所以经过一般的结果归属的两步检验后，还需要着重考虑直接性要件是否满足。在前述赵某等故意伤害案的分析中，本书采用高度危险说，认为必须是内在于基本行为的高度危险直接现实化为加重结果时，才能满足直接性要件。本案鉴定意见提出被告人的行为在被害人的死亡过程中虽然负有一定责任，但建议参与度仅为50%，对此应当做如下两方面的理解。一方面，这说明对本案中的加重结果，即急性心功能衰竭死亡而言，被告人非法行医这一基本行为并非导致结果发生的唯一原因。另一方面，这说明被告人的非法行医行为本身具有导致急性心功能衰竭的可能性并不高，至少并不比冠心病、急性心肌梗死、轻度脂肪心等心脏疾患导致急性心功能衰竭的可能性大。换言之，本案被告人的非法行医行为本身所蕴含的引起急性心功能衰竭的危险，并不比被害人生前患有的心脏疾患所具有危险程度高，从而也就难以说本案中被害人的死亡是被告人非法行医行为内在高度危险的现实化。因此，认为本案中“不存在直接因果关系”，其实意味着在满足一般结果归属（条件关系和相当性）的前提下，欠缺基本行为与加重结果之间的直接性关联。

案例 1-6　蔡某某等非法拘禁案①

（一）案情介绍

2016年1月9日，被害人黄某通过薛某结识了被告人蔡某某。后黄某以需要资金周

① 上海市第一中级人民法院（2017）沪01刑终1183号刑事裁定书.

转为由从蔡某某处借得资金，并约定高额利息且于同年1月15日还款。1月20日许，因黄某无力还款，被告人蔡某某在多次讨要未果后，遂授意被告人徐某、王某某在黄某家中与黄某一同吃住，以便继续讨要债务，并多次驾车随被害人黄某出门四处筹钱，黄某起初并未表示抗拒。其间，黄某曾因单独至银行扰乱秩序而被民警控制，后由其母亲将其带出派出所。1月末，因被害人黄某难以筹钱还债且有消极抗拒的情绪及行为，被告人徐某、王某某就以拳击、扇耳光的方式对黄某进行了殴打。

1月31日，被告人水某某至黄某家中向黄某讨要自身债务时结识被告人徐某、王某某，后其在明知徐某、王某某系非法讨要债务的情况下，主动加入其中。2月1日，黄某借丢弃垃圾为名欲从家中下楼逃跑，但于途中被被告人徐某、王某某、水某某合力堵截抓回，并在遭殴打后给付被告人部分钱款。2月2日，黄某亲属报警称黄某遭人拘禁，民警到场后将被告人徐某、王某某、水某某三人从黄某家中驱离，但徐某、王某某根据蔡某某的授意仍与水某某留在黄某家楼下监视，防止黄某外逃。当晚，徐某为防止黄某出逃，在屋外用事先准备好的502胶水封堵黄某的房门锁孔。次日8时30分许，黄某亲属让人将门锁拆卸进入屋内寻找黄某并报警，被告人徐某从旁跟随，被告人王某某、水某某由徐某电话通知后一同上楼。经寻找，水某某发现黄某坠楼身亡。经鉴定，被害人黄某系因生前创伤性休克死亡。

（二）裁判经过

上海市闵行区人民法院经审理认为：本案的争议焦点在于被害人黄某的死亡与四名被告人的非法拘禁行为是否存在刑法上的因果关系。被告人采用非法拘禁的方式，显然对黄某造成了强大的心理和精神压力，黄某自然想要摆脱被告人的拘禁。从“如果没有拘禁行为，则不会发生坠楼”的角度来看，非法拘禁行为与被害人死亡之间确实存在条件关系。受到非法拘禁的被害人设法脱困是一种合理的预见，但被害人黄某在通讯不受限，可寻求公安机关或亲友帮助的情况下，采取从十二层高楼窗户攀爬下楼这样极端危险的方式，在常人看来应属异常举动，不在合理预见的范围，从而中断了非法拘禁行为与死亡结果之间的刑法意义上的因果关系。四名被告人在非法拘禁过程中没有实施危及生命健康的高度危险行为，不构成结果加重犯。据此，闵行区人民法院判决：（1）被告人蔡某某犯非法拘禁罪，判处有期徒刑2年。（2）被告人徐某犯非法拘禁罪，判处有期徒刑2年2个月。（3）被告人王某某犯非法拘禁罪，判处有期徒刑2年。（4）被告人水某某犯非法拘禁罪，判处有期徒刑1年8个月。

一审判决后，闵行区人民检察院抗诉认为：原判未认定本案具有非法拘禁致人死亡的结果加重情节，属于适用法律错误。先行拘禁、殴打行为对被害人造成了巨大的精神恐惧，被害人为了摆脱被告人的非法拘禁，想获得人身自由而选择爬窗逃离是合乎常理的行为。四名被告人应当预见到被害人承受不住精神压力而逃跑坠楼或者自杀的可能性，对死亡后果的发生存在明显过错，非法拘禁行为是造成被害人死亡的主要原因，与死亡结果之间具有刑法上的因果关系，应认定为非法拘禁致人死亡。

上海市人民检察院第一分院认为：被告人在被民警驱赶后仍继续看管，是非法拘禁行为的延续，导致被害人只能通过爬窗逃离，因而被害人死亡与被告人行为之间存在因果关系。原判没有认定被告人具有致人死亡的结果加重情节不当，导致量刑畸轻。

上海市第一中级人民法院经审理认为：四名被告人的非法拘禁行为与被害人黄某高空坠楼死亡结果不具有刑法意义上的因果关系，原判认定本案不构成非法拘禁致人死亡并无不当，抗诉理由不能成立。理由是：首先，《刑法》第238条第2款规定的非法拘禁致人重伤、死亡，属于基本犯基础上的结果加重情形，是指非法拘禁行为本身导致被害人重伤、死亡，非法拘禁行为与加重结果之间必须具有直接的因果关系。本案中，被害人用床单制作绳索从十二楼窗户攀爬下楼，其死亡的直接原因是高空坠楼。其次，非法拘禁致人死亡要求拘禁基本行为与死亡加重结果之间存在的联系是直接的、紧密的，没有其他介入因素导致因果关系中断。在介入被害人行为的情形下，如果拘禁行为导致被害人不得不实施介入行为，即使该介入行为具有高度危险性，仍应当认定拘禁行为与加重结果之间具有因果关系。本案中，被害人用床单制成绳索从十二楼窗户攀爬下楼而坠楼死亡，即属于介入被害人行为的情形。在被民警驱离被害人家中之后，徐某等三人虽然分别实施了在十二楼楼道、楼下停车场等处守候，不时上门查看，用胶水堵锁芯等行为，但是上述行为本身对被害人并不起到实际控制作用，且不具有造成被害人死亡这一加重结果发生的高度紧迫性和危险性，当时被害人采用报警、通知家属等更稳妥、安全的方法离开现场亦非不能实现。在这种情况下，被害人采用以床单制成绳索从十二层高楼窗户攀爬下楼这种极度危险的方法离开，显然不具有高度紧迫性和合理性，在一般人看来此举亦属于不必要且是异常冒险的举动，该死亡结果对于四名被告人而言亦难以预见。因此，本案介入被害人行为的情形是异常的，从而中断了非法拘禁行为与死亡结果之间的刑法意义上的因果关系。原审对此认定并无不当。据此，上海市第一中级人民法院裁定驳回抗诉，维持原判。

（三）争点整理

结果加重犯的因果关系判断中，相当性要件与直接性要件是何种关系？能否以直接性要件取代相当性要件的判断？

（四）案例分析

本案涉及的是非法拘禁致人死亡这种情形的结果加重犯。[①] 本案一审、二审法院的说理极为充分，从中可以看到，法院判决与检察院公诉意见的分歧主要在于：被害人被拘禁于自己家中后，并非不能通过报警、通知家属等方法离开现场，却选择了以床单制成绳索从十二层高楼窗户攀爬下楼的方法离开，被害人的该行为能否阻断被告人非法拘禁行为与被害人坠楼死亡结果之间的因果关系。

如本节前两个案件的分析中所述，判断结果加重犯的因果关系时，必须逐一检验条件关系—相当性—直接性这三个步骤。本案中，若没有蔡某某等四名被告人的非法拘禁行为，被害人黄某就不会选择爬窗逃离，从而不会出现高空坠下导致创伤性休克死亡。所以，本案中条件关系是明显存在的。在此基础上，由于非法拘禁行为本身并没有直接

① 本案发生在《刑法修正案（十一）》之前，故不探讨催收非法债务罪及其与非法拘禁罪的关系。

导致致命伤的出现，而在被告人实施非法拘禁行为后又介入了被害人爬窗逃离的行为，所以在判断相当性时，需要考虑被害人爬窗逃离这一介入因素是否具有异常性。一审后检察机关的抗诉意见中指出，先行拘禁、殴打行为对被害人造成了巨大的精神恐惧，被害人为了摆脱被告人的非法拘禁，想获得人身自由而选择爬窗逃离是合乎规律的行为。这一意见想要表达的正是，若置身被害人黄某的具体状况下，选择爬窗逃离并不是社会生活经验上不可预测的行为，所以被害人的行为并不构成能够阻断因果关系的异常介入因素。与此相对，一审法院则认为，受到非法拘禁的被害人设法脱困是一种合理的预见，但被害人黄某在通讯不受限，可寻求公安机关或亲友帮助的情况下，采取从十二层高楼窗户攀爬下楼这样极端危险的方式，在常人看来应属异常举动，不在合理预见的范围。本书认为，法院的意见更为可取。这是因为，本案曾出现过黄某亲属报警后民警到场将三名被告人从黄某家中驱离这一重要事实。这说明，黄某在通讯不受限的情况下，完全可以选择以更缓和的方式解除拘禁状态，与此相比，即便考虑到被拘禁在家精神状态紧张，黄某选择从十二层高楼使用并不可靠的床单翻窗逃离仍然显得极不理智。

倘若认为黄某翻窗逃离的行为属于异常的介入因素，那么本案连一般的结果归属标准都达不到，本不用继续讨论直接性要件。但值得一提的是，本案二审时检察机关与法院都提到了有关直接性的判断素材。所谓直接性，是指内在于基本行为的高度危险直接现实化为加重结果。

二审时检察机关提出，“被告人在被民警驱赶后仍继续看管，是非法拘禁行为的延续，导致被害人只能通过爬窗逃离”。这一意见除了表现出非法拘禁行为引起被害人爬窗逃离具有通常性，“只能”二字更加突出楼下看管行为与死亡之间的直接性。二审法院一方面指出，被害人的行为“在一般人看来此举亦属于不必要且是异常冒险的举动，该死亡结果对于四名被告人而言亦难以预见”，重申本案中被害人的行为具有异常性，且被告人无法对加重结果具有预见可能性；另一方面则提出，“徐某等三人虽然分别实施了在十二楼楼道、楼下停车场等处守候，不时上门查看，用胶水堵锁芯等行为，但是上述行为本身对被害人并不起到实际控制作用，且不具有造成被害人死亡这一加重结果发生的高度紧迫性和危险性，当时采用报警、通知家属等更稳妥安全的方法离开现场亦非不能实现”，既否定了被告人行为造成加重结果的直接性，又再次指出选用其他更稳妥方法逃离的可能性，从而反衬出被害人行为的异常性。

无论是检察机关还是法院的意见中，似乎都把相当性与直接性要件混在一起讨论了。本书认为，直接性与相当性是独立的两个要件，二者不能相互取代。虽然本案中不存在相当性，但恐怕还难以否定直接性。这是因为，非法拘禁行为所具有的引起死亡的危险，除了考虑拘禁手段本身的暴力程度，还要考虑拘禁的场所等拘禁状态。虽然被告人的拘禁手段不过是守候、查看、用胶水堵锁芯等行为，但将被害人拘禁在十二层高楼，这一拘禁状态是与拘禁行为不可分割开来的。倘若被害人家住一楼，恐怕被告人也不会选择这么宽缓的拘禁手段。正是考虑到被害人本应不敢翻窗，被告人只是把守在楼下并堵住锁芯。所以，从被告人利用十二层高楼来限制被害人的人身自由这一点来看，这种高空状态具有导致坠落后创伤性休克死亡的危险性不可谓不高。因此，本案的非法拘禁行为与死亡结果之间具有直接性，但不能以此取代相当性的判断。总而言之，本案中存在条件关系与直接性，只是因为不具有相当性才否定了拘禁行为与死亡结果之间的因果关系。

第三节　缓和的结果归属判断

案例 1-7　岳某侮辱案①

(一) 案情介绍

被告人岳某与被害人张某系同村村民，自 2014 年开始交往。交往期间，岳某多次拍摄张某裸露身体的照片和视频。2020 年 2 月，张某与岳某断绝交往。岳某为报复张某及其家人，在自己的微信朋友圈、快手 App 散布二人交往期间拍摄的张某的裸体照片、视频，并发送给张某的家人。后岳某的该快手账号因张某举报被封禁。5 月，岳某再次申请快手账号，继续散布张某的上述视频及写有侮辱性文字的张某照片。该快手 App 散布的视频、照片的浏览量达到 600 余次。

上述侮辱信息在当地迅速扩散、发酵，造成恶劣社会影响。同时，岳某还多次通过电话、微信骚扰、挑衅张某的丈夫。张某倍受舆论压力，最终不堪受辱服毒身亡。

肃宁县人民检察院于 2020 年 10 月 9 日以岳某涉嫌侮辱罪提起公诉，并结合认罪认罚情况，对岳某提出有期徒刑 2 年 8 个月的量刑建议。

被告人岳某表示认罪认罚。岳某的辩护人提出，岳某的行为不构成犯罪：一是岳某的行为属于民事侵权行为，散布隐私尚未达到“情节严重”；二是岳某出于专门散布张某隐私视频和照片的目的而开设快手账号，两个账号的粉丝共 4 个，不会有粉丝以外的人浏览，不符合侮辱罪“公然性”的要求。

(二) 裁判经过

公诉人答辩指出，岳某的行为已构成侮辱罪：一是张某因岳某的侮辱行为而自杀，该侮辱行为与死亡结果存在因果关系，属于“情节严重”。二是侮辱行为具有“公然性”。岳某将被害人的裸照、视频发送到网络上，使不特定多数人均可以看到，符合侮辱罪“公然性”的要求。而且，快手 App 的账号并非只有成为粉丝才能浏览，粉丝人数少不代表浏览人数少，在案证据证实视频和照片的浏览量分别为 222 次、429 次，且证人岳某 A 等证实曾接收到“快手同城”推送的带有侮辱性文字的张某照片。

2020 年 12 月 3 日，肃宁县人民法院作出判决，采纳检察机关指控的犯罪事实和量刑建议，以侮辱罪判处岳某有期徒刑 2 年 8 个月。一审判决宣告后，岳某未提起上诉，一审判决已生效。

---

① 2022 年最高人民检察院第三十四批指导性案例第 138 号案例.

（三）争点整理

实施侮辱行为后被害人自杀的，如何认定因果关系？是否属于侮辱罪中的“情节严重”？

（四）案例分析

本案涉及的是侮辱罪。《刑法》第 246 条同时规定了侮辱罪和诽谤罪，即“以暴力或者其他方法公然侮辱他人或者捏造事实诽谤他人，情节严重的，处三年以下有期徒刑、拘役、管制或者剥夺政治权利。前款罪，告诉的才处理，但是严重危害社会秩序和国家利益的除外。通过信息网络实施第一款规定的行为，被害人向人民法院告诉，但提供证据确有困难的，人民法院可以要求公安机关提供协助。”根据 2013 年 9 月 6 日最高人民法院、最高人民检察院《关于办理利用信息网络实施诽谤等刑事案件适用法律若干问题的解释》第 2 条中的规定，“造成被害人或者其近亲属精神失常、自残、自杀等严重后果的”，属于构成侮辱罪、诽谤罪所要求的“情节严重”①。“造成”二字说明，必须能够认定侮辱、诽谤行为与被害人或者其近亲属的自杀等结果之间存在因果关系。

按照一般的结果归属标准，首先，如果没有侮辱、诽谤行为，那么的确不会出现被害人自杀等后果，二者之间存在条件关系应无疑义。接下来需要考虑的是，自杀作为被害人主动介入的因素，能否阻断侮辱、诽谤行为与死亡等结果之间的因果关系。在刑法的法益序列中，生命是最高价值的利益，所以侵害生命的行为所应受的刑罚处罚也高于侵害其他法益行为所应受的处罚。所以，当被害人受到较小法益（如自由、名誉、财产等）的侵害后却选择自我放弃生命，这一举动在刑法看来是不理智的，即具有异常性。如此一来，在典型的结果加重犯如强奸致人死亡中，如果是在强奸行为实施完毕后被害人选择自杀的，原则上应当否定基本行为引起死亡结果的相当性，不认定成立结果加重犯。

按照这一逻辑，侮辱、诽谤行为发生后被害人选择自杀的，也没有达到一般的结果归属标准。但是，我国刑法理论与司法实践都接受把被害人自杀作为侮辱罪、诽谤罪中情节严重的做法，即认为侮辱、诽谤行为与自杀之间存在因果关系。为了说明这一做法的合理性，理论上提出了“缓和的结果归属”这一适应于我国《刑法》规定与实践的概念。张明楷教授将缓和的结果归属界定为，“虽然以具备条件关系为前提，也需要进行规范判断，但不需要达到前述结果归属要求，就可以将结果归属于行为的情形。‘缓和’表现在两个方面：一是结果归属的条件缓和，亦即，基本上只要具备一定的条件关系，就将结果归属于行为人的行为，让行为人对结果负责；二是结果归属后的刑事责任追究相对缓和，亦即，行为人对结果所承担的刑事责任一般轻于基于通常的结果归属所承担的刑事责任”②。

根据缓和的结果归属，一方面，只要侮辱、诽谤行为与被害人的自杀身亡之间存在

---

① 根据 2023 年 9 月 20 日最高人民法院、最高人民检察院、公安部《关于依法惩治网络暴力违法犯罪的指导意见》第 12 条的规定，实施网络侮辱、诽谤行为，造成被害人或者其近亲属精神失常、自杀等严重后果，社会影响恶劣的，应当认定为《刑法》第 246 条第 2 款规定的“严重危害社会秩序”，依法提起公诉。

② 张明楷. 刑法学：上. 6 版. 北京：法律出版社，2021：246.

条件关系，基本上就能认定存在因果关系，不需要再对相当性做进一步判断，除非介入因素极端异常以至于让一般人对侮辱、诽谤行为与被害人自杀身亡之间的条件关系都产生怀疑、动摇。另一方面，即便将被害人的自杀结果归属于实施侮辱、诽谤的行为人，认定为“情节严重”，也不过是按照“三年以下有期徒刑、拘役、管制或者剥夺政治权利”的法定刑来处理，承担的刑事责任比故意杀人罪或过失致人死亡罪的刑事责任都要轻得多。如前所述，本案被害人的自杀虽然未必具有通常性，但也没有异常到动摇本案条件关系认定的程度。既然本案中的条件关系仍然是一般人能够理解、接受的，那么将本案中被害人的自杀身亡的结果认定为侮辱罪（而不是杀人类犯罪）中的“情节严重”归属于被告人的行为，符合缓和的结果归属的标准。

案例 1-8　付某某虐待案①

（一）案情介绍

2021 年 10 月 16 日 13 时许，被害人余某（精神二级残疾，系被告人付某某妻子）到张某的店里请求张某给付某某打电话，让付某某来接其回家，付某某骑电瓶车赶到张某店内，即用拳头、巴掌殴打余某，被张某劝解开后，在余某的请求下，由张某骑自己的电瓶车带着余某和付某某一起回到付某某和余某的家中，张某在离开时还劝诫付某某不要再殴打余某。

当日 14 时 40 分左右，付某某再次无故对余某进行殴打，并在余某逃离时，追赶至村头水泥路处，用路边砖块打、砸余某的头部及肩部，致余某左侧额头受伤流血，后因余某头部流血不止，付某某骑电瓶车带余某至卫生所缝针并包扎。治疗后两人回到家中，付某某仍然对余某进行辱骂，并称今天一定要把余某打服，导致余某产生轻生念头并在屋内喝下农药乙蒜素。付某某在家中院子看到余某拿着农药瓶从屋内出来，已经明白余某喝农药自杀，但未当即采取催吐等急救措施，也没有立即拨打“120”急救电话。直到两小时后，因为余某呼吸困难并开始呕吐，才于当日 18 时 46 分拨打了“120”急救电话。后余某被救护车送至医院抢救，于 2021 年 10 月 16 日 20 时 50 分因抢救无效被宣布临床死亡。

被害人余某自 2019 年 11 月 13 日和被告人付某某结婚后，经常因生活琐事或在无缘无故的情况下被付某某殴打虐待。同时余某的低保、残疾人补助等经济来源也由付某某掌握控制，平时付某某自己在外大吃大喝的同时却并不给余某钱供其正常生活，致使余某长期以腌菜、咸菜、米面为生。上述行为对余某造成极大心理伤害，导致 2021 年 10 月 16 日余某在多次被付某某殴打后服农药自杀。而付某某在发现余某服农药后未及时对其采取急救措施，导致余某最终因抢救无效死亡。

（二）裁判经过

公诉机关认为：被告人付某某虐待家庭成员，致被害人死亡，应当以虐待罪追究其

---

① 安徽省蚌埠市蚌山区人民法院（2022）皖 0303 刑初 38 号刑事判决书.

刑事责任。被告人付某某被抓获归案后能够如实供述自己的犯罪事实，系坦白，可以从轻处罚。被告人付某某对起诉书指控的犯罪事实及罪名均无异议。蚌山区人民法院认为，被告人付某某虐待家庭成员，致被害人死亡，其行为已构成虐待罪。最终认定被告人付某某犯虐待罪，判处有期徒刑 4 年。

（三）争点整理

受虐待的家庭成员自杀的，其死亡结果与虐待行为之间是否存在因果关系？

（四）案例分析

本案涉及的是虐待罪。关于虐待罪，《刑法》第 260 条规定，“虐待家庭成员，情节恶劣的，处二年以下有期徒刑、拘役或者管制。犯前款罪，致使被害人重伤、死亡的，处二年以上七年以下有期徒刑。第一款罪，告诉的才处理，但被害人没有能力告诉，或者因受到强制、威吓无法告诉的除外”。本案被告人与被害人系夫妻关系，对于被告人“虐待家庭成员，情节恶劣”这一点，不存在争议。值得讨论的是，本案被害人是自己选择服下农药的，能否将被害人死亡这一相对于受虐待而产生的身心伤害来说更严重的实害后果归属于被告人的虐待行为。换言之，应当如何理解“虐待致使被害人重伤、死亡”这一虐待罪中的结果加重犯的因果关系。

本章第二节专门讨论了结果加重犯的因果关系问题，提出在条件关系与相当性之外，还要进行直接性判断，即采用严格的结果归属标准。本案中，即便按照一般的结果归属标准，受虐待后选择自杀是否具有通常性，恐怕本就有争议。而在判断直接性时，可以看到，诸如本案这样，被害人选择服毒自杀时，难言虐待行为自身内在地导致了被害人被毒死的高度危险并最终得以现实化。许多虐待家庭成员的行为人在选择虐待手段时，往往会有意避开造成重伤、死亡的方式；反过来，倘若行为人选择高概率会致人重伤、死亡的手段实施虐待行为，最终也不应以处罚较轻的虐待罪论处，而应当直接以故意伤害罪、故意杀人罪等论处。本案中被告人依靠着被害人的低保、残疾人补助等经济来源大吃大喝，倘若真的置被害人于死地，恐怕就无法继续获得被害人的经济补助了。所以，本案中虽然有长期的打骂等虐待行为，但这些行为并不具有致被害人死亡的高度危险。

因此，倘若将严格的结果归属标准乃至一般的结果归属标准适用于本案，则难以认定虐待致人死亡这一结果加重犯。但值得注意的是，本章第二节之所以提出对结果加重犯应当采用严格的结果归属标准，是因为大多数结果加重犯的法定刑“远远重于基本犯与过失犯的法定刑之和。但迄今为止的各种学说，几乎都不能圆满说明结果加重犯的加重根据”①。而诸如虐待致人死亡、暴力干涉婚姻自由致人死亡等情形，虽然形式上看属于结果加重犯，但其法定刑并不重于“基本犯与过失犯的法定刑之和”，甚至法定刑下限（2 年有期徒刑）比过失致人死亡罪（3 年有期徒刑）还要更低。因此，在虐待致人死亡、暴力干涉婚姻自由致人死亡等情形中，并不具有以严格的结果归属标准来限定结果加重犯成立的必要性。

---

① 张明楷. 严格限制结果加重犯的范围与刑罚. 法学研究，2005（1）：84.

此外，考虑到不同国家在自杀问题上的观念差异、我国的刑事立法体例、长期以来形成的刑事司法观念以及传统的社会危害性理论的影响等①，采用缓和的结果归属标准，将被害人的自杀理解为虐待罪和暴力干涉婚姻自由罪中的“致使被害人死亡”，也并非不能接受。本案中采用缓和的结果归属标准意味着：一方面，只要虐待行为与被害人的服毒自杀之间存在条件关系，基本上就能认定存在因果关系，不需要再对相当性做进一步判断，除非介入因素极端异常以至于让一般人对虐待行为与被害人自杀身亡之间的条件关系都产生怀疑；另一方面，即便将被害人的自杀结果归属于被告人，也只是以虐待罪中的结果加重犯的法定刑来处理，承担的刑事责任比认定为过失致人死亡罪甚至（不作为的）故意杀人罪②时要轻得多。由于本案中若没有被告人长期、持续的虐待行为，就不会有被害人当天的服毒自杀举动，因而虐待行为与死亡结果之间存在条件关系。就算认为自杀行为属于过激行为，但在本案中也没有异常到动摇一般人对条件关系的理解。如此一来，根据缓和的结果归属标准，将本案认定为虐待致人死亡，是合理的。

案例 1-9　马某等玩忽职守案③

（一）案情介绍

2013 年 2 月 21 日，袁某（未取得驾驶执照，也没有办理车牌和购买保险）酒后驾驶无牌照三轮车，被时任某县交警大队某交警中队队长马某、教导员张某等人查获。该交警中队民警把袁某带至双安镇卫生院进行血液抽样、送检，并将袁某带至该中队询问，询问结束后，马某让袁某回家等候处理。

三轮车在被开往交警中队途中发生故障，民警将三轮车暂扣于蒿汉路马路边。经安康市血液酒精含量检验鉴定中心检测，袁某体内乙醇浓度为 130.9mg/ml，达到醉酒标准。马某安排民警罗某对查获袁某的情况在公安机关办案系统中作了警情录入，安排张某带领罗某等人进行取证和寻找袁某。被告人马某、张某对已经发现的袁某涉嫌危险驾驶犯罪的事实，未按照刑事案件办理程序规定进行受理登记、上报请示立案，亦未作出行政处罚。负责袁某所在片区的教导员张某没有向队长马某提出对袁某醉驾犯罪案件的受理、上报请示立案意见，没有认真调查袁某去向，草草外围取证后，没有展开进一步调查工作，导致袁某“醉驾”案件一直被搁置。袁某自 2013 年 2 月 21 日被查获后，继续驾驶该无牌照三轮车从事非法营运活动，直至 2013 年 10 月 11 日发生交通事故，导致二人死亡。2014 年 3 月 4 日，紫阳县人民法院以袁某犯交通肇事罪，判处有期徒刑 3 年，宣告缓刑，缓刑考验期 5 年。

---

① 关于缓和的结果归属的成因的详细分析，参见张明楷. 论缓和的结果归属. 中国法学，2019（3）：271 页以下。

② 本案被告人能否构成不作为的故意杀人罪的确值得讨论。尤其是在是否具有结果回避可能性，以及理性的被害人选择自杀时配偶是否还具有作为义务这两点上可能会存在较大争议。从目前的证据材料来看，至少要认定被告人具有明确的杀人故意较为困难。

③ 陕西省安康市中级人民法院（2015）安中刑二终字第 00002 号刑事判决书.

（二）裁判经过

陕西省紫阳县人民法院认为：被告人马某身为交警中队队长，查获违章车辆不进行行政处罚，发现犯罪不上报立案侦查；被告人张某身为交警中队教导员不向队长提出立案侦查的意见，且不认真查找袁某。二被告人不认真履行职责的行为，致使袁某驾驶的违章车辆及由此引发的犯罪行为得不到打击追究，导致袁某长期驾驶“三无”车辆从事非法营运活动，后发生致二人死亡的严重交通事故，使国家和人民利益遭受重大损失。二被告人的行为构成玩忽职守罪。紫阳县人民法院判决被告人马某犯玩忽职守罪，判处有期徒刑 6 个月；被告人张某犯玩忽职守罪，免予刑事处罚。一审宣判后，被告人马某不服，提出上诉。

陕西省安康市中级人民法院认为，马某、张某身为交通警察，对 2013 年 2 月 21 日查获的“三无”车辆和查证的“醉驾”事实，不依法进行行政处罚，是一种失职行为，但该失职行为与袁某于 2013 年 10 月 11 日因操作不当发生交通事故的严重后果之间无刑法上的因果关系，故马某、张某的行为不构成玩忽职守罪。安康市中级人民法院判决撤销紫阳县人民法院（2014）紫刑初字第 00045 号刑事判决书，宣告马某、张某无罪。

（三）争点整理

渎职行为与严重后果之间存在条件关系时，能否直接认定因果关系？

（四）案例分析

《刑法》第 397 条规定：“国家机关工作人员滥用职权或者玩忽职守，致使公共财产、国家和人民利益遭受重大损失的，处三年以下有期徒刑或者拘役；情节特别严重的，处三年以上七年以下有期徒刑。本法另有规定的，依照规定。国家机关工作人员徇私舞弊，犯前款罪的，处五年以下有期徒刑或者拘役；情节特别严重的，处五年以上十年以下有期徒刑。本法另有规定的，依照规定。”可见，无论是构成故意型的一般渎职犯罪即滥用职权罪，还是过失型的一般渎职犯罪即玩忽职守罪，都要求“致使公共财产、国家和人民利益遭受重大损失”才追究刑事责任，即必须证明渎职行为与严重后果之间存在因果关系。另外，根据 2012 年 12 月 7 日最高人民法院、最高人民检察院《关于办理渎职刑事案件适用法律若干问题的解释（一）》第 1 条的规定，“造成死亡 1 人以上，或者重伤 3 人以上，或者轻伤 9 人以上，或者重伤 2 人、轻伤 3 人以上，或者重伤 1 人、轻伤 6 人以上的”，应当认定为“致使公共财产、国家和人民利益遭受重大损失”。

本案涉及的是玩忽职守罪，被告人的行为表现为“查获违章车辆不进行行政处罚，发现犯罪不上报立案侦查”“不向队长提出立案侦查的意见，且不认真查找袁某”等失职行为，严重后果则表现为“2013 年 10 月 11 日交通事故中致二人死亡”，其中介入了“袁某自 2013 年 2 月 21 日被查获后，继续驾驶该无牌照三轮车从事非法营运活动”这一因素。本案一审法院认定被告人的玩忽职守行为与袁某交通肇事导致的两名被害人死亡结果之间存在因果关系，而二审法院推翻了该判断，认定虽是一种失职行为，但该失职行为与袁某于 2013 年 10 月 11 日因操作不当发生交通事故的严重后果之间无刑法上的因果关系。可见争议焦点在于如何认定渎职犯罪中的因果关系。

对此，最高人民检察院在指导性案例中提出，“如果负有监管职责的国家机关工作人员没有认真履行其监管职责，从而未能有效防止危害结果发生，那么，这些对危害结果具有‘原因力’的渎职行为，应认定与危害结果之间具有刑法意义上的因果关系”①。根据这一标准，似乎满足了条件关系就可以认为渎职行为对危害结果的发生具有“原因力”。而如何判断“负有监管职责的国家机关工作人员没有认真履行其监管职责”，则是渎职犯罪实行行为的判断问题。这样的因果关系判断方法，无疑采用的是缓和的结果归属标准。可见，缓和的结果归属标准不仅有可能适用于被害人自杀、自残的案件，也有可能适用于引起他人故意或者过失犯罪（如本案中的袁某的交通肇事罪）的情形。②

关于渎职犯罪的因果关系判断，张明楷教授则指出，“渎职罪的因果关系与结果归属具有自身的特点。首先，就因果关系层面来说，对滥用职权、玩忽职守等渎职罪需要采取条件说……其次，从结果归属的角度来说，由于通常介入了第三者的行为，所以，需要考虑介入行为的通常性，以及国家机关工作人员对介入行为的监管职责的内容与范围。只要国家机关工作人员有义务监管第三者的介入行为，原则上就应当将介入行为造成的结果归属于国家机关工作人员的渎职行为。最后，由于渎职行为造成死亡、伤害结果时，通常并不是以杀人罪、伤害罪论处，而是以渎职罪论处，因而降低了处罚程度，所以，对渎职罪的结果归属的判断标准也会适当低于一般的杀人罪、伤害罪的结果归属的判断标准”③。虽然张明楷教授认为判断渎职犯罪的因果关系时仍然要区分条件关系层面与结果归属层面，但结果归属层面的要求比一般的实害犯的要低。本书也认为，无论是哪种类型的结果归属，在因果关系中维持从条件关系的事实判断到相当性（乃至结果加重犯中的直接性）的规范判断这种二阶段判断法，是有意义的。只不过对于缓和的结果归属而言，在进行规范判断时，并不需要积极地去判断介入因素的通常性（或者说异常性）的程度，只要在消极的意义上，介入因素没有极端异常到动摇第一步中的条件关系判断，那么满足条件关系时就能够将结果归属于行为。正是在不做积极判断只做消极的反面判断这层意义上，说得上是更为“缓和”的结果归属。上述指导性案例中提出的有关渎职犯罪因果关系的判断方法，看似采用了单纯的条件说，但也可以理解为是把规范层面消极判断的结果最终反映到条件关系判断中的一种表达，即当介入因素极端异常时，一般人也不会对渎职行为与严重后果之间的条件关系产生不可动摇的确信。

本案中，若没有被告人的失职行为，即假定被告人依法对袁某进行了行政处罚，上报了立案侦查，向队长提出了立案侦查的意见，且认真查找了袁某下落，那么是否还会出现“2013 年 10 月 11 日交通事故中致二人死亡”这一严重后果呢？恐怕难以断言。这是因为，即便以危险驾驶罪追究了袁某 2013 年 2 月 21 日醉酒驾驶行为的刑事责任，也会由于该罪的法定最高刑仅为 6 个月拘役，袁某完全有可能在刑满释放后继续再次驾驶无牌照三轮车从事非法营运活动并导致重大交通事故的发生。既然不能高概率的证明本

---

① 2012 年最高人民检察院第二批指导性案例第 8 号杨某玩忽职守、徇私枉法、受贿案.

② 张明楷. 论缓和的结果归属. 中国法学，2019（3）：265 脚注 15.

③ 张明楷. 刑法学：下. 6 版. 北京：法律出版社，2021：1631.

案中“交通事故中致二人死亡”这一结果的回避可能性，那么就难以认定本案表现为不作为的渎职行为与严重后果之间的条件关系。值得注意的是，本案中，并不需要积极判断袁某“继续驾驶该无牌照三轮车从事非法营运活动”这一介入因素的异常性，只需要该因素的存在令一般人就本案的条件关系会产生上述怀疑，认为即便对袁某依法作出了处置，其仍然有可能重操旧业就足够了。如此一来，即便是采用缓和的结果归属的标准，也不能认定本案中存在因果关系。

第二章　不作为犯

知识点概述

刑法传统理论根据危害行为的表现形式，将犯罪分为作为犯和不作为犯。由于成立不作为犯意味着要求行为人履行特定的作为义务，这可能极大限缩国民的行动自由，因此，近代以来，各国刑法普遍坚持“以处罚作为犯为原则，以处罚不作为犯为例外”的基本原则。

在不作为犯内部，刑法理论又根据立法有无将“不作为”明确规定为构成要件要素，将不作为犯进一步分为真正（纯正）不作为犯和不真正（不纯正）不作为犯。当刑法明文将“不作为”规定为构成要件要素时，属于真正不作为犯；反之，属于不真正不作为犯。刑法中哪些罪名属于真正不作为犯，理论上相对比较容易识别。该类犯罪的罪状表述往往使用“不”“拒不”等术语。比如《刑法》第402条规定的徇私舞弊不移交刑事案件罪，要求“行政执法人员徇私舞弊，对依法应当移交司法机关追究刑事责任的不移交”，情节严重构成犯罪的，就属于真正不作为犯。又如《刑法》第286条之一规定的拒不履行信息网络安全管理义务罪，要求“网络服务提供者不履行法律、行政法规规定的信息网络安全管理义务，经监管部门责令采取改正措施而拒不改正”，同时满足特定的情形要件构成犯罪的，也是真正不作为犯；再如《刑法》第313条规定的拒不执行判决、裁定罪，要求“对人民法院的判决、裁定有能力执行而拒不执行”且情节严重构成犯罪的，同样属于真正不作为犯。

于真正不作为犯的场合，刑法明文规定了作为义务主体、作为义务内容（个别罪名甚至规定了作为能力，如拒不执行判决、裁定罪），其判断及具体认定往往难度相对较小；但在不真正不作为犯的场合，由于欠缺作为义务主体、作为义务内容的明确规定，不真正不作为犯成立要件及处罚范围的确定往往面临更多争议。这一点不管是在有明文规定不作为犯的国家，还是在无明文规定不作为犯的国家，都同样存在。在德国，德国刑法第13条明确规定了不作为犯，即“对于犯罪构成要件结果之发生，法律上负有防止义务，而不防止，且其不防止与积极行为实现构成要件相当者，罚之。前项情形，得依本法第49条第1项之规定，减轻其刑”。相较于德国，我国刑法并无不真正不作为犯的明文规定（包括总则式规定和分则式规定），处罚不真正不作为犯自然就面临是否违反罪刑法定原则等更多争议。当然，部分争议虽然可以通过“条文并不等同于构成要件，一个条文中完全可能包含作为的构成要件与不作为的构成要件”“刑法分则规定的个罪也并未限定于特定作为方式”等学理阐释予以缓和，但毕竟不同于真正不作为犯存在刑法的明文规定，处罚不真正不作为犯是否违反罪刑法定的明确性要求，以及即使可以对不真正不作为犯适用作为犯的构成要件，在处罚上是否应当区别于作为犯及区别处罚的根据何在等都面临着很大质疑。正如有学者提出的，“不真正不作为犯之所以在刑法处罚上成为问题，就是因为其和罪刑法定原则，具体来说，就是和其中的明确性原则之间存在一定程度上的冲突。因为，不真正不作为犯，尽管在存在结构上是不作为犯，具有成立不作为犯所必要的外观形式，但在处罚上则是按照作为犯的条款来进行的，在规范上属于作为犯。问题是，在作为犯的条款当中，并没有写明不真正不作为犯的成立要件，因此，二者之间如何协调就成了不真正不作为犯中的难题”①。因此，本部分将重点围绕不真正不作为犯，尤其是成立范围及具体要件展开讨论。

通说认为，不真正不作为犯的成立应当具备以下三个条件。一是作为义务（又称保证人地位），即确定作为义务的来源或发生根据。如果没有作为义务，就不存在刑法意义上的不作为，也就不存在不作为犯。因此作为义务有无的判断，是不作为犯认定的起点。二是作为可能性，即作为义务人有能力实施法律要求的作为义务。换言之，即使行为人负有作为义务，但如果行为人不能履行作为义务，仍然不构成不作为犯。② 三是结果避免可能性，即使行为人有作为义务，也有作为能力，但如果客观上无法避免结果发生，同样不能以不作为犯论处。

但在认定不作为犯时，应当注意以下几点。

一是某个罪名尚未实际实现犯罪时，不存在不真正不作为犯的判断问题。“某一个犯罪是作为犯罪或不作为犯罪，均是就已经实现的、现实的（已然的）犯罪而言的，即行为人实际上以作为形式实现的犯罪称为作为犯罪；实际上以不作为形式实现的犯罪称为不作为犯罪……对于那些既可以由作为形式构成，又可以由不作为形式构成的犯罪来说，我们就只能从行为人实际实现犯罪的形式来判断。”③ 例如，故意杀人罪，只有当行为人实际实施了杀人行为时，才出现根据行为方式判断是作为犯还是不真正不作为犯的问题。

二是如果能认定为作为犯，原则上不认定为不作为犯。如上，在我国无不真正不作为犯明文规定的立法例下，应尽量避免将某行为认定为不作为犯。认定为作为犯，不仅能避免与罪刑法定原则相抵触、不作为从宽根据不明等诸多理论争议，而且也将明晰具体的成立范围，简化司法认定。

下面将围绕不真正不作为犯的判断前提及成立要件，包括作为与不作为的区分、作为义务的判断、作为可能性的判断以及结果避免可能性的判断等四个方面的内容进行阐释。④

---

① 黎宏. 刑法总论问题思考. 2版. 北京：中国人民大学出版社，2016：150.

② 关于作为可能性的体系地位及与作为义务的关系等问题，详细讨论参见姚诗. 作为可能性概念的规范展开. 政治与法律，2023（5）.

③ 高铭暄，马克昌. 刑法学. 10版. 北京：北京大学出版社，高等教育出版社，2022：66.

④ 关于不作为犯研究的最新动向，可参见黎宏，等. 不作为犯研究的新展开. 北京：北京大学出版社，2022.

第一节　作为与不作为的区分

案例 2－1　李某 1 强奸案①

（一）案情介绍

浙江省温州市鹿城区人民法院经审理查明：2009 年 12 月 31 日上午 6 时许，被告人李某 1 驾驶出租车，在温州火车站附近招揽乘客，车内已乘载同村人李某 2（系李某 1 的堂哥）。被害人王某某上车后，要求李某 1 载她到新城汽车站。途中，李某 2 向王某某提出性要求遭拒绝，李某 2 便将王某某按倒在出租车后座，不顾其哭喊，强行与其发生性关系。其间，王某某曾向李某 1 求救，要求他停车。李某 1 见状出言劝阻，但受到李某 2 "别多管闲事，继续往前开" 的威胁。于是，李某 1 不再说话，而是按照李某 2 的要求在本该转弯的地方没有转弯，一直往前开。之后，李某 1 又提醒 "新城站快到了"，但李某 2 让其一直往前开，李某 1 便按其要求驾车绕路，本来只要 10 多分钟的路程，李某 1 绕路 30 多分钟，使得李某 2 顺利强暴了王某某。

事后，李某 2 让王某某在新城汽车站附近下车，李某 1 驾驶出租车载李某 2 离开现场，随后在黎明立交桥附近放下李某 2。然后，李某 1 更换了后座椅套，开车去交班。案发后，受害人王某某马上报了警。几个月后，李某 2 被警方抓获，后被以强奸罪判处有期徒刑 7 年 6 个月。然而，王某某没有记住出租车号牌，李某 2 也不肯交代司机是谁。后李某 1 因担心、害怕逃窜至广州，直到 2010 年 12 月 27 日悄悄潜回温州老家时才被抓获归案。

归案后，李某 1 称："如果当时直接开到汽车站，强奸就来不及发生，但由于李某 2 的威胁，由于自己的懦弱怕事，他按照李某 2 的要求绕了路，给李某 2 犯罪得逞提供了便利。"

以上事实，被告人李某 1 在开庭审理过程中无异议，且有被害人王某某的陈述，同案犯李某 2 的供述，证人王某 1、王某 2 的证言，被害人王某某的病例，同案犯李某 2 刑事判决书，DNA 检验报告，法庭科学 DNA 鉴定书，户籍证明，抓获经过等证据证实。

（二）裁判经过

2011 年 5 月 6 日，温州市鹿城区人民检察院以温鹿检刑诉（2011）330 号起诉书指控李某 1 犯强奸罪，向鹿城区人民法院提起公诉。承办该案的检察官称，"被告人李某 1 的行为已不仅仅是道德问题，而是突破道德触犯了刑律，构成了犯罪。李某 1 明知李某 2 在其驾驶的出租车上欲强行奸淫被害人，仍驾车绕路以让李某 2 顺利完成奸淫行为，系对李某 2 强奸行为的帮助，因此已构成强奸共犯，鉴于其最初并不认同李某 2 的强行奸

---

① 浙江省温州市鹿城区人民法院（2011）温鹿刑初字第 521 号刑事判决书. 因本案涉及受害人隐私，法院不公开审理，大致案情参见鹿轩. 出租司机构成强奸共犯. 检察日报，2011－05－25（7）；孟焕良. 坐视车内少女被强暴 "冷漠的哥" 获刑两年. 人民法院报. 2011－05－21（3）。

淫故意，后因受到了李某2的言语威胁才驾车绕路，故系胁从犯”。

鹿城区人民法院经审理认为：被告人李某1明知他人违背妇女意志，采用暴力手段强行与妇女发生性关系而予以协助，其行为已构成强奸罪，应予惩处。公诉机关的指控成立。鉴于被告人李某1受胁迫参加犯罪，系胁从犯，应依法减轻处罚；同时考虑到其归案后能如实供述自己的犯罪事实，系坦白，可依法从轻处罚。但考虑到本案系在出租车上实施强奸行为，被害人又系未成年人，犯罪情节恶劣，社会危害性大，应酌情从重处罚。遂依据《刑法》第236条第1款、第25条第1款、第28条、第67条第3款之规定，以强奸罪判处被告人李某1有期徒刑2年。对于一审判决，被告人李某1表示服从，未上诉。

（三）争点整理

加害人在出租车内强奸同乘被害人，出租车司机言语劝阻无效后，按照加害人要求绕路行驶，协助加害人顺利完成犯行构成强奸罪帮助犯的，其行为类型属于作为犯还是不作为犯？还是同时成立作为犯和不作为犯？

（四）案例分析

1.作为犯和不作为犯的区分意义

区分作为犯和不作为犯，具有重大的理论意义。对此有学者总结称，“区分作为与不作为具有两个基本意义：（1）由于刑法以处罚作为犯为原则，以处罚不作为犯为例外，所以，作为被追究刑事责任的可能性大于不作为，故区分作为与不作为对决定行为人的行为是否构成犯罪具有一定意义。（2）对审查重点与判断顺序具有影响。在不作为中，审查的重点是行为人是否处于保证人地位；作为犯中不需要做此判断，而是需要重点审查行为是否符合构成要件。此外，一般来说，不作为犯的不法与责任略低于作为犯”①。而且，由于我国欠缺不真正不作为犯的明文规定，不作为犯的成立要件全部都是规范性要素，其适用标准不像作为犯那样明确，且具体的司法判断也会面临更多的不确定性，因此，一般认为，如果在个案中存在认定为作为犯的契机，以作为犯处理无疑是最优的选择。

而且，从逻辑上来讲，认定某行为属于作为还是不作为应当成为是否成立犯罪的起点。如前所述，作为义务的判断是不作为犯成立认定的起点，但这并不意味着所有犯罪判断的起点都应当首先判断作为义务。毕竟当行为人具有作为义务时，区分作为犯和不作为犯实益有限，个案中追究行为人的刑事责任不会面临太大争议。但是当行为人不具有作为义务时，是否成立作为犯就直接关系到犯罪成立与否的问题；如果不满足作为犯的构成要件，就自然得出不构成犯罪的结论。反过来讲，当比较容易得出作为犯的结论时，作为义务、作为可能性等不作为犯成立要素判断的必要性就大大降低。从这个意义上来讲，是否成立作为犯要比作为义务的判断更为重要，应优先考虑。

2.作为犯和不作为犯的区分标准

所谓作为犯和不作为犯的区分，直接体现为作为和不作为的区分。传统观点认为，

---

① 张明楷.刑法学：上.6版.北京：法律出版社，2021：191-192.

作为违反的是禁止规范，即表现为法律禁止做还去做；而不作为既违反禁止规范，同时还违反命令性规范，即表现为法律禁止做还去做，或者法律命令有义务做却不做。前者比如刑法禁止杀人，行为人仍然枪杀他人的；后者比如纳税人不得逃税，却涂改账本、销毁账册而不履行纳税义务的（禁止、命令规范违反说）。[①] 但正如有学者批评所指出的，类似于“杀人罪中所隐含的规范，到底是禁止规范还是命令规范，并不一定清楚。因为，杀人行为，既可以说是违反了‘不得杀人’的命令规范，也可以说是违反了‘禁止杀人’的禁止规范，因此，以违反什么样的规范为区分标准也并不一定妥当”[②]。

除了禁止、命令规范违反说，还存在能量说、因果关系标准说、可谴责性的重心说、作为优越说、法益平稳状态说以及折中说。[③]

能量说认为，“在特定方向上的能量投入”是作为，“在特定方向上的能量不投入”是不作为。针对一般情形而言，根据能量说能够得出妥当的结论，但是在诸如医生拔掉濒危患者呼吸机的案例中，该说认为这属于在特定方向上的能量不投入，应成立不作为犯，该结论有违常理，难言合理。

早期的因果关系标准说（以韦尔策尔等学者为代表）根据行为与结果之间是否有因果关系来区分作为和不作为，作为引起了结果，不作为没有引起结果。之后以阿明·考夫曼为代表的学者基于目的行为论立场对此提出修正，认为不作为与结果之间并非一概没有因果关联，而是不作为者因欠缺特定目的性，故与不作为本身之间欠缺因果关系。但不管如何修正因果关系标准，其得出的结论都是不作为与结果之间无因果关系，这将导致不作为犯只能成立行为犯或危险犯，实际发生的结果无法被评价，存在明显的处罚漏洞，而且这也与我国故意杀人罪、诈骗罪等处罚不真正作为犯的传统罪名均为结果犯的立法及司法实践不符。

可谴责性的重心说不同于能量说和因果关系标准说立足于事实的区分视角，其强调应当从行为的社会意义或可谴责性的重心来区分作为和不作为。如果可谴责的重心是作为，就评价为作为犯；如果可谴责的重心是不作为，就评价为不作为犯。但作为区分基准的“社会意义”或者“可谴责性重心”概念本身就不明确，可能直接导致判断过程过于随意，缺乏明确、具体的操作标准。

与上述观点不同，作为优越说则主张，将作为与不作为相互排他地加以区别是不可能的，只需要在探讨是否成立作为犯之后，再探讨是否成立不真正不作为犯问题就足够了。[④] 该说相比于其他学说，简洁明了、标准固定、操作性强，这是其优势所在。但不足之处也非常明显。该说只解决了作为和不作为判断的顺位问题，但未解决下一步如何判断是否成立作为犯。关于作为或不作为的区分问题本身，该说并未提供解决方案。

法益平稳状态说则立足于事实上的法益状态变化，认为“是作为还是不作为，均取决于与外界所发生的法益侵害或危险之间的关系。也就是，照此发展，原本不会发展至

---

① 高铭暄，马克昌. 刑法学. 10 版. 北京：北京大学出版社，高等教育出版社，2022：63.

② 黎宏. 刑法学总论. 2 版. 北京：法律出版社，2016：80.

③ 详细的学说梳理及介绍参见张明楷. 外国刑法纲要. 3 版. 北京：法律出版社，2020：78-79；吕翰岳. 作为与不作为之区分的目的理性思考：以德国判例与学说为借镜. 环球法律评论，2017（4）：97-101。

④ 山口厚. 刑法总论：第 3 版. 付立庆，译. 北京：中国人民大学出版社，2018：76.

法益侵害之时，改变事态进程，使其指向侵害的，就是作为；已经指向法益侵害之时，不改变事态进程的，就是不作为”①。换言之，“作为和不作为的区分，应当根据其行为构造即行为自身对外界的影响的角度来进行……所谓作为，就是使现实中平稳的法益状态恶化；而所谓不作为，则是不阻止正处在危险状态中的法益状态进一步恶化”②。

折中说认为，上述不同区分标准并非对立关系，更多是表述上的不同，提出“大体上可以从法益状态说与禁止、命令规范违反说的对应关系（事实与规范），同时考虑身体的积极动作与消极举止区分作为与不作为。如果法益没有面临危险而行为人以积极动作制造危险，或者法益面临较小危险而行为人以积极动作制造更大危险的，是作为，此时法律禁止行为人制造（更大）危险；反之，如果法益已经面临危险，具有保证人地位的行为人不消除危险的，则是不作为，此时法律要求行为人消除危险”③。

本书支持法益平稳状态说。理由在于：第一，作为区分的前提，区别作为和不作为本身有其必要性。如上所述，鉴于立法上我国无真正不作为犯的明文规定，理论上不作为犯成立要件的规范色彩浓厚等因素，优先认定为作为犯，存在天然的优势。从这个意义上来讲，作为优越说的主张是正确的。第二，不应承认作为与不作为的结合。当一个犯罪行为客观上既存在作为又存在不作为时，直接评价为作为犯即可，不作为没有独立评价的意义。比如，值班医生撤除患者身上生命维持装置的事例，形式上似乎存在积极的撤除和消极的不救助两个行为，但真正使患者面临（更大）生命危险的，是撤除生命维持装置的行为，而非不救助行为。不救助行为充其量只是撤除生命维持装置行为的反面规范评价或附随后果而已。至于类似于抗税罪的传统法定纯正不作为犯的情形，由于立法明文规定了其作为义务，因而不履行纳税义务的不作为，和作为手段行为的“暴力、胁迫”抗税的作为，二者同时存在，这是立法所导致的专属于法定不作为犯的情形，不能因此推导出不真正不作为犯的情况下也应存在作为和不作为的结合。第三，从犯罪的本质是侵害法益的角度来看，采用法益平稳状态说也更为合理。犯罪的行为方式包括作为和不作为，不管是作为还是不作为，都是对刑法所保护法益的侵害或有侵害的危险。换句话说，作为和不作为本身均蕴含着侵害法益的危险。如果是制造或强化了法益侵害危险，恶化了原本平稳的法益状态的，成立作为；反之，如果法益状态已面临威胁，应当采取措施阻止该危险状态进一步恶化而不采取的，则成立不作为。

本书认为，根据以上标准，李某1的行为可直接认定为作为方式的帮助犯。有观点从出租车司机负有安全保障义务的角度分析，认为李某1作为出租车司机对车内乘客遭受同乘人员的侵害行为有义务阻止或救助而不阻止、不救助，导致乘客遭受人身侵害的，应当成立他人犯罪的不作为方式的帮助犯。其依据是，《民法典》第822条规定，“承运人在运输过程中，应当尽力救助患有急病、分娩、遇险的旅客”。基于《民法典》所规定的法定义务以及承运合同的约定义务，司机有义务保障乘客的人身安全，尤其是当乘客“遇险”时，司机应当履行救助义务，如司机能够履行救助义务而不履行，导致乘客遭受

---

① 松原芳博.刑法总论重要问题.王昭武，译.北京：中国政法大学出版社，2014：69.
② 黎宏.刑法学总论.2版.北京：法律出版社，2016：80.
③ 张明楷.刑法学：上.6版.北京：法律出版社，2021：191.

侵害的，司机应当承担他人犯罪的不作为帮助犯的刑事责任。该观点立足于《民法典》的承运人的法定义务和承运合同的约定义务，进而从不作为角度探讨司机不救助或不阻止行为的刑事责任。在作为义务人仅有消极不履行义务的情形下可以做如此分析，但是在作为义务人存在明显地积极加功于他人的犯罪行为时，是否仍然适用，则不无疑问。

本案中，李某1客观上确实实施了没有救助被害人这一不作为，但除此之外，其还实施了其他的积极行为，比如“只要10多分钟的路程，李某1绕路30多分钟，使得李某2顺利强暴了王某某”，正如李某1供述称“如果当时直接开到汽车站，强奸就来不及发生”，可以说，正是被告人李某1听从李某2命令故意绕路，为李某2强奸被害人创造了条件；另外，有司法人员提出，在李某1已经明确知悉李某2要实施强奸行为的情况下，该出租车已经成为李某2实施强奸行为的犯罪工具，李某2强奸行为尚在实施过程中，李某1本应停车，却继续开车前行，为强奸行为的实施持续提供犯罪工具，如果没有出租车这一便利条件，那么李某2的犯罪就不会得逞。① 以上，不管是绕路拖延时间，还是到站不停车继续前行，均属于为李某2加害被害人积极创造条件，都进一步强化了被害人面临的被加害的危险程度，根据法益平衡状态说，这属于打破原有法益状态，制造或强化法益危险状态的行为，应直接认定为作为。因此，本案李某1故意绕路拖延时间、到站不停车继续前行等协助李某2强奸的行为，应认定为李某2强奸罪的作为方式的帮助犯。从法院在认定事实中强调“李某1按照李某2要求而驾车绕路至温州笔都一带再折回机场大道至汽车新城站，使李某2得以顺利地奸淫被害人”，以及在判决理由中未使用不作为术语等来看，意在说明李某1实施的是作为的帮助行为。从这个意义上说，法院未从不作为角度判决李某1构成李某2强奸罪的胁从犯，是正确的。②

但与之相反，有些判决在行为人存在明显作为因素的情况下，仍然认定不作为犯的做法，值得商榷。比如在祝某某故意杀人案中，被告人祝某某欲与被害人严某某继续保持情人关系遭拒后，频繁恶意骚扰、恐吓侮辱严某某，致严某某产生轻生念头，当严某某在祝某某家自残时，祝某某非但没有阻止和救助，反而“在严冬的夜晚将严某某背到路边凉亭，为严某某戴好帽子，拉上衣服拉链，将严某某伪装成在亭子休息；在他人来到楼下呼喊、寻找严某某时，其亦不向来人告知严某某的去向及受伤情况，致使被害人处于孤立无援的境地，丧失了取得他人及时救助的机会”。一、二审法院查明并确认以上事实，但最终仍以不作为的故意杀人罪追究祝某某的刑事责任，存在疑问。毕竟相比于屋内，将被害人挪到严冬夜晚的路边凉亭，并将被害人伪装成在亭内休息，这使得被害人被救助的可能性进一步降低，同时也使被害人被冻死或因其他因素死亡的可能的进程

---

① 党玉红.车内发生强奸案，司机却坐视不管，构罪否.河南法制报，2010-05-19（13）.

② 但现在看来，认定被告人李某1构成强奸罪的“胁从犯”或许存在疑问。在被告人李某1因该案被判强奸罪2年有期徒刑执行期间，因发现漏罪（2008年至2009年李某1在出租车上多次实施强奸），2012年李某1被温州市中级人民法院以强奸罪判处无期徒刑，李某1上诉后，浙江省高级人民法院裁定驳回上诉，维持原判，与前罪所判处的刑罚数罪并罚，决定执行无期徒刑，剥夺政治权利终身。据负责侦办该案的工作人员描述，“这是个胆子最小的嫌犯，也是个最配合的嫌犯，更是个忏悔最多的嫌犯，每次提审都会向受害人‘小梅’说‘对不起’的嫌犯……”，“真是想不到，太狡猾了，刑警也被骗了，见过会装的，没见过这么会装的。原来，所谓‘胆小的’、‘怕事儿’、‘最老实’，其实是李某1怕陈年余案被查出来”。[2023-11-06]. https://news.ifeng.com/c/7fa8uKUzdhU. 根据以上材料及办案人员的说法，原审认定被告人李某1成立强奸罪的胁从犯值得反思。

加快，属于明显的恶化法益危险状态的行为，完全可以直接认定为作为方式的故意杀人罪。况且，将已自残、急需救助的被害人搬到更不易被人发现且存活条件更差的环境中，无异于置被害人于死地，认定祝某某为作为的故意杀人罪，也更为合理、妥当。

案例 2-2　许某某故意杀人案[①]

（一）案情介绍

广东省高级人民法院审理查明：1998 年 10 月 22 日晚 9 时许，被害人罗某某与朋友陈某豪一起到紧邻珠江的广州市海珠区滨江西路 1 号亭酒吧喝啤酒。当晚 11 时许，罗某某邀约其女朋友何某红，何某红又邀约其朋友何某琳、霍某贤到 1 号亭酒吧喝啤酒。23 日凌晨 0 时许，上诉人许某某与同事杨某（已判决无罪）到 1 号亭酒吧找在该酒吧推销啤酒的杨某女朋友杨某梅并在该酒吧一起喝啤酒。凌晨 1 时许，罗某某在 1 号亭酒吧偶遇并邀请前同事钟某敏及钟某敏的朋友梁某演、符某民、卢某君一起喝啤酒。凌晨 3 时许，陈某豪在上厕所期间认识许某某，并在短暂闲聊后邀请许某某同桌喝酒，许某某遂叫上杨某去和陈某豪、罗某某、钟某敏等人一起喝啤酒。凌晨 4 时许，杨某梅在酒吧吧台与工作人员闲聊，霍某贤因喝酒过多走到江边呕吐且何某红、何某琳跟随照看，钟某敏与梁某演先后离桌上厕所，许某某、杨某、罗某某、陈某豪、符某民、卢某君则留在原处喝酒或闲坐。随后，杨某与罗某某在猜枚喝酒过程中发生争执，罗某某突持玻璃酒瓶（或杯）砸（或掷）击杨某头部致流血，陈某豪、符某民、卢某君见状离桌走开，许某某则起身质问罗某某，罗某某又持玻璃酒瓶砸击许某某头部致流血，许某某遂用拳脚还击罗某某，两人发生对打。罗某某因打不过许某某转身逃往珠江边，许某某紧追几米后将罗某某打倒在地并骑在罗某某身上继续殴打，罗某某挣扎起身，随后落入珠江并在水面上浮游。何某红、何某琳、霍某贤、梁某演闻讯先后赶到岸边并意图通过伸出手脚让罗某某攀拉、指引罗某某游往附近可上岸的石梯等方法救助罗某某上岸，许某某、杨某则在岸上朝河里的罗某某叫喊威吓并采取脚踢、言语恫吓等方法阻止何某红等人救助罗某某，何某红等人遂离开岸边找寻可搭救罗某某的竹竿等物品并报警求助，但公安人员接报到场后罗某某已不知所踪。同年 10 月 25 日，罗某某的尸体在广州市珠江西桥附近水面被发现。经鉴定，罗某某系因溺水死亡。

案发后，广州市公安局海珠区分局于 1998 年 10 月 25 日对被告人许某某取保候审，后许某某弃保潜逃，直至 2017 年 10 月 2 日被抓获。

（二）裁判经过

广州市中级人民法院认为，被告人许某某和被害人罗某某于案发当晚认识，发生冲突是因为许某某的朋友杨某被罗某某殴打，罗某某还使用啤酒瓶击打许某某的头部，故许某某向罗某某还击，并持续打斗。罗某某被许某某追打至酒吧的江边，已经没有还手

---

① 广东省广州市中级人民法院（2018）粤 01 刑初 260 号刑事附带民事判决书，广东省高级人民法院（2020）粤刑终 168 号刑事附带民事判决书。

之力，许某某仍继续殴打罗某某，存在故意伤害他人身体健康的主观故意；在罗某某跌入珠江后，许某某还向在河水中的罗某某叫嚷继续打架，其故意伤害行为具有连续性，故认定许某某的行为构成故意伤害罪。鉴于罗某某对本案的发生也有一定责任，在对许某某处罚时予以考量。综上，法院认为，被告人许某某故意伤害他人身体健康，致一人死亡，其行为已构成故意伤害罪，遂判处有期徒刑 11 年。

宣判后，被告人许某某不服，提起上诉。其理由是：罗某某系自己掉落水中，梁某演指证许某某用膝头将罗某某顶入珠江的证言是孤证，许某某没有将罗某某推打入水，没有在罗某某落水后阻止他人施救，对罗某某的溺水死亡没有故意而只有过失责任。

广东省高级人民法院二审认为，上诉人许某某在因故追打被害人罗某某的过程中导致罗某某落入珠江，在明知罗某某面临生命危险的情况下，不仅没有采取救助措施反而伙同他人阻吓罗某某靠岸自救及他人施救，最终发生了罗某某溺水死亡的结果，其行为已构成故意杀人罪，应依法惩处。鉴于罗某某对引发本案存在明显过错，许某某的主观恶性和人身危险性较小等具体情况，对许某某可酌情从轻处罚，故以故意杀人罪判处被告人许某某有期徒刑 11 年。

（三）争点整理

被告人许某某追打罗某某，致使罗某某跌入河中，不仅不予救助，反而阻止他人救助的行为，属于不作为还是作为方式的故意杀人罪？

（四）案例分析

针对上述案例中许某某行为的定性，存在大致三种观点：过失致人死亡罪、故意伤害罪以及故意杀人罪，分别为辩护人、一审法院以及二审法院所支持。其中，二审法院认为应当成立故意杀人罪的理由是：罗某某落水时正值深秋凌晨时分，气温水温较低，落水处江宽水深、水情不明且附近缺乏救助设备或设施，罗某某落水前已长时间大量酗酒且历经打斗追逐而体力不足、判断力下降，自救能力严重削弱，落水后如果没能及时获救，必然会在短时间内溺水死亡。而许某某作为一名智识正常的成年人，应当明知罗某某落水后面临的是死亡的紧迫危险而非健康受损的危险，然而其不仅不积极施救以消除该危险，反而伙同他人阻吓罗某某自救和他人施救，加剧并促使了该危险实现。根据社会经验法则，应当认定许某某主观上具有明知自己的阻吓行为会导致发生罗某某死亡的结果并且希望该结果发生的直接故意，而最终也导致了罗某某溺水死亡，因而应当认定许某某的行为构成故意杀人罪。

从以上裁判说理来看，二审法院认定罗某某构成故意杀人罪的理由，主要包括以下三点：（1）被告人许某某的追打行为客观上造成了罗某某落入珠江的结果，使其产生了法律上的救助义务；（2）被告人许某某未实施甚至阻止罗某某自救或第三人救助的行为导致了罗某某的死亡后果；（3）被告人许某某主观上对罗某某的死亡持直接故意态度。[①]显然，二审法院认为，本案中许某某既存在未予救助的不作为，也存在阻止救助的作为，

① 《刑事审判参考》2022 年总第 132 辑第 1484 号案例.

二者相结合，共同导致了罗某某的死亡。

对此，本书认为，本案无须认定许某某实施了不救助行为，只需要直接将阻止罗某某自救以及第三人救助的行为评价为故意杀人罪即可。理由在于：第一，仅就“阻止罗某某自救以及第三人救助”导致罗某某溺亡，即可评价为作为方式的故意杀人罪。在罗某某掉入水中后，其生命法益面临紧迫危险，如果得不到及时救助，随时可能溺亡。当何某红、何某琳、霍某贤、梁某演闻讯先后赶到岸边并意图通过伸出手脚让罗某某攀拉、指引罗某某游往附近可上岸的石梯等方法救助罗某某上岸时，相比于无人救助时生命法益所面临的紧迫危险，此时罗某某的生命法益所面临的危险已经趋于缓和，如果没有许某某等人的阻止救助行为，罗某某获救的可能性比较大。正是由于许某某等人阻止罗某某自救以及阻止何某红等人的救助行为，罗某某已经趋于缓和的生命法益危险进一步恶化。因此，不同于放任法益危险状态恶化的不作为，许某某等人的行为属于以积极动作进一步恶化法益所面临的危险状态的作为。而且，也正是由于阻止自救及第三人救助，罗某某才因未得到救助而最终溺亡，二者之间存在因果关系。这里将许某某的行为直接认定为作为方式的故意杀人罪，不仅避免了论证救助义务的实质根据，而且也无须查明罗某某掉入水中的真实原因（关于“许某某是否将罗某某推打入江的事实认定问题”，二审法院将其作为两大关键事实之一），既减少了证明内容，也降低了证明难度。第二，若抛开不履行救助义务这一不作为，不影响依然肯定许某某阻止救助行为成立故意杀人罪。不可否认，在已经肯定作为与危险结果之间存在因果关系的情况下，依然可以同时存在不作为，且肯定不作为与结果之间的因果关系，但当没有不作为，仅凭作为即可肯定作为义务人作为犯的刑事责任时，不作为犯的判断及成立即不再必要。正如有观点指出的，“积极的作为优先于有因果性的不作为的前提，是该积极的作为离开不作为也能构成结果的原因，即不实施这个作为是结果不发生的充分条件或者说整个因果流程不发生的充分条件”[①]。具体到本案，即使许某某未实施阻止罗某某自救及第三人救助的行为，由于可以说单纯不阻止行为就会大概率避免罗某某被淹死的结果，因此可以说阻止罗某某自救及第三人救助的行为是独立于不救助行为的，直接评价为作为方式的故意杀人罪就是妥当的。

第二节 作为义务的判断

案例 2-3 杨某某故意伤害案[②]

（一）案情介绍

河南省洛阳市涧西区人民法院经审理查明：被告人杨某某（案发时未满18周岁）因与

① 英格博格·普珀.德国刑法总论：以判例为鉴.徐凌波，喻浩东，译.北京：北京大学出版社，2023：394.

② 《刑事审判参考》2007年总第55辑第432号案例.

被害人张某某谈恋爱而产生矛盾，杨某某即购买两瓶硫酸倒入喝水的杯中，随身携带至其就读的洛阳市第一中学。2004 年 10 月 23 日 21 时 40 分许，杨某某在该校操场遇到张某某，两人因恋爱之事再次发生激烈争执，杨某某手拿装有硫酸的水杯对张某某说，“真想泼到你脸上”，并欲拧开水杯盖子，但未能打开。张某某认为水杯中系清水，为稳定自己情绪，接过水杯，打开杯盖，将水杯中的硫酸倒在自己的头上，致使其头、面、颈、躯干及四肢等部位被硫酸烧伤。经法医鉴定其伤情为重伤，伤残程度为一级。经鉴定，张某某先期手术治疗费用 50 000 元左右，后续费用至诉讼时尚无法评估。其受伤后，花去医疗费 43 756.48 元、鉴定费 1 270 元、交通费 863.5 元、住宿费 80 元、营养费 1 420 元、住院伙食补助费 1 420 元、后期治疗费 50 000 元、残疾赔偿金 57 411.6 元、护理费 103 250 元，共计 259 471.58 元。案发后，杨某某的亲属已先行支付给张某某医疗费 16 650 元。

（二）裁判经过

河南省洛阳市涧西区人民检察院以杨某某犯故意伤害罪，向涧西区人民法院提起公诉。审理过程中，附带民事诉讼原告人张某某与洛阳市第一中学自行达成协议，由洛阳市第一中学一次性付给张某某人民币 35 000 元（已执行），张某某及其法定代理人撤回对洛阳市第一中学的附带民事诉讼。涧西区人民法院认为，被告人杨某某明知自己的行为会造成他人身体伤害，仍放任伤害结果的发生，致他人严重残疾，以故意伤害罪判处被告人杨某某有期徒刑 10 年。

一审宣判后，杨某某不服，提起上诉。其上诉理由是：（1）其主观上只想拿硫酸吓唬被害人，无伤害故意；（2）被害人受伤后，其还追着让被害人赶紧去医院；（3）本案起因是违反中学生早恋规定引发，被害人在案件起因上有过错；（4）其系未成年人，原判对其量刑过重。请求二审减轻处罚。

洛阳市中级人民法院经审理认为，上诉人杨某某在谈恋爱的过程中，因被害人提出分手而心怀恼恨，即购买危险品硫酸随身携带。当二人为恋爱发生争执，被害人误将上诉人预备的硫酸倒向本人身上时，上诉人明知该行为会造成被害人的人身伤害，仍放任伤害结果的发生，致被害人重伤并造成严重残疾，其行为已构成故意伤害罪，且后果严重。原审法院鉴于上诉人犯罪时未满 18 周岁，其行为系间接故意犯罪，主观恶性相对较小，又系初犯、偶犯，其亲属能赔偿附带民事诉讼原告人的部分经济损失等情节，对其从轻判处有期徒刑 10 年并无不当。原判认定事实和适用法律正确，量刑适当，审判程序合法。上诉人杨某某提出减轻处罚的上诉意见，不予采纳。遂依照《刑事诉讼法》第 189 条第 1 项之规定，裁定驳回上诉，维持原判。

（三）争点整理

因恋爱产生矛盾，男方事先将硫酸装入水杯，女方误以为是清水而将硫酸倒在自己头上（导致重伤）的，男方是否具有阻止义务？

（四）案例分析

我国传统理论关于作为义务来源的探讨，先后经历了形式的三分说（法律明文规定的义务、职务或业务上要求的义务、先行行为引起的义务)①、形式的四分说(增加了法律行为引起的义务)② 和形式的五分说(又增加了公共秩序和社会公德要求承担的义务)。③

显然，形式的作为义务说呈现出表现形式逐渐扩张、处罚范围不断扩大的趋势。但不管是形式的三分说、四分说还是五分说，其面临的共同问题在于无法为不真正不作为犯的行为人的处罚提供实质根据。比如，虽然《民法典》规定了夫妻有相互扶养的义务、父母有抚养子女的义务、子女有赡养父母的义务等家庭成员之间的义务，但夫妻之间、父母子女之间不履行上述义务的，并不会当然成立遗弃罪，而是完全可能成立不作为方式的故意杀人罪。又如，成年公民不履行《消防法》第44条第1款规定的“任何人发现火灾都应当立即报警”义务的，即使造成严重后果，也不会成立不作为的放火罪或其他犯罪。而且，形式的作为义务说在论及法律明文规定的义务时指出，“违反非刑事法律明文规定的义务，并非都构成不作为的义务根据，只有其中经过刑法认可或要求的，才能视为作为义务的根据”，而且，“对于法律没有直接规定的，要根据案件的具体事实，运用法理，分析有关法律规范的内涵，以及行为人同所发生的法律事件的关系，加以确定”④。其逻辑是只有形式的法律义务同时为刑法所认可或要求的，才能作为刑法上作为义务的根据。但这只适用于真正不作为的场合，对欠缺刑法明文规定的不真正不作为犯无法适用。

近年来，受德日等大陆法系刑法理论的影响，实质的作为义务说受到越来越多学者的支持。该说的基本立场是，要实现不作为和作为的等价，应当将作为义务的判断重点，从形式作为义务说所侧重的“规范”视角向“事实”视角转变，只有当行为人对结果的发生与否起支配作用时，才能肯定行为人有作为义务。具有代表性的观点包括：(1)“排他性支配说”。该说的代表性学者是黎宏教授，其认为“不真正不作为犯的作为义务的实质根据在于，行为人主动设定了对法益的排他性支配”，包括“行为人通过中途介入而掌控因果关系的发展进程”和“行为人亲自设定面向结果的危险，并对该危险的流向进行支配”两种场合。⑤ (2)“先行行为说”(又称“危险前行为说”)。该说为周光权教授所主张，其认为“对所有不作为犯的作为义务的判断，都应该设定一元的标准，对此，是否掌控着能够指向结果、足以造成法益危险的先行行为(危险前行为)是判断的关键”，具体包括由行为人先前所实际实施的行为(事实论、存在论意义上的先行行为)和由行为人“无形的手”所持续实施的行为(规范论、实质论意义上的先行行为)两种情形。⑥ (3)“结合说”，即实质作为义务和形式作为义务相结合。如张明楷教授提出，不真正不作为犯作为义务的实质根据包括“对结果发生原因的支配地位”、“对结果发生进程的支配地位”以及“对结果发生领域的支配地位”，具体表现为三种形式：“基于对危险源的支配产生的监督义务”、“基于与法益的无助(脆弱)状态的特殊关系产生的保护义务”

---

① 高铭暄，马克昌.刑法学.北京：中国法制出版社，1999：132.

② 高铭暄，马克昌.刑法学.10版.北京：北京大学出版社，高等教育出版社，2022：63-66.

③ 刑法学编写组.刑法学：上册·总论.2版.北京：高等教育出版社，2023：128.

④ 高铭暄，马克昌.刑法学.10版.北京：北京大学出版社，高等教育出版社，2022：64.

⑤ 黎宏.刑法学总论.2版.北京：法律出版社，2016：85.

⑥ 周光权.刑法总论.4版.北京：中国人民大学出版社，2021：111-112.

以及“基于对法益的危险发生领域的支配产生的阻止义务”[①]。同样，陈兴良教授在支持传统形式四分说的基础上，提出“在认定不纯正的不作为的时候，对作为义务的实质判断中，是否具有原因设定和结果支配，是重要的根据。原因设定是指不作为者在该不作为成立之前，必须自己设定倾向侵害法益的因果关系，它是具有实质性意义的等价值的判断标准。结果支配是指对结果发生具有支配性。结果支配涉及行为对于结果发生的实质上的掌控，而不满足于是否具有形式上的作为义务，从而起到限定不作为的作为义务的作用”[②]。如此等等。

本书原则上赞成“排他性支配说”，但同时认为“排他性”要件并不必要。

正如有学者所批评的，“不仅在过失犯领域通常是承认同时犯的，而且故意犯也可以被认定为同时犯。由于同时犯不可能肯定对因果经过的排他支配，所以就不能把对因果经过的排他支配当成作为犯的特征。从而，排他的支配也就同样不能成为不作为犯的成立条件”[③]。而且，“排他性支配设定的实质仍然是法益存在紧迫的危险。如果排他性支配设定并非产生紧迫危险，则不可能存在作为义务”[④]，比如在不保护脆弱法益主体的场合，即使监护人对脆弱法益主体遭受法益侵害存在某种排他性支配，但如果这种危险并非紧迫，就不存在作为义务的判断问题。另外，当多人可以实施作为避免结果发生，但除了其中一名作为义务者有意作为，其他人均无意作为时，这些人无异于“路边之石”，此时否认该作为义务者负有作为义务，也明显不妥。比如，母亲眼看自己的小孩掉入水池而不救助，此时即使池边还有其他路人可以施救，也同样可以认为母亲支配着孩子生命法益的危险进程。

另外，“排他性支配说”主要解决的是一次性、偶发性的事例样态，对于基于特定身份的保护、监护关系这种恒常性的样态来说，也难以提供理论根据。比如，作为典型且常见案例的监护人不保护被监护人导致被监护人法益受到侵害或者不阻止被监护人实施法益侵害行为的场合，无论是通过“中途介入而掌控因果关系的发展进程”，还是“亲自设定面向结果的危险并对该危险的流向进行支配”等，都无法准确解释为何监护人对被监护人法益保护及防止被监护人实施法益侵害行为处于支配地位，毕竟将生养被监护人评价为“亲自设定面向结果的危险”难免过于宽泛和随意。此时不得不承认某种例外，“像这种法益的存续恒常性地依存于特定人的活动，社会维系以此为当然前提的场合，由于能够设想，当然应由该特定的人来避免法益侵害，因此，怠于实施避免行为而产生了法益侵害的，特定的人的这种态度，就能被视为‘引起了法益侵害’”[⑤]，即基于这种特定身份的保护、监护关系，在法律上监护人应当保护被监护人的法益免受侵害，同时也应监督被监护人使其不实施侵害他人法益的行为。

---

① 张明楷.刑法学：上.6版.北京：法律出版社，2021：198-205.

② 陈兴良.规范刑法学：上册.4版.北京：中国人民大学出版社，2017：124.

③ 付立庆.刑法总论.北京：法律出版社，2020：134.

④ 张明楷.刑法学：上.6版.北京：法律出版社，2021：198.

⑤ 松原芳博.刑法总论重要问题.王昭武，译.北京：中国政法大学出版社，2014：75.

案例 2－4　乐某故意杀人案[①]

（一）案情介绍

江苏省南京市中级人民法院查明：被告人乐某系非婚生子女，自幼由其祖父母抚养，十六岁左右离家独自生活，有多年吸毒史，曾因吸毒被行政处罚。2011 年 1 月乐某生育一女李梦某（殁年 2 岁，生父不详）后，与李文某同居。2012 年 3 月乐某再育一女李某（殁年1 岁）。在李文某于 2013 年 2 月 27 日因犯罪被羁押后，乐某依靠社区发放的救助和亲友、邻居的帮扶，抚养两个女儿。乐某因沉溺于毒品而疏于照料女儿。2013 年 4 月 17 日，因乐某离家数日，李梦某由于饥饿独自跑出家门，社区干部及邻居发现后将两幼女送往医院救治，乐某于当日将两女接回。2013 年 4 月底的一天下午，乐某将两幼女置于其住所的主卧室内，留下少量食物、饮水，用布条反复缠裹窗户锁扣并用尿不湿夹紧主卧室房门以防止小孩跑出，之后即离家不归。乐某离家后曾多次向当地有关部门索要救助金，领取后即用于在外吸食毒品、玩乐，直至案发仍未曾回家。6 月 21 日，社区民警至乐某家探望时，通过锁匠打开房门后发现李梦某、李某已死于主卧室内。经法医鉴定，两被害人无机械性损伤和常见毒物中毒致死的依据，不排除其因脱水、饥饿、疾病等因素衰竭死亡。6 月 21 日，公安机关将乐某抓获归案。经司法鉴定，乐某系精神活性物质（毒品）所致精神障碍，作案时有完全刑事责任能力。

（二）裁判经过

江苏省南京市人民检察院以被告人乐某犯故意杀人罪提起公诉。江苏省南京市中级人民法院经审理认为：被告人乐某身为两被害人的生母，对被害人负有法定的抚养义务。乐某明知两年幼的被害人无人抚养照料，其不尽抚养义务必将导致两被害人因缺少食物和饮水而死亡，却仍然将两被害人置于封闭房间内，仅留少量食物和饮水，离家长达一个多月，不回家抚养照料两被害人，在外沉溺于吸食毒品、打游戏机和上网，导致两被害人因无人照料饥渴而死。乐某主观上具有放任被害人死亡的间接故意，客观上造成两被害人死亡的结果，其行为构成故意杀人罪。公诉机关指控被告人乐某的罪名成立。乐某在负有抚养义务、具备抚养能力的情况下，不履行抚养义务，造成两被害人死亡，情节特别恶劣，后果特别严重，鉴于被告人乐某审判时系怀孕的妇女，且归案后认罪态度较好，依照刑法规定，认定被告人乐某犯故意杀人罪，判处其无期徒刑，剥夺政治权利终身。

一审宣判后，被告人乐某未提起上诉，检察机关亦未抗诉，一审判决已发生法律效力。

（三）争点整理

乐某救助义务的根据何在？

---

① 江苏省南京市中级人民法院（2013）宁少刑初字第 5 号刑事判决书．该案被选入“2014 年最高人民法院依法惩治侵犯儿童权益犯罪五起典型案例”。

（四）案例分析

本案为讨论不真正不作为犯的典型事例。首先可以确定的是，不论基于何种学说或理论，均肯定本案中的母亲具有抚养、救助未成年子女，尤其是婴幼儿的义务。问题只在于，哪种理论更有说服力。周光权教授将这种义务来源理解为规范层面的先行行为（与事实层面的先行行为相对应），即由行为人基于脆弱法益保护这种特殊身份关系这一“无形的手”所持续实施的行为，这种特殊法益保护关系自产生的那一刻就存在，行为人一旦放弃对法益的保护，该行为就是危险前行为。① 而张明楷教授则将其归类为“基于与法益的无助（脆弱）状态的特殊关系产生的保护义务”，在监护人不救助被监护人的场合，这种义务有赖于法规范，即法规范将法益保护托付给特定的行为人即监护人，监护人的不保护就成为结果发生的原因。② 此外，黎宏教授将这种情况评价为行为人处于防止结果发生的事实上的控制地位的情形，只不过其认为处于防止发生结果的原因地位，并非一律通过实施支配结果行为来形成，例外情况下，在类似于被监护人的保护依赖于监护人的场合，即便行为人没有着手支配结果的行为，也属于行为人处于实际控制结果发生的地位。③

以上三种观点的共性之处在于意图从因果进程支配的角度来寻找监护人承担作为义务的实质根据，只不过第一种观点将基于特殊身份关系这一要素“规范性”地评价为某种“先行行为”，努力实现将先行行为作为不作为义务来源的传统立场保持一致，而后两种观点是将这种特殊身份关系评价为脆弱法益具体依赖特定主体时自然存在作为义务的情形。第一种观点形式上保留了传统“先行行为说”的立场，但把基于特殊身份这种情形所实施的持续性行为评价为先行行为，难免突破了先行行为本身的语义范围，而且将“放弃法益保护”等同于危险前行为，也有混淆先行行为和不作为行为本身之嫌。因此，本书认为后两种观点更为可取。同时本书认为，后两种观点其实并没有本质的不同，二者都是在先行行为创设法益侵害危险产生作为义务这一事实性的作为义务来源之外，从基于法律规范的脆弱法益保护这一规范性视角探讨作为义务来源。二者不同之处只在于，第二种观点除从实质层面坚持对结果发生与否的支配之外，还意图通过某种形式的标准对实质的作为义务根据进行限定。在脆弱法益保护的场合，这种限定就来源于法律规范。因此，相比较而言，第二种观点在形式上强化了对脆弱法益主体保护的类型性和明确性，保障了国民的预测可能性，起到了一定的宣示意义，更为可取。

据此，本案中，乐某负有救助两被害人、避免两被害人因缺少食物和饮水而死亡的作为义务，这不仅来源于形式上的“法定抚养义务”，更来源于实质上两被害人的生命安危随时依赖于作为监护人的乐某。本案中，两被害人年龄分别为一岁和两岁，尚无独立生存能力和自我保护能力，其生命安危依赖身为父母的监护人。尤其是在居家抚养期间，即处于房屋这一封闭空间内，两被害人的生命安全保障完全取决于父母是否履行监护职

---

① 周光权.刑法总论.4版.北京：中国人民大学出版社，2021：112.

② 张明楷.刑法学：上.6版.北京：法律出版社，2021：203.

③ 黎宏.刑法总论问题思考.2版.北京：中国人民大学出版社，2016：145－146.

责。换言之，作为婴幼儿的两被害人，其生命具体依赖作为监护人的母亲乐某。况且，在乐某单独抚养两被害人的情况下，乐某对两被害人因缺少食物和饮水而死亡的后果处于绝对控制地位。因此，结合形式上的法定抚养地位和实质上的对被害人死亡因果进程的支配这两个角度，即可回答本案乐某的作为义务的根据问题。从这个角度来说，法院的裁判说理是正确的。

第三节　作为可能性的判断

案例 2-5　杨某故意杀人案[①]

（一）案情介绍

2014 年 10 月 17 日 3 时许，被告人杨某与丁某 2（男，46 岁，系杨某之夫，经鉴定无刑事责任能力，已被强制医疗）共同来到丁某 2 父母即被害人丁某 1（男，殁年 83 岁）、杜某 1（女，殁年 76 岁）的家中，双方发生争吵，后丁某 2 在客厅持菜刀，反复砍击被害人丁某 1、杜某 1 头面部及双上肢，致二被害人伤重倒地。被告人杨某在明知其夫丁某 2 患有精神疾病，并正在实施故意杀人行为的情况下，仍未实施合理的制止、呼救行为，并在明知二被害人尚未死亡之时，与丁某 2 关闭室内灯及房门后离开现场，后续亦未有任何施救行为。回到家中后，杨某随即将自己所穿的鞋子、衣服予以清洗。当日 17 时 20 分许，二被害人的女儿丁某 3 前往看望二被害人，方发现二被害人遇害，遂报警。经鉴定，被害人丁某 1 符合被他人用锐器反复砍击头面部及双上肢致创伤失血性休克合并颅脑损伤死亡，被害人杜某 1 符合被他人用锐器反复砍击头面部及双上肢致创伤失血性休克死亡。当日 22 时许，被告人杨某经公安机关电话传唤到案。

（二）裁判经过

北京市海淀区人民检察院指控被告人杨某犯故意杀人罪，向海淀区人民法院提起公诉。北京市海淀区人民法院经审理认为，被告人杨某作为精神病人丁某 2 的法定监护人，且作为二名被害人的儿媳，明知其所监护的精神病人正在实施杀害二被害人的行为，而未及时采取有效的制止、呼救措施，其不作为与二被害人的死亡之间存在因果关系，其行为已构成故意杀人罪，应予惩处。海淀区人民检察院指控被告人杨某犯故意杀人罪的事实清楚，证据确实充分，指控罪名成立。最终法院以故意杀人罪判处被告人杨某有期徒刑 3 年，缓刑 5 年。

（三）争点整理

1. 杨某是否具有阻止丁某 2 故意杀人的义务？

---

① 北京市海淀区人民法院（2015）海刑初字第 2799 号刑事附带民事判决书.

2. 杨某客观上是否具有阻止或救助的可能性？

3. 杨某的不阻止、不救助行为成立故意杀人罪的正犯（实行犯）还是共犯（帮助犯）？

（四）案例分析

1. 关于杨某是否具有阻止丁某 2 故意杀人行为的义务

关于杨某是否具有作为义务，法院判决特别作如下评析："本案中被告人作为义务的主要来源是基于其作为监护人的特定身份。经查，丁某 2 虽患有偏执型精神分裂症并曾经住院治疗，但在 2012 年与杨某登记结婚时能按时领取药品，案发前一个月因停药才导致病情复犯。丁某 2 在登记结婚前后没有处于发病期，具备结婚的意识能力。丁某 2 与杨某登记结婚，系双方真实意思表示，其婚姻合法，并未被依法宣告无效。丁某 2 的残疾人证在被告人杨某手中，被告人杨某对于丁某 2 的精神疾病应当知情，被告人杨某是丁某 2 的法定监护人，负有对丁某 2 进行监护的法定义务。被告人杨某在精神病人丁某 2 实施杀害二被害人时，当然负有救助义务和阻止义务。"从以上评析理由及说辞来看，法院是基于杨某系丁某 2 的法定监护人这一形式上的特定身份肯定杨某具有作为义务的。

本书认为，法院的这一说理基本正确，但同时需要进一步的阐明。《民法典》第 28 条规定了配偶是无民事行为能力成年人的第一顺位监护人，第 34 条也规定了监护人的职责是代理被监护人实施民事法律行为，保护被监护人的人身权利、财产权利以及其他合法权益，同时第 1188 条第 1 款又规定了无民事行为能力人、限制民事行为能力人造成他人损害的，由监护人承担侵权责任。据此，可以首先确定的是，根据第 34 条的规定并不能得出监护人负有阻止被监护人犯罪的义务，该条只是从保护被监护人利益角度来规定监护人的监护职责，而不包括为了保护他人利益监督被监护人的行为。因此，为监护人承担阻止被监护人犯罪的义务寻找根据，就只能从《民法典》第 1188 条第 1 款的规定入手。该条规定的是被监护人造成他人损害时，监护人应当承担侵权责任。这就意味着监护人要对被监护人的法益侵害行为履行监督和制止义务。采取实质的作为义务说立场的学者，一般将其归类为"对危险源的支配"，即危险源本身就是导致结果发生的原因，行为人处于控制危险源的地位，因而支配了结果发生的原因。① 在被监护人实施法益侵害行为，尤其是被监护人属于未达到刑事责任年龄或精神病人而无法承担刑事责任的情况下，基于法律上的监护关系，监护人对被监护人的行为负有监督义务，当被监护人实施侵害他人法益的行为（包括一般侵权和犯罪）时，应当予以制止。

2. 关于杨某客观上是否具有阻止或救助的可能性

法律不强人所难。即便是肯定了作为义务，但是当作为义务人欠缺作为可能性时，也不会成立不真正不作为犯。如在本案中，被告人杨某及其辩护人提出，杨某"不是不想救助，而是不能救助"的辩解及辩护意见，意图证明杨某的不作为欠缺作为可能性，不应成立不作为犯。为此，法院总结的争议焦点之一是"杨某是否在具有作为可能性的情况下未作为"。但值得注意的是，由于在欠缺作为可能性时，无论如何不成立不作为

---

① 张明楷. 刑法学：上. 6 版. 北京：法律出版社，2021：198.

犯，因此，实践中，真正成为判断争点的不是作为可能性，而是“作为容易性”。本案即为典型。

本案中，法院在判决说理中主要是从杨某容易阻止丁某2的杀人行为而不阻止，进而肯定其具有作为可能性的。具体包括：(1) 杨某作为丁某2的法定监护人，其应当预料到处于发病期的丁某2深夜前往其父母家中，可能会造成某种程度的危害后果，但其未采取预防措施。被害人丁某1给被告人杨某的短信中提及，案发前天半夜丁某2就曾去敲二被害人的房门，丁某1明确告诉杨某，要其叮嘱丁某2按时打针吃药。丁某2两次深夜前往被害人住处，实属异常，杨某应当知道丁某2有精神病，而且正在发作。虽杨某未必能预料到丁某2去其父母家中是为了实施杀人行为，但足以认定杨某对于危害结果的发生存在盖然性的认识。(2) 在丁某2砍杀、殴打被害人时，杨某未尽到合理的监护义务。被告人杨某供认其目睹了丁某2与被害人丁某1的打斗，整个冲突过程持续有10分钟左右，其在此过程中，曾进出过现场内的多个卧室，知晓被害人正在遭受伤害，生命处于极端危险当中。本案无证据表明丁某2在案发当时有伤害杨某的故意，二被害人系高龄老人，且与被告人杨某无仇怨，他们加害被告人杨某的可能性也微乎其微。案发现场的每个卧室都有可正常开关的房门和可对外打开的窗户，在没有人刻意大声开窗呼救的情况下，邻居王某都能听见事情的大致过程，如果杨某在看到肢体冲突时，立刻进入房间，关上房门，开窗呼救、报警或者利用手机拨打“110”，理应能增加犯行被制止和被害人获救的可能性，且未必会增加其受人身伤害的风险。(3) 在丁某2砍杀、殴打被害人之后，被告人杨某仍旧未尽到合理的监护义务，未采取任何救助措施。被告人杨某在离开现场时，二被害人都在客厅，一人处于电灯开关的旁边，另一人处于客厅的房门口，现场有大量血迹，被告人杨某也听到了呻吟声，其必然知道二被害人已被严重伤害的事实，但其仍旧先于丁某2走出房间，并未采取任何呼救措施。诚然，现有证据无法证明二被害人的具体死亡时间，不排除二被害人此时即使得到医疗救助，仍旧会死亡的可能，但被告人杨某在先于丁某2走出房间，自身已经脱离所谓的危险状态时，仍未立刻向邻居求救或打电话报警，而是在丁某2撞上房门后，跟其一块离开现场，将奄奄一息的二被害人留在凌晨三点的封闭室内，事实上将二被害人获救的可能性降至最低。

分析以上三点理由会发现，第三点理由主要是从监护人不阻止被监护人实施犯罪这一不作为犯罪所产生的不救助被害人角度来论证监护人容易实施救助行为，与监护人容易阻止被监护人实施犯罪是两个不同问题。但是，在前两点理由中，第一点理由强调杨某应当认识到发病期的丁某2已两次敲被害人家房门，存在对丁某2再次到被害人家并造成严重结果的高度盖然性，第二点理由强调在冲突发生的10分钟左右时间内，杨某“立刻进入房间，关上房门，开窗呼救、报警或者利用手机拨打‘110’”并无明显难度，而且也未必会增加其个人遭受人身伤害的风险，这些都意在说明，在丁某2整个犯罪过程中，杨某客观上容易预料到发病期的丁某2再次实施危险行为，且在丁某2实施杀人行为的10分钟左右时间内，通过借助外力的方式阻止丁某2的杀人行为也“并无明显难度”，即杨某客观上存在作为可能性。

而且，是否具有作为可能性或者作为容易性，应当以作为义务人个人的能力为标准。

如上，作为可能性是不真正不作为犯的独立成立要素，仅次于作为义务要素，二者均属于构成要件要素。只不过，作为可能性有无及其高低与否的判断，必须结合具体案件情况、站在作为义务人个人的角度来作出判断。当作为义务人根据当时的实际情况及个人能力无法履行作为义务时，成立不能犯。反之，则应成立不作为犯。正如本案，法院第一点理由并非单纯根据监护关系得出杨某具有作为能力，而是强调“被害人丁某1给被告人杨某的短信中提及，案发前天半夜丁某2就曾去敲二被害人的房门，丁某1明确告诉杨某，要其叮嘱丁某2按时打针吃药”，据此杨某对丁某2处于发病期、应当按时打针吃药等存在较高的认识能力。第二点理由则强调在案发的10分钟左右时间内，杨某完全有能力通过自我阻止（即使杨某称自我阻止能力受限的辩解成立）之外的其他方式来阻止丁某2的杀人行为。以上理由都是综合本案所有证据及材料细节，从杨某个人角度来肯定其当时是容易实施阻止行为的。因此，本书认为，法院对杨某及其辩护人的辩解及辩护意见不予采纳，是正确的。

3. 关于杨某的不阻止、不救助行为成立故意杀人罪的正犯（实行犯）还是共犯（帮助犯）

不阻止他人犯罪的行为，成立正犯（实行犯）还是共犯（帮助犯），直接关系着对作为义务人的处罚轻重。我国《刑法》第27条规定，在共同犯罪中起次要或者辅助作用的，是从犯。对于从犯，应当从轻、减轻或者免除处罚。如果认定为从犯，则作为义务人存在法定的从宽处罚根据。

对此，存在三种代表性观点：原则正犯说、二分说以及原则共犯说。[①] 下文简单予以介绍。

原则正犯说来源于义务犯论，代表人物是德国学者罗克辛。该说基于不作为犯特殊的行为结构，认为不作为犯的实行行为性不在于行为控制，而在于义务违反，义务违反赋予了不作为犯的实行行为性。当作为义务人违反作为义务时，原则上成立正犯；除非在以下三种情况下，不作为的参与者才能成立帮助犯：亲手犯（如父亲不阻止自己的子女之间的乱伦行为）、目的犯（如盗窃罪）和不作为人的保证人地位仅在于应当阻止他人的帮助行为（如父亲不阻止自己孩子为他人的伤害行为提供帮助）。[②] 但该说最明显的不足之处在于，作为方式的参与者尚且存在成立从犯的可能，不作为方式的参与者却一律成立正犯，容易导致不作为参与处罚的重刑化；尤其是在未遂的场合，考虑到我国仅处罚重罪未遂、不处罚轻罪未遂的实践传统，以作为的方式参与犯罪未遂者（即作为形式的帮助未遂）尚且可能不被处罚，但以不作为的方式参与犯罪的未遂者（即不作为形式的帮助未遂）可能成立正犯未遂而受到处罚，也难言合理。

之后以雅各布斯为代表的学者在义务犯论的基础上，又提出管辖理论，认为义务犯具有区别于支配犯的正犯原理，支配犯是基于“组织自由和结果责任互换”立场，让破坏组织自由的人对该结果负责，而义务犯是基于维持社会中重要制度的立场，让具有

---

① 关于三种立场的详细学术梳理，参见何龙. 不阻止他人故意犯罪的行为性质认定. 中外法学，2017 (6)：1480－1498。

② 克劳斯·罗克辛. 德国刑法学总论：第2卷. 王世洲，译. 北京：法律出版社，2013：505.

“（源于制度的）特别义务”者对该结果负责。这种区别与作为犯和不作为犯的区别无关，不论是支配犯还是义务犯，都可以通过作为或者不作为来实现。在支配犯场合，由组织管辖者对被害结果承担正犯责任，“是谁‘组织管辖’的结果”以及“组织管辖的‘量’”都会成为区分正犯和共犯的考察因素。而在义务犯场合，“特别义务者”对（源于制度的）“特别义务”的侵害是最重要的、“一身专属”的，不存在“量”的问题，只存在“质”的问题，只要存在义务而不履行义务就恒常性地成立正犯，而无“从属性”共犯存在的可能。① 该观点在我国也不乏支持者。② 该说虽然承认并非所有的不作为犯都是义务犯，并非所有的不作为犯都是正犯，巧妙地回避了根据义务犯理论所遭致的诸如“作为方式参与尚可成立共犯，而不作为方式参与却总是成立正犯”等批评，但同时也存在正面肯定作为帮助的正犯性，完全无视不作为与作为在存在论上的构造差异的做法，可能导致对构成要件定型性功能的淡化甚至破坏等诸多不足。

二分说，又称义务区别说。该说以德国学者施罗德、日本学者山中敬一为代表，我国亦有学者支持此说。③ 该说认为，作为义务分为“保护法益义务”（或照料性保证人义务）和“阻止犯罪义务”（监护性保证人义务），违反前者原则上成立正犯，违反后者原则上成立帮助犯。确实，根据该说得出的结论或许具有直觉上的妥当性，容易被人接受，且客观上通过义务内容来区分正犯和共犯，在标准统一性这一点上也是其长处，但是该说同样存在明显缺陷。例如，义务区分方法本身不尽合理，毕竟从语言学或逻辑学上看，这两种义务本来就是同一义务的不同侧面；又如在作为义务人同时违反保护法益义务和阻止犯罪义务的情形时，该说将无法解决。

不同于义务犯论、管辖理论和二分说所立足的义务犯模式，采因果关系模式的学者则大多支持原则共犯说，代表学者是日本的山口厚教授。其认为“故意实现构成要件该当事实的直接作为者支配着结果发生的原因，与此相对，对此以不作为参与者，原则上应否定对结果原因的支配，因此不能成立不作为的正犯，而仅限于成立作为正犯者的共犯……在不作为帮助场合成为问题的是，作为义务并非直接防止和回避结果发生的义务，而是阻止正犯之实行的义务，当怠于履行该义务使得正犯实行变得容易时，可以认为成立不作为的帮助”④。我国学者黎宏教授也持该立场，提出“将不阻止他人犯罪理解为不作为参与的场合，实际上是不阻止者与他人一道，共同引起了作为犯的犯罪结果，其中，未被阻止的他人起着主导支配作用，成立主犯即正犯；而不阻止者基于其义务性质以及实际所起的作用，只能实质地评价为共犯即帮助犯”⑤。

本书原则上赞成原则共犯说。在不阻止他人故意犯罪的场合，由于作为者直接支配着事态的发展，不作为者原则上应否定具有支配地位，成立帮助犯；而只有对结果的发生（与作为者）共同起支配作用者，才成立片面共同正犯。并且，这种支配性，始于发生结果的原因，终于实行行为终了。具体来讲，不阻止他人故意犯罪的行为，可以分为

---

① Günther Jakobs. 支配犯および義務犯における関与. 阿部純二、緑川邦夫，译. 法学，1993（3）：45.
② 何庆仁. 义务犯研究. 北京：中国人民大学出版社，2010：284.
③ 刘凌梅. 帮助犯研究. 武汉：武汉大学出版社，2003：151.
④ 山口厚.『刑法総論〔第3版〕』. 東京：有斐閣，2016：90.
⑤ 黎宏. 不阻止他人犯罪的刑事责任. 中国法学，2020（4）：218.

“阻止犯罪行为”和“防止犯罪结果发生”两个阶段。其中，“阻止犯罪行为”阶段，只存在单纯地“不阻止”行为，作为义务者原则上成立片面帮助犯，例外成立片面共同正犯；而在“防止犯罪结果发生”阶段，根据作为义务者介入时点的不同，又存在单纯“不防止犯罪结果发生”行为以及“不阻止且不防止犯罪结果发生”行为两种情形。其中第一种情形，因不存在犯罪参与问题，直接按照不作为单独正犯来处理；第二种情形，作为义务者成立片面帮助犯和单独正犯的竞合，根据吸收犯的处理原则，成立单独正犯。

因此，本案中，当患有精神疾病的丈夫丁某2杀害自己父母时，作为监护人的妻子杨某有阻止丈夫杀人的义务，其不阻止行为成立不作为的故意杀人罪的帮助犯；而当丈夫已经将其父母砍倒在地准备离开时，杨某明知二被害人尚未死亡，有采取拨打120或呼救等方式防止二被害人死亡的义务，其不防止行为亦可能成立不作为故意杀人罪的单独正犯。此时，妻子存在数个行为：不阻止行为和不防止行为。前者是后者实施的必经阶段，可以评价为广义的不防止法益被侵害的手段行为；两者存在吸收关系，可以按照吸收犯的处理原则，对妻子以不作为故意杀人罪的单独正犯予以处理。从这个意义上来讲，法院特别“考虑到被告人杨某作为一个女人，在案发现场的极端情况下，不能对其科以过高的期待”以及“被告人杨某并未直接实施杀害二被告人的具体行为，且曾对丁某2进行过劝阻，在犯罪过程中的作用较小，被告人杨某对于被害人的死亡仅持有放任的故意”等，最终以“情节较轻”为由，判处其有期徒刑3年，缓刑5年的较轻刑罚，是值得商榷的。而且，如果考虑到杨某在不阻止丁某2杀人行为之外，还存在在回到家后“随即将自己所穿的鞋子、衣服予以清洗”的行为已涉嫌《刑法》第307条第2款规定的帮助、毁灭伪造证据罪，其法定刑为“处三年以下有期徒刑或者拘役”的情况下，最终仅以故意杀人罪对杨某判处“有期徒刑3年，缓刑5年”明显偏轻。

第四节　结果避免可能性的判断

案例2-6　刘某某放火案[①]

（一）案情介绍

天津市西青区人民法院经审理查明：2012年1月12日，被告人刘某某和被害人段某2登记结婚，2015年7月23日经法院判决离婚。2015年11月，经法院判决，被告人刘某某应将坐落于天津市西青区某93-77号房屋腾空，返还给段某2。2017年11月8日，经法院执行，被告人刘某某、被害人段某2均同意段某2搬入涉案房屋，被告人刘某某在三个月内搬出涉案房屋。天津市西青区某93-77号房屋南侧为天津市西青区石英钟表厂，北侧是其他住户。2018年2月21日1时许，被告人刘某某在其居住的天津市西

① 天津市西青区人民法院（2018）津0111刑初363号刑事判决书.

青区某 93－77 号平房室内，与段某 2 因腾房事宜发生争执并有肢体接触。后段某 2 将被告人刘某某手中衣物随手正好扔到刘某某居住屋内止在使用的“小太阳”取暖器上，段某 2 及被告人刘某某均没有采取防止火灾发生的措施，后导致衣服着火并引发火灾。着火后，被告人刘某某来到平房院落一处并用刀砍手腕，段某 2 先将院子里的电动自行车推到大门之外，后又回到有大量烟气的东厢房内并倒在地上。经鉴定，被害人段某 2 符合一氧化碳中毒死亡。被告人刘某某左手腕、头部损伤。案发当日，民警将被告人刘某某抓获归案。

（二）裁判经过

天津市西青区人民检察院指控被告人刘某某犯放火罪，向西青区人民法院提起公诉。西青区人民法院经审理认为，被告人刘某某是否构成犯罪的前提关键点是其是否具有对法益侵害危险的防止义务，即被告人刘某某是否具有防止火灾发生及灭火的作为义务。作为涉案平房的房主及作为先行行为（将衣物恰巧扔到“小太阳”上）引发法益侵害危险的制造者，段某 2 具有排除火灾危险发生的特定作为义务。被告人刘某某作为涉案平房的暂住人，应当具有对所住平房不受损失的管理义务，故被告人刘某某亦具有灭火的义务。对于足以危及公共安全的火灾事项，被告人刘某某不因段某 2 的灭火义务而排除自己灭火的作为义务。另外，依据模拟实验报告及被告人刘某某的供述，被告人刘某某具有灭火的作为可能性，亦具有火灾发生结果回避的可能性，但被告人刘某某放任火灾的发生，危害公共安全，故被告人刘某某构成不作为犯罪，被告人刘某某构成放火罪。同时，段某 2 系先将院落内的电动自行车推出院外，在其重新返回涉案房屋时因一氧化碳中毒死亡，属于自陷风险的行为，故段某 2 的死亡结果与刘某某的不作为并无因果关系。综上，被告人刘某某放任火灾发生，危害公共安全，但尚未造成严重后果，故依照《刑法》第 114 条之规定，判决被告人刘某某犯放火罪，判处有期徒刑 3 年。

（三）争点整理

1. 刘某某是否具有灭火义务？
2. 刘某某是否具有避免火灾结果发生的可能性？

（四）案例分析

1. 关于刘某某是否具有灭火义务

如上，刘某某是否具有灭火义务，是其构成不作为方式的放火罪的首要成立要件。本案中，可能面临争议的是，被损房屋的主人是段某 2，刘某某只是暂时居住，并且是段某 2（并非刘某某）将衣物扔到“小太阳”取暖器上而引起着火的，这种情况下，刘某某是否还有灭火义务？对此，西青区人民法院认为，被告人刘某某作为涉案平房的暂住人，应当具有对所住平房不受损失的管理义务，故被告人刘某某亦具有灭火的义务。

本书赞成法院关于刘某某具有灭火义务的结论，但同时认为其说理根据并不充分。简言之，刘某某具有对所住平房不受损失的管理义务，其不作为导致房屋受损的，应当对房屋损失承担责任，但这不足以为房屋着火所造成的危害公共安全危险承担责任提供实质根据。本书认为，刘某某负有灭火义务的实质根据，是其实际使用被损房屋和屋内取暖器，对房屋的安全隐患负有管理及排除义务。具体而言，本案中，被损房屋的实际使用人是刘某某，其实际支配和管理房屋，是保障房屋安全的第一责任人。被损房屋南侧为天津市西青区石英钟表厂，北侧又是其他住户，在实际使用房屋，尤其是在夜间使用“小太阳”取暖器时，对于随时可能发生的危险应保持足够的警惕，包括自然发生的危险或第三人过失导致的危险（如段某2过失将衣物扔到取暖器上），作为房屋及屋内取暖设备的实际使用人，刘某某处于支配地位，其只有及时灭火（而不是放任火势变大），才能避免引发危及公共安全的危险。因此，从对被损房屋和取暖器使用所产生的监督义务角度，可以肯定刘某某具有灭火义务。

2. 关于刘某某是否具有避免火灾结果发生的可能性

结果避免可能性，是追究不作为者刑事责任的客观基础，其解决的是不作为与所发生结果之间的因果关系问题。当不作为者履行作为义务可能避免结果发生时，才可以认定最终危害结果的发生是由于不作为者的不作为行为所引起的。关于结果避免可能性有无的判断，一般认为，应当以实际发生的所有事实为判断资料进行事后判断。[①] 当不作为者履行了作为义务，结果仍然发生的，则说明没有结果避免可能性，所发生的结果就不能由不作为者承担。

本案中，虽然被告人刘某某及其辩护人并未就结果避免可能性这一点提出辩护，但法院根据模拟实验报告及刘某某本人供述，在判词说理中特别强调并论证结果避免可能性这一要件。模拟实验报告显示：“将黑色线衣和系着布条的黑色棉外裤覆盖在‘小太阳’取暖器的防护网罩上，将布条一端通过防护网罩缝隙吊在前置反射板与后置反射板之间时，5秒后即出现冒烟现象，10秒后，出现明火现象，1分钟后，衣服全被引燃，3分半钟，‘小太阳’取暖器被烧向后倾倒”。刘某某供述：“火就着起来了，我们俩人都没有救火的意思，我恨段某2，我想让他的房子着火。后来，火着旺了，我想出去，段某2不让，我拿菜刀剁了自己的左手腕。后来，小太阳晶体管爆炸了，火变大了，我们都从着火的屋里出来了。”从以上报告内容及刘某某供述来看，从黑丝绒衣和系着布条的黑色棉外裤覆盖在取暖器防护网罩上，直到火势变大，其间刘某某完全有机会采取灭火措施，如果其第一时间拔掉电源或采取其他灭火措施，房屋被烧毁的结果完全有可能避免。正是由于其主观上想让被害人的房子着火，客观上实施了不灭火行为，最终导致火灾结果的发生。从这一点来看，法院根据模拟实验报告以及刘某某本人供述，认定如果刘某某履行作为义务就具有火灾结果发生的避免可能性，其结论及说理均是正确的。

---

① 张明楷. 外国刑法纲要. 3版. 北京：法律出版社，2020：84.

第三章　正当防卫

知识点概述

我国《刑法》第 20 条第 1 款规定："为了使国家、公共利益、本人或者他人的人身、财产和其他权利免受正在进行的不法侵害，而采取的制止不法侵害的行为，对不法侵害人造成损害的，属于正当防卫，不负刑事责任。"第 2 款规定："正当防卫明显超过必要限度造成重大损害的，应当负刑事责任，但是应当减轻或者免除处罚。"第 3 款规定："对正在进行行凶、杀人、抢劫、强奸、绑架以及其他严重危及人身安全的暴力犯罪，采取防卫行为，造成不法侵害人伤亡的，不属于防卫过当，不负刑事责任。"以上三款共同构成了我国刑法中的正当防卫条款。

在我国的刑事司法实践中，正当防卫的适用率极低一直是困扰理论和实务的重点疑难问题。近年来，最高司法机关一直在试图引导司法工作人员转变理念，积极适用、重新"激活"正当防卫条款。比如，最高人民法院于 2018 年 6 月 20 日、2020 年 12 月 31 日先后公布的第 18 批、第 26 批指导性案例均涉及正当防卫，于 2020 年 9 月发布专门正当防卫典型案例。最高人民检察院于 2018 年 12 月 18 日印发第 12 批正当防卫指导性案例，于 2020 年 11 月 27 日发布正当防卫不捕不诉典型案例。最高人民法院、最高人民检察院、公安部于 2020 年 8 月 28 日联合发布《关于依法适用正当防卫制度的指导意见》(以下简称《正当防卫意见》) 等。在多方共同努力之下，现实中正当防卫的适用已经大为改观，但整体上依然并不理想。对于该问题存在多个切入角度，在技术层面司法工作人员如何准确应用正当防卫条款即是刑法学理论上可以思考的一个角度。

本章围绕司法工作人员如何准确适用正当防卫条款，在实体法层面选取重大疑难问题进行解释。[①] 在理论刑法学中，整个正当防卫教义学知识体系以"正当防卫的正当化原理—正当防卫的成立条件"为主线大致可以分为四个板块：正当防卫的正当化原理、具体成立要件论、限制理论、其他总论知识的交叉问题等。在正当化原理方面，受到法哲学思潮影响，社会团结义务论、系统论、功利主义回潮等现象值得关注，适用行为无

① 实体法之外，对于现实中正当防卫适用率极低的程序法层面，值得研究的问题主要有认定正当防卫不起诉是否涉及国家赔偿、证明责任如何分配等。

价值论与结果无价值论的基本逻辑解释我国的正当防卫问题也是值得关注的发展方向。在具体成立要件方面，研究前线已经变为一级成立要件下的对物防卫、对公法益防卫、对不作为防卫、假想防卫、事前/后防卫、积极的加害意思、防卫装置防卫、偶然防卫、对第三人防卫、防卫限度等重要次级问题。具体成立要件论从正面认定正当防卫，限制理论则是从反面划定正当防卫的成立界限。正当防卫的限制原理是不太常用的说法，其是指在现有正当防卫教义学体系难以解释的案件中正当防卫的成立标准，我国的互殴问题、德国的自招防卫问题、日本的自招侵害问题、无责任的攻击、家庭内部的防卫、社会伦理的限制等都可归入这一板块。在与其他总论知识的交叉问题方面，比如，正当防卫中的打击错误问题、正当防卫中对于公法益的防卫涉及法益理论中集体法益与个人法益的关系、法秩序统一性原理下刑法中的正当防卫条款与民法正当防卫如何协调理解等等。

对应于上述知识板块，同时由于篇幅所限，本章将围绕正当防卫的正当化原理、正当防卫的具体成立要件之防卫限度与正当防卫的限制原理之防卫挑拨问题，结合我国发生的真实正当防卫案例进行讨论。

第一节　正当防卫的正当化原理与“唯结果论”思维

案例 3-1　于某故意伤害案[①]

（一）案情介绍

山东省聊城市中级人民法院经审理查明：2014 年 7 月，山东某公司负责人苏某某向赵某某借款 100 万元，双方口头约定月息 10%。2016 年 4 月 14 日 16 时许，赵某某以欠款未还清为由纠集郭某某、程某某、严某某等十余人先后到该公司催要欠款。同日 20 时左右杜某某驾车来到该公司，并在该公司办公楼大门外抱厦台上与其他人一起烧烤饮酒。约 21 时 50 分，杜某某等多人来到苏某某和苏某某之子于某所在的办公楼一楼接待室内催要欠款，并对二人有侮辱言行。22 时 10 分许，该县公安局经济开发区派出所民警接警后到达接待室，询问情况后到院内进一步了解情况，被告人于某欲离开接待室被阻止，与杜某某、郭某某、程某某、严某某等人发生冲突，被告人于某持尖刀将杜某某、程某某、严某某、郭某某捅伤。出警民警闻讯后返回接待室，令于某交出尖刀，将其控制，杜某某、严某某、郭某某、程某某被送往医院抢救。杜某某因失血性休克于次日 2 时许死亡，严某某、郭某某伤情构成重伤二级，程某某伤情构成轻伤二级。

（二）裁判经过

一审裁判结果：法院认为，被告人于某面对众多讨债人的长时间纠缠，不能正确

① 最高人民法院指导案例第 93 号.

处理冲突，持尖刀捅刺多人，致一名被害人死亡、二名被害人重伤、一名被害人轻伤，其行为构成故意伤害罪，公诉机关指控被告人于某犯故意伤害罪成立。被告人于某所犯故意伤害罪后果严重，应当承担与其犯罪危害后果相当的法律责任。本案系由被害人一方纠集多人，采取影响企业正常经营秩序、限制他人人身自由、侮辱谩骂他人的不当方式讨债引发，被害人具有过错，且被告人于某归案后能如实供述自己的罪行，可从轻处罚。综上，判决如下：被告人于某犯故意伤害罪，判处无期徒刑，剥夺政治权利终身。

二审裁判结果：法院认为，上诉人于某持刀捅刺杜某某等四人，属于制止正在进行的不法侵害，其行为具有防卫性质；其防卫行为造成一人死亡、二人重伤、一人轻伤的严重后果，明显超过必要限度，造成重大损害，构成故意伤害罪，依法应负刑事责任。鉴于于某的行为属于防卫过当，于某归案后能够如实供述主要罪行，且被害方有以恶劣手段侮辱于某之母的严重过错等情节，对于某依法应当减轻处罚。于某的犯罪行为给上诉人杜某甲、许某某、李某某、杜某1、杜某2、杜某3、杜某4和原审附带民事诉讼原告人严某某、程某某造成的物质损失，应当依法赔偿。上诉人杜某甲等所提判处于某赔偿死亡赔偿金、被抚养人生活费的上诉请求于法无据，法院不予支持，对杜某某的四名未成年子女可依法救济。原判认定于某犯故意伤害罪正确，审判程序合法，但认定事实不全面，部分刑事判项适用法律错误，量刑过重，依法应予改判。综上，判决如下：(1) 驳回上诉人（原审附带民事诉讼原告人）杜某甲、许某某、李某某、杜某1、杜某2、杜某3、杜某4的上诉，维持山东省聊城市中级人民法院（2016）鲁15刑初33号刑事附带民事判决书第二项、第三项、第四项附带民事部分。(2) 撤销山东省聊城市中级人民法院（2016）鲁15刑初33号刑事附带民事判决书第一项刑事部分。(3) 上诉人（原审被告人）于某犯故意伤害罪，判处有期徒刑5年。

（三）争点整理

最高人民法院概括本案的裁判要点有四点：

1. 对正在进行的非法限制他人人身自由的行为，应当认定为《刑法》第20条第1款规定的“不法侵害”，可以进行正当防卫。

2. 对非法限制他人人身自由并伴有侮辱、轻微殴打的行为，不应当认定为《刑法》第20条第3款规定的“严重危及人身安全的暴力犯罪”。

3. 判断防卫是否过当，应当综合考虑不法侵害的性质、手段、强度、危害程度，以及防卫行为的性质、时机、手段、强度、所处环境和损害后果等情节。对非法限制他人人身自由并伴有侮辱、轻微殴打，且并不十分紧迫的不法侵害，进行防卫致人死亡重伤的，应当认定为《刑法》第20条第2款规定的“明显超过必要限度造成重大损害”。

4. 防卫过当案件，如系因被害人实施严重贬损他人人格尊严或者亵渎人伦的不法侵害引发的，量刑时对此应予充分考虑，以确保司法裁判既经得起法律检验，也符合社会公平正义观念。

（四）案例分析

1. 于某故意伤害案中的“唯结果论”思维

于某故意伤害案备受社会各界的关注，在刑法理论上也存在多个观察维度。本章着重讨论由本案所折射出的司法实践在正当防卫案件适用中的“唯结果论”倾向与正当防卫的正当化原理之间的关系。

我国司法实践中在正当防卫的适用上确实存在“唯结果论”倾向，将出现特别是死伤结果作为否定正当防卫的决定性因素。在本案中，于某的反击行为最终造成一死、二重伤、一轻伤的死伤结果，一审法院正是过于关注这点，将死伤结果作为认定故意伤害罪而否定本案防卫性质的决定性因素，因而在判决书的案情梳理部分只是大致省略性地提到冲突双方“长时间纠缠”，而未关照到不法侵害人一方“辱母”“殴打防卫人”等被害人过错因素①，也未注意到“防卫人的水果刀是随手抓取”“防卫人在乱捅刀子之前曾有过警告，不法侵害人不顾警告依然冲向防卫人”等有利于被告人的细节，以及“警察出警后了解案情后即走出现场”等公权力救济不及时的细节等。

此外，一审法院的“唯结果论”思维还表现在将其渗透到正当防卫各个具体成立要件的认定上。比如，关于紧迫性要件，一审法院认为，“被告人于某持尖刀捅刺多名被害人腹背部，虽然当时其人身自由权利受到限制，也遭到对方辱骂和侮辱，但对方均未有人使用工具，在派出所已经出警的情况下，被告人于某和其母亲的生命健康权利被侵犯的现实危险性较小，不存在防卫的紧迫性，所以于某持尖刀捅刺被害人不存在正当防卫意义的不法侵害前提”。反过来说，一审法院仅将紧迫性狭义理解为与可能直接造成人身财产等相关实际损失相关的紧迫性，人身自由乃至人格尊严等这类“非实际损失”的紧迫性并非正当防卫前提要件中的“紧迫性”。综上，本案一审判决无疑也属于“唯结果论”思维的产物。

2. 将“唯结果论”思维归责于结果无价值论的理由

司法实践中体现出“唯结果论”思维的案件并不需要特别寻找，但关于造成“唯结果论”的原因莫衷一是。除了文化、历史、社会现实乃至诉讼、司法体制、办案机制等方面的原因，在理论刑法学上，一些研究将我国出现“唯结果论”的原因归结于正当防卫正当化原理层面的法益衡量原理及其理论延长线上的结果无价值论，“结果无价值论的‘结果→行为’思考进路存在缺陷，这是由立基于法益衡量的优越利益原理所致”②。将“唯结果论”归责于结果无价值论主要基于以下理由：

（1）“唯结果论”与“结果无价值论”共享“结果→行为”的思维方式。因此倾向于将防卫过当的“明显超过必要限度造成重大损害”理解为以“造成重大损害”为核心的一个要件。具言之，以“造成重大损害”为基础来理解“明显超过必要限度”的内容，

---

① 关于正当防卫中的被害人过错因素，实证研究甚至发现，司法实践中“正当防卫的认定率不仅没有因被害人过错而提高，反而大幅下降，似乎被害人过错情节不仅没有减轻被告罪过，反而加重了被告罪过”。王芳. 中国防卫权刑事审判共识度实证研究. 政法论坛，2018，36（6）：20.

② 劳东燕. 防卫过当的认定与结果无价值论的不足. 中外法学，2015，27（5）：1324.

自然不可能承认“行为过当但结果不过当”与“行为不过当但结果过当”两种情形。这在论者看来就是限制了这两种情形下成立正当防卫的可能性。

（2）“结果→行为”的思维机械割裂整个防卫行为，以“行为后标准”判断必要限度给防卫人带来了更高的要求。因为结果无价值论是从结果看防卫行为的必要性，“结果→行为”的思维自然常常将一个防卫行为分割为足以制止不法侵害的部分与超过的部分。这样一来就对防卫人提出了过高的限度要求。

具言之，这种关于“必要限度”的判断标准是以行为后已知的案件事实、法益侵害情况来要求行为时的行为人。在不能适用《刑法》第 20 条第 3 款的场合，一旦造成不法侵害人的死伤结果，因为保护法益一般不会超过生命法益，在法益衡量的观点之下，整个防卫行为就很容易被认为“明显超过必要限度”，进而被认定成立防卫过当。梁根林教授进一步指出，因为结果无价值论是用“行为后标准”要求“行为时的行为人”，所以“在理论逻辑上往往倾向于主张‘防卫损害与不法侵害基本相当说’”①。

（3）“结果→行为”的思维采用“行为后标准”与将防卫意思认定为犯罪故意的思维惯性结合在一起极易认定犯罪成立。在明确“结果→行为”的思维采用“行为后标准”极易认定“明显超过必要限度”之后，因为防卫意思一般不能否认，而司法实践中又未能明确区分防卫意思与犯罪故意，只要行为人有意识地造成死伤结果就有故意，但为了制止不法侵害，行为人不可能不会预见到防卫行为的可能后果，所以防卫意思与犯罪故意几乎同时认定。至此，存在犯罪行为，也有犯罪故意，在四要件犯罪论思维的影响下，犯罪已经成立。

上述对于“唯结果论”与“结果无价值论”的逻辑连接的见解极具启发，将这个问题引入到了一个新的高度。既然明确了司法实践中正当防卫的适用率极低的“病因”（起码是“病因”之一）即“唯结果论”思维正是基于“结果无价值论”，该见解的下一步自然就应当是，起码在正当防卫论中拒斥结果无价值论，而主张其他正当化原理。但是，在此之前，依然需要确认的是，结果无价值论为“唯结果论”倾向提供了理论支持的见解是不是真实的，因为还存在不少对此存在怀疑的见解。

3. 对将“唯结果论”思维归责于结果无价值论的质疑

如前所述，将“唯结果论”思维与“结果无价值论”连接，进而思考“结果责任”的主导性影响是引起了对司法实践中出现的真实问题的反思与批判，但对于这种强连接即结果无价值论是否当然地推导出防卫限度被严格把握，研究中也出现了一些质疑。

首先，对于“结果无价值论”与“结果责任”的连接的质疑。陈璇教授指出，结果无价值论与结果责任虽然都将结果放在思考的中心位置，但二者在价值取向上完全相反。众所周知，结果责任意在入罪，有结果即有犯罪，与此相对，“结果无价值论强调结果，则旨在使结果发挥出罪的功能，其理念在于‘无结果（包括危险）即无犯罪’”②。在理

---

① 需要指出的是，梁根林教授认为不能在优越利益保护原理与基本相适应说之间建立必然的联系，但是法益衡量逻辑直接以防卫行为造成的损害结果是否与不法侵害意图造成的侵害结果相当为依据判断防卫行为是否过当，这是导致实践中“唯结果论”的直接原因。梁根林. 防卫过当不法判断的立场、标准与逻辑. 法学，2019（2）：10－11.

② 陈璇. 正当防卫、维稳优先与结果导向：以“于欢故意伤害案”为契机展开的法理思考. 法律科学（西北政法大学学报），2018（3）：81.

论的发展脉络上，结果无价值论的登场恰恰是为了抵抗专制主义刑法仅主观归罪、推行结果责任的做法，以便贯彻先客观后主观、先行为后行为人的刑法原则。所以，从价值取向与理论发展来看，结果无价值论属于客观主义的刑法立场，不可能与“结果责任”有任何牵连。

其次，对于“结果无价值论”与“行为分段评价”的连接的质疑。李勇博士指出，正当防卫中行为的分段评价同行为无价值论与结果无价值论的理论立场争议无关，“只有在防卫行为具有连续性、同质性，防卫意思具有同一性的情况下，才应当进行整体性评价。整体性评价不仅是有前提条件的，而且不是绝对的”①。一般来说，在不法侵害可以评价为结束的场合，防卫行为可以进行分段评价，这与违法性论的理论立场无关。

在否定将“唯结果论”归责于“结果无价值论”之后，陈璇教授将“唯结果论”的原因归结于“中国人的生死观和实用理性思维”，李勇博士则将正当防卫案件中“过于看重防卫意图”“泛道德主义倾向严重”“‘各打五十大板’的处理艺术盛行”的原因归结于行为无价值论思维。

本书认为，否定“唯结果论”与“结果无价值论”连接的见解未能切中要害。无论是从价值取向或理论脉络的角度出发，还是从正面认定防卫行为整体性的立场出发，都未能完全打消“结果无价值论”与“唯结果论”共享“结果→行为”的思维这一事实的疑虑。其实，如果对应于论证将“唯结果论”归责于结果无价值论的理由，其一，前述理由（3）即将防卫意思评价为犯罪故意，防卫过当容易被认定为故意犯罪并非结果无价值论的责任。恰恰相反，众所周知的是结果无价值论的标志性观点正是否认防卫意思作为正当防卫的成立条件。而且，现在，在行为无价值论阵营，即使持防卫意思必要说的学者也朝着防卫目的稀薄化的方向解释防卫意思，“意识到急迫不正的侵害，出于回避的单纯心理状态已足”②。所以，主张独立于攻击意思的防卫意思其实是司法实践的惯性理解，而非结果无价值论乃至行为无价值论的必然结论。

其二，前述理由（1）即在防卫限度的判断上不承认“行为过当但结果不过当”与“行为不过当但结果过当”两种情形。对此，结果无价值论者也有所回应。关于“行为过当但结果不过当”的情形，二分说下既然结果不过当，不成立防卫过当，但同时行为过当，也不成立正当防卫，此时出现了正当防卫与防卫过当的中间地带。在一体说下，既然结果不过当，就符合防卫限度，成立正当防卫。结果无价值论下的一体说更具优势。同样地，关于“行为不过当但结果过当”的情形，二分说下也存在正当防卫与防卫过当的中间地带。在结果无价值论看来，行为的定义几乎不可能脱离结果，“离开防卫行为的结果就行为过当与否提出判断标准，几乎是不可能的”③。

综上，对于前述理由（1）和（3）结果无价值论能有相对具有说服力的回应，但对于前述理由（2），即结果无价值论从事后来看将作为整体的防卫行为拆解开来进行割裂性的评价，更易于将正当防卫行为认定为防卫过当或故意犯罪行为，目前还鲜见相对具

---

① 李勇.互殴与防卫：优越利益原理下实体与程序规则重构.北京：法律出版社，2023：136.

② 大塚仁.『刑法概说（第三版增补版）』.東京：有斐阁，2005：372 頁参照。

③ 张明楷.防卫过当：判断标准与过当类型.法学，2019（1）：13.

有说服力的回应。其实，在“结果无价值论”的旗帜下存在多种理解版本，本章拟介绍日本学者杉本一敏教授对结果无价值论的理解。

杉本一敏教授认为，结果无价值论与行为无价值论的对立并非传统理解的违法的实质内容是社会伦理违反还是法益侵害，抑或是违法评价的对象事实是否包含主观要素的对立，二者对立的实质是站在何者的立场上解读刑法的“违法”。行为无价值论是站在事前的行为规范的接收者即行为人的角度理解违法，将刑法规范理解为意思决定规范。结果无价值论是站在事后的裁判规范的接收者即法官的立场理解违法，将刑法规范理解为评价规范。①

所以，行为无价值论重视行为规范的指引作用，结果无价值论重视评价规范的评价作用，反映到二者对于犯罪论体系的构建中，以过失犯中的结果回避可能性问题为例。结果回避可能性问题的核心是在行为时判断行为规范对防止结果是否有效，不能防止结果的行为规范在行为时不值得遵守，这是行为无价值论的逻辑。结果无价值论不会在行为时判断行为是否符合行为规范，违法性的判断资料只有事后认定的现实因果经过和结果，因此结果无价值论逻辑下没有结果回避可能性问题。结果无价值论也能说明结果回避可能性，即从事后判断临界时刻行为人是否采取防止结果发生的行为。行为无价值论则从事前认定违反注意义务，然后从事后判断假定履行该注意义务时，能否避免行为时结果发生。过失犯的实行行为在结果无价值论和行为无价值论下可能存在不同，在结果无价值论下是在临界时刻没有采取防止结果发生的行为，在行为无价值论下是违反事前存在的注意义务的行为。②

将结果无价值论的这一逻辑转用到此处的理由（2），即结果无价值论从事后来看将作为整体的防卫行为拆解开来进行割裂性的评价，更易于将正当防卫行为认定为防卫过当或故意犯罪行为。在杉本一敏教授的结果无价值论理解下就可以改造为：首先，从事后看，确实可以将整体防卫行为从客观上能否制止不法侵害的效果出发分为正当防卫部分与可能过当的部分。其次，在判断对该防卫行为能否从整体上评价为一个防卫行为时，应当考虑此时要求行为人停止防卫行为的负担要求可能性，也就是从责任的角度看能否期待行为人正确地停止可能过当的防卫行为：如果该负担要求可能性成立，防卫行为依然可分为两部分，即成立防卫过当或故意犯罪；如果该负担要求可能性不成立，防卫行为依然是整体的一个防卫行为，只能成立正当防卫。

综上所述，“唯结果论”思维与“结果无价值论”未必存在逻辑层面的强连接。

4. 从正当防卫的正当化原理出发解释“唯结果论”思维

为什么可以从正当防卫的正当化原理的角度解释“唯结果论”思维呢？这是因为“唯结果论”是指实践中只要出现死伤结果，就倾向于否定正当防卫。反过来说，不出现死伤结果才倾向于认定正当防卫。但是，正当防卫要成功必然需要压制不法侵害人的不法侵害，往往由于防卫造成的损害“大于”不法侵害造成的损害，表现在结果上就很可能是“死伤结果”。这是一个难解的矛盾，而正当防卫的正当化原理就是用来解释为什么

---

① 杉本一敏.『理論刑法学入門』.東京：成文堂，2014：313 頁参照。

② 杉本一敏，蔡桑.结果无价值论下过失犯的“结果回避可能性”.厦门大学法律评论，2021（1）：200－214.

在刑法中只有正当防卫具有这种凌厉性和强势性。从这个角度来看，“唯结果论”思维也恰恰是忽视正当化原理研究的实践产物。

关于正当防卫的正当化原理，目前研究中主要有三种理论争锋，分别是法益衡量原理/优越利益保护原理（包含法益阙如原理等）、个人保护原理与法秩序确证原理（包含二者关系的各种版本）、社会团结义务理论（包含自利理性人同意等理论），在这三种理论背后更高维度的法哲学、政治哲学层面，则分别对应功利主义哲学、自我保存原理和罗尔斯的正义论。① 因为《正当防卫意见》第1条明确规定，“坚决捍卫‘法不能向不法让步’的法治精神”，而“法不能向不法让步”是法秩序确证原理的标志性口号，所以部分学者主张我国司法实践已经事实上采纳了“法秩序确证”原理，以此来破解“唯结果论”思维的难题。研究中关于法确证原理的介绍与疑问已经阐述较多，本章想从另一个角度进行思考。

随着对功利主义哲学的深入理解，对于功利主义无关乃至反自由主义的批判已经逐渐销声匿迹，毫无疑问，“功利主义是自由主义的一个产物，而自由主义则构成了功利主义的社会政治基础”②。虽然如此，法益衡量原理却存在一个违反直觉的问题：如果确定优越的利益保护才能阻却违法性，那么失败的正当防卫或者说正当防卫未遂也没有成功保护优越的法益，也不应当认定为阻却违法。③ 但即使对于失败的正当防卫，一般认为其也是阻却违法的。既然如此，引起防卫权利的变量就只有不法侵害人的“不法侵害”。换言之，当确认“不法侵害”存在之时，防卫权即已同时产生，正当防卫不同于被害人承诺、紧急避险的独特性也已经产生。该逻辑指引我们应当仅从“不法侵害”处寻找正当防卫的独特性。

需要注意的是，正当防卫的正当化原理解决的是正当性的由来问题，其论证都是在前实定法的层面。这就意味着，诸如“法秩序”以及与“法秩序”相关的各种概念，如“不法侵害”“不法侵害人的法益要保护性降低”等论证起点都在于前实定法意义上抽象的认定。所以，此处的“不法侵害”绝非指向现实的法秩序。反言之，如果“不法侵害”指向的是一种现实的法秩序，用于制止不法侵害的防卫行为的限度就应当是“保护法益＋现实的法秩序法益”对应的限度。但是，问题在于，“侵害”法秩序的限度又是通过侵害“被害人”“个人”法益来得到表征的。比如，我们认为故意伤害罪的法定刑是针对个人法益的具体的年数而不是“个人法益年数＋n年的法秩序法益”。此外，将法秩序放在现实秩序的逻辑延长线上，凡是从不法侵害人自我答责的角度论证正当防卫合法性的，都是循环论证。因为防卫行为属于正当防卫，才可能说不法侵害人自我答责，论证结果已经被蕴含在论证前提中。因此，在二元论中，对法秩序确证的利益应当附属于自我保全原理进行理解，“法秩序的维护并无绝对超越公民个人法益的独立价值”④。

既然法秩序确证的利益不具有超越个人法益的独立概念空间，即难以想象不经由个

---

① 关于这三种基本理论阵营与行为无价值论、结果无价值论的归属关系是比较复杂的，其背后进一步的经验主义哲学、建构主义哲学传统的归属关系也比较复杂，囿于本书篇幅有限，只能留待以后论述。

② 蒋锦洪. 从边沁到密尔的功利主义理论的价值走向. 历史教学问题，2008（6）：9.

③ 橋爪隆.『正当防衛論の基礎』. 東京：有斐閣，2008：17 頁参照。

④ 陈璇. 正当防卫：理念、学说与制度适用. 北京：中国检察出版社，2020：15.

人法益而单独侵犯法秩序法益的不法侵害行为，那么，虽然《正当防卫意见》明确提出了“法不能向不法让步”，也不能理解为我国司法实践已经事实上采取了“法秩序确证说”的立场。破解“唯结果论”的正当化原理依然需要进行探索。

正当防卫案件可谓是维稳思维、民意、国家治理与国民情绪的交汇点。“唯结果论”思维的出现有其现实成因困境，但决不能将其归责于结果无价值论。“法秩序确证”原理也不是破解“唯结果论”思维的良方。对“唯结果论”的研究和解决应当回归到正当防卫的正当化理论中来，因为现实中绝大多数防卫案例都是由小事、口角引发的，此处的正当性根据的判断直接对接常识判断中“谁更有理”的判断，由此渐渐去除“谁死谁有理”的“唯结果论”思维倾向。

第二节　正当防卫中的防卫限度问题

案例 3-2　于某某正当防卫案①

（一）案情介绍

2018 年 8 月 27 日 21 时 30 分许，于某某骑自行车在江苏省昆山市震川路正常行驶，刘某醉酒驾驶小轿车（经检测，血液酒精含量为 87mg/100ml）向右强行闯入非机动车道，与于某某险些碰擦。刘某的一名同车人员下车与于某某争执，经同行人员劝解返回时，刘某突然下车，上前推搡、踢打于某某。虽经劝解，刘某仍持续追打，并从轿车内取出一把砍刀（系管制刀具），连续用刀面击打于某某颈部、腰部、腿部。刘某在击打过程中将砍刀甩脱，于某某抢到砍刀，刘某上前争夺，在争夺中于某某捅刺刘某的腹部、臀部，砍击其右胸、左肩、左肘。刘某受伤后跑向轿车，于某某继续追砍 2 刀均未砍中，其中 1 刀砍中轿车。刘某跑离轿车，于某某返回轿车，将车内刘某的手机取出放入自己口袋。民警到达现场后，于某某将手机和砍刀交给处警民警（于某某称，拿走刘某的手机是为了防止对方打电话召集人员报复）。刘某逃离后，倒在附近绿化带内，后经送医抢救无效，因腹部大静脉等破裂致失血性休克，于当日死亡。于某某经人身检查，见左颈部条形挫伤 1 处、左胸季肋部条形挫伤 1 处。

（二）裁判经过

本案于立案侦查阶段即被认定为正当防卫，未经法院审判。2018 年 8 月 27 日当晚公安机关以“于某某故意伤害案”立案侦查，8 月 31 日公安机关查明了本案的全部事实。9 月 1 日，江苏省昆山市公安局根据侦查查明的事实，依据《刑法》第 20 条第 3 款的规定，认定于某某的行为属于正当防卫，不负刑事责任，决定依法撤销“于某某故意伤害

---

① 最高人民检察院检例第 47 号.

案”。其间，公安机关依据相关规定，听取了检察机关的意见，检察机关的意见与公安机关的处理意见一致，认为本案被告人的行为属于正当防卫，最终昆山市人民检察院同意公安机关的撤销案件决定。

（三）争点整理

本案主要争点有三个：一是刘某的侵害行为是否属于“行凶”，涉及能否适用特殊防卫的问题；二是刘某的侵害行为是否“正在进行”，涉及正当防卫的起因要件、是否成立正当防卫的问题；三是于某某的行为是否在防卫限度之内，涉及是否成立防卫过当的问题。

本案中，检察机关的意见与公安机关的处理意见一致，具体论证情况和理由如下：

第一，关于刘某的行为是否属于“行凶”的问题。在论证过程中有意见提出，刘某仅使用刀面击打于某某，犯罪故意的具体内容不确定，不宜认定为行凶。论证后认为，对行凶的认定，应当遵循《刑法》第 20 条第 3 款的规定，以“严重危及人身安全的暴力犯罪”作为把握的标准。刘某开始阶段的推搡、踢打行为不属于“行凶”，但在持砍刀击打后，行为性质已经升级为暴力犯罪。刘某攻击行为凶狠，所持凶器可轻易致人死伤，随着事态发展，接下来会造成什么样的损害后果难以预料，于某某的人身安全处于现实的、急迫的和严重的危险之下。刘某具体抱持杀人的故意还是伤害的故意不确定，这是许多行凶行为的特征，而不是认定的障碍。因此，刘某的行为符合“行凶”的认定标准，应当认定为“行凶”。

第二，关于刘某的侵害行为是否属于“正在进行”的问题。在论证过程中有意见提出，于某某抢到砍刀后，刘某的侵害行为已经结束，不属于正在进行。论证后认为，判断侵害行为是否已经结束，应看侵害人是否已经实质性脱离现场以及是否还有继续攻击或再次发动攻击的可能。于某某抢到砍刀后，刘某立刻上前争夺，侵害行为没有停止，刘某受伤后又立刻跑向之前藏匿砍刀的汽车，于某某此时作不间断的追击也符合防卫的需要。于某某追砍两刀均未砍中，刘某从汽车旁边跑开后，于某某也未再追击。因此，在于某某抢得砍刀顺势反击时，刘某既未放弃攻击行为也未实质性脱离现场，不能认为侵害行为已经停止。

第三，关于于某某的行为是否属于正当防卫的问题。在论证过程中有意见提出，于某某本人所受损伤较小，但防卫行为造成了刘某死亡的后果，二者不成比例，于某某的行为属于防卫过当。论证后认为，不法侵害行为既包括实害行为也包括危险行为，对于危险行为同样可以实施正当防卫。认为“于某某与刘某的伤情对比不相适应”的意见，只注意到了实害行为而忽视了危险行为，这种意见实际上是要求防卫人应等到暴力犯罪造成一定的伤害后果后才能实施防卫行为，这不符合及时制止犯罪、让犯罪不能得逞的防卫需要，也不适当地缩小了正当防卫的依法成立范围，是不正确的。本案中，在刘某的行为因具有危险性而属于“行凶”的前提下，于某某采取防卫行为致其死亡，依法不属于防卫过当，不负刑事责任，于某某本人是否受伤或伤情轻重，对正当防卫的认定没有影响。公安机关认定于某某的行为系正当防卫，决定依法撤销案件的意见，完全正确。

（四）案例分析

1. 认定防卫限度的难点所在

就本案主要争点折射出的理论问题而言，无论是关于“行凶”的认定，还是关于连续侵害行为中“不法侵害正在进行”的认定，学界已有很多对应的专门研究。本章将关注点主要放在第三个争点即正当防卫中的防卫限度问题，也即防卫过当的认定上。

防卫限度是正当防卫的具体成立要件之一，这意味着正当防卫案件中的不法侵害人的法益并未被彻底否定，而是只在与防卫限度相适应的范围之内被否定，超出防卫限度的防卫行为成立防卫过当，防卫人承担相应的过当责任。因此，防卫限度是每一个正当防卫案件中都应当单独认定的，用于划定不法侵害人与防卫人责任的重要变量。但是，防卫限度的认定历来是难点问题，其技术层面的具体难点主要体现在以下几个方面：

首先，侵害行为与防卫行为的法益侵害程度不可通约理解。如果正当防卫场合中的所有行为都可以以一个数值单位来通约理解，防卫限度问题不会是特别明显的难题，因为既然要制止不法侵害，防卫行为必然需要起码不低于侵害行为，同时二者相差不可能过于悬殊。但是，行为不可能完全通约地通过一个数值单位去比较，比如，对于非法拘禁的不法侵害行为，防卫人不可能以相同或者更高的非法拘禁行为进行防卫。周光权教授发现我国司法实践中存在大量持续侵害没有被认定为不法侵害的案例，比如，非法拘禁他人、非法侵入他人住宅、收买妇女后长期控制等持续侵害行为没有被认定为不法侵害①，或者反过来说，司法实践倾向于仅将不法侵害限定理解为暴力犯罪。这其中一个非常重要的原因就是将连续不法侵害行为认定为不法侵害后，对其防卫限度如何划定涉及不同性质的行为之间法益侵害程度的比较。如果说刑法中法益的重要程度比较还可以大致以法定刑为基本轴的话，不同性质行为的法益侵害程度的比较更为复杂。进一步而言，同等性质的行为比较，比如暴力行为的比较虽然相对有章可循，但暴力行为中也存在寻衅滋事、故意伤害、故意杀人等不同层级的侵害行为，也会随着冲突场合不断转化，所以法益衡量的实践依然困难。

其次，防卫限度的准确划定难以从正当防卫的正当化原理中得到指引。一般来说，正当防卫教义学沿着“正当化原理—具体成立要件”的主线构建，所有正当防卫的具体成立要件层面的知识都能找出正当化原理层面的根据。但是，在防卫限度问题上，这一连接存在一定程度的脱节，无论是从个人保全原理、法秩序确证原理，还是从法益权衡原理，都难以直接得出个案中的防卫限度标准。陈兴良教授将其称为“两个不同的问题”：“正当防卫的本质是指防卫权发动的正当性根据问题，它所要解决的是防卫行为何以正当的问题，这是一个性质问题。而正当防卫限度是一个数量问题，也就是防卫限度的合理性根据问题。不应混为一谈”②。

总的来说，防卫限度问题主要是一个技术层面的问题，抽象地讨论大致只能得出一些较为粗略、方向性的结论，比如正当防卫的限度应与不法侵害的力度成正比、与公权

---

① 周光权. 论持续侵害与正当防卫的关系. 法学，2017（4）：3.

② 陈兴良. 正当防卫教义学的评析与展开. 中国刑事法杂志，2021（2）：12.

力可能提供救济的力度成反比等等。

2. 认定防卫限度的传统思路

晚近以来，关于正当防卫中防卫限度问题的讨论，我国学界已经逐渐告别围绕“对应说、基本相适应说、必需说、折中说”的对立图式，而着眼于对《刑法》第 20 条第 2 款规定的“明显超过必要限度造成重大损害”的理解进行“一体说”与“二分说”的理论争锋。

理论研究上，“一体说”是指将“明显超过必要限度造成重大损害”理解为一体的一个要件，其中又可以分为“行为一体说”与“结果一体说”。“行为一体说”或称“行为单独限度标准”主张将防卫过当的判断重心置于“行为过当”，“‘造成重大损害的’并不是需要严谨考量的依据，只是‘明显超过必要限度’的附随效果”①。与之相反，“结果一体说”主张“如果不联系结果及其程度，判断行为是否过当是没有意义的，也是不可能的”②。与之相对，“二分说”是指将“明显超过必要限度造成重大损害”理解为二分的两个要件：行为层面的“明显超过必要限度”与结果层面的“造成重大损害”。防卫行为与防卫结果的适当性判断可以区分开，“从逻辑上来说，过当行为未必就一定造成过当结果，而过当结果也未必就一定是过当行为造成的。因此，只要承认行为过当和结果过当是可以分立的，则二分说就是合理的”③。目前我国多数学者主张“二分说”④。

司法实践中，主要存在的是“行为一体说”与“二分说”的对立。有学者通过实证研究发现，此前的司法实践中存在“两种具有代表性的做法，即以‘明显超过必要限度’‘造成重大损害’为基准的二元构成条件和以‘明显超过必要限度’为基准的一元构成条件”⑤，二者之中更受重视的是“行为是否明显超过必要限度”。2020 年《正当防卫意见》第 11 条明确规定：“认定防卫过当应当同时具备‘明显超过必要限度’和‘造成重大损害’两个条件，缺一不可。”在对正当防卫典型案例“赵某正当防卫案”的解读中，最高司法机关明确提出防卫过当应当同时具备“明显超过必要限度”和“造成重大损害”两个条件。⑥ 所以，可以预见的是，在将来的司法实践中，“二分说”的地位将逐渐稳固。

在刑法教义学中，理论的有效性需要放到具体案例中适用后才能真正确立，不同理论之间的不同之处也只有放到具体案例的层面才能真正得到区别。不论是“一体说”还是“二分说”，在两点上具有共识：其一是“造成重大损害”指向的主要是“重伤、死亡”结果⑦；其二是“明显超过必要限度”的判断是一种综合式的判断，特别是观察总结我国司法实践中在判断“明显超过必要限度”时可能使用的变量。例如，尹子文博士

---

① 储陈城. 防卫过当判断中“行为限度单独标准”的证成：基于刑法与刑事诉讼法的交叉论证. 法律科学（西北政法大学学报），2020（4）：130.

② 张明楷. 防卫过当：判断标准与过当类型. 法学，2019（1）：12.

③ 陈兴良. 正当防卫教义学的评析与展开. 中国刑事法杂志，2021（2）：24.

④ 陈璇. 正当防卫、维稳优先与结果导向：以“于欢故意伤害案”为契机展开的法理思考. 法律科学（西北政法大学学报），2018（3）：84.

⑤ 汪雪城. 防卫限度判断标准的司法检视与理论反思：基于 750 个刑事样本的实证考察. 法学家，2019（6）：160.

⑥ 类似明确提出二分说的典型案例还有陈某正当防卫案（检例第 45 号）等。

⑦ 也有观点认为造成多人轻伤、重大财物损失等重大法益侵害也属于这里的“造成重大损害”。

提炼出“不法侵害的强度、不法侵害的缓急、双方力量的对比、防卫能力及手段、其他因素”等变量结构①，江溯副教授则归纳出“不法侵害针对的法益、手段、时间、类型、持械情况、人数、力量对比、继续可能性、危险或实害结果，以及防卫法益、时间、地点、环境、手段、类型、持械情况、人数、力量对比、结果等等”②。单就行为适当与结果适当的具体认定上，“一体说”与“二分说”是高度统一的。

既然“一体说”与“二分说”在行为过当与结果过当各自的判断上其实相差并不大，那么二者的实质性区别其实是在行为过当与结果过当之间的逻辑关系上。在这背后，其实“一体说”与“二分说”对于“行为”和“结果”概念的理解是不同的。相比于“一体说”，“二分说”将行为与结果割裂开，所以承认“行为过当但结果不过当”与“结果过当但行为不过当”，比如常常举出的案例分别是，开枪打盗窃犯但没有瞄准和在争执中推倒侵害人致其死亡。与之相对，“一体说”下无论是“行为一体说”还是“结果一体说”，都是将行为与结果视作不可分割的一体来理解的。如此看来，“二分说”因为多出一个判断阶层，似乎理论的空间感更强，但是，如果多出的一个判断阶层的判断构造不稳定，实际上疑问更甚。

本章将“二分说”与“一体说”放在行为无价值论与结果无价值论的坐标下进行理解。如果基于行为无价值论与结果无价值论的视角，“二分说”的背后是行为无价值论，而“一体说”的背后是结果无价值论。正如本章第一节所述，行为无价值论注重刑法的行为规范面向，所以需要分割出一个单独的“行为”阶层进行行为是否符合规范的判断，在过失犯中是注意义务的判断，在此处防卫限度问题上则是行为是否过当的判断，具体来说就是“必需说”的判断标准：有效且最温和的行为。比如“二分说”常常举出的行为过当但结果不过当的例子：防卫人向盗窃犯开枪，因为没有瞄准而没有造成重大损害。此处的“行为过当”的判断其实是“不应当用枪支对付盗窃犯”的行为规范。与之相对，结果无价值论更为注重刑法的裁判规范面向，所以并不特别需要分割出一个主要指向行为规范的行为标准层面。其实，在行为哲学上，行为不可能脱离结果而单独被定义，比如，对于普通人来说，拳王的一拳并不一定比管制刀具更弱。在刑法学中正当防卫的防卫限度问题上，“一体说”并不意味着只要出现了过当结果就一定成立防卫过当，而是也要求进行综合判断。③ 此外，“必需说”中的“有效制止不法侵害”的标准中也暗含了“结果”层面的判断。行为定义中包含结果的命题也体现在司法实践的理解中。汪雪城博士通过实证研究发现，在被认定为防卫过当的案件中，“将防卫结果作为必要限度关注要

---

① 尹子文. 防卫过当的实务认定与反思：基于 722 份刑事判决的分析. 现代法学，2018（1）：184－186.

② 江溯. 防卫限度判断规则的体系化展开. 法律科学（西北政法大学学报），2022（1）：153.

③ 比如，张明楷教授明确指出：“对于重大损害必须进行动态的考虑，需要根据不法侵害的缓急、强度及其类型、防卫手段与强度的必要性，以及所防卫的利益等方面，进行综合判断得出妥当结论。”而且这种综合判断也不是没有方向性的，可以以法定刑的通约理解作为方向性的限度判断：（1）不法侵害是严重危及人身安全的暴力犯罪，法定最高刑为 10 年有期徒刑的，造成不法侵害人死亡的防卫行为没有过当。（2）不法侵害属于其他普通犯罪行为，即法定刑为 3 年以下有期徒刑，防卫行为造成不法侵害人重伤的，一般也不属于防卫过当。（3）防卫行为对违反治安管理处罚法的不法侵害人造成轻伤的，不可能属于防卫过当。张明楷. 防卫过当：判断标准与过当类型. 法学，2019（1）：3.

点的样本有 402 个，居首位，占定性样本总量的 58.94%”①。

明确行为无价值论下的“二分说”与结果无价值论下的“一体说”的理论特征之后，能够更为清晰地看到二者的疑问。

首先，与“二分说”宣示的恰恰相反，“二分说”下正当防卫的成立范围可能被限缩。“二分说”主张“一体说”下缺乏“行为过当结果不过当”与“行为不过当结果过当”两种成立正当防卫的场合，所以正当防卫范围被限缩。但是：(1)“二分说”下存在正当防卫与防卫过当的中间地带。在行为过当结果不过当的场合，因为结果不过当，按照“二分说”不成立防卫过当，但因为行为过当，按照“二分说”也不成立正当防卫，所以，存在正当防卫与防卫过当的中间地带。既然不成立正当防卫，现实中很可能将该行为作为犯罪或者违法行为处理。因为刑法中的不法侵害广泛包含除刑法之外的不法侵害，比如，一群青年发现有人闯红灯，于是过去将其打成了轻伤。按照“二分说”的标准，这属于行为过当但结果不过当；按照“一体说”，因为防卫行为对违反治安管理处罚法的不法侵害人造成轻伤的，不可能属于防卫过当，所以能够顺利得出正当防卫的结论。(2)“二分说”在行为适当的“必需说”之外还附加了“死伤结果”的限制因素。徐万龙博士指出，“‘重伤以下无过当规则’之后所确立的防卫限度，是有可能宽于‘必需说’的：即便防卫人并没有在数种有效防卫措施中选择最温和的那一种，但只要没有造成重伤、死亡结果，便不过限”②。其实，在“二分说”的实际操作中，出现死亡、重伤结果也应当从过失犯是否成立的角度进行讨论。比如，在赵某过失致人重伤案中，应当从赵某当时承担注意义务的可行性判断，在此种场合是强人所难的，所以不成立过失犯，成立正当防卫。③ 这也体现了并不是从防卫过程判断，而是反向地从过失犯是否成立的角度来判断是否成立正当防卫。

其次，沿袭自结果无价值论的“一体说”的最大疑问是将大量问题放在责任阶层理解。在防卫限度的判断上，从事后来看，不法侵害行为的法益侵害程度是确定的，相应地能制止该不法侵害行为的防卫行为的程度也能够大致确定。然后，如果防卫人的防卫行为已经超出了该设想的限度，就需要考虑此时要求行为人停止防卫行为的负担要求可能性，也就是从责任的角度看能否期待行为人正确地停止可能过当的防卫行为，如果该负担要求可能性成立，防卫行为依然可分为两部分，成立防卫过当或故意犯罪，如果该负担要求可能性不成立，防卫行为依然是整体的一个防卫行为，只能成立正当防卫。此处看似“一体说”也对整体的防卫行为作了分段式的理解，但这种理

① 汪雪城.防卫限度判断标准的司法检视与理论反思：基于 750 个刑事样本的实证考察.法学家，2019（6）：170.

② 徐万龙.“重伤以下无过当规则”的反思与纠偏.浙江大学学报（人文社会科学版），2022（3）：168.

③ 本案系 2020 年 9 月最高人民法院发布的正当防卫典型案例中的第六个案例。本案的大致案情为：2018 年 12 月 26 日晚 11 时许，李某与此前相识的女青年邹某一起饮酒后，一同到达福州市晋安区某公寓邹某的暂住处，二人在室内发生争吵，随后李某被邹某关在门外。李某强行踹门而入，谩骂殴打邹某，引来邻居围观。暂住在楼上的赵某闻声下楼查看，见李某把邹某摁在墙上并殴打其头部，即上前制止并从背后拉拽李某，致李某倒地。李某起身后欲殴打赵某，威胁要叫人“弄死你们”，赵某随即将李某推倒在地，朝李某腹部踩一脚，又拿起凳子欲砸李某，被邹某劝阻住，后赵某离开现场。经鉴定，李某腹部横结肠破裂，伤情属于重伤二级；邹某面部挫伤，伤情属于轻微伤。最终福州市检察院经审查认定赵某属于正当防卫。

解是从事后视角即能够成立正当防卫的角度进行的，而非如“二分说”般在事前就确立一个相对准确的行为规范，要求防卫人遵守这个行为规范。此处也可以体现出结果无价值论事后视角与行为无价值论事前视角的根本不同。当然，不可否认的是，“一体说”如果将大量问题放在责任阶层进行理解，就需要回答在防卫限度的判断中加入了防卫人的主观要素的疑问，这与传统理解中结果无价值论的基本理论标志——在违法性判断的对象中排斥主观要素——是存在根本矛盾的。虽然确实也有将故意作为责任要素放入构成要件该当性阶层的结果无价值论，但鲜少见到在违法性阶层考虑主观要素的结果无价值论，理论的自洽性问题需要解释。

综上所述，以行为无价值论为底色的“二分说”与以结果无价值论为底色的“一体说”在具体案例适用层面的不同之处没有想象中的南辕北辙，相反，既然理论底色是可以相互通约、对应理解的，二者的实际适用差别可能也没有非常显著。

3.认定防卫限度的技术路线

在正当防卫的防卫限度问题上，除了上述“一体说”与“二分说”的讨论尤为激烈，还有一种无关基础理论的认定防卫限度的技术路线，即在判断时点与判断基准的坐标中认定防卫限度，是存在高度理论共识的。这也就是陈兴良教授指出的，关于防卫行为过当的判断，“应当坚持两个原则：第一是设身处地的事前判断方法，应当回到防卫的特定情境，根据当时的情况做出判断，而不是进行事后的判断。第二是社会一般人的判断标准，在对防卫行为适当性判断的时候，不能仅仅根据防卫人的认知进行判断，而是要结合社会公众的一般认知作出判断”①。《正当防卫意见》也明确肯定了这一点。其第 2 条规定：“要立足防卫人防卫时的具体情境，综合考虑案件发生的整体经过，结合一般人在类似情境下的可能反应，依法准确把握防卫的时间、限度等条件。要充分考虑防卫人面临不法侵害时的紧迫状态和紧张心理，防止在事后以正常情况下冷静理性、客观精确的标准去评判防卫人。”

关于判断时点，防卫限度的判断应以事前即行为时为判断时点。关于判断基准，应以行为时的社会一般人所能作出的防卫行为为判断基准。只有判断者代入行为时的社会一般人，才能对行为时的防卫限度提出合理的要求。如果防卫人的实际防卫能力高于社会一般人，就要求其收缩致社会一般人标准的防卫行为强度；如果防卫人的实际防卫能力低于社会一般人，就允许其扩张致社会一般人标准的防卫行为强度。只有以事前即行为时的社会一般人标准的防卫行为强度要求实际的防卫人，才是公平的，在这一判断结构中也能加入防卫人的主观要素。比如，在于某案中，“在考虑正当防卫必要性时，不仅仅应当从客观上的暴力程度、力量对比来考察，还要考察被告人受到长时间折磨产生的压力和激怒，这些主观因素是免责的事由”②。需要注意的是，主观要素因为更不稳定，对它的考虑应当更为谨慎。总之，“防卫行为明显超越有效制止不法侵害客观上必需的限度而在具有通常认识与可能反应的社会一般人看来显然过于激烈和不必要，没有疑义地

① 陈兴良.正当防卫教义学的评析与展开.中国刑事法杂志，2021（2）：28.

② 陈兴良.正当防卫如何才能避免沦为僵尸条款：以于欢故意伤害案一审判决为例的刑法教义学分析.法学家，2017（5）：97.

属于过度反击的情况”[①]。

防卫限度是正当防卫下各个具体成立要件中比较重要也是争议颇多的一个要件，司法实践中对其把握并无统一标准。本章通过将“一体说”与“二分说”放入结果无价值论与行为无价值论的理论坐标下，更清晰地发现二者的优劣之处，揭示出二者在区别的外观下存在高度统一之处。因此相比于基础理论层面的争议，对于司法实践来说，认定防卫限度更应关注判断时点—判断基准的判断技术路线，而此处以事前即行为时为判断时点、以行为时的社会一般人所能作出的防卫行为为判断基准，使二者相结合，就能相对准确地认定具体案件中的防卫限度。

第三节　正当防卫的限制原理

案例 3-3　毛某某防卫挑拨案[②]

（一）案情介绍

被告人毛某某的菜地与伍某某的鱼池相邻，双方对地界存在争议。2016 年 8 月 27 日 8 时许，伍某某在争议地段修建院墙，毛某某遂向村干部反映了该情况。之后，毛某某看见村干部与城建执法人员快到达施工现场处理违建问题时，遂先赶到现场进行阻拦。伍某某因此质问毛某某，并持砖头打伤毛某某头部，致毛某某倒地。毛某某受伤后大声叫骂，伍某某又冲向毛某某，二人扭打在一起，毛某某捡起一块砖头打伤伍某某左额头，后被村干部等人拉开。经鉴定，伍某某的损伤程度为轻伤二级，毛某某的损伤程度为轻微伤。

（二）裁判经过

本案一审法院湖北省当阳市人民法院认为：被告人毛某某持械故意伤害他人身体，致一人轻伤，其行为已构成故意伤害罪。毛某某认为被害人存在违建行为进行举报后又赶至施工现场阻拦，被害人将毛某某打伤，对矛盾激化确有过错，但该行为停止后，毛某某又以言语激怒被害人，促使被害人欲实施不法侵害，导致双方在互殴中毛某某持砖头致伤被害人，毛某某的行为属挑拨防卫，不属正当防卫，已构成故意伤害罪，应承担刑事责任。毛某某虽然否认其行为性质，但其事发后即主动报警，并能如实供述事实经过，可认定自首，且能积极预缴赔偿款，有悔罪表现。故综观全案，毛某某的行为属犯罪较轻，可免除处罚。被告人毛某某给被害人伍某某造成的经济损失，应承担相应的民事赔偿责任，但伍某某有过错，应相应减轻毛某某的赔偿责任。[③]

---

① 梁根林. 防卫过当不法判断的立场、标准与逻辑. 法学，2019（2）：13.

② 湖北省宜昌市中级人民法院（2018）鄂 05 刑终 16 号刑事附带民事裁定书.

③ 湖北省当阳市人民法院（2017）鄂 0582 刑初 252 号刑事判决书.

本案二审法院湖北省宜昌市中级人民法院认为：原审被告人毛某某非法损害他人身体健康，致一人轻伤，其行为已构成故意伤害罪。被告人毛某某由此给被害人伍某某造成的经济损失，应承担民事赔偿责任。原判根据双方的过错程度，划分民事责任合理。故伍某某的上诉理由不成立，本院不予支持。遂驳回上诉，维持原判。

（三）争点整理

1.如何从纷繁复杂的事实结构中认定规范的防卫挑拨结构。防卫挑拨一般是指这样的情形：甲挑拨乙，乙受到挑拨攻击甲，甲防卫乙，其中乙的攻击行为不是正当防卫，甲的防卫行为单独看是正当防卫。简言之，标准的防卫挑拨是一种“挑拨人的挑拨行为—侵害人的侵害行为—挑拨人的防卫行为”的行为结构。那么，如何从纷繁复杂的事实结构中认定该行为结构，这就是在防卫挑拨案件中需要解决的第一个问题。在本案中，即是认定被告人防卫挑拨的行为结构为何的问题。

2.如何认定挑拨行为对于之后的防卫行为被认定为正当防卫是否有影响，如何影响，即防卫挑拨对于正当防卫的限制原理问题。反过来说，也就是在防卫挑拨的场合下，防卫人的退避义务是否存在，范围如何的问题。这就涉及防卫挑拨的判断标准问题。在本案中，即是被告人的防卫行为综合全案看是否成立正当防卫的问题。本案一审和二审法院均认定被告人“犯罪较轻，可免除处罚”，即认定不成立正当防卫。

（四）案例分析

1.防卫挑拨的行为结构认定

正如本案的裁判理由所写的，“毛某某的行为属挑拨防卫，不属正当防卫，已构成故意伤害罪，应承担刑事责任”。在我国的司法实践中，被告人的行为一旦被认定为防卫挑拨就会产生确定的适用效果：完全阻却成立正当防卫。因此，确定案件事实中防卫挑拨的行为结构是相当重要的前提性问题。

防卫挑拨是刑法学中的一般性问题，因此在域外刑法中也有体现。除了那种案情并不复杂，能够明显识别出“挑拨人的挑拨行为—侵害人的侵害行为—挑拨人的防卫行为”行为结构的案例①，在多数域内外案例中，共同的认定倾向是，挑拨方与被挑拨方的认定完全依据结果论。例如，案例1（尝梨赖账案）：黄某在农贸市场卖梨时，朱某到其摊位尝完梨后不买欲离开，黄某上前向其索要吃梨款，双方发生争执，朱某和同行的另外两人与黄某缠打。过程中，黄某两次被打倒在地，后朱某将黄某打倒在沈某卖农具的摊位上。黄某随手拿起一把草钩欲继续打斗，被摊主夺下，黄某又从该摊位上拿起一把镰刀用力横扫，将朱某砍伤，后朱某经抢救无效死亡。法院认定黄某犯故意伤害罪。② 法院认定本案的行为结构是：黄某向朱某讨要债务，朱某不法侵害黄某，黄某进行防卫。

---

① 例如，日本平成二十年（2008年）的判例的大致案情：被告人与甲发生口角，突然殴打甲的面部（第一暴力），然后逃离现场。甲骑自行车追赶被告人，从被告人的背后施加了职业摔跤的双勾拳（Lariat）那样的暴力（第二暴力），被告人予以还击，用随身携带的特殊警棍击打甲的面部与左手，致甲受伤（第三暴力）。本案中，第一暴力、第二暴力、第三暴力正好对应于防卫挑拨的行为结构，本案属于标准的防卫挑拨案例。

② 刘洋.互殴中正当防卫的认定.人民司法，2006（1）：29.

案例2（德国的仇人相见案）：“红鸡酒馆”的两名老主顾A和B不知什么缘故结了仇。一天，B告诉A，他不想在酒馆里看见A，否则后果自负。然而A下决心不当胆小鬼。A尽管对若动起手来B明显具有身体优势有所顾虑，还是在第二天晚上来到酒馆同往常一样点了一瓶啤酒。当同在酒馆的B看到A时，B马上冲向A并尝试着将其拽出酒馆。结果A同B纠缠在一起。并用拳猛击B脸部，B随即倒在地上。当B吃力站起来，A拿起桌子上的大啤酒杯击打B的头部。[①] 本案的行为结构是：A踏入酒馆“激怒”B，B不法侵害A，A进行防卫。

案例3（我国的仇人相见案）：朱某与被害人韦某因打麻将发生口角，被围观群众劝开后，韦某扬言要杀死朱某，并在社区内张贴广告，寻找朱某下落，声称“凡提供朱某下落者，奖励现金两千元”。朱某得知后，曾数日不敢出门，因惧于韦某，后朱某外出时总是随身携带一把匕首。某日，朱某在明知韦某在麻将馆打牌的情况下，鉴于爱打麻将的嗜好，还是坚持到了麻将馆，看到朱某的韦某称“总算找到你了”，遂上前殴打朱某，二人发生冲突，但随即被人拉开。其间，韦某突然手持一柄长剑砍向朱某头部，由于朱某躲闪，实际只砍伤朱某左肩，随后韦某又向朱某连砍三剑，朱某边躲避边用左前臂抵挡。见无法砍到朱某，韦某又从左侧腰间拔出一把改制的发令手枪，并叫到“小兔崽子，我崩了你”，看见韦某手中的手枪，朱某感到危机，于是从自己右侧腰间拔出随身携带的匕首，向韦某左侧胸部猛刺一刀后逃跑，韦某经抢救无效死亡。[②] 法院认定的本案的行为结构是：朱某踏入麻将馆“激怒”韦某，韦某不法侵害朱某，朱某进行防卫。

在上述案例1、2、3中，尝梨赖账的朱某、以武力威胁对方不能进入特定场所的B、韦某，似乎更符合“挑拨”“自招侵害”的内涵。但在防卫挑拨中，挑拨方与被挑拨方的确定并不是从正面认定的，而是根据侵害结果中朱某、B、韦某是被害人而认定其为被挑拨方，再反推挑拨方与挑拨行为。由此就会得出案例1中黄某讨要债务的合法行为、案例2和3中A和朱某进入特定场所的合法行为成立防卫挑拨中挑拨行为的结论。

将结果论的防卫挑拨的行为结构的认定思路运用到本案中，法院认定的防卫挑拨的行为结构实际只能涵摄“毛某某受伤后大声叫骂，伍某某又冲向毛某某，二人扭打在一起，毛某某捡起一块砖头打伤伍某某左额头”这一事实。“毛某某受伤后大声叫骂”对应于挑拨行为，“伍某某又冲向毛某某，二人扭打在一起”对应于侵害行为，“毛某某捡起一块砖头打伤伍某某左额头”对应于防卫行为。根据该行为结构认定防卫挑拨的遗留问题是，该行为结构之前的事实，即“伍某某因此质问毛某某，并持砖头打伤毛某某头部，致毛某某倒地”并没有被准确评价。如果将该事实也纳入评价范围，并且在防卫挑拨阻却正当防卫与否的问题上采纳一种归责的视角，起码在本案中，至为明显的是被害人伍某某而非被告人毛某某对于正当防卫状况的形成贡献更大。

2. 防卫挑拨的判断标准

（1）不同类型的防卫挑拨对应的法律效果并不一致。

如前所述，在我国的司法实践中，一旦认定为防卫挑拨就必然完全阻却成立正当防

① 埃里克·希尔根多夫. 德国大学刑法案例辅导. 黄笑岩，译. 北京：北京大学出版社，2019：140.

② 张宝，毛康林. 预见不法侵害并积极准备防卫工具能否阻却成立正当防卫. 中国检察官，2014（22）：11.

卫。这是因为在裁判理由上，我国司法实践中成立正当防卫要求防卫目的要件。而防卫挑拨中因为存在报复目的、加害意图等，一般也就认定为欠缺防卫目的。有的裁判文书中对此明确表达为："被告人出于报复目的采用挑拨防卫方式故意伤害他人身体，不成立正当防卫。"① "李某持铁叉以言语挑拨激怒被害人，借口防卫对被害人实施故意伤害，无防卫意图，属防卫挑拨，不是正当防卫。"②

但是，如果将目光转向域外，会发现在域外的刑法理论与司法实践中，防卫挑拨有区分下位类型和不区分下位类型两种定义模式。区分下位类型的防卫挑拨从挑拨行为的法律或伦理性质与挑拨行为的主观心态（蓄意、故意、过失）各一方面或两方面结合来划定防卫挑拨的不同类型。如将防卫挑拨分为蓄意挑拨与非蓄意挑拨。③ 而不区分下位类型的防卫挑拨则使用统一的防卫挑拨概念，即只采用蓄意或故意挑拨类型的防卫挑拨。故意挑拨类型"为侵害对方故意引起对方对自己的侵害，然后以正当防卫为借口，给对方造成侵害的行为"④。我国传统刑法理论采用的是后一种蓄意挑拨类型，即"行为人出于侵害目的，故意引诱、挑衅促使对方进行不法侵害，尔后借口防卫加害对方"⑤。

防卫挑拨的两种定义方式带来的适用效果不同。在不区分下位类型的防卫挑拨定义模式下，只要认定为防卫挑拨即完全阻却正当防卫。这一结构下，防卫权的范围与防卫挑拨的成立要件是一体两面的问题，明确防卫挑拨的成立条件就同时确定了防卫权能的范围。在区分下位类型的防卫挑拨定义模式下，认定为防卫挑拨还不一定阻却正当防卫，需要进一步确定法律效果。即防卫挑拨的概念认定与效果确定分属两个层次，概念认定层次范围较宽，通过效果层次限缩范围。一般来说，二者在蓄意挑拨类型的防卫挑拨完全阻却正当防卫处达成一致：我国、德国、日本的通说均认为，蓄意实施防卫挑拨的，无权进行正当防卫。

其实，统一概念—完全阻却、类型概念—限制阻却这两种展开实质上并不对立，本质是同一问题，即怎样的挑拨行为能阻却正当防卫。本书将这一问题归结为防卫挑拨的判断标准问题：能阻却正当防卫的挑拨行为成立防卫挑拨，不能阻却正当防卫的挑拨行为不是规范意义上的防卫挑拨。

（2）现有的防卫挑拨的判断标准存在的疑问。

无论是统一概念还是类型概念的防卫挑拨，都会面临着防卫挑拨的判断标准问题，即符合怎样条件的防卫挑拨才能阻却正当防卫。当前关于防卫挑拨的判断标准几乎都着眼于挑拨行为本身，而没有考虑挑拨行为与防卫情状引起之间的关系。当前的研究就挑拨行为本身，可大致分为三个方向：从主观面判断、从客观面判断和从主客观面结合判断。

首先，从主观面判断的路径。大多数研究都肯定蓄意型防卫挑拨阻却正当防卫。对防卫挑拨从主观面判断的方向包括蓄意、故意、过失。从预见的角度看就是预见＋侵害

① 广西壮族自治区田阳县人民法院（2017）桂1021刑初14号刑事判决书.
② 新疆生产建设兵团第三师中级人民法院（2014）兵三刑终字第11号刑事裁定书.
③ 林钰雄.新刑法总则.台北：元照出版有限公司，2019：256.
④ 张明楷.刑法学：上.5版.北京：法律出版社，2016：205.
⑤ 高铭暄，马克昌.刑法学.9版.北京：北京大学出版社，2019：127.

目的、预见、预见可能性。如前田雅英教授认为，积极加害型的挑衅行为是“一连的攻击行为”，阻却正当防卫。故意挑衅行为阻却正当防卫。过失挑衅行为原则上不阻却正当防卫。[①] 王钢副教授认为区分为故意挑拨阻却正当防卫，过失挑拨限制正当防卫。[②] 德国通说则是分为蓄意挑唆、其他可非难方式所导致的防卫情状和防御挑唆三种类型，其中，蓄意挑唆完全否定正当防卫，两种非蓄意挑唆则给予部分限制。[③] 但是，从主观面判断的路径可能至少需要回答两个问题。其一是，“意图通过防卫造成对方伤害的想法纯粹属于一种深藏于行为人内心的动机”[④]，挑拨行为的主观面如何能够成为防卫权能范围确定问题的决定性变量。其二是，在主观面的分类中，蓄意挑唆与故意挑唆究竟是都能够阻却正当防卫，还是只有蓄意挑唆能够否定正当防卫。如果是前者，说明阻却正当防卫的实质影响因素是故意而非侵害目的。如果是后者，则说明否定正当防卫的实质因素是侵害目的而非故意。这又回到第一个问题：故意和目的都是主观要素，其如何能影响防卫权的范围。对于这些问题，目前鲜见深入研究。

其次，从客观面判断的路径。正是认识到上述归结于挑拨人的主观面可能无法准确判断防卫挑拨中防卫权能的范围，也有不少学者主张采用从客观面判断的路径。从客观面判断的观点认为，应当“以挑拨行为客观事由为基准，将原因的挑拨行为类型化”[⑤]。“即使预见到侵害，被攻击者也没有避免义务，特别负担只应根据违法行为的有无来确定”[⑥]。客观面的分类主要是将挑拨行为根据其客观法律性质区分为违法行为、合法行为或以是否违反社会伦理分为合伦理行为、反伦理行为。只有违法或违反社会伦理的挑拨行为能够阻却正当防卫，而合法或合伦理的挑拨行为完全不影响反击行为成立正当防卫。如松原芳博教授在从客观面解读日本平成二十年（2008 年）判决时指出，“本决定着眼于客观事实”，“先行事实必须是‘不法’的”，“不要求该先行事实具有有责性”[⑦]。黎宏教授也认为：“挑拨防卫，原则上都是不法加害行为。”[⑧] 与此相对，德国联邦最高法院曾认为挑衅行为不必违法，“挑衅者的举止在‘社会伦理上有问题’即可”。但正如罗克辛（Roxin）教授批评的，“什么是违法的，可以清楚确定；社会伦理评价总是模糊和摇摆不定”[⑨]。但是，或许放到实践中，什么是违法也较难确定，如违反地铁“文明乘车”守则的行为、违反民法诚实信用原则的行为等可能不比社会伦理有更强的明确性。而且，如果在正当化依据中采法确证原理说，挑拨行为的违法性也并不是影响法确证的关键变量，“无论防卫人是否实施了违法的挑拨行为，法确证的利益都不会改变”[⑩]。关于究竟为何要区分挑拨行为的违法或违反社会伦理属性，当前研究也未能作出有效的解答。

---

① 前田雅英. 刑法总论讲义. 曾文科，译. 北京：北京大学出版社，2017：230.

② 王钢. 正当防卫的正当性依据及其限度. 中外法学，2018（6）：1611.

③ 陈俊榕. 论“挑唆防卫”. 中正大学法学集刊，2013（39）.

④ 陈璇. 克服正当防卫判断中的“道德洁癖”. 清华法学，2016（2）：57.

⑤ 黎宏. 刑法总论问题思考. 北京：中国人民大学出版社，2007：316.

⑥ 生田胜义. 行为原理与刑事违法论. 东京：信山社，2002：251.

⑦ 松原芳博. 刑法总论重要问题. 王昭武，译. 北京：中国政法大学出版社，2014：134.

⑧ 黎宏. 刑法总论问题思考. 北京：中国人民大学出版社，2007：316.

⑨ 克劳斯·罗克辛. 德国最高法院判例刑法总论. 何庆仁，蔡桂生，译. 北京：中国人民大学出版社，2012：43.

⑩ 佐伯仁志. 刑法总论的思之道·乐之道. 于佳佳，译. 北京：中国政法大学出版社，2017：100.

最后，从主客观面结合判断的路径。或许是认识到单纯从主观、客观无法充分说明判断标准的合理性，也有不少学者尝试采用从两方面结合来判断的路径。当前，从主客观面结合的判断大致可以分为两类。一类是“意图＋违法”的挑拨行为阻却正当防卫。例如，中山研一教授指出：“实施违法挑拨行为，并意图利用产生的正当防卫状况侵害他人，不成立正当防卫。”① 山中敬一教授则认为：“限制正当防卫的挑拨应仅限于意图挑拨的场合”，且“为限制正当防卫，应要求挑拨行为违法。”② 故意违法挑拨行为的场合适用三阶段理论，即退避、防御性防卫、攻击性防卫。而另一类认为“过失＋违法”的挑拨行为就可以适用三阶段理论，意图挑唆不需要挑拨违法即阻却正当防卫。③ 但是，如果作为基础的主客观路径各有疑问，恐怕二者结合的路径不仅要回应主客观路径各自的疑问，也要对如此结合的合理性作出独立的解答。

除了上述从主观面出发、从客观面出发、从主客观面结合出发各自面临的疑问，这种分析框架也面临疑问。有日本学者指出：“这种主客观的区分本身是没有意义的，重要的并非主客观如何，而是主客观中的这些变量在成立正当防卫与否之际的意义如何。”④

（3）防卫挑拨的判断标准的可能思路。

上述现有研究中的防卫挑拨的判断标准可以归纳为是一种经验主义的行为论论证，即将之后的正当防卫状况作为一种结果，反过来寻找惹起这种结果的原因行为，这是一种符合直觉的论证进路，现在日本刑法学界流行的“何者对于冲突状况惹起的贡献更大”“能否评价为防卫人与侵害人以共同正犯的形式共同惹起了冲突状况”，以及司法实践中“挑拨行为能否说是已经超出侵害行为的程度”⑤ 等论证都可以归入这一条进路。

在这条经验主义的论证思路之外，还有一条将防卫挑拨的违法性根据与判断标准连接起来的论证进路。比如，桥爪隆坚持功利主义—法益衡量的正当化原理理解，从正当防卫与紧急避险的区别在于正当防卫原则上不存在退避义务入手，认为这是因为在正当防卫的场合，防卫人一般存在“滞留现场的利益”，所以，防卫人的法益原则上优越于侵害人的法益，因而法益衡量的结果就是侵害人的法益可以被防卫人以紧急行为侵害。但是在不存在该利益的场合，就不能说防卫人的法益优越于侵害人的法益，反过来说，在正当防卫论中也就可能存在防卫人的“回避或者退避义务”⑥。因为正当防卫权的反面就是回避、退避义务问题，因此厘清了该义务的范围，也就是明确了正当防卫权的范围，在这一思路下，得出了防卫挑拨的判断标准。与其相对，关西学派对于正当化原理的理解往往求诸康德哲学，山本和辉将正当防卫权作为“侵害者与被侵害者之间用以维持消

---

① 中山研一. 口述刑法总论. 东京：成文堂，2002：140.

② 山中敬一. 刑法总论Ⅰ. 东京：成文堂，1999：457.

③ 许恒达. 正当防卫与挑唆前行为. 月旦刑事法评论. 2016（2）.

④ 三代川邦夫. 正当防衛の海域. 立教法学，2018（97）：119.

⑤ 在前述日本平成二十年（2008年）判例中，最高裁判所基于下述理由判定不成立正当防卫：“按照前述案情事实甲的攻击可谓是由被告人的暴力所触发的、紧接着被告人的暴力且在相近地点实施的一系列、整体性的事态，因此，在甲的攻击并没有大幅度超出被告人的前述暴力程度等本案事实之下，就应该说，本案中被告人的伤害行为不能谓之为，是在被告人实施某种反击行为能被正当化这一状况之下的行为”。桥爪隆. 刑法总论之困惑（二）. 王昭武，译. 苏州大学学报（法学版），2015（2）：127.

⑥ 橋爪隆.『正当防衛論の基礎』. 東京：有斐閣，2008：76 頁参照。

极自由领域的关系性法律概念”，防卫行为也就是“经由针对不法侵害的具体防卫行为达成防卫人对于自己法地位的回复”①。在这一正当化原理下，防卫人原则上并不负担在冲突状况之前的回避、退避义务，因为如果承认这一义务就意味着防卫人需要按照行为人尚未现实化的行为来安排自己的行为，这是对防卫人消极自由的侵害。但是，如果自招行为确实侵入了不法侵害人的权利领域，防卫人应当负有撤回自招行为的中和义务。在其所惹起的不法侵害人的攻击行为可以被评价为“正当防卫”的范围内，该中和义务可以转化为容忍义务。对于超出该限度的攻击行为，防卫人的正当防卫权不受限制。② 如果自招行为本身并未侵入不法侵害人的权利领域，自然也就不可能要求其承担回避或退避的义务。

从经验主义出发的研究进路难以实现违法性根据与判断标准的连接，而直接从正当化原理、违法性根据展开的演绎论证又必须回应基础理论层面的基础争议，从务实又务虚的角度，从经验上得出具体判断标准再从反面验证的路径，或许就有可取之处。本书主张：挑拨人存在特别认知的情形可以阻却其之后的正当防卫权。

首先，从法益衡量的角度，可以得出特别认知使挑拨人法益要保护性降低的结论，特别认知下的挑拨行为是引起防卫情状的原因。影响法益要保护性的变量之一就是引起防卫情状的原因。防卫挑拨与典型正当防卫不同：正当防卫下不法侵害是引起防卫情状的原因，而防卫挑拨中的挑拨行为是原因。换言之，在典型正当防卫情形中攻击行为引起防卫行为，在防卫挑拨中则是由“挑拨行为＋攻击行为”引起了防卫行为。因此，如果“挑拨行为＋攻击行为”的结构中，挑拨行为相对攻击行为完全具有可归责性，挑拨人就应承担退避义务。典型正当防卫情形中防卫情状的引起归责于攻击行为，而防卫挑拨中应归责于挑拨行为。“挑拨行为使侵害者丧失抑制自己实施侵害的能力，或者使得规范无法期待侵害者不去实施侵害，可以认为，挑拨者才是法益冲突的真正操控手。”③ 在这种情况下，引起防卫情状的决定权掌握在挑拨人手中，并非侵害人手中，而“自我决定权的反面就是自我答责”④。最终可以归结于权利—义务—责任的法理根据，即攻击行为可归责于挑拨行为。传统路径过于关注挑拨行为本身的主客观属性，而忽略了挑拨行为→攻击行为的可归责性导致挑拨人法益要保护性降低的判断。

其次，从社会团结义务的角度，也能得出具有特别认知的挑拨人超出了社会团结义务限度的结论。迥异于传统的法益衡量和二元论，王钢副教授沿着康德的“自然之普遍法则公式”，即权利的主张必须是可普遍性的才能成为有效的权利，在数篇文章中对自利理性人普遍同意理论作出有力证明。王钢副教授的论证加强了防卫挑拨的“违法性根据”与“判断标准”之间的推导关系，具有重要的方法论意义。在“无知之幕”背后，自利理性人会认为，故意的防卫挑拨与不成比例的挑拨后防卫之所以阻却正当防卫，是因为它们超出了社会团结义务的限度。而过失的防卫挑拨并未超出社会团结义务的限度，这

---

① 山本和輝. 正当防衛の基礎理論的考察. 立命館大学博士論文，2018：196.

② 山本和輝. 正当防衛の基礎理論的考察. 立命館大学博士論文，2018：138.

③ 陈璇. 克服正当防卫判断中的“道德洁癖”. 清华法学，2016（2）：64.

④ Renzikowski，Notstand und Notwehr，1994，S. 179. 转引自陈璇. 克服正当防卫判断中的“道德洁癖”. 清华法学，2016（2）：64.

种情形下，每个人都既可能是挑拨人也可能是被挑拨人，因此采取三阶段理论适当限制即可。但是，在挑拨人具有特别认知的场合，例如挑拨人明知对方暴躁易怒、之前有过过节而对方吃过亏，特别认知具有赋予社会团结义务的效力，挑拨人本应当谨守义务而不要引起法益冲突状况。但此时，如果挑拨人不遵守团结义务而在有特别认知的前提下挑拨对方，那么即使在第三人看起来是日常无危险的行为，则具体情境中对被挑拨人来说也是挑拨行为。正如格雷克（Greco）教授指出的，“不考虑行为人的认识内容的情况下对一项危险是否存在作出评价，根本不可能”①。这样主观特别认知下的客观行为才该当构成要件，“行为人的特别认知的确可以决定行为的不法”②。此外，特别认知还需要以存在获取特别认知的义务为前提，这可以限缩特别认知的成立范围。雅各布斯（Jakobs）的行为归责理论即在原则上不考虑特别认知，除非能够确认特别认知具有义务来源。“要求拥有特殊认知的行为人使用该认知以避免法益侵害，而此时又不存在行为人获取该认知的义务，这本身就是自相矛盾。”③

最后，挑拨人的特别认知限制防卫权的观点在司法实践中也能找到相应支持判例。例如，王某甲故意杀人案。2015 年 3 月 2 日 11 时许，被告人王某甲到某县江边打鱼，并随身携带一支火药枪（枪长约 170 厘米）。中午约 12 时，王某甲的妻子王某乙打电话给王某甲，说其患有精神分裂症的大儿子王某丙（被害人）要打王某乙和二儿子。王某甲听后便携枪赶回家中劝说王某丙，并与王某丙发生争吵，后王某甲把王某丙平时使用的摩托车推到自家附近的水利沟处并推倒在水沟边。王某丙见状，从家中拿一把砍刀（长约 70 厘米，含刀柄）追向王某甲。王某甲往前跑，没跑多远便停住转身朝王某丙开了一枪，击中王某丙左侧胸部等部位，致王某丙倒地当场死亡。后王某甲离开现场，将枪支、子弹丢弃后返回家中，不久被接到王某乙报警电话赶来的公安民警抓获。④ 本案中，虽然法院没有认定王某甲是防卫挑拨，但也基于被告人的特别认知承认其防卫权应当被限制。“被告人王某甲明知被害人王某丙患有精神病不能刺激，而将被害人王某丙平常所骑的摩托车推倒在水利沟边，致使被害人王某丙受到刺激而持刀对其进行追赶，其行为虽然不属于防卫挑拨，但有一定过错。”

需要注意的是，并非只要防卫人偶然地获得特别认知就自动获得阻却其之后正当防卫权的法律效果。因为特别认知同时意味着获取特别认知的义务，如果没有这一前置义务，即使有特别认知也不能认为引起了法所不容许的风险。在防卫挑拨中，其逻辑链是：前置获取特别认知的义务→特别认知→基于特别认知的不挑拨义务→退避义务。在这一结构中，规范只能来源于规范，而非事实，退避义务最终可追溯至前置获取认知的义务。而归责逻辑的起点其实是挑拨人是否具有得到特别认知的义务，这与故意或过失无关。

---

① Luis Greco. 客观归责领域的主观面：论特殊认知“问题”. 陈晰，译//赵秉志. 当代德国刑事法研究：第 3 卷. 北京：法律出版社，2019：9.

② 许玉秀. 当代刑法思潮. 北京：中国民主法制出版社，2005：478.

③ Luis Greco. 客观归责领域的主观面：论特殊认知“问题”. 陈晰，译//赵秉志. 当代德国刑事法研究：第 3 卷. 北京：法律出版社，2019：16.

④ 海南省第一中级人民法院（2015）海南一中刑一初字第 37 号刑事判决书.

第四章　紧急避险

知识点概述

与正当防卫相比，紧急避险的观念虽然发展较晚，但目前已经成为一项重要的出罪事由，为各国刑法所关注。例如日本《刑法典》第 37 条规定：为了避免对自己或者他人的生命、身体、自由或者财产的现实危难，而不得已实施的行为，如果所造成的损害不超过其所欲避免的损害限度时，不处罚；超过这种限度的行为，可以根据情节减轻或者免除刑罚。德国刑法典对于紧急避险的规定则更为具体，其中第 34 条与第 35 条分别规定了阻却违法的紧急避险与阻却责任的紧急避险，清晰界定了紧急避险的体系定位与成立条件。其他国家的刑法典也大多规定了紧急避险制度，如法国刑法典第 122—7 条、瑞士刑法典第 34 条等，只是表述有所不同。①

我国刑法典同样规定了紧急避险制度，并与正当防卫一并成为法定出罪事由。我国《刑法》第 21 条规定：为了使国家、公共利益、本人或者他人的人身、财产和其他权利免受正在发生的危险，不得已采取的紧急避险行为，造成损害的，不负刑事责任。紧急避险超过必要限度造成不应有的损害的，应当负刑事责任，但是应当减轻或者免除处罚。第 1 款中关于避免本人危险的规定，不适用于职务上、业务上负有特定责任的人。可以看出，我国刑法典针对紧急避险并没有作太多具体的规定，而是预留了较大的解释空间，诸如紧急避险的性质到底是违法阻却事由还是责任阻却事由，其出罪根据何在，以及紧急避险能否针对人的生命等问题，均引发刑法学界的广泛讨论，但遗憾的是，至今尚未达成统一的意见。

根据我国刑法通说，紧急避险是指行为人为避免自己或他人的人身、财产等权利遭受正在发生的急迫危险，而攻击他人法益以转嫁风险的行为。② 关于紧急避险的成立要件，传统理论通常认为应包括六个方面：起因条件——合法权益遭受现实危险；时间条件——危险正在发生；对象条件——避险行为针对的是除避险人与不法侵害人以外的其他人的合法权益；限度条件——避险行为不能超过必要的限度而造成不应有的损害；限

---

① 马克昌. 紧急避险比较研究. 浙江社会科学，2001（4）：91 - 97.

② 方军. 紧急避险的体系再定位研究. 现代法学，2018（2）：132 - 146.

制条件——避险行为必须在不得已的情况下才能实施；主观条件——避险人具备避险认识与避险意志。据此，通说认为紧急避险与正当防卫不同，后者是正对不正，所针对的是不法侵害者；而前者是正对正，其损害对象只能是无辜的第三人。[①] 然而，如果遵循通说中“紧急避险必须针对第三人”这一观点，那么直接针对危险来源所做的反击行为在不成立正当防卫的情形下，也丧失了成立紧急避险的可能性，这极大地压缩了正当化事由的适用空间。

此外，虽然紧急避险制度在理论界引发广泛关注，但司法实践适用紧急避险以出罪的情况极少，针对高位阶人身法益，如生命权、身体健康权的避险行为，更是尚未出现适用该事由以出罪的刑事判决。为切实推进出罪事由的实践价值，本章选取四则典型案例，从实践中此类案件的争议点出发，探讨紧急避险理论上的疑难问题，力图为其司法适用提供更为坚实的理论依据。

第一节 避险情形与避险对象

案例 4-1 张某某故意伤害案[②]

（一）案情介绍

甘肃省天水市麦积区人民检察院指控被告人张某某犯故意伤害罪，向甘肃省天水市麦积区人民法院提起公诉。

法院经审理查明：2012 年 7 月 16 日，被害人杨某某（系被告人的姐夫）与妻子张某（被告人之姐）发生矛盾，张某便回到了位于某区某镇某村的娘家。次日，被害人杨某某带领自己的儿女来到其岳父家，欲叫回妻子张某。被害人因妻子要求离婚，与妻子张某、岳母高某某、被告人张某某及其妻子罗某某在屋内发生争吵。被害人杨某某便一把从炕上抱起熟睡的被告人张某某的儿子张甲（出生于 2011 年 1 月 13 日）相要挟，欲阻止妻子张某与其离婚。张某、高某某、罗某某及被告人张某某便上前欲夺回张甲，在此过程中，被害人抱着张甲退至屋外，不慎踩空背身从廊檐摔至台阶下，致自己头部摔伤流血，张甲头皮擦伤。被告人之母高某某趁机夺回张甲，交与孩子母亲罗某某。在罗某某抱着张甲欲往院外跑时，被害人杨某某又抓住张甲的胳膊，被告人张某某见状便拿起院子里的一把木叉向杨某某头部击打了一下，致被害人受伤。后被害人杨某某从厨房拿起菜刀欲砍被告人张某某时，被劝架的村民夺下并劝开。2012 年 7 月 18 日被害人在某市第一人民医院住院治疗，诊断为闭合性颅脑损伤、创伤性蛛网膜下腔出血、左颞顶部硬膜外血肿、颅骨骨折、头皮挫伤，住院治疗 22 天。2012 年 8 月 22 日，被告人张某某的父亲张乙到天水市公安局麦积分局甘泉派出所报案，同日被告人张某某主动到麦积公安分局

---

① 高铭暄，马克昌. 刑法学. 10 版. 北京：北京大学出版社，高等教育出版社，2019：134 - 137.

② 甘肃省天水市麦积区人民法院（2013）麦刑初字第 71 号刑事判决书.

甘泉派出所如实交代了自己的犯罪行为。2012 年 10 月 15 日，经天水市麦积区公安司法鉴定中心鉴定：杨某某左侧颞骨骨折、蛛网膜下腔出血、无明显神经系统症状体征，系轻伤；左颞顶部硬膜外血肿系重伤。2013 年 5 月 13 日，被告人张某某与被害人杨某某达成了调解协议，由被告人张某某赔偿被害人杨某某医药费等各项损失共计 5 万元，取得了被害人的谅解。

（二）裁判经过

法院认为：被告人张某某无视国法，不能正确处理家庭矛盾，故意伤害他人身体，致人重伤，其行为构成故意伤害罪。鉴于被告人主动到案、如实交代自己的犯罪事实，有自首情节，且本案系家庭纠纷引发，被害人在本案中存在较大过错，案发后被告人家属亦积极赔偿了被害人的损失，取得了被害人的谅解，故决定对被告人减轻处罚，并适用缓刑。据此，依照《刑法》第 234 条第 2 款、第 67 条第 1 款、第 72 条第 1 款、第 73 条第 2 款、第 3 款之规定，法院判决被告人张某某犯故意伤害罪，判处有期徒刑 2 年，缓刑 3 年。

（三）争点整理

在本案审理过程中，辩护人除提到本案的起因为家庭婚姻纠纷、被害人有严重的过错、被告人能够自愿认罪等从轻处罚的情节之外，还提出了被告人系紧急避险过当，应当减轻处罚的辩护意见。但法院认为，紧急避险是为了保护正在遭受损害的国家及公共利益、本人或他人的人身财产等其他合法权益，在没有其他方法可以避免危险时，通过损害第三者的合法权益的方法来保护正在遭受损害的合法权益，且损害的第三者的合法权益必须小于正在遭受损害的合法权益。本案被告人张某某为夺回孩子，损害的是可能对孩子造成伤害的行为实施者，即本案的被害人杨某某本人，且被害人杨某某的行为仅是可能对孩子造成伤害，故被告人为保护自己的孩子损害的是将要实施伤害行为人本人的身体健康权，而并非第三人的合法权益，且伤害仅仅将要发生，并未达到没有其他方法阻止危害发生的紧迫程度，不符合紧急避险的构成要件，所以法院没有采纳该辩护意见。

可以看出，各方就被告人的行为是否成立紧急避险的争议主要集中于：（1）本案是否具备避险情形？（2）避险行为是否只能针对避险人与不法侵害人以外的第三人？

（四）案例分析

1. 危险现时性的判断

合法权益遭受正在发生的现实危险，即视为具备紧急避险的情形。通常而言，如果存在即将给合法权益造成损害的事实状态，即可以认为法益正在遭受现实危险。① 此处的危险是指建立在实际情况之上的、超出一般生活风险的损害发生的高度可能性，这种危险必须是客观上存在的，而非来自行为人主观的想象。不同于德国刑法明确界定了可

---

① 陈兴良，车浩，周光权. 刑法总论精释. 北京：人民法院出版社，2016：281.

以进行紧急避险的法益范围，在我国刑法的视角下，任何法益都具有适用紧急避险的资格，无论是行为者自身的生命、身体、自由、尊严或者财产权利等重要法益面临危险时，还是他人的个人法益面临危险时，都可以进行紧急避险。超个人法益如国家利益、集体利益，同样是可以成立紧急避险的利益。但是考虑到政府的管辖，针对此类法益个人通常没有实施营救的必要性，此时是否成立紧急避险的判断需要适用更严格的标准。① 在避险情形的界定中，危险现时性的判断是特别值得关注的问题。

刑法理论通常将“危险正在发生”界定为从危险出现一直到危险结束之间的持续状态。具体而言，危险的出现，是指危险已经对合法权益造成现实的威胁，此时如果不实行紧急避险，侵害马上就会发生或将使合法权益受到更大的损害；只有实施紧急避险，才能避免损害的出现或者升级。而危险的结束，是指危险对合法权益的威胁已经过去，损害已经造成且不会造成进一步损害，或者危险已经消失，不会再对合法权益造成损害的情形。此时，是否实施避险行为，对于保护合法权益而言都已经毫无意义，所以在危险已经结束后，不得再实行避险行为。②

按照主流学说，避险情形是否存在，要按照客观的事前判断进行评价，这种判断乃是从中立观察者的角度事前作出的一种合理预料，而判断的关键在于犯罪发生时（事前）站在一个额外掌握了行为人所拥有的特别知识的有见识的观察者的立场上会如何评价。具体而言，所谓“现时的”危险是指法益侵害的状态现实存在着或者法益侵害的危险正在迫近的情况，而理性的行为人根据当时的实际情况判断必须立即采取措施以回避危险，如果不立即采取防御措施，人们会严重担忧该状况的继续发展将导致发生或者加剧损害。可以看出，某个危险到底是不是正在发生的，取决于是否有立即采取行动以避免逼近的侵害的必要性，并不依赖于危险具体实现的时间点。③ 如果行为人在行为时经过理性判断，认为存在着损害发生的可能性，并且中立观察者在这种情形下同样会得出该结论，那么即使事后证实不存在危险也并不影响紧急避险之成立。

如前所述，危险是超出一般生活风险的损害发生的可能性，这种可能性的程度高低如何界定，理论上存在不同的观点。早期德国的刑事判决要求损害发生的可能性必须高于不发生的可能性，但这一界定显得过于机械，且对于避险人而言要求过高。目前绝大多数观点要求具备“明显的可能性”，还有学者从避险人的立场出发，认为只要法益损害的发生“不是完全不可能”，就已经满足要求了。④ 事实上，损害发生可能性的判断标准是非常灵活的，因为不同于正当防卫的起因只能是人的不法侵害，紧急避险中危险源于何处并无限制，不管是大自然的自发力量、动物的袭击、人的生理病理原因、社会经济的混乱或穷困，还是人类的举止，都可以引起危险。如果危险来自大自然的自发力量，例如洪涝、地震等，这些危险一旦发生，所造成的巨大的损害结果是人类难以承受的，于是刑法理论一般认为在自然灾害已经逼近、合法权益即将受到威胁时，就可以实行紧急避险。而对于生理、病理等原因通常造成的是精神上的痛苦或肉体上的折磨，学界一

---

① 乌韦·穆尔曼. 德国刑法基础课. 周子实，译. 北京：北京大学出版社，2023：368－369.

② 陈兴良，车浩，周光权. 刑法总论精释. 北京：人民法院出版社，2016：283.

③ 金德霍伊泽尔. 刑法总论教科书. 蔡桂生，译. 北京：北京大学出版社，2015：182.

④ 乌韦·穆尔曼. 德国刑法基础课. 周子实，译. 北京：北京大学出版社，2023：472.

般认为不能实行紧急避险。可以看出，由于危险的来源不同，人们对于损害发生可能性的认定很可能得出截然不同的结论，是否能够实施避险行为，关键在于危险是否给出了一个让人严重担忧的合理动因，此时人们无法期待理性人继续忍耐迫近的法益损害，这种危险就具有现时性。

在诸多的危险来源中，有一种情况较为特别，即人的不法侵害造成的危险，有的学者认为此时的“现时性”的界定等同于正当防卫中“急迫性”的界定。然而，与正当防卫的时间要件相比，危险的现时性应是更广的概念。换言之，相较于防卫案件中所谓的即刻引发利益损害的现时攻击的概念，紧急避险中现时的危险的概念应更为宽泛。如果损害处于立即迫近的状态当然可以视为存在“现在的危险”，这种一般被称为即刻性危险（Augenblicksgefahr），也被称为现时危险的典型形式，但除此之外还存在另一种危险状态，即持续性危险（Dauergefahr）。有学者将持续性危险界定为已经经过长时间而继续存在着，经常可能向侵害转化，但侵害的发生很可能还需要较长时间的一种状态。如前所述，判断危险是否存在的决定性标准并非损害是否立即发生，而是即刻采取防御行为的必要性。所以对持续性危险的承认是基于这样的事实：虽然危险实现的确切时间点仍不清楚，但行为人可以确定，在危险状态存续的时间内损害一定会发生。只有立即采取防御行为才能避免危险升级，否则会导致防御效果减弱而使法益遭受无法控制的损害，只有符合刑法规定的特定条件的行为才是避险行为。① 换言之，虽然持续性危险所造成的损害被预期要过一定时间才会发生，但是如果不立即采取防御措施，人们会严重担忧该状况的继续发展将导致发生或者加剧损害，只有立即行动才能避免危险，那么其现时性也是应被肯定的。

本案中法院认为被害人杨某某的行为仅是可能对孩子造成伤害，伤害仅仅将要发生，并未达到没有其他方法阻止危害发生的紧迫程度，否定了避险情形的存在。但结合案情可以发现，被害人杨某某为阻止其妻子张某与其离婚，以一岁半的孩子相要挟，在抢夺孩子的过程中，被害人不慎踩空摔倒，已导致孩子头皮擦伤。他人要带孩子离开时，被害人杨某某又抓住孩子的胳膊进行抢夺，被告人才拿起木叉击打其头部一下。笔者认为，杨某某的行为已经提供了让人严重担忧的合理动因，如果放任其行为，很可能给孩子造成更为严重的伤害，此时采取避险行为是必要的，应视为具备现时的危险。此外，刑法理论通常认为，那些并非在危险发生时实施的避险行为属于避险不适时，一般包括事前避险与事后避险。如果行为人明知危险尚未开始或已经结束而损害第三人利益的，应承担故意的法律责任；行为人误以为危险已经开始或误以为危险尚未结束的，应按照认识错误的原则处理。但在本案的判决理由中法院否定了避险情形后，并未作进一步的判断。

2.避险行为是否只能针对第三人

按照我国传统刑法理论，正当防卫与紧急避险的重要区别在于，前者针对不法侵害者，而后者只能针对避险人与不法侵害人以外的其他人的合法权益。换言之，在传统理论中，危险引发者的不法行为只能放置于正当防卫的讨论视角之下，在紧急避险的危险来源中被排除了。这种观点对紧急避险的界定是很不完整的，它仅涵盖攻击性紧急避险，

① 魄佳.责任阻却性紧急避险的厘清与适用：以受虐妇女杀夫案为视角.法学家，2020（1）：130-145.

忽视了与正当防卫一样直接针对危险引发者，但强势程度介于正当防卫和攻击性紧急避险之间的避险行为，即防御性紧急避险。可能是受到了德国法的影响，我国赞同紧急避险的对象不局限于无辜第三人的学者日益增多。

德国学界一般认为法秩序包含着三种紧急避险规定：防御性紧急避险（Defensivnotstand）（德国《民法典》第 228 条）、攻击性紧急避险（Aggressivnotstand）（德国《民法典》第 904 条）、刑法上的紧急避险（德国《刑法典》第 34 条），甚至从中产生了一种思维上的考察顺序，即从德国《民法典》第 228 条的特别条文出发，经德国《民法典》第 904 条的攻击性紧急避险直至德国《刑法典》第 34 条所规定的一般性的紧急避险。

具体而言，德国《民法典》第 228 条的防御性紧急避险涉及的是对作为危险来源的物品的侵犯。按照德国《民法典》第 228 条的规定，当存在威胁法益的危险时，允许损坏或者毁坏他人的物品，它在损坏物品罪（德国《刑法典》第 303 条）中作为正当化事由发挥作用。值得注意的是，这一条文要求被损坏或毁坏之物正是危险来源之处。危险来源于所有权人领域也使得以下情况正当化，即被保护的法益并不需要在价值上具有优越性。在实践中与该条文相关的主要是动物攻击，以及攻击者操控了并非为其所有的工具。与之相比，德国《民法典》第 904 条的主要适用范围还是损坏物品行为的正当化，但由于该条文允许了对他人物品造成影响，因此，在被允许的法益侵害的类型方面范围更广。比如，为了将伤者送往医院而非法使用他人的汽车。如果涉及对损害物品行为的正当化，那么《民法典》第 904 条只在以下情况中得以适用，即危险并非来自被损坏或者毁坏之物。基于团结义务的限制性，将危险转嫁给无关者这种情况只有在很小的范围内才是被允许的。所以，德国《民法典》第 904 条要求防御的是一个显著过大的损害。①

由于德国民法在实定法上已经按照避险对象针对紧急避险的类型作出了明示的规定，德国刑法学说通常也基于该规定而将紧急避险区分为防御性紧急避险与攻击性紧急避险。但与民法上的紧急避险相比，德国《刑法典》第 34 条的阻却违法的紧急避险的首要区别在于，它不但可以对侵犯所有权的行为实现正当化，而且原则上可以在实现任何一个构成要件时成为正当化事由，但故意杀人除外。此外，德国《刑法典》第 34 条面向的主要是德国《民法典》第 904 条所规定的攻击性紧急避险，这主要在利益权衡的规定中清楚地体现出来。德国《刑法典》第 34 条要求所保护的利益占据显著优势地位，这与德国《民法典》第 904 条的要求是一致的。但就此认为危险引发者在德国《刑法典》第 34 条的框架下毫无重要性的观点，是不恰当的。德国《民法典》第 228 条针对引起危险的物加以损坏或摧毁，如果行为人为了防御危险而侵犯了一个人的法益，而该人正是危险的来源，此时可以将德国《民法典》第 228 条的评价转用于《刑法典》第 34 条。其实现的方式是，危险的来源在利益权衡中非常重要，如果所侵犯的只有作为危险来源的利益范围，那应当在对被侵犯的利益权衡中考虑这一点，让那些作为危险来源之处的人承受不利，这主要是因为他应当对行为人法益的危险处境答责。②

---

① 乌韦·穆尔曼. 德国刑法基础课. 周子实，译. 北京：北京大学出版社，2023：363－366.

② 乌韦·穆尔曼. 德国刑法基础课. 周子实，译. 北京：北京大学出版社，2023：368.

以上简要回顾了德国法对于紧急避险的分类，但针对本案件的讨论还要回归到我国的法律体系。然而，无论是我国民法典还是我国刑法典针对紧急避险的规定都较为简化，但也为理论探讨预留了更多的空间。特别是我国《刑法》第 21 条的规定，并未如《刑法》第 20 条关于正当防卫的规定那样针对防御对象作出明确限定，因此传统理论认为紧急避险的对象仅限于无辜第三人的说法缺乏法律上的依据，在我国法律体系中不能排除针对危险引发者可以成立紧急避险的情况。所以本案中法院认为被告人张某某为夺回孩子，损害的是可能对孩子造成伤害的行为实施者，即本案的被害人杨某某本人，而并非第三人的合法权益，不符合紧急避险的构成要件，这一观点并不合理。被害人杨某某作为危险引发者，被告人为保护孩子的人身安全，针对被害人所实施的损害行为符合防御性紧急避险的界定，不能通过避险对象这一要件排除紧急避险的适用可能，但本案能否达到出罪效果，还需要审查是否满足紧急避险的其他要件。

第二节　限制条件——不得已要件

案例 4-2　姚某某故意杀人案[①]

（一）案情介绍

被告人姚某某和被害人方某某系夫妻关系，二人婚后育有四个子女。方某某与姚某某结婚十余年来，在不顺意时即对姚某某拳打脚踢。2013 年下半年，方某某开始有婚外情，在日常生活中变本加厉地对姚某某实施殴打。2014 年 8 月 16 日中午，方某某在其务工的浙江省温州市瓯海区某鞋底厂三楼员工宿舍内因琐事再次殴打姚某某，当晚还向姚某某提出离婚并要求姚独自承担两个子女的抚养费用。次日凌晨，姚某某在绝望无助、心生怨恨的情况下产生杀害方某某的想法。姚某某趁方某某熟睡之际，持宿舍内的螺纹钢管猛击方某某头部数下，又拿来菜刀砍切方某某的颈部，致方某某当场死亡。作案后，姚某某拨打 110 报警并留在现场等待警察到来。经法医鉴定，死者方某某系头部遭棍棒类物体多次打击和颈部遭受长刃锐器多次切割造成严重颅脑损伤合并左侧颈外动脉破裂大失血而死亡。案发后，被害人方某某的父母方某甲、张某表示谅解姚某某的行为，并请求对姚某某从轻处罚。

（二）裁判经过

法院认为：被告人姚某某因不堪忍受丈夫方某某的长期家庭暴力而持械杀死方某某，其行为已构成故意杀人罪。根据被告人姚某某的供述以及证人证言，应认定被害人方某某在婚姻生活中对姚某某实施了长期的家庭暴力。被告人姚某某对被害人方某某实施的

---

① 浙江省温州市中级人民法院（2015）浙温刑初字第 4 号刑事判决书.

家庭暴力长期以来默默忍受，终因方某某的婚外情并逼迫其离婚和独自抚养两个未成年子女而产生反抗的念头，姚某某杀人的动机并非卑劣；姚某某在杀人的过程中虽然使用了两种凶器并加害在被害人的要害部位，并承认有泄愤、报复的心理，但结合家暴问题专家的意见，姚某某属于受虐妇女，其采取上述手段杀害被害人更主要的还是为了防止被害人未死会对其施以更加严重的家庭暴力；姚某某作案后没有逃匿或隐瞒、毁灭罪证，而是主动打电话报警，归案后如实供述自己的犯罪事实，并带领侦查人员找到作案使用的菜刀，具有认罪、悔罪情节。综上，姚某某的作案手段并非特别残忍、犯罪情节并非特别恶劣，应当认定为《刑法》第 232 条规定的故意杀人“情节较轻”。姚某某具有自首情节；被害人方某某的父母对姚某某表示谅解，考虑到姚某某尚有四个未成年子女需要抚养，因此对被告人姚某某给予较大幅度的从轻处罚。据此，法院判决被告人姚某某犯故意杀人罪，判处有期徒刑 5 年。

（三）争点整理

在本案审理过程中，被告人姚某某对起诉书指控的事实没有异议，但辩解自己不是故意杀死丈夫方某某，而是迫不得已才将其杀死。姚某某的辩护人辩称，姚某某自 18 岁开始即遭受被害人方某某的家庭暴力，被害人具有重大过错；姚某某因不堪忍受方某某的严重家庭暴力而将方某某杀死，根据《关于依法办理家庭暴力犯罪案件的意见》（以下简称《意见》）第 20 条的规定，可以认定为故意杀人“情节较轻”。

此外，值得注意的是，本案中家暴问题专家陈敏出庭接受了控、辩双方的质询并提供专业意见，其认为：家庭暴力通常表现为针对身体的暴力、精神暴力和性暴力。家庭暴力的核心为控制，即施暴本身不是目的，而是施暴者为了达到控制受害者的目的而采取的手段，即使施暴者逼迫受害者离婚，也是为了控制受害者，让受害者服从自己。受害妇女因不堪忍受长期的家庭暴力，往往会自杀或杀害施暴者。为了避免遭受更加严重的侵害，受害妇女会在施暴者已经暂时丧失反抗能力的情况下，仍采取极端的手段置施暴者于死地。受害妇女的加害行为一般只针对施暴者，在施暴者消失后，对其他人不会再有危害性。

最终，法官将被告人遭受家庭暴力作为重要的量刑因素予以考虑，“对于长期遭受家庭暴力后，在激愤、恐惧状态下为了防止再次遭受家庭暴力，或者为了摆脱家庭暴力而故意杀害、伤害施暴人，被告人的行为具有防卫因素，施暴人在案件起因上具有明显过错或者直接责任的，可以酌情从宽处罚”，即通过适用量刑中的酌定从宽情节对行为人从轻处罚。但笔者认为，处理受虐妇女杀夫案仅局限于量刑情节的考察并不妥当，压缩了出罪事由在此类案件中的讨论空间。事实上，在本案的审理过程中，不止法官，甚至辩护人都忽视了被告人自己提到的“是迫不得已才将丈夫杀死”。

如上文所述，在受虐妇女杀夫案中，丈夫长期对妻子或其他家庭成员实施家庭暴力，根据现实情况能够推断出，丈夫将来还会再次实施家庭暴力。这就意味着在此类案件中，法益客观上处于迫在眉睫的危险状态中。虽然此时现实的侵害行为尚未开始，但只有立即采取防御行为，才能有效避免之后对法益造成损害，否则将丧失保护法益的最佳时机，即在受虐妇女杀夫案中存在紧急避险所要求的正在发生的现实危险。那么当被告人提出

"迫不得已杀人"这一抗辩时，法律人的目光应自然地转到紧急避险"不得已要件"的审查上。

（四）案例分析

紧急避险作为正当化事由以防御手段的适当性以及与其他手段相比最为轻微为前提。正当防卫中对防卫行为必要限度的判断是依据不法侵害的强度，而在紧急避险中，对避险行为的适当性判断是基于避免对法益造成损害的危险之需要。① 此处并不要求避险行为是抵御危险的"唯一手段"，但如果能以更为温和的手段达到避免危险的同等结果，则该避险手段是不被允许的。如果多种替代手段均能达到避免危险之效果，则应根据受损害法益的重要性、法益所面临的损害程度以及对受保护法益造成损害的可能性进行综合判断，从而选择最温和的一种避险手段。此所谓"不得已采取的紧急避险行为"。

对于紧急避险的"不得已"要件，许多国家的刑事立法都作了相关规定，如德国刑法要求"无他法可以避免"，意大利刑法要求"无其他可避免方式"，奥地利刑法要求"难期待有其他之举动"，虽表述稍有不同但实质内涵基本一致。② 详言之，所谓"迫不得已"通常是指没有其他办法可以排除危险的情况，在日本判例中也被认为是指"除损害他人的法益外没有救助之途的状态"。据此，"不得已实施的行为"应包括两部分：首先是正当防卫制度同样要求的以"最小限度手段性"与"手段适合性"为内容的必要性；其次是没有其他可能的方法来避免损害这一补充性。前者要求避险行为可以达到避险效果，并且这种侵害他人法益的行为符合最小限度侵害手段的标准；而后者意味着在侵害他人的法益之外没有保全受损法益的其他方法。不得已要件体现出行为人进行紧急避险是一种无奈之举，当危险迫在眉睫，除了损害他人合法权益的办法，客观上没有其他更为合理的方法可以避免危险，即避险行为是当时最为合理的唯一选择。如果可以通过正当防卫、消极逃避、寻求司法保护等措施，则不具备实施紧急避险的空间。从本质上讲，刑法明确紧急避险正当化的理由，主要基于在法律对两种合法权益不能同时保全这一急迫情状下，为维护社会整体利益的相对不减少或者最少化的减少，只能放任避险人损害不超过必要限度的合法权益。所以不到迫不得已，法律不会允许避险人启动损害他人合法利益的挽救机制。这契合于法律最大限度地保护每一个公民合法利益的宗旨。③

在面对危险情状时，如何判断采取的避险行为是否满足紧急避险所要求的不得已要件，这是紧急避险适用的难点和关键点。正当化的避险行为一定是在当时危险情状下最终的唯一选择，但这并不意味着当时只有唯一一种避险手段，而是紧急避险所要求使用的手段对于清除危险而言必然是适宜且最温和的方式。例如，为避免火灾蔓延以保护居民的生命安全，将一栋房屋推倒即可隔绝火灾的情况下，行为人却推倒多栋房屋，这在形式上并不违背损害较小利益来保护较大利益这一紧急避险的限度要求，但过度侵害了合法利益。这种做法违背了紧急避险正当化的宗旨，即须始终坚持为保护较大合法权益，

---

① Vgl. Kindhäuser，in：NomosKommentar，StGB，4 Aufl.，Baden-Baden：Nomos，2010，§ 34，Rn. 29.

② 马克昌. 紧急避险比较研究. 浙江社会科学，2001（4）：91－97.

③ 潘庸鲁. 关于紧急避险核心要件"不得已"研究. 犯罪研究，2010（5）：60－65.

应尽可能地给合法利益造成最小的侵害。

理论界对于以何种标准判断“不得已”要件，存在争议。有学者认为应以一般人的认知水平判断该危险是否有实施紧急避险的必要。如果履行了一般人的注意义务，认为实施的避险行为达到不得已的程度，那么就可以评价避险人的行为是正当的，反之，则欠缺合法性。这种判断模式充分注意到紧急避险的社会性和慎用性，但一定程度上忽视了个体对危险认识的差异性，很可能打击行为人实施紧急避险挽救社会整体利益的积极性，对避险人造成不公正合理的评价。有学者认为应以行为人的认识水平作为判断标准，此时具有决定意义的是从实行紧急避险的人来看，所采用的是为了防止更大损害的发生而造成最小损害的最佳方案。这种模式考虑到每一个避险人面对同一危险的反应不同，对避险人的特殊情况给予了充分的尊重，但有造成紧急避险滥用的嫌疑，还有可能导致刑法无法对具体的紧急避险行为给予类型化的评价。[①] 据此，有学者认为，对于不得已要件的判断，应与危险情形的判断相同，采取客观的事前预测，该预测的基础是行为人所知且可知的用来阻止侵害结果的手段。德国刑法理论通常只要求行为人考虑到那些可能被（具备行为人的特别知识的）有见识的观察者所认识到的避免可能性即可。但德国的司法判决认为，行为人不应当只考虑到那些手头上可用的手段，还有义务考查是否可以使用更为温和的手段，而且行为人对于他人法益的侵犯越严重，对其义务的要求就越高。可以看出，在这一问题上理论与实践的立场并不一致。目前理论通说的观点是，不应当考虑那些只有通过对实际处境进行仔细考察才可得知的手段，因为找出更为温和的手段的考察义务并没有法律上的依据，而且对它予以认可会表现为不利于行为人的类推。由于紧急避险并不是用来将危险转嫁给他人的，因此如果行为人能够通过使用自己的手段阻止或躲避该危险，或者能够使用政府的帮助，那么就欠缺了必要性。[②]

综上，以姚某某故意杀人案为代表的受虐妇女杀夫案中需要判断的是，与杀害施虐丈夫相比，是否存在其他更温和的手段，也能达到阻止家庭暴力继续发生的同等效果。司法实践中的个案情况千差万别，但在极端的受虐妇女杀夫案中，行为人能求助的途径通常有以下几种，需要分别予以考察：

第一，受虐妇女是否能通过解除婚姻关系逃离家庭暴力？有人认为，婚姻是家庭的基础，受虐妇女在离婚之后不再需要与丈夫同住，自然能终结家庭暴力。但事实上离婚诉讼并不能有效地保护受虐妇女免遭暴力侵害。2017 年 6 月四川女子董某因遭受家暴提出离婚诉讼，经 3 次庭审，法官以“给男方机会，给双方冷静期”为由判决不予离婚，致使被害人继续遭受家暴侵害，直至 2018 年 11 月不堪忍受的董某提起离婚二审上诉而引发广泛关注。[③] 此外，顺利离婚之后的妇女也经常出现受到丈夫骚扰的情况，如果双方有孩子，其更会因为孩子的存在无法彻底断绝与施虐人的接触，家庭暴力甚至可能在离婚后升级，导致妇女面临生命或身体的严重危险。而且家庭暴力的受害者大多在经济、社会和情感上依赖施暴者，这导致很多情况下受虐人不得不维持与施虐者共同生活并忍

---

① 潘庸鲁. 关于紧急避险核心要件“不得已”研究. 犯罪研究，2010（5）：60－65.

② 乌韦·穆尔曼. 德国刑法基础课. 周子实，译. 北京：北京大学出版社，2023：376.

③ 王心禾. 家暴引发离婚诉讼宜慎用冷静期. 检察日报，2018－11－26.

受家庭暴力。

第二，社会援助是否能为家暴受害人提供保护？家庭暴力的受害者大多是妇女、儿童或老人，他们在生理与心理方面通常处于弱势地位，很难依靠自身的力量反抗家暴侵害，所以各国积极建立社会救助组织为其提供帮助。在中国主要由1949年成立的中华全国妇女联合会积极参与制定打击暴力侵害妇女行为的相关立法，并向妇女提供直接援助。而德国设有大量庇护所，为遭受家庭暴力的妇女和儿童提供临时住所。庇护所鼓励家庭暴力的受害者寻求工作或住房，并通过重新获得失去的自尊和开始新的生活来治疗心理创伤。但遗憾的是，社会救助组织能采取的手段只有说服教育，有时甚至会劝受害人为家庭稳定忍耐下去，无法发挥社会团体抵抗家庭暴力的积极作用。此外，庇护所只能为受害者提供临时帮助，实践中经常发生施虐人与受害人再次接触而导致暴力关系重演的情况。

第三，非刑事法律措施能否有效制止家庭暴力？中国于2015年12月27日通过《反家庭暴力法》，引入“人身安全保护令”作为防治家庭暴力的民事强制措施。此外，该法还特别规定了主管机构和人员对预防家庭暴力负有责任。而德国于2002年1月1日开始实施《反暴力保护法》，虽然该法并非专门针对家庭暴力，却涵盖诸如在地方法院下令采取行动或下达居住禁令之前，德国警察可以禁止施暴人与受害人接触；如果行为人违反了接触或居住禁令，警方可以依据警察法对其采取强制措施等防治家庭暴力的规定。但是，虽然两国均有关于家庭暴力的相关法规，却未建立完整的反家暴法执行机制，缺乏具体可行的保障措施以确保法规的有效施行，特别是根据我国《反家庭暴力法》规定的主管机构和人员的责任，责任人即使不履行监管职责也不会承担严重的不利后果，难以为家庭暴力的受害人提供实质保护。

第四，能否通过刑事诉讼终止家庭暴力侵害？对严重的家庭暴力可以通过刑事诉讼追究施暴人的刑事责任，然而传统观念的影响使家庭暴力被视为家庭内部事件，警察和其他国家机构对于这一私密领域的介入空间非常狭窄。司法实践中家庭暴力受害者报警，警察通常会采取劝架的方式以避免当场发生严重的刑事案件。这种被动的介入模式并不符合防止家庭暴力的现实需要。这也导致许多家庭暴力被一味容忍，直到造成不可逆转的严重后果。① 此外，由于家庭暴力的特殊性与隐蔽性，警察难以在家庭暴力发生后进行调查取证，因而受害者在因家庭暴力而提起的刑事诉讼中处于不利地位。

在大多数受虐妇女杀夫案中，由于施虐人所实施的社会隔离和控制，受虐妇女几乎没有机会接触警方。即使施虐人因国家机关的干涉而受到惩罚，他仍然有可能继续操纵受虐妇女的生活。此时社会援助与国家机关的介入很难达到制止家庭暴力的实际效用，以致受虐妇女陷入绝望境地。在其他更温和的手段无法制止家庭暴力之时，杀死施虐丈夫这一极端行为可以被视为别无选择的避险行为。所以在本案中被告人提出的“是迫不得已杀人”这一抗辩理由，是值得关注的，且是合理的，但本案中是否可以通过紧急避险达到出罪效果，还需要进行避险限度等方面的检验。针对此问题，我国已有多位学者

---

① 北京大学法学院妇女法律研究与服务中心.家庭暴力与法律援助：问题・司考・对策.北京：中国社会科学出版社，2003：48.

撰文进行讨论，但目前尚未达成一致意见。

第三节　避险限度

案例 4-3　韩某某地故意杀人案[①]

（一）案情介绍

青海省果洛藏族自治州人民检察院指控被告人韩某某地犯故意杀人罪，向青海省果洛藏族自治州中级人民法院提起公诉。

法院经审理查明：2015 年被害人马某 1 与被告人韩某某地（已婚）相识并建立婚外情。2019 年 8 月 20 日韩某某地到班玛县赛来塘镇锦绣桥工程项目部务工。同年 10 月 16 日 21 时许，马某 1 乘坐西宁市至班玛县客运大巴到达班玛县。二人见面后，韩某某地驾驶长城皮卡车，行驶至班玛县采青滩移民区蔬菜大棚附近后二人下车在路边发生性关系。随后，因马某 1 多次向韩某某地索要 2 000 元现金发生争执，韩某某地随地捡起一棍棒击打马某 1 头、手部，马某 1 双手护头，跪倒在人行道上。韩某某地继续击打马某 1 头部三下后持棍棒走向滨河东路锦绣大桥河边查看工友平日钓鱼的渔线，此时马某 1 紧随其后用手推搡被告人左腹部，韩某某地双腿滑入水中，然后转身抓住马某 1 衣袖，用力拉拽时，将其拉入水中致马某 1 被河水冲走。韩某某地上岸后，沿河道找寻被害人马某 1 未果，自行离去。2019 年 10 月 17 日，马某 1 尸体在班玛县江日堂乡更达村尕沟方向 500 米处玛可河中被发现，经鉴定，被害人马某 1 左手中指第三指节骨触及粉碎性骨折，系生前溺水死亡。同年 10 月 20 日，韩某某地被班玛县公安局抓获归案。被告人韩某某地到案后，自愿如实供述罪行，与被害人近亲属达成和解协议，并赔偿人民币 10 万元整，取得被害人近亲属谅解。

（二）裁判经过

法院认为：被告人韩某某地用棍棒多次用力打击被害人头部、手部，在被害人行为能力受限的情况下，将被害人拉拽入水中，未采取有效措施进行施救，也未向事发地点附近的工友寻求救助，放任被害人溺水死亡结果发生，其行为构成故意杀人罪。被告人韩某某地到案后，能够如实供述自己的罪行，系坦白，依法可以从轻处罚。被告人韩某某地系初犯、偶犯，案发后其亲属积极赔偿并取得了被害人家属的谅解，可以酌情从轻处罚。据此，依照《刑法》第 232 条、第 67 条第 3 款、第 56 条第 1 款、第 55 条第 1 款、第 61 条之规定，判决被告人韩某某地犯故意杀人罪，判处有期徒刑 15 年，剥夺政治权利 5 年。

---

① 青海省果洛藏族自治州中级人民法院（2020）青 26 刑初 1 号刑事判决书.

宣判后，被告人韩某某地以原判定性不当、量刑过重为由提起上诉。青海省高级人民法院经审理认为：原判认定事实清楚，证据确实、充分，定性准确，量刑适当，适用法律正确，审判程序合法。依照《刑事诉讼法》第236条第1款第1项的规定，法院裁定驳回上诉，维持原判。①

（三）争点整理

在本案的审理过程中，公诉机关提出被告人韩某某地因先前行为置被害人陷入危险境地，负有救助义务而未积极履行，放任被害人死亡，成立不作为的故意杀人罪。辩护人则提出，被告人韩某某地是因马某1先行推搡的行为导致跌落水中，韩某某地才是受害者，后拉拽马某1衣袖上岸属于自救行为，该行为不具有违法性，韩某某地对马某1不存在法定的救助义务。韩某某地主观方面没有杀人的故意，这种自救行为属于刑法意义上的紧急避险，故不构成犯罪，公诉机关指控不作为的故意杀人罪与事实不符。

法院认为，被告人韩某某地持棍棒多次击打被害人马某1头、手部，使其身体受到损伤，后被害人被拽入河中时，行为能力受限。其间，韩某某地未进行有效施救，主观上放任马某1溺水死亡结果的发生。针对辩护人提出，韩某某地的行为是自救行为，属紧急避险，不应追究刑事责任的辩护意见，法院认为，紧急避险是用损害一种合法权益的方法保全另一种受到正在发生的危险威胁的合法权益的紧急措施，因此，只有损害的合法权益小于被保全的合法权益时，紧急避险的行为才是对社会有益的，紧急避险才有实际意义。本案中，韩某某地、马某1的生命权、身体权的法益相同，并不符合损害的合法权益小于被保全的合法权益的情形，因此，辩护人提出韩某某地的行为是紧急避险的辩解意见不适用紧急避险的法律规定，故法院未采纳该辩护意见。

可以看出，本案中各方的争议点主要集中于：（1）被告人韩某某地对于被害人马某1是否具有救助义务；（2）被告人落水后为自保而拉拽被害人入水致其死亡，该行为是否超过避险限度，特别是侵害他人生命的避险行为能否达到出罪效果。因本章的主题所限，下文主要针对争议点（2）展开分析。

（四）案例分析

1.违法性阶层的审查②

我国《刑法》第21条第2款规定："紧急避险超过必要限度造成不应有的损害的，应当负刑事责任"。据此，"超过必要限度"成为区分紧急避险和避险过当的标志，避险行为是否处于必要限度内，成为法律上是否将之判定为正当行为的决定性因素。

根据传统刑法理论，避险行为所引起的损害小于所避免的损害，一般就能认为紧急避险没有超过"必要限度"，可以承认避险行为阻却违法，这种法益衡量是功利主义在紧急避险中最为典型的表现。对法益进行衡量时，既要考虑由利益的总类序列所决定的利

---

① 青海省高级人民法院（2020）青刑终34号刑事判决书.

② 本部分主要针对案件涉及的争议点展开分析，故省略了鉴定式案例分析中第一个阶层，即构成要件该当性的审查。本案中故意杀人罪的各个构成要件要素都是具备的。

益的抽象比较，又要考虑具体情况下“处于对立冲突中的利益”的值得保护性。[①] 换言之，一方面，避险行为所保护的利益与受损害的利益相比应当处于更高的级别；另一方面，在具体情况中，“救助利益”应当比“牺牲利益”更具有值得保护性。有学者总结出三个判断步骤，以确定受到保护的利益高于受侵害的利益：首先，需要确定的是所涉及的法益在法秩序中有什么样的抽象价值。在这一过程中，可以作为判断依据的是具体个罪的刑罚幅度以及宪法上的相应价值。其次，在同一种利益相互冲突时，需要考虑的是可能遭受损害的大小。在健康、财产等各种法益可能或多或少地遭受损害时，起决定作用的不仅有损害的性质，还包括损害的数量。最后，要考量危及法益的危险程度。[②]

我国刑法并未对法益位阶作出明确规定，但参考大陆法系的处理原则，一般认为生命法益高于身体法益，身体法益高于财产法益，公法益高于私法益。[③] 通常而言，高位阶的法益本身就比低位阶的法益更具有值得保护性。只有在位阶基本相同的情况下，才有必要在具体案件中针对谁的利益更值得保护进行判断。即在损害同等价值的法益时，如果被避险人本身具有过错，可以视为其法益的值得保护性降低。不过，通说认为，牺牲一个人的生命去挽救其他利益在原则上是不被允许的，即使是为了挽救他人的生命也不行。其理由是，人的生命是无法被量化的。可以说，每一个人的生命都具有无限高的价值，即使与多条他人的生命相比也不失其重。

事实上，紧急避险的正当性基础决定了侵害生命的行为无法通过紧急避险阻却其违法性。由于刑法学界对于紧急避险的正当性基础应建立于功利主义还是社会团结义务尚存在争议，我们可以从这两个方面分别予以分析：

（1）基于功利主义的判断。

传统刑法理论将法益衡量视为合法化的决定性根据，其中蕴含的逻辑推论自然是：无论针对不同位阶的法益衡量，还是针对相同位阶不同数量的法益衡量，只要保护利益的价值高于牺牲利益的价值，即可成立合法化事由。如在典型的紧急避险案例中，牺牲少数人的生命以救助其他多数人，如果根据纯粹的功利主义可以认为此时成立紧急避险。然而，现在的刑法通说认为，只有极少数情况下出于避险的目的损害身体法益或自由法益等高位阶的人身权利才能被允许；侵害他人的生命法益原则上都是不可接受的，即任何法益均可因紧急避险的介入而作出牺牲，唯有人的生命本质上不能比较，因为生命是人生存的基础，是人格的根本要素，通常仅应作为目的，绝不能成为手段。[④]

通说一方面想借助功利主义在利益衡量中展现的便利性，另一方面又基于人的生命具有根本价值、终极属性等理由限制对功利主义的适用，逻辑上陷入无法自圆其说的困境。从生命权的本质无法用任何尺度进行衡量，法律的正义性不允许随意对他人生命进行评判的角度阐释功利主义适用之例外，亦显示出通说对功利主义作为紧急避险的正当性基础的犹疑态度。

---

① Vgl. Perron，in：Schönke/Schröder Kommentar，StGB，28. Aufl.，München：C. H. Beck，2010，§34，Rn. 23.

② 金德霍伊泽尔. 刑法总论教科书. 蔡桂生，译. 北京：北京大学出版社，2015：184.

③ 何鹏. 紧急避险的经典案例和法律难题. 法学家，2015（4）：116－128.

④ 马克昌. 紧急避险比较研究. 浙江社会科学，2001（4）：91－97.

事实上，纯粹的功利主义因不利于生命、身体、自由、人格尊严等非金钱利益的保护而日益受到批判。最为人熟知的例子是，富人在下雨天为了保护自己昂贵的西装而抢夺穷人的雨伞，被雨水打湿的穷人的衣服价值远低于受到保护的富人的西装的价值，此时却不能认定富人的行为符合紧急避险而排除违法性，因为显失公平。此时公平原则介入纯粹的功利性判断。

据此，德国衍生出一种赔偿对价的学说。该说认为，可以通过事后的民事救济，即赔偿被避险人的利益损失，来换取在危险状况中被避险人对自身利益受损的忍耐。[①] 这其实立足于民法对紧急避险的规定。德国《民法典》第 228 条规定：为使自己或者他人避免急迫危险而损坏或者损毁引起此急迫危险的他人之物的人，如果其损坏或者损毁行为系防止危险所必要，而且造成的损害又未超越危险程度时，其行为不为违法。如果行为人对危险的发生负有过失，则应负损害赔偿义务。我国《民法典》第 182 条也规定：因紧急避险造成损害的，由引起险情发生的人承担民事责任。危险由自然原因引起的，紧急避险人不承担民事责任，可以给予适当补偿。紧急避险采取措施不当或者超过必要的限度，造成不应有的损害的，紧急避险人应当承担适当的民事责任。换言之，民法基于公平原则，借助事后的经济赔偿，“换取”危险境况中被避险人的忍耐义务。有学者认为，与法益衡量说相比，此思路的优点在于，能够从被避险人的角度说明其为何要忍耐避险行为。[②]

然而，德国《民法典》第 228 条与我国《民法典》第 182 条均仅涉及物权，而非高位阶的人身权利。生命权与身体健康权很难通过事后的经济赔偿支付对价，以达到该说所主张的公平。通过事后的经济赔偿，“购买”危险境况中被避险人对自身人身健康或生命权遭受损害的忍耐，难以让人信服。同时，既然是民事的购买关系，那么被避险人当然可以在面临危险时拒绝“支付”忍耐义务，这种不稳定的民事关系如何能为紧急避险这一法定的违法阻却事由提供正当化依据呢？因此，起源于民事条款的赔偿对价说无法为紧急避险的正当化提供充分论证。

（2）基于社会团结义务的判断。

与功利主义通过利益衡量寻求合法化依据不同，社会团结义务说从人的社会属性出发，认为个人作为社会成员在参与社会共同生活时基于人类社会不可或缺的互助要求需要承担社会连带义务。[③] 该学说建立于罗尔斯的“无知之幕”与自利理性人的假设：个人有权保护自身的合法利益不受他人损害，但在紧急的危险境况中之所以要为了他人的安危而忍受避险行为所带来的损害，是因为自己也有可能在社会生活的其他场合遭遇危险。析言之，理性人认识到每个人在社会中都有遇到危险的可能性，基于自利的本性，理性人当然希望在遭遇危险时能够通过损害他人的利益保全自身，这就需要提前同意牺

---

① 米夏埃尔·帕夫利克.《德国航空安全法》第 14 条第 3 款：对禁忌的突破.隗佳，译//米夏埃尔·帕夫利克.目的与体系：古典哲学基础上的德国刑法学新思考.赵书鸿，等译.北京：法律出版社，2018：246.

② 蔡桂生.避险行为对被避险人的法律效果：以紧急避险的正当化根据为中心.法学评论，2017（4）：104－114.

③ Vgl. Seelmann. Ideengeschichte des Solidaritätsbegriffs im Strafrecht. in：Hirsch/Neumann/Seelmann（Hrsg.）. Solidaritätspflichten im Strafrecht. Baden-Baden：Nomos. 2013. S. 35－49.

牲自己的部分利益，换得将来自己遭遇危险时损害他人利益以寻求救助的机会，即对他人避险行为的忍耐义务①是对被避险人未来安全机会的保障。

然而，理性人又是自私的。一方面，理性人希望通过损害他人的利益保护自己的利益；另一方面，理性人在危险发生时也可能处于无辜第三人的位置，此时其并不希望自己的重大利益受到避险行为的侵害。换言之，被避险人之所以忍耐他人避险行为对自身利益的损害，是为了换取未来自我保全的机会，以避免自己在将来遭受危险时无处避险。忍耐避险人的侵害也符合被避险人自身的利益，他是为了维护自身利益才自愿负担社会团结义务。那么，面对基于自身利益最大化才愿意接受的社会团结义务，理性人必然会要求限制他人避险行为的攻击权限以避免自身重大利益遭受威胁，即无法期待理性人自愿承担无限的社会连带义务。特定限度内的紧急避险成为理性人认同的普遍规则②，只有在理性人能够接受的限度以内，紧急避险才能阻却违法。

就生命法益而言，作为其他法益的基础，生命一旦丧失便不可恢复，理性人就再无可能在将来面临危险时保全自身的其他重大利益，所以理性人决然不会自愿容忍危及自身生命的避险行为。③ 也即侵害他人生命法益的避险行为不符合理性人的自利追求，违背其牺牲较小利益以换取日后遭受危险时保全自己的重大法益的初衷，超出了理性人自愿负担的社会团结义务的限度，所以无法基于理性人的普遍同意而合法化。

综上，无论基于功利主义，还是基于社会团结义务，都无法为侵害生命法益的避险行为寻找到合法化依据。功利主义在面对生命、尊严、自由等非金钱利益时无法将其理论逻辑贯彻到底，诠释范围受限，通过引入公平原则而引申出的修正的功利主义，也无法为紧急避险提供坚实的理论根据。与功利主义相比，社会团结义务借助"无知之幕"的假设，将被避险人对避险行为的忍耐建立于理性人的自利判断，更好地解决了面对生命无法进行利益衡量的困境，理论逻辑得以贯彻始终，所以将紧急避险的合法化依据立足于社会团结义务更为恰当。根据社会团结义务说，侵害他人生命以避险的行为无法通过紧急避险阻却违法的原因在于，侵犯他人生命法益的避险行为超出了理性人自愿负担的社会团结义务的限度，无法基于理性人的普遍同意成为合法行为，所以即使有证据显示避险人的生命遭受威胁，也无法排除其杀人行为的违法性。所以本案中被告人的行为具备违法性，但其是否成立犯罪还需要进一步审查罪责阶层。

2. 罪责阶层的审查

如前所述，紧急避险的正当化根据应建立于社会团结义务，即被避险人因社会团结义务而需忍耐他人的避险行为，根据"忍耐义务"是否超过社会团结义务的限度进一步区分该避险行为能否阻却违法或阻却责任。超过社会团结义务的限度之后，避险行为无法阻却违法而成为不法侵害，但在重大法益面临紧迫的危险时，行为人无法通过其他手段消除危险，此时不能期待行为人不实施该违法行为而实施其他适法行为。④ 所以紧急

---

① Vgl. Küper. Von Kant zu Hegel - Das Legitimationsproblem des rechtfertigenden Notstandes und die freiheitsphilosophischen Notrechtslehren. Juristen Zeitung. 2005. S. 105 - 115.

② 王钢. 美国刑事立法与司法中的紧急避险：对功利主义模式的反思. 清华法学，2016（2）：186 - 208.

③ 王钢. 对生命的紧急避险新论：生命数量权衡之否定. 政治与法律，2016（10）：95 - 108.

④ 马克昌. 德、日刑法理论中的期待可能性. 武汉大学学报（社会科学版），2002（1）：5 - 11.

避险原则上是违法阻却事由，但不得已以牺牲生命保护生命、以伤害身体保护身体时，属于责任阻却事由。

值得注意的是，在承认紧急避险阻却责任时，德国刑法的立场与我国传统刑法理论所理解的行为人丧失意志自由而欠缺期待可能性的判断并不完全相同。我国传统刑法理论通常将无期待可能性视为超法规的责任阻却事由，并从行为人丧失意志自由的角度来论证其出罪依据①，认为无期待可能性这一概念的出发点是，行为人在实施行为时承受了巨大的精神压力，完全丧失了选择合法行为的自由，故不能期待他还能依法行为。但事实上，意志自由说的解释逻辑并不周延。

德国《刑法典》第 35 条第 1 款第 1 句规定：为避免自己、亲属或与自己关系密切之人的生命、身体、自由遭遇现时的、无法以其他方法避免的危险者，所为之行为无罪责。可以看出，责任阻却性紧急避险并不仅限于针对自身重大法益之危险，而是在自身、亲属或与自身关系密切之人的生命、身体、自由遭受威胁时均存在适用之可能。在自身的生命法益受到紧迫威胁时，巨大的精神压力能够达到使人丧失行为判断能力的程度应无争议，但对于不太严重的伤害健康的危险或暂时丧失自由的危险，或该危险针对的是与其关系密切的他人时，则很难让人相信，此时行为人会因为巨大的精神压力而完全丧失意志自由。因此，建立于无期待可能性的责任阻却性紧急避险需要在意志自由说之外寻找更充分的理论依据：

首先，当行为人完全不具备形成合法行为之动机的能力和自由时，当然可以排除其责任，但在意志自由未完全丧失的情形下，国家也可能不对行为人予以非难。因为，责任以不法为前提，不法的程度必然会影响责任的大小。责任阻却性紧急避险与违法阻却性紧急避险都涉及利益冲突，行为人的避险行为以保护重大利益为导向，考虑到相关利益的价值关系，虽然这种利益冲突不能排除不法，但可以减轻不法的程度，那么建立于不法基础之上的责任必然也随之减少。而且，在重大法益受损的情形下，虽然行为人未完全丧失形成合法行为的动机，但与正常情形相比，合法行为动机形成能力会明显减弱②，此时就算不能完全排除行为人的责任，一般也可视为没有达到刑法上的严重程度。

其次，就刑罚目的而言，在认定行为人是否应受刑罚处罚时，还需考虑以预防为目的的处罚必要性，即理性地运用刑罚手段达到重新塑造犯罪人的特殊预防功能与威慑社会公众的一般预防功能。而能成立责任阻却性紧急避险的危险状态具有罕见性，针对极具特殊性和不可重复性的偶然情况通常没有进行一般预防的必要性；行为人在重大法益面临紧迫的威胁时，不得已采取了违法的避险行为，其对法规范的忠诚并未发生根本性改变，针对避险人无须通过刑罚达到特别预防之目的。换言之，在责任阻却性紧急避险所涉及的危险状态下刑罚一般预防和特殊预防的意义均不具备，此时国家不足以动用刑罚权。

中国刑法学的发展需要注重自主化、本土化，案件的解决路径当然更需要回归本国

---

① 陈兴良. 期待可能性问题研究. 法律科学（西北政法学院学报），2006（3）：72－81.

② 陈璇. 生命冲突、紧急避险与责任阻却. 法学研究，2016（5）：130－152.

的法律体系。笔者认为，我国《刑法》第 21 条规定的紧急避险同样符合二分说，即以成立违法阻却事由为原则，以成立责任阻却事由为例外，其理由如下：

首先，我国《刑法》虽然在第 21 条第 1 款关于紧急避险的规定中并未直接点明利益衡量的原则，但第 2 款关于避险过当的立法规定反面确证紧急避险不得超过必要限度，否则构成避险过当。换言之，行为人面对现实危险，不得已而在必要限度以内实施避险行为的，可以阻却违法。但值得注意的是，此处规定的“必要限度”并非行为的必要性不适格或者牺牲利益与保护利益的优劣比较，而是针对紧急避险的整体性评价，应当立足于紧急避险的合法性根据予以重新判断。

如上文所述，功利主义在涉及非财产性法益时无法作出适当判断而达到逻辑自洽，难以为紧急避险的正当化提供充分论证，所以紧急避险的正当性应建立在社会团结义务上，只有在理性人能够接受的限度以内，紧急避险才能阻却违法，即公民在面对他人的避险行为时所承担的忍耐义务不能超过他能接受的限度，超过时则不能以紧急避险为由阻却避险行为的违法性。与之对应，我国《刑法》第 21 条第 2 款规定的“必要限度”首先应理解为避险人所为避险行为不能超过被避险人忍耐义务的限度，而非传统刑法理论在利益衡量的视角下所认为的损害利益与保护利益的限度比较。其次，“必要限度”还包括对避险行为的判断，即在避险手段不可避免性这一方面审查避险行为的必要性是否适格或避险行为是否为最小损害手段。析言之，紧急避险是否超过必要限度应当从紧急避险的正当化根据——社会团结义务出发，进行整体性评价，即面对现实危险时，行为人在不得已的情况下采取的避险行为不得超过被避险人的忍耐限度，如果避险行为超过被避险人的忍耐限度，或者避险行为必要性不适格，则该避险行为都应认定为不法侵害，被避险人对其可以进行正当防卫。

其次，在紧急避险超过必要限度时，我国刑法视野下仍存在成立责任阻却事由的可能性，即我国刑法关于避险过当时行为人应当负刑事责任之规定并没有阻断相关避险行为成立无罪之路径。根据《刑法》第 21 条第 2 款之规定，紧急避险超过必要限度，并出现不应有的损害结果时，成立符合构成要件的不法侵害，但行为人是否承担刑事责任，仍然存在进一步讨论的空间。换言之，客观上存在不法事实是进行责任判断的前提，但能否对行为人进行责任非难，还需考察能否期待行为人在具体情况下实施其他适法行为，即是否具有期待可能性。①

根据社会团结义务说，侵害生命权的避险行为已然超出被避险人对避险行为的忍耐限度，无法阻却杀人行为的违法性。然而本案中被害人马某 1 推搡被告人韩某某地左腹部，致其双腿滑入水中，被告人反身抓住马某 1 衣袖，用力拉拽后自己上岸，却导致马某 1 落水后被河水冲走，在这一极端情景中很难期待行为人选择其他适法行为，可以成立以期待可能性为基础的责任阻却性紧急避险。故笔者认为，此案件在我国刑法视野下虽然不能通过正当化事由在违法性层面阻却犯罪，但在责任层面仍存在出罪的可能。

---

① 隗佳. 责任阻却性紧急避险的厘清与适用：以受虐妇女杀夫案为视角. 法学家，2020（1）：130－145.

第四节　避险的主观要件

案例 4－4　潘某某故意伤害案[①]

（一）案情介绍

山西省太原市小店区人民检察院指控被告人潘某某犯故意伤害罪，向山西省太原市小店区人民法院提起公诉。

法院经审理查明：2017 年 6 月 2 日 18 时左右，在太原市小店区许坦东街旭东苑小区南门，被告人潘某某看到被害人曹某 1 殴打武某，遂上前对曹某 1 实施殴打，在得知曹某 1 与武某是夫妻关系之后，仍对曹某 1 实施殴打。之后潘某某驾驶灰色雪佛兰轿车准备从南门离开，在该车辆行驶过程中，曹某 1 在潘某某驾驶的车辆前方扛起一辆自行车欲拦截该车辆，潘某某没有停车继续行驶，致使车辆前部左侧将曹某 1 撞倒在地受伤。经鉴定，曹某 1 外伤致大脑挫裂伤、硬膜外血肿、硬膜下血肿构成轻伤一级；致颅骨骨折、蛛网膜下腔出血构成轻伤二级。

（二）裁判经过

法院认为：被告人潘某某故意损害他人身体健康，致一人轻伤一级一处、轻伤二级一处，其行为构成故意伤害罪。被告人潘某某被判处有期徒刑以上刑罚，刑罚执行完毕以后，在 5 年以内再犯应当判处有期徒刑以上刑罚之罪，是累犯，应当从重处罚。被告人潘某某能够如实供述主要犯罪事实，可以酌情从轻处罚。对于被告人潘某某的犯罪行为致使附带民事诉讼原告人曹某 1 遭受经济损失的已实际发生的、合理的部分，被告人理应承担民事赔偿责任。依照《刑法》第 234 条第 1 款、第 36 条第 1 款、第 65 条第 1 款、第 61 条、第 64 条、《刑事诉讼法》第 99 条第 1 款、第 101 条、第 102 条及《最高人民法院关于适用〈中华人民共和国刑事诉讼法〉的解释》第 155 条第 1 款及第 2 款的规定，判决被告人潘某某犯故意伤害罪，判处有期徒刑 2 年。被告人潘某某赔偿附带民事诉讼原告人曹某 1 各项经济损失共计 135 192.02 元。

（三）争点整理

在本案的审理过程中，辩护人提出：被告人潘某某是抱着保护妇女的目的而伤害他人，且后续开车撞人的行为亦是为了摆脱被伤害，与一般故意伤害犯罪行为不同；潘某某的行为应属于紧急避险行为，若超过必要限度，应对潘某某减轻或者免除处罚。

关于辩护人提出的潘某某的行为属于紧急避险的辩护意见，法院认为，本案被告人

---

① 山西省太原市小店区人民法院（2018）晋 0105 刑初 90 号刑事判决书.

潘某某明知被害人在车前方，未减速驾车冲向被害人，放任被害人损伤后果的发生，其行为符合故意伤害罪的犯罪构成，不符合法律规定的紧急避险要求的避险意图、避险起因、避险对象和限度方面的要求，不构成紧急避险。

虽然本案刑事判决书的说理部分较为简略，但仍可以看出，本案中各方对于被告人的行为是否属于紧急避险的争议主要集中于被告人的主观方面，即潘某某是否具备避险意图。

（四）案例分析

传统刑法理论认为，作为正当化事由的紧急避险需要具备主观要件，即避险人的主观上必须具有避险意图，这包括避险认识和避险意志。其中，避险认识是指避险人对危险情形及避险行为各方面因素的认识。具体而言，避险人需要认识到某种合法权益正遭受迫在眉睫的危险的威胁，如果不实施避险行为，该危险马上就会对合法权益造成损害，此时只能通过对另一法益造成损害的方式才能避免该危险对合法权益的重大威胁，甚至避险人还需要对其避险行为的方法、手段、强度、可能造成的损害后果有一个大致的认识，权衡损害法益与保护法益的性质、价值，并尽可能地将可能造成的后果限制在最低程度之内。而避险意志又称避险目的，是指避险人在避险认识的基础上，为了国家、公共利益、本人或者他人的人身、财产和其他权利，进而决定实施避险行为，并希望通过避险行为达到免受危险损害的心理愿望。[①] 传统理论认为这是避险意图中的核心内容，它使避险目的区别于犯罪目的而有了正当性，也使紧急避险区别于犯罪而成为违法阻却事由。如果行为人不是出于避险意图，而是出于不法侵害的目的，故意损害他人的合法权益，传统理论认为应追究行为人的法律责任；构成犯罪的，追究其刑事责任。

众所周知，在正当防卫制度中，关于正当防卫的成立是否必须以具有防卫意思为必要，德日刑法学中历来存在防卫意思不要说和防卫意思必要说的争论。防卫意思不要说认为正当防卫是在紧急情况下作出的，只要在客观上具有防卫的效果，并不必然要求行为人具备防卫的意思。防卫意思必要说则主张正当防卫行为包含客观和主观之正当性因素，人的行为及其性质受自己的目的制约和支配，行为不能脱离人的思想意识的支配。目前通说是防卫意思必要说，有些行为虽然从形式上看似乎符合正当防卫的客观条件，但在主观上是否具有防卫意图值得怀疑，因而会影响正当防卫的认定。[②] 事实上，作为主观的正当化要素的避险意思是否必要，亦存在着争论——避险意思不要说与避险意思必要说。

无论是防卫意思不要说与防卫意思必要说之争，还是避险意思不要说与避险意思必要说的理论分歧，其实都体现了对违法性实质的不同理解，一般被置于结果无价值和行为无价值这两个理论之上予以讨论。由于行为无价值论认为犯罪的本质在于规范违反，那么只有行为人在故意、过失的罪过心理支配下，实施了法律所禁止的行为，才表明行

① 陈兴良，车浩，周光权.刑法总论精释.北京：人民法院出版社，2016：285－286.

② 邹兵建.偶然防卫论.刑事法评论，2013（1）：129－170.

为人违背法规范、欠缺法忠诚，该行为才具有违法性。而结果无价值论强调犯罪的本质是法益侵害，对于违法性的判断取决于该行为在当时有没有法益侵害的可能性，即采取的是纯粹客观的判断标准，行为人在行为时的主观因素，则放到责任领域加以考虑。① 需要注意的是，由于长期受到行为无价值二元论的影响，在紧急避险的主观要件上，避险意思必要说占据通说的地位。但随着对结果无价值论研究的深入，学界关于避险意思不要说的主张已成为有力说。

从结果无价值的立场出发，紧急避险之所以作为违法阻却事由，是因为客观上保护了相对而言更加优越的法益。此时如果要求避险人必须出于捍卫合法权益的目的去实施避险行为，则是从道德主义立场对避险人主观意思的过高要求。结果无价值论者认为无论是对违法性的判断，还是对违法性阻却事由的判断，均应当立足于客观的法益侵害，不应关注行为人的主观方面。而避险行为是否具有社会危害性，是否成立紧急避险，同样应当考虑该行为的客观避险效果，而不是从一开始就考虑行为人主观上是否具有避险意思。如果采取避险意思必要说，很可能不当缩小紧急避险的成立范围，而且在司法实践中很难证明避险人是否具备避险意图；如果采取避险意思不要说，可以节省司法资源，降低紧急避险成立的难度。所以在结果无价值论的主张下，避险人主观上无须意识到某项合法权利正在遭受现时危险，只要危险真正发生了，且符合其他要件，就算欠缺避险意图，该避险行为仍是紧急避险。

结果无价值论者认为不需要考虑避险意思，但其实内部又存在着无罪说和未遂说的分歧。结果无价值论之下的无罪说是采取结果无价值进行论证时最简单且使用频次最多的路径：虽然行为人主观上欠缺避险意思，但只要具备紧急避险的客观要件而不具备结果无价值，就可以成立紧急避险而产生阻却违法的效果。就本案而言，无须考虑被告人的加害意图，也不考虑他是否有避险意思，只要符合客观要求，就可以成立紧急避险而无罪。持结果无价值论之下的未遂说的学者则认为，此时确实缺少结果的无价值，但仍存在结果发生的危险，因此对欠缺避险意图的避险人应按照未遂犯处理。就本案而言，如果采取此观点，由于我国故意伤害罪追究刑事责任时需达到轻伤以上的结果，对于伤害未遂通常只处罚重伤未遂，至于轻伤未遂依照我国《刑法》第 13 条的“但书”规定，不宜以犯罪论处。本案中被告人在被害人曹某 1 拦截车辆时没有停车继续行驶，致使车辆前部左侧将曹某 1 撞倒在地受伤，难以看出被告人具有重伤被害人的故意，所以被告人依然存在无罪的可能性。当然这两种路径比较而言，笔者认为前者论证上更为直接，并且更能维持结果无价值理论的逻辑自洽。

当然，目前的通说仍是避险意思必要说。大部分学者认为，避险意思必要说与我国立法规定更为契合，因为我国《刑法》第 21 条规定的“为了使国家、公共利益、本人或者他人的人身、财产和其他权利免受正在发生的危险，不得已采取的紧急避险行为”这一表述已经体现了紧急避险中避险意图的必要性。行为人在行为时需要认识到紧急避险的情形，并且根据客观情状合理地相信为了阻止它实施了一个必要且适当的行为。其理由主要在于：犯罪的成立需要客观要件与主观要件的统一，故作为阻却违法事由的紧急

① 陈璇. 结果无价值论与二元论之争的共识、误区与发展方向. 中外法学，2016（3）：766－800.

避险也应当兼具主客观要素，否则有悖于刑法的基本理论。此外，如果采用避险意思不要说，很可能造成处罚漏洞，甚至导致紧急避险制度成为犯罪人的保护伞，难以契合紧急避险正当化根据的立法意旨。目前，司法裁判基本均采取避险意思必要说。通过本案也可以看出，法官在判断是否成立紧急避险时要求避险人必须拥有避险意图。换言之，按照目前占据绝对优势的通说，行为人必须认识到正当化的情状，而且具备明确的营救意志，行为人必须（或至少也）是为了救援陷入危险的利益。但问题在于，当营救意志之外的其他动机也发挥了作用时，是否影响紧急避险的成立呢?

法院论证不存在避险意志的一个核心理由在于，避险人在此种情况下存在攻击意志，进而便不存在避险意志。然而，有攻击意志未必没有避险意志，特殊情况下攻击意志与避险意志是可以并存的。特别是在防御性紧急避险之中，攻击意志与避险意志可以同时存在，二者并不冲突。如面对危险引发者的侵袭，避险人难以逃离的情况下，只能通过攻击不法侵害人来保护自身，其反击的过程中，既有攻击不法侵害者的攻击意志，也有保护自己的避险意志。笔者认为，只要有对付攻击的意思存在，就应当认为有避险意思。否则，行为人就要因其想法而受到处罚。对避险意志的理解不应附加过于严苛的限制，对于避险意思给予过高要求并不利于保护他人的合法权益，也违背了紧急避险制度设立的初衷。对于当事人的行为意志，只能以行为当时的实际情况加以判断，换言之，避险意志的有无，取决于反击行为实施当时避险人是否有捍卫合法权益的意志。

据此，本案中被告人潘某某见义勇为而殴打施暴者曹某1，之后打算驾车离开，曹某1在其驾驶的车辆前方扛起一辆自行车欲拦截该车辆，可以预见曹某1是打算在其下车后实施报复，潘某某没有停车而是继续行驶，才致使车辆前部左侧将被害人撞倒在地受伤。此时虽然被告人具有攻击意图，但也难以否定其避险意志，此为避险意志和攻击意志并存，加之被告人对不法侵害的前提条件存在避险认识，所以被告人的避险行为符合紧急避险的主观要件。

值得注意的是，持避险意思必要说的部分学者认为，避险意图（意思）包括避险认识与避险意志，当行为人认识到正当化的前提事实得到满足时，他在主观上就被正当化了，特殊的救援意志或动机是不必要的。公民只要依照法律实施正确的行为，那法秩序就不关心他的动机和目的，即救援意志体现为行为人关于正当化前提事实及其行为能够挽救法益的认识。

避险意思必要说是以行为无价值二元论为基础的，但需要注意的是，二元论经历了从伦理道德化逐渐向法益侵害化演变的过程，“行为至少具有导致法益受到侵害的危险时才具有行为无价值”①。那么站在以法益侵害为导向的不法论立场上就会认为，由于刑法的目的在于保护法益，故它对某种行为的评价结论最终只取决于该行为是有利于还是有碍于这一目的的实现。既然如此，只要行为人意识到自己的行为会产生与不法侵害相对抗的效果，即可认为他主观上是站在了有利于实现法益保护的立场之上。因此，避险意思的成立只要求行为人对不法侵害的事实有所认知即可，并不需要避险目的。所以目前部分持避险意思必要说的学者朝着避险目的稀薄化的方向解释避险意思，仅要求认识因

---

① 陈璇.德国刑法学中结果无价值与行为无价值的流变、现状与趋势.中外法学，2011（2）：369-394.

素而不要求目的因素。如果持此观点，本案中被告人无疑认识到了被害人将对其实施的侵害行为，也恰恰因此才采取避险举动，而不是在无认识状态下恰好将其撞伤，所以即使采取避险认识必要说，被告人仍符合紧急避险的主观条件。当然是否可以通过紧急避险达到出罪效果，还需要通过其他成立条件的检验。

第五章 故意与认识错误

知识点概述

我国《刑法》第14条规定，“明知自己的行为会发生危害社会的结果，并且希望或者放任这种结果发生，因而构成犯罪的，是故意犯罪”。本章将结合我国实践中发生的典型案例，对间接故意与过于自信的过失的区分、事实认识错误和违法性认识错误（也称法律认识错误）的处理原则等问题进行介绍。

犯罪故意，是指行为人明知自己的行为会发生危害社会的结果，并且希望或者放任这种结果发生的心理态度。据此，成立故意犯罪，必须具备如下两个特征：一是认识因素，即行为人明知自己的行为会发生危害社会的结果；二是意志因素，即行为人希望或者放任这种危害结果的发生。其中，“明知”（认识）的范围包括以下几个方面：第一，明知自己行为的内容与社会意义。行为人对于自己行为的认识，并不只是对外部行为的物理认识，而是必须认识到行为的消极社会意义内涵。第二，明知自己的行为会发生某种危害结果（包括侵害结果与危险结果）。对危害结果的认识不需要很具体，只要求认识到是构成要件结果。第三，某些犯罪的故意还要求行为人认识到刑法规定的特定事实，如特定的行为时间、地点、方法、行为对象、特定的主体身份等。依据不同的标准可以将故意划分成不同的种类。例如，以故意的认识内容的确定程度为标准，可以将故意分为确定故意与不确定故意；以所认识和希望、放任的结果形态为标准，可以将故意分为侵害故意与危险故意；以故意是否依附于一定的条件，可以将故意分为无条件的故意与附条件的故意。除上述理论分类外，根据我国《刑法》第14条的规定，以故意的认识因素和意志因素的内容为标准，可以将故意分为直接故意与间接故意。①

刑法中的认识错误，是指行为人对于自己行为的法律性质、后果和有关的事实情况发生了误解，主要包括事实认识错误和法律认识错误两种。对于正当化事由前提事实的认识错误（如假想防卫、假想避险的情形）属于事实认识错误还是法律认识错误在理论

---

① 张明楷.刑法学：上.6版.北京：法律出版社，2021：331－339.

上存在较大的争议，有见解认为这种认识错误属于事实认识错误，也有见解主张这种错误属于法律认识错误，还有见解将它作为一种独立的错误类型。①

事实认识错误，是指行为人对与自己行为有关的事实情况有不正确的理解。以行为人所认识的事实与实际发生的事实是否超出同一构成要件为标准，可以将事实认识错误区分为具体的事实认识错误和抽象的事实认识错误。前者也称同一构成要件内的错误，是指行为人所认识的事实与实际发生的事实虽然不一致，但没有超出同一构成要件的范围，即行为人只是在某个构成要件范围内发生了对事实的认识错误；后者也被称作不同构成要件的错误，是指行为人所认识的事实与现实所发生的事实分属于不同的构成要件的情形。在具体的事实认识错误和抽象的事实认识错误下，又可以将事实认识错误类型化为对象错误、打击错误和因果关系错误。其中，因果关系错误还可以再被划分为狭义的因果关系错误、结果的推迟发生和结果的提前实现三种情况。②

理论上对于如何处理事实认识错误，主要存在以下三种基本的立场：第一种立场是抽象符合说。该说认为对于故意的认定而言，只有符合某种构成要件这一事实才是重要的，至于符合何种构成要件并不重要，事实认识错误并不排除犯罪故意的成立。第二种立场是纯粹的具体符合说。在该说看来，故意的成立要求行为人认识到一切具体的事实，在故意杀人的场合，如果行为人对被害人的年龄、性别等事实存在错误认识，其就不具有杀害的故意。第三种立场是构成要件符合说。依据该说，只要行为人认识的事实与实际发生的事实在构成要件的范围内重合，就可以肯定行为人具有犯罪故意。在该说内部，以故意的成立是否要求行为人认识到法益主体的个别性为标准，又存在“抽象的构成要件符合说”与“具体的构成要件符合说”的对立，前者认为法益主体的个别性对于故意的认定而言是不重要的，而后者主张故意的成立需要行为人对法益主体有正确的认识。③我国学者通常将这里的“抽象的构成要件符合说”称作“法定符合说”，将这里的“具体的构成要件符合说”称作“具体符合说”。

法律认识错误，是指行为人对自己行为的法律性质或意义产生误解，具体包括以下三种情况：一是假想非罪，即行为被法律规定为犯罪，而行为人误以为不构成犯罪。一般认为，不知法律不是辩解无罪的理由，因此，在假想非罪的场合，原则上不能免除行为人的罪责。二是假想犯罪，即行为没有被规定为犯罪，行为人误以为构成犯罪。由于判断行为性质的根据是法律，而不是行为人对法律的误解，所以行为人“假想犯罪”并不改变其行为的法律性质，不成立犯罪。三是行为人对自己行为的罪名和罪行轻重有误解。这种对法律的误认不涉及行为人有无违法性意识（或者危害性意识），所以不影响罪责的有无及大小，也就不影响定罪判刑。④

① 蔡桂生.论故意在犯罪论体系中的双层定位：兼论消极的构成要件要素.环球法律评论，2013（6）：71-81.
② 陈子平.刑法总论.2008年增修版.北京：中国人民大学出版社，2009：137-138.
③ 山口厚.刑法总论：第3版.付立庆，译.北京：中国人民大学出版社，2019：216-219.
④ 阮齐林，耿佳宁.中国刑法总论.北京：中国政法大学出版社，2019：136-138.

第一节　间接故意与过于自信的过失的区分

案例 5－1　杨某过失致人死亡案①

（一）案情介绍

2008 年 12 月 4 日 14 时许，杨某驾驶车牌号为苏 B30××7 的轻型货车至无锡市滨湖区 A 车库被害人吴某某经营的杂货店送桶装净水。杨某将水卸在吴某某店门口，吴某某要求杨某将桶装水搬入店内，遭杨某拒绝。随后杨某驾驶车辆欲离开，吴某某遂用右手抓住汽车的副驾驶室车门，用左手抓住车厢挡板（由于车身不高，吴某某完全能够双脚着地），阻止杨某离开。杨某见状仍驾车向前低速行驶数米并右转弯，致吴某某跌倒后遭汽车右后轮碾轧。杨某发现后车轮有不正常跳动后随即下车查看，在看到吴某某受伤倒地后，积极协助抢救吴某某。吴某某因腹部遭重力碾轧造成左肾破裂、多发骨折致失血性休克，经送医院抢救无效于当日死亡。

（二）裁判经过

江苏省无锡市滨湖区人民检察院以被告人杨某犯故意伤害罪，向无锡市滨湖区人民法院提起公诉。被告人杨某辩称，不知道被害人在车上，其是在感觉车子颠簸后，下车才发现被害人被车碾轧了。经审理，无锡市滨湖区人民法院认为，被告人杨某因琐事与被害人吴某某争吵后，为摆脱吴某某的纠缠，欲驾车离开现场。在低速行驶中，杨某从驾驶室窗口处看到吴某某抓在车上，已经预见到自己继续驾驶的行为可能发生危害社会的结果，但因过于自信认为吴某某会自动撒手，不会发生危害结果，最终导致汽车缓行转弯时，被害人吴某某掉地，并遭汽车后轮碾轧致死，其行为构成过失致人死亡罪。该院依法判决如下：被告人杨某犯过失致人死亡罪，判处有期徒刑 4 年。

一审宣判后，被告人杨某未提起上诉。

江苏省无锡市滨湖区人民检察院抗诉称被告人杨某的行为构成故意伤害罪（致人死亡），理由如下：杨某主观上具有伤害的间接故意；杨某客观上实施了伤害他人身体的行为，最终产生致人死亡的结果；一审判决认定杨某对伤亡后果仅具有过于自信的过失没有事实依据。

江苏省无锡市中级人民法院经审理认为，被告人杨某明知被害人吴某某悬吊在其行侧车窗外，已经预见到其低速行驶可能致使吴某某掉地受伤，但轻信吴某某会自动放手而避免严重后果的发生，最终造成吴某某死亡的严重后果，其行为构成过失致人死亡罪。杨某与吴某某虽因琐事发生口角，但无明显的争执与怨恨；杨某案发当时急于脱身，且

① 《刑事审判参考》2010 年总第 75 辑第 635 号案例.

驾车低速行驶，认为吴某某会自己松手，不可能造成严重后果以及未能及时意识到吴某某倒地后可能会被右转过程中的车后轮碾轧的辩解符合情理；综合法医鉴定以及杨某在事发后能积极协助抢救被害人等行为，应当认定被害人吴某某的死亡并非杨某的主观意愿，杨某主观上不具有伤害的犯罪故意，因此对抗诉机关的抗诉理由和意见不予采纳。该院依法裁定驳回抗诉，维持原判。

（三）争点整理

如何区分间接故意与过于自信的过失？

（四）案例分析

本案涉及故意伤害罪（致人死亡）与过失致人死亡罪的界限，区分两者的关键在于行为人是否具有伤害的故意。在本案中，杨某仅认识到自己的行为可能会导致吴某某伤亡的后果，且并未积极追求伤亡后果的发生，显然不具有伤害的直接故意。由此，要认定杨某构成故意伤害罪（致人死亡），就必须肯定其具有伤害吴某某的间接故意。而这又取决于如何确定间接故意的认定标准，实际就是间接故意与过于自信的过失的区分问题。所谓间接故意，是指行为人虽然认识到自己的行为可能导致危害结果，但是仍然容忍或者放任危害结果发生的心理态度。而所谓过于自信的过失，也称有认识的过失，是指行为人已经预见到自己的行为可能发生危害社会的结果，但轻信能够避免，以致发生危害结果的心理态度。由于间接故意与过于自信的过失极为相似，在两者的场合，行为人均认识到了危害结果发生的可能性，并且都不希望发生危害结果。因此，如何合理划定间接故意和过于自信的过失的界限一直是困扰刑法理论和司法实践的难题。对此，理论上存在着多种不同的见解，归结起来，主要包括如下三类区分方案：

1. 意志因素说

根据这种观点，间接故意与有认识的过失之间的差别在于意志因素。这个意志因素所表示的不是对于实现构成要件的简单的情绪联系，也不是日常用语中的“欲”。对于如何确定意志因素，主要存在容任说、认真看待说和漠然性说等观点。

（1）容任说。

该说认为，行为人对于结果发生的可能性有认识时，应根据行为人的意志来区分间接故意与有认识的过失。行为人容忍或者放任危害结果发生的，成立间接故意；不容认或者反对危害结果发生的，属于有认识的过失。这种观点是当前刑法理论的通说。① 对于“容任”应当从法律意义上加以理解，尽管行为人实际上并不期望危害结果的发生，但只要为了实现其所追求的目标，行为人不得不容忍危害结果的，就成立间接故意。② 在本案中，杨某与吴某某并无仇怨，杨某驾驶货车离开只是为了逃避被害人要求的额外的劳动负担，应当认为杨某并不期望和认可伤害结果的发生。同时，杨某采取的是缓慢驾驶货车离开的方式摆脱吴某某的纠缠，这种方式在摆脱纠缠的同时并不必然导致吴某

---

① 高铭暄，马克昌. 刑法学. 10版. 北京：北京大学出版社，高等教育出版社，2022：106.

② 乌韦·穆尔曼. 德国刑法基础课. 7版. 周子实，译. 北京：北京大学出版社，2023：317.

某遭受身体伤害，也无法认定杨某在规范意义上容任了危害结果的发生。因此，根据容任说，难以认定杨某具有伤害吴某某的间接故意，从而不能认定杨某构成故意伤害罪（致人死亡）。

（2）认真看待说。

该说主张，在经过严肃认真的估算之后，行为人仍然实施犯罪行为，就说明他已经下定决心去侵害法益。而正是这种决意侵害法益的意思使间接故意区别于有认识的过失。因此，行为人在进行了严肃认真的估算后仍然实施行为的，成立间接故意；反之，行为人经过严肃认真的估算后放弃实施犯罪行为，或者缺少严肃认真的估算的，成立有认识的过失。其中，“严肃认真”意味着经过行为人的估算，如果其没有放弃犯罪计划，继续实施犯罪行为，危害结果将有很大的概率会发生。换言之，“严肃认真”不是指行为人与危害结果的发生之间存在期望、认可等积极的情感联系，而是指行为人认识到结果发生的可能性相当高。① 在本案中，杨某始终是在低速驾驶货车，并且因货车车身较矮，被害人也可以随时安全平稳地脱离货车。考虑这些事实，难以认为杨某在经过认真估算之后会产生只要继续驾驶货车离开，就有很大概率导致被害人受伤的认识，更加不能认为杨某在估算之后作出了侵犯被害人身体法益的决意。相应地，按照认真看待说，就应当否定杨某构成故意伤害罪（致人死亡）。

（3）漠然性说。

该说认为，只有行为人在认识到危害结果发生的可能性的同时，具有容任结果发生的心理事实（意志因素），才能成立间接故意。不过，这种意志因素并不需要是同意、认可等对危害结果的积极容任，而只需要对危害结果的发生持漠不关心等消极容任的心态。亦即，如果行为人认为构成要件实现是可能的，而且出于对所保护法益无所谓的心态，不介意危害结果的发生或者消极接受、容忍了构成要件的实现，其主观上就具备间接故意。反之，如果行为人不期望或者反对自己的行为导致危害结果或者实现构成要件，就仅成立有认识的过失。② 在本案中，杨某与吴某某之间存在桶装水交易关系，作为卖方的杨某不可能产生伤害吴某某的意思，否则将无法继续维持双方的交易关系，故应当认为杨某主观上是排斥发生伤害结果的。同时，杨某采取了缓慢驾车离开这种仅具有较低概率导致他人受伤的方式，并且在吴某某倒地受伤之后，杨某立即停车积极给予救助。这些事实也从侧面说明杨某对于发生伤害结果是持反对态度的。根据漠然性说，就应当认为杨某没有伤害吴某某的间接故意。

2. 认识因素说

该说认为，认识到具体危险而仍然实施风险行为的人就已经具有侵害法益的意思，并且实践中也只能采取从行为人的认识中推断其意志的方式证明犯罪故意。因此，完全不需要考虑意志因素，仅凭借认识因素就可以区分间接故意与有认识的过失。该说内部又可分为可能性说与盖然性说等观点。

---

① 汉斯·海因里希·耶赛克，托马斯·魏根特．德国刑法教科书：上．徐久生，译．北京：中国法制出版社，2017：404.

② 张明楷．外国刑法纲要．3版．北京：法律出版社，2020：185.

（1）可能性说。

该说建立在这样的假设之上，即行为人在认识到法益损害的具体可能性的情况下实施行为，就可以认为其对法益损害是放任的，并因而对该利益表现出了无所谓。所以，只要行为人在实施行为时认识到危害结果发生的具体可能性，其主观上就具有间接故意。所谓具体的可能性，是指根据行为时的情况和对因果流程的设定，行为人有合理的理由相信自己的行为可以导致危害结果。相应地，间接故意与有认识的过失的区别就是风险认知类型的不同，若行为人认识到危害结果发生的具体可能性，成立间接故意；反之，若行为人对行为的危险性仅具有抽象的认知，就构成过失。① 在本案中，虽然杨某采取了慢速行驶的方式，但是在被害人拉住车门和车厢挡板的情况下，发动货车的行为本身就具有导致他人受伤的现实危险。因此，应当认定杨某认识到了自己的行为具有导致吴某某遭受身体伤害的具体可能性。相应地，若采取可能性说，就应当肯定本案中杨某具有伤害的间接故意，从而构成故意伤害罪（致人死亡）。

（2）盖然性说。

该说来源于对可能性说的修正。该说认为，行为人认识到危害结果发生的具体可能性尚不足以成立间接故意，只有当行为人的认识达到盖然性的程度时，才能认定其具有间接故意。其中，盖然性，是指比可能性更加可能，但是又不足以达到近似必然的高度可能性。据此，区分间接故意与有认识的过失的关键是行为人认识到的危害结果发生可能性的大小，如果行为人认识到结果发生的可能性很大时成立故意，而行为人认识到结果发生的可能性不大时成立过失。② 在本案中，杨某当时采取了缓慢驾驶货车离开的方式摆脱吴某某的纠缠，并且货车的车身较低，吴某某随时都可以通过脱离货车的方式避免遭受伤害。综合考虑这些事实，应当认为杨某当时认识到自己的行为有很大的概率不会导致吴某某遭受伤害。换言之，杨某虽然认识到自己的行为可能导致伤害结果，但并未达到盖然性的程度。因此，本案中若采取盖然性说，会倾向于得出杨某主观上不具有伤害故意的结论。

3. 规范的客观说

这种观点主张，故意并不是实在的心理事实，而是一个需要被评价的规范性概念，所以，在故意的认定中必须考虑规范的、客观的要素。与此相应，就不应当依赖行为人的内心事实区分间接故意与有认识的过失，而是需要结合规范的、客观的要素对二者进行区分。该说内部又存在避免意思说、未阻隔的危险说、故意危险说等见解。

（1）避免意思说。

该说认为，行为人在实现某种目的时也会认识到发生一定附随结果的可能性，如果行为人不希望该附随结果的发生，就会通过采取反向手段避免造成附随结果。换言之，要通过对实现危害结果的意思和避免危害结果的意思进行比较，考察行为人实现了何种意思，来区分间接故意与有认识的过失。如果行为人通过某些措施表现出其不愿意造成危害结果或者避免危害结果发生的意思时，应成立过失，反之，行为人没有为避免附随

① 乌尔斯·金德霍伊泽尔. 德国刑法教科书. 6版. 蔡桂生，译. 北京：北京大学出版社，2015：143-144.

② 前田雅英. 刑法总论讲义. 6版. 曾文科，译. 北京：北京大学出版社，2020：141.

结果而变更行为手段，应认定为间接故意。① 在本案中，杨某认识到吴某某使用抓住车门和车厢挡板的方式阻止自己离开，发动汽车离开可能导致吴某某遭受伤害，为避免这一结果的发生，杨某在摆脱被害人纠缠时采取了缓慢驾驶货车离开的方式，而没有使用快速驾车离开等人身危险性更大的方式。这种对行为手段的选择说明杨某具有避免吴某某受伤的意思。依据避免意思说，应当认定杨某对于伤亡后果是有过失的，仅成立过失致人死亡罪。

（2）不受阻隔的危险说。

该说主张，如果行为人在客观上通过自己高度危险的行为创设了不受阻隔的危险，使得危害结果是否发生取决于偶然因素时，就应当认定其具备间接故意。所谓不受阻隔的危险，是指某个危险达到了使被害人无法采取措施避免遭受损害，并且行为人也无法再通过干预防止结果发生的程度。因此，如果行为人尚能控制危险，或者其他人可以采取措施避免发生损害，行为人对于危害结果就仅具有过失。② 在本案中，由于行为时货车的行驶速度较慢，并且货车的车身不高，被害人完全能够通过脱离货车的方式避免自己遭受伤害。不仅如此，在缓慢行驶的情况下，杨某也能够在发生伤害事故时及时制动，避免被害人遭受严重的伤害，故应当认为杨某并未创设自己与其他人都无法控制的危险。与此相应，根据不受阻隔的危险说，杨某就没有伤害吴某某的间接故意，不构成故意伤害罪（致人死亡）。

（3）故意危险说。

在该说看来，区分间接故意与过于自信的过失的关键在于，行为人有意识地创设的风险是否在质上达到了这样的程度，即一个理性第三人只有在接受或者认可危害结果的情况下才会去创设该风险。如果行为人创设的风险达到了这样的程度，其就创设了典型的故意危险，成立间接故意，否则构成过失。而认定行为人是否创设了典型的故意危险的直观因素是，根据实践理性，行为人创设危险的行为是否是引起危害结果的适当方式。③ 在本案中，由于货车车身较矮，被害人完全能够双脚着地，随时都可以安全平稳地脱离货车，故理性第三人都会认为杨某为摆脱被害人的纠缠缓慢地驾驶货车离开通常不会导致被害人遭受伤害，从而也就不能认定杨某创设了典型的故意危险。因此，故意危险说亦会主张杨某仅成立过失致人死亡罪。

通过以上分析可知，除了采取可能性说会认为杨某具有伤害吴某某的间接故意，其他学说都会导向否定杨某构成故意伤害罪（致人死亡）的结论。然而，可能性说存在着明显的缺陷。首先，该说过度扩张了间接故意的成立范围。如果行为人在行为当时虽然认识到了危害结果发生的具体可能性，但是其同时又不期望或者反对危害结果的发生，那么无论如何就只能认定为过失，而不能成立间接故意。否则，有认识的过失事实上就

---

① Vgl. Armin Kaufmann，Der dolus eventualis im Deliktsaufbau，ZStW 70（1958），S. 73 ff.

② Vgl. Herzberg，Das Wollen beim Vorsatzdelikt und dessen Unterscheidung vom bewußt fahrlässigen Verhalten-Teil 2，JZ 1988 S. 639.

③ 英格博格·普珀. 德国刑法总论：以判例为鉴. 徐凌波，喻浩东，译. 北京：北京大学出版社，2023：130－133.

将不复存在。[①] 其次，该说忽视了意志因素在区分间接故意与有认识的过失时的重要作用。诚然，在实践中，需要采取从行为人的认识中推定其意志的方式证明故意，但这不意味着意志因素对于犯罪故意的成立没有任何意义。相反，由于在前述判断方式中认定行为人的主观认识最终仍然是为了查明行为人是否希望或者放任危害结果的发生，真正在犯罪故意的判断中居于核心地位的恰恰应当是意志因素。[②] 最后，成立过失也不能仅要求行为人对危害结果的发生具有抽象的危险认知。随着风险社会的到来，人们日常生活中的很多行为都或多或少蕴含着危险性，如果过失的成立不要求行为人认识到或者至少应当认识到结果发生的具体可能性，那么过失犯罪的成立范围就会过宽。例如，驾驶者都能抽象地认识到自己的驾驶行为可能造成伤亡的后果，如果不要求驾驶者认识或者应当认识到危害结果发生的具体可能性，那么任何造成交通事故的驾驶者都将成立过失犯罪。这显然会不当扩大过失犯的成立范围。因此，本书不采取该说。综上，本书赞同本案一、二审法院的处理结论，主张杨某因缺少伤害的故意而不构成故意伤害罪（致人死亡），仅成立过失致人死亡罪。

第二节　具体的打击错误的处理原则

案例 5-2　吴某甲故意杀人案[③]

（一）案情介绍

被告人吴某甲的岳母家卖给吴某甲叔父吴某乙一匹骡子，吴某乙少给了 200 元。1992 年 3 月 13 日下午 6 时许，吴某甲酒后到吴某乙家索要欠款，与吴某乙发生口角。吴某甲即到其父吴某丙家的院内拿了一根木棒（长 140 厘米，直径 5 厘米），回来后见其叔吴某乙与其父吴某丙站在路上说话（两人相距约 1 米），便手持木棒向吴某乙奔去。其弟吴某丁见状过去阻拦未成，吴某甲双手举起木棒向吴某乙的头部打去。吴某乙在其女儿吴某戊的提示下急忙闪身躲开。吴某丙刚回头欲制止吴某甲的行为时，被木棒打中左颞部而倒地。吴某甲见其父被打倒，又去追打其叔吴某乙，没有追上，便将吴某乙家三间房屋的玻璃全部砸碎。吴某丙在送往医院抢救的途中死亡。经法医鉴定，吴某丙死于颅骨骨折，脑挫伤。案发后，吴某甲到村委会投案自首，认罪态度较好；吴某甲的母亲、兄弟及其叔父吴某乙等人联名要求法院对吴某甲从轻判处。

---

① 张明楷.外国刑法纲要.3 版.北京：法律出版社，2020：184.

② 乌韦·穆尔曼.德国刑法基础课.7 版.周子实，译.北京：北京大学出版社，2023：321.

③ 最高人民法院中国应用法学研究所.人民法院案例选：分类重排本·刑事卷 4.北京：人民法院出版社，2017：1660-1661.

（二）裁判经过

吉林省人民检察院白城分院，以被告人吴某甲犯故意伤害罪，向吉林省白城地区中级人民法院提起公诉。经审理，吉林省白城地区中级人民法院认为，被告人吴某甲因琐事与其叔父吴某乙发生口角，用木棒抛打其叔父时，误将其父吴某丙打死，其行为已构成过失致人死亡罪。考虑到本案的具体情节，案发后被告人能主动到村委会投案自首，认罪的态度较好，依法可以从轻处罚。该院依法判决如下：被告人吴某甲犯过失致人死亡罪，判处有期徒刑 3 年，缓刑 4 年。宣判后，吉林省人民检察院白城分院认为该判决定罪不准，量刑不当，向吉林省高级人民法院提出抗诉。抗诉的理由是：第一，对被告人的行为应定故意伤害罪，不应定过失致人死亡罪；第二，对被告人判处有期徒刑 3 年，缓刑 4 年，量刑畸轻。吉林省人民检察院在审查白城分院报送的本案抗诉书之后则认为，被告人的行为构成故意杀人罪，且情节恶劣，后果严重，一审法院以过失致人死亡罪判处其有期徒刑 3 年，缓刑 4 年，实属定性不准，适用法律错误，量刑不当。该院以此为理由支持抗诉。吉林省高级人民法院认为，被告人吴某甲手持木棒照着其叔吴某乙的头部打去，欲将吴某乙打死，由于吴某乙躲闪，未能打中，却将其父吴某丙打死，其行为已构成故意杀人罪。吴某甲既有杀人的故意，又有杀人的行为和将人杀死的后果，虽然没有达到其犯罪的目的，但不影响故意杀人罪的成立。原审判决认定吴某甲犯过失致人死亡罪系适用法律不当，吉林省人民检察院在这方面支持抗诉有理，应予采纳。吴某甲故意杀人的犯罪情节严重，本应严惩，鉴于他在案发后能主动投案自首，考虑到本案的具体情况，可以减轻处罚。据此，该院依法判决如下：（1）撤销吉林省白城地区中级人民法院对本案的刑事判决；（2）吴某甲犯故意杀人罪，判处有期徒刑 5 年。

（三）争点整理

对吴某甲因打击错误误杀其父的行为是否应认定为故意杀人罪（既遂）？

（四）案例分析

本案存在争议的问题是如何处理具体的打击错误。所谓具体的打击错误，也称具体的行为偏差或者方法错误，是指由于行为本身的误差，行为人所欲攻击的对象与实际侵害的对象不一致，且这种不一致仍然没有超出同一构成要件。需要注意的是，打击错误与对象错误指涉的是不同的情况。所谓对象错误，是指辨认偏差导致行为人所欲攻击的对象与实际侵害的对象不一致。虽然打击错误与对象错误都意味着行为人实际侵害的对象并非其意图侵害的对象，但行为人产生这两种错误的原因是不同的：前者的原因是行为误差，而后者的原因是辨认误差。换言之，打击错误实际是由行为本身的偏差所致，行为人的主观认识并未出现差错，而对象错误是行为人误认犯罪对象导致的，但行为本身并未出现误差。[①] 区分两者的意义在于：刑法理论和司法实务几乎毫无争议地认为，对象错误不影响犯罪故

---

① 陈兴良. 刑法总论精释：上. 3 版. 北京：人民法院出版社，2016：333.

意的判断。[1] 但是，对于如何处理具体的打击错误，在理论上可谓众说纷纭，甚至可以认为，刑法理论中的事实错误论就是围绕具体的打击错误问题而展开的。[2] 概括而言，对于具体的打击错误，主要存在着如下几种处理方案：

1. 法定符合说

该说重视法益的性质，但在法益等价的前提下，并不重视法益主体的区别。以故意杀人罪为例，法律并没有将被杀害的对象限定为某一具体的人，而是包括了任何人。故意杀人罪的行为对象不会因具体的案件而发生改变。在打击错误的场合，行为人的行为在客观上导致他人死亡，主观上也具有杀人故意，二者在故意杀人罪的范围内是完全一致的，因而成立故意杀人既遂。这种观点是我国刑法理论和司法实务的通说。[3] 依据该说，在本案中，虽然吴某甲欲杀害的是吴某乙，实际杀害的是吴某丙，但是二人均是故意杀人罪的行为对象，在故意杀人罪的构成要件上是等价的，应当认定吴某甲构成故意杀人罪（既遂）。

2. 具体符合说

该说认为，所谓犯罪的行为对象不会随着案件的改变而发生变化，是就记述在法律规定中的构成要件而言的，并不是说适用于具体案件的构成要件的行为对象不会发生变化。因为，刑法规范都是抽象的，要想将这些抽象的规范适用于具体的案件，必然要对规范做具体化的理解。以故意杀人罪为例，故意杀人罪的规定是“杀了人”，但在实际适用该罪的构成要件时，却不是“凡是杀了人”这样抽象的形式，而是针对某个具体的被害人。换言之，法益主体的个别性对于犯罪故意认定具有重要意义。[4] 因此，在打击错误的场合，如果意图侵害与实际侵害的对象属于不同的法益主体，行为人对实际侵害的对象就构成过失犯罪，而对意图侵害的对象构成故意犯罪未遂，两者属于想象竞合犯。依据该说，在本案中，吴某甲意图杀害吴某乙，实际杀害了吴某丙，二人属于不同的法益主体，应当认定吴某甲构成故意杀人罪（未遂）与过失致人死亡罪的想象竞合犯。

3. 折中观点

在前述两种基本观点之外，还存在一些折中的见解。主要包括行为计划理论、故意危险理论、实质等价理论以及预见可能性理论等见解。

（1）行为计划理论。

该说主张，行为对象个别性是否影响构成要件的实现，取决于行为人的行为计划是否依赖于行为对象的个别性。当行为人的行为计划依赖于行为对象个别性时，行为对象个别性对构成要件是否实现具有重要影响，此时就需要对构成要件作具体化的理解，打击错误排除故意归责。相反，如果行为人的行为计划不依赖于行为对象的个别性，则构成要件是否实现与行为对象个别性无关，在这一场合就不需要对构成要件作具体化的理解，打击错误不排除故意归责。[5] 简言之，如果行为计划依赖于行为对象的个别性，就采取具体符合

---

① 高铭暄，马克昌. 刑法学. 10 版. 北京：北京大学出版社，高等教育出版社，2022：121.

② 刘明祥. 论具体的打击错误. 中外法学，2014（2）：376.

③ 张明楷. 刑法学：上. 6 版. 北京：法律出版社，2021：356.

④ 佐伯仁志. 刑法总论的思之道·乐之道. 于佳佳，译. 北京：中国政法大学出版社，2017：216－217.

⑤ 克劳斯·罗克辛. 德国刑法学总论：第 1 卷. 北京：法律出版社，2005：346－348.

说；否则就采取法定符合说。根据这种见解，在本案中，吴某甲欲杀害吴某乙的原因是两人因交易纠纷发生了口角，行为人的犯罪计划依赖于行为对象的个别性，应当对构成要件作具体化的理解，故吴某甲对于吴某丙的死亡没有故意，仅成立过失致人死亡罪。

（2）故意危险理论。

该说区分了故意的危险与过失的危险。过失的危险实质上就是法所不容许的危险。与之相对，如前所述，只有根据实践理性某一行为是客观上能够有效引起危害结果的方法时，该行为才具有故意的危险。如果行为人是有意识地创设故意危险，并且该危险已经在危害结果中实现，就可以将实际发生的结果归责于行为人的犯罪故意。具体到打击错误的场合，行为人往往已经有意识地创设了一个故意的危险，故能否将实际发生的结果归责于行为人的犯罪故意，就取决于该故意的危险是否在危害结果中实现。如果危害结果中实现的是故意的危险，打击错误就不排除故意归责；反之，则不能进行故意归责。① 在本案中，根据实践理性，使用直径 5 厘米的木棍击打他人头部是足以导致他人死亡的方法，应当认为吴某甲有意识地创设了故意的危险。同时，由于吴某丙与吴某乙之间的间隔仅为 1 米，根据日常生活经验，吴某甲使用木棍击打吴某乙极有可能打中吴某丙，因果流程并不异常，故吴某甲所创设的故意危险也已经在死亡结果中实现。依照故意危险理论，就应当认定吴某甲对吴某丙构成故意杀人罪（既遂）。

（3）实质等价理论。

在该说看来，法益主体个别性是否影响构成要件的实现，取决于该构成要件所保护的法益。在涉及高度人身性法益的场合，由于法益本身就包含着高度的人格特征，法益与其法益主体构成了一个不可分割的整体，不可能在不考虑个体价值的情况下判断构成要件是否实现。所以，如果构成要件保护的是高度人身性法益，法益主体个别性对于构成要件的实现具有重要意义，打击错误排除故意归责。反之，如果构成要件保护的是非高度人身性法益，法益与其法益主体之间就不具有这种高度依赖关系，构成要件的实现也就不依赖于法益主体的个别性，打击错误不排除故意归责。② 易言之，如果构成要件保护的是高度人身性法益，就采取具体符合说，否则采取法定符合说。本案涉及的犯罪是故意杀人罪，该犯罪保护的是高度人身性法益（他人的生命权），根据实质等价理论就应采取具体符合说，认定吴某甲构成故意杀人罪（未遂）和过失致人死亡罪的想象竞合犯。

（4）预见可能性理论。

该说区分了故意认定与故意归责，主张在打击错误的场合，行为人对于意图侵害的对象具有故意。因此，打击错误是否排除故意犯罪既遂的成立，取决于能否将实际发生的结果归责于行为人业已成立的故意。③ 对此，该说提出的标准是，行为人主观上对结果的发生是否具有高度预见可能性。如果能够预见，打击错误就不排除故意归责，反之则排除故意归责。④ 有见解通过区分恣意认知和实践认知进一步明确了这一判断标准。

---

① 英格博格·普珀.德国刑法总论：以判例为鉴.徐凌波，喻浩东，译.北京：北京大学出版社，2023：130-133，151，165-167.

② Vgl. Hillenkamp, Die Bedeutung der Vorsatzkonkretisierungen bei abweichendem Tatverlauf, 1971, S. 111 ff.

③ 欧阳本祺.具体的打击错误：从故意认定到故意归责.法学研究，2015（5）：113-122.

④ 周光权.刑法总论.4 版.北京：中国人民大学出版社，2021：178-180.

譬如，甲于50米外向正与丙聊天的乙开枪（乙、丙两人间距不足1米），造成丙死亡。在这一场合，甲对乙的特定化就属于恣意认知，不影响故意归责；相反，甲对乙和丙靠得很近和自己在远距离射击的认识属于实践认知。只要根据其实践认知足以认定，甲可以预见到自己的行为能够导致丙死亡，就可以将丙的死亡归责于甲的犯罪故意。① 具体到本案的场合，吴某甲对吴某丙与吴某乙站得很近（仅1米）的认识属于实践认知，而使用木棍击打吴某乙的认识则属于恣意认知。在被害人与其他人站得很近的情况下，使用木棍击打被害人，有很大的概率击中其他人，从实践认知出发，应当认定吴某甲可以预见到自己的击打行为可能导致吴某丙死亡。与此相应，如果采取预见可能性理论，吴某甲对吴某丙的死亡就应当承担故意杀人罪（既遂）的刑事责任。

以上分析表明，在本案中如果采取具体符合说、行为计划理论和实质等价理论会认为吴某甲对于其父吴某丙的死亡没有故意，相反，若采取法定符合说、故意危险理论和预见可能性理论则会得出吴某甲构成故意杀人罪（既遂）的结论。但是，主张吴某甲构成故意杀人罪（既遂）的这三种观点可能均存在缺陷。

首先，法定符合说存在不足。该说无法在并发案件②中得出合理的结论。其中，一故意犯说面临着故意分配的难题。为了避免出现不合理的结论，该说不得不自相矛盾地一边认为意图侵害与实际侵害的对象是等价的，查明意图侵害的对象对于故意的认定不重要，另一边却又不得不去寻找行为人意图侵害的对象。而数故意犯说则存在着违反责任主义的嫌疑。在行为人仅具有一个故意的情况下，数故意犯说却认为行为人具有数个故意，不当地扩大了故意犯的成立范围。③ 同时，该说也不符合社会公众的一般观念。在具体案件中，犯罪行为总是指向特定时空条件下的对象。考虑特定的时空条件，在打击错误的场合，行为人所欲侵害的与实际侵害的对象，并不是同一个对象。在一般民众看来，无论如何都很难认为发生了打击错误的行为人实现了其预期的犯罪结果，更难以用故意的心态去评价。如果强行认定发生了打击错误的行为人构成故意犯罪既遂，难免给人一种“张冠李戴”的感觉。④

其次，故意危险理论存在问题。该说存在混淆客观归责与主观归责的嫌疑。⑤ 结果中实现了故意的危险，仅意味着可以将结果归责于行为人的行为，而不意味着行为人是故意地引起该结果。例如，甲因受过特技驾驶训练，对自己的车技深信不疑，经常做些高难度动作，从未失手。某日，甲为向朋友炫耀，在渡口违反汽车应顺跳板缓慢行驶上渡船的规定，不经跳板直接从岸边“飞车上船”，导致渡船倾覆。在这一场合，尽管甲违反渡口规定的行为创设了故意的危险，并且该危险已经在结果中实现，但不能认定甲对于渡船倾覆具有犯罪故意。因为，甲只是高估了自己的能力，轻信自己可以避免结果，主观上仅具有过于自信的过失。不仅如此，该说的判断标准也缺乏明确性。故意危险理论并未

---

① 周漾沂. 从客观转向主观：对刑法中结果归责理论的反思与重构. 台大法学论丛，2014（4）：1508-1509.

② 所谓并发案件，是指行为人不仅因打击错误侵害了其他对象，而且也给本欲侵害的对象造成了损害。例如，甲本欲杀害乙，因打击错误杀害了丙，并造成乙重伤。

③ 罗翔. 论打击错误的处理原则. 暨南学报（哲学社会科学版），2014（8）：13-14.

④ 刘忠伟，黄伯青. 打击错误行为刑事责任之认定. 人民法院报，2011-12-22（7）.

⑤ 欧阳本祺. 具体的打击错误：从故意认定到故意归责. 法学研究，2015（5）：111.

说明，根据实践理性，究竟行为人的行为具有多大的概率导致结果时，才能认定该行为创设了故意的危险。例如，故意危险理论认为，如果在行为人所瞄准的被害人方向上恰好出现了一群人，并且其具有击中周围人的盖然性时，行为人就对其所瞄准的被害人周围的每个人创设了一个故意危险。[①] 其中的“盖然性”具体是指多大的可能性就并不明确。

最后，预见可能性理论也不妥当。一方面，该说混淆了故意归责与过失归责的关系。虽然预见可能性是过失成立的必要条件，但很难承认这一要素对于故意认定的作用，因为，如前所述，即便是采取要求最少的可能性说，要成立犯罪故意也需要行为人认识到危害结果发生的具体可能性，如果行为人没有认识到结果发生的具体可能性，而仅仅预见到结果可能发生，那么无论如何都难以肯定其主观上具有犯罪故意。另一方面，该说也有混淆客观归责与主观归责的嫌疑。无论是根据客观归责理论，还是折中的相当因果关系说，只有因果流程的偏离并非不可预见，才能将实际发生的结果归责于行为人的行为，也才存在能否进行故意归责的问题。因此，如果将预见可能性作为能否故意归责的标准，由于这一判断并没有超出客观归责的一般要求，则只要能够进行客观归责，就可以认定行为人对实际发生的结果具有故意，使得故意归责的判断被虚化，殊为不当。[②]

因此，本书不采取上述三种见解。综上，本书部分赞同一审法院的处理意见，同样主张吴某甲对于其父吴某丙的死亡仅具有过失，成立过失致人死亡罪。[③] 不过，对于其原本欲攻击的吴某乙，吴某甲应构成故意杀人罪（未遂），并且由于其过失致人死亡的行为与故意杀人的行为存在实质重合，属于想象竞合犯，最终对吴某甲应以重罪故意杀人罪（未遂）论处。

第三节　结果推迟发生的处理原则

案例 5-3　王某某故意杀人案[④]

（一）案情介绍

2005 年 10 月 31 日 20 时许，被告人王某某酒后回家，其妻子张某某（被害人）因对其喝酒不满，二人发生口角，后又相互厮打。张某某取了一根木棒打了王某某脸一下，被告人王某某抢下木棒，并使用木棒击打张某某头部两下，将木棒打折，在张某某倒地后，被告人王某某以为张某某已经死亡，为掩盖其致人死亡的事实，逃避罪责，遂将张某某拖至东屋地上，并将带血的被子、海绵垫扔在张某某身体旁，将两个啤酒瓶盛装的

① 英格博格·普珀.德国刑法总论：以判例为鉴.徐凌波，喻浩东，译.北京：北京大学出版社，2023：167.

② 康子豪.处理具体打击错误的新路径.河南财经政法大学学报，2022（1）：118-119.

③ 在进行充分论述的基础上，此处可以主张相反的结论。

④ 国家法官学院，中国人民大学法学院.中国审判案例要览：2007 年刑事审判案例卷.北京：人民法院出版社，中国人民大学出版社，2008：3-6.

汽油浇在张某某的身上和棉被上点燃，伪造自然失火的现场后逃走。后王某某在接到邻居电话后假装从外地回到现场。公安机关在发现张某某的尸体后将王某某带回派出所询问情况，在讯问过程中发现王某某说谎，经突击审问，王某某交代了杀人及纵火的事实，并指认了杀人焚尸现场和藏匿物品的现场。经法医鉴定，张某某顶枕部及左枕部二处创伤，创缘均不整齐，有表皮剥脱，创角钝，创腔内有出血，符合生前钝器伤特征。张某某头部外伤，颅骨无骨折，颅内除右颞叶皮质有局灶性脑内出血，其头部外伤不足以构成死因，张某某系在意识丧失，同时有汽油爆燃的情况下，在较短时间内被烧死。

（二）裁判经过

吉林省长春市人民检察院以被告人王某某犯故意杀人罪，向吉林省长春市中级人民法院提起公诉。

被告人王某某无辩解。其辩护人提出，本案系由家庭内部矛盾引发，请求对被告人王某某从轻处罚。

吉林省长春市中级人民法院经审理认为，被告人王某某故意非法剥夺他人生命，其行为已构成故意杀人罪。被告人王某某因夫妻之间争吵并厮打后，持木棒击打被害人，致被害人意识丧失，在纵火伪造现场时致使被害人被烧死，犯罪危害后果特别严重，应依法惩处。对于辩护人提出的该案系由家庭内部矛盾引发，请求对被告人王某某从轻处罚的辩护意见，法院并未予以采纳。该院依法判决如下：被告人王某某犯故意杀人罪，判处死刑，剥夺政治权利终身。

一审宣判后，被告人王某某向吉林省高级人民法院提起上诉。二审中，被告人王某某诉辩称一审量刑过重，其辩护人也提出，此案属家庭内部矛盾引发，原审判决量刑过重。

吉林省高级人民法院经审理认为，被告人王某某酒后与其妻子发生口角，进而行凶杀害其妻，后果特别严重，本应严惩。鉴于本案系家庭矛盾引发，对被告人王某某判处死刑，可不立即执行。上诉理由及辩护意见予以采纳。原审判决定罪准确，审判程序合法，但量刑不当，应予改判。据此，该院依法判决如下：（1）维持吉林省长春市中级人民法院（2006）刑初字第 95 号刑事判决书中对被告人王某某犯故意杀人罪的定罪部分；（2）撤销吉林省长春市中级人民法院（2006）刑初字第 95 号刑事判决书中对被告人王某某犯故意杀人罪的量刑部分；（3）被告人王某某犯故意杀人罪，判处死刑，缓期 2 年执行，剥夺政治权利终身。

（三）争点整理

王某某是否应对张某某的死亡承担故意杀人罪（既遂）的刑事责任？

（四）案例分析

本案的争议焦点是如何处理结果的推迟发生。所谓结果的推迟发生，是指行为人实施了复数行为，其以为前行为造成了结果，后行为只是起到掩饰犯罪等作用，但实际前行为并未造成结果，而是后行为导致了结果。如前所述，结果的推迟发生属于因果关系错误的一种类型。除这种类型之外，因果关系错误还包括狭义的因果关系错误和结果的提前实现。其中，狭义的因果关系错误，是指结果的发生没有按照行为人对因果关系的发展所预见的进程来实现的情况；而结果的提前实现，是指行为人计划前行为不造成结果，由后行为造成结果，但是实际上由前行为造成了结果。不过，这两种情况在理论上争议不大，只要行为人已经开始着手实施犯罪行为，并且实际发生的和行为人所设想的因果流程之间的偏离仍然处于根据一般日常经验所能预见的范围之内，不足以导致对犯罪行为进行新的评价时，行为人对因果关系的认识错误就不排除故意。① 真正存在争议的是如何处理结果推迟发生的情况，对此，理论上主要存在如下四种观点：

1.概括故意说

该说区分了概括故意②与特定故意，前者是指犯罪决意的内容包含了使犯罪结果出现的数个行为、数种手段方式或者数个时期的情况；而后者系指依照行为人的犯罪决意，其仅希望以一个行为促使犯罪结果发生的情况。因此，如果行为人具有概括故意，那么其就具有一个整体性的犯罪意思，在行为人的犯罪目标范围之内，就无须再去切割细分不同的行为步骤或手段。该说认为，结果的延后发生就属于这种行为人具有概括故意的情况，行为人实施的前行为与后行为皆系实现犯罪的部分，不能对之进行独立的考察，而是被一个犯罪故意所包括，故应当对行为人以故意犯罪既遂论处。③ 换言之，如果行为人在实施前行为时已经预定了后行为，或者可以将后行为纳入前行为之中，就应当对这两个行为进行整体考察，将它们放在同一个犯罪故意下进行评价。④ 依据该说，在本案中，使用木棒击打头部的行为（前行为）与纵火伪造犯罪现场的行为（后行为）均是实现杀害张某某这一犯罪目标的具体步骤，应当将这两个行为放在杀害的故意下进行整体评价。王某某使用木棒击打张某某的头部并纵火伪造犯罪现场的行为在客观上造成了死亡结果，王某某主观上也具有杀人的故意，符合故意杀人罪的犯罪构成，应当认定成立故意杀人罪既遂。

2.区分考察说

该说主张，在结果延后发生的场合，虽然实际发生的结果与行为人所欲实现的结果具有等价性，但毕竟前后行为分属于不同的意志决定，在真正实施导致结果发生的行为时，行为人是欠缺犯罪故意的，故应当对这两个行为分别予以评价。否则，就会违反行为与故意同时存在的要求。据此，如果出现了结果延后发生的情况，就必须独立考察前后两个行为，就前行为而言，行为人因未造成危害结果而仅成立故意犯罪未遂，对于后行为，行为人由于行为时缺少犯罪决意而仅成立过失犯罪。⑤ 关于罪数关系，在该说内部又存在着不同的观点：部分见解主张对行为人以故意犯罪（未遂）与过失犯罪数罪并

---

① 乌韦·穆尔曼.德国刑法基础课.7版.周子实，译.北京：北京大学出版社，2023：340-344.

② 需要注意，这里所称的“概括故意”与我国刑法理论通常所称的“概括故意”存在区别。在刑法学理上，概括故意，一般是指行为人认识到危害结果发生是确定的，但结果发生的行为对象不特定。周光权.刑法总论.4版.北京：中国人民大学出版社，2021：153.

③ 陈育安.概括故意与结果延后发生.政大法学评论，2014（115）：67-68.

④ 高桥则夫.刑法总论.北京：中国政法大学出版社，2020：166.

⑤ 野村稔.刑法总论.全理其，何力，译.北京：法律出版社，2001：204.

罚①；另一部分见解认为行为人构成故意犯罪（未遂）与过失犯罪的想象竞合犯，应择一重罪处罚。② 按照这种观点，在本案中就需要分别评价王某某使用木棒击打张某某头部的行为和纵火伪造犯罪现场的行为。由于王某某的击打行为并未导致张某某死亡，而在实施纵火伪造犯罪现场的行为时王某某因误以为张某某已经死亡而没有杀害的故意，故应当认为王某某构成故意杀人罪（未遂）与过失致人死亡罪。

3. 风险关联说

该说认为，虽然故意的成立要求行为人对行为与结果之间事实上的因果流程具有认识，但是，这种认识只是对因果流程的预测，也就没办法考虑到因果流程的每个细节。所以，只要行为人的行为与危害结果之间存在特定的风险关联，就可以将危害结果归责于行为人的犯罪故意。据此，在结果延迟发生的场合，若前行为具有导致危害结果发生的重大风险，后行为的出现并不异常，本质上是前行为所创设的风险的实现，那么就应将前后行为作为对法所不容许的同一危险的实现，对之进行整体评价。③ 换言之，处理结果延迟发生的关键仍然是看行为人对于因果流程的认识错误是否重要，是否超出了根据一般日常生活经验所能预见的范围。如果行为人的后行为与前行为存在紧密的时间和空间联系，而且按照一般日常生活经验行为人完全能够预见危害结果，则这种因果关系错误就不重要，不能排除故意归责。反之，如果行为人对因果流程的认识错误超出了依据日常生活经验所能预见的范围，就不能认定行为人构成故意犯罪既遂。④ 依据该说，在本案中，王某某在使用木棒击打张某某头部之后，立即实施了伪造犯罪现场的纵火行为，其前行为与后行为之间具有紧密的时空联系。并且按照日常生活经验，在实施杀人行为之后，行为人为逃避侦查采取纵火等方式伪造犯罪现场也并非无法预见，放火行为本质上也是对杀人行为所创设的风险的实现，故应当整体评价击打行为和放火行为的性质，认定王某某构成故意杀人罪（既遂）。

4. 行为计划说

在该说看来，能否将危害结果归责于行为人的犯罪故意取决于该结果的发生是否符合行为人的犯罪计划，若该结果的发生符合行为人的犯罪计划，行为人就应当为此承担故意犯罪既遂的责任；相反，若根据行为人最初的行为计划不会造成危害结果，就不能认定行为人构成故意犯罪既遂。据此，处理结果推迟发生的关键在于，通过后行为引起危害结果是否符合行为人的犯罪计划，亦即，实施后行为的决定究竟是自始就存在的，还是在实施前行为后才出现的。如果行为人在实施前行为时仅具有间接故意或者并不期望危害结果的发生，那么行为人就是在实施了前行为后才决定实施后行为，通过后行为引起危害结果不符合行为人的犯罪计划，此时应分别评价前后两个行为，认定行为人仅成立故意犯罪未遂与过失犯罪。与之相对，如果行为人以直接故意的心态实施前行为，由于其从一开始就会考虑如何伪造犯罪现场和掩饰犯罪结果，故通过后行为引起危害结

---

① Vgl. Mezger, Strafrecht Ein Lehrbuch, 3. Aufl., 1949 S. 314 f.
② 泷川幸辰. 犯罪论序说. 王泰，译. 北京：法律出版社，2005：115.
③ 林东茂. 刑法综览. 修订 5 版. 北京：中国人民大学出版社，2009：189.
④ 张明楷. 刑法学：上. 6 版. 北京：法律出版社，2021：362 - 363.

果符合行为人的犯罪计划，应当对前后两个行为进行整体考察，认定行为人构成故意犯罪既遂。① 在本案中，王某某因家庭纠纷，在厮打过程中使用木棒击打张某某头部致其死亡，王某某对于死亡结果仅具有间接故意，应当认为王某某在实施击打行为时并无纵火伪造犯罪现场的计划。与此相应，根据行为计划说，就应当对击打行为和放火行为分别进行评价，认定王某某构成故意杀人罪（未遂）与过失致人死亡罪。

以上分析表明，若采取区分考察说与行为计划说会否定王某某构成故意杀人罪（既遂），与之相对，根据概括故意说与风险关联说则会得出王某某成立故意杀人罪（既遂）的结论。但是，区分考察说与行为计划说均存在明显的缺陷。

首先，区分考察说存在问题。当前行为和后行为存在紧密的时空联系时，就应当整体考察前后两个行为的性质。如果分别评价前后两个行为，就将一个自然的、一体的因果流程人为地割裂成了两个部分，并不妥当。尤其是，在我国，根据通说的见解，只要基于同一或者概括的故意，连续实施数个性质相同的行为，即便各行为之间跨越数月甚至数年，也可以按照一罪论处。② 既然如此，对于具有紧密时空联系且性质相近的两个行为就更应当作整体评价。另外，通说认为，在行为人实施前行为之后，如果介入了普通过失行为导致危害结果，仍然可以将危害结果归责于前行为。通常只有当介入了出于故意或者重大过失的行为时，前行为人才不需要对结果负责。③ 然而，根据区分考察说，当行为人实施故意的前行为后，又实施后行为，过失地导致危害结果时，即便行为人在实施后行为时仅具有普通过失，也可以中断对前行为的归责。这显然与通说的观点相悖。

其次，行为计划说存在不足。行为计划是行为人事前的主观想象，故意则是行为人行为时的主观心理状态。尽管行为计划通常会转化为犯罪故意，但这种转化关系并非绝对的。譬如，甲原本计划一枪击毙乙，在开枪击中乙之后，为了确保杀死乙，又对乙要害部位连开两枪。在这一场合，行为人的计划是仅向乙开一枪，但具有通过多次开枪射击杀害乙的故意。因此，将危害结果的发生是否符合犯罪计划作为故意归责的标准缺少正当根据。不仅如此，直接故意与间接故意均属于犯罪故意，没有理由认为仅在直接故意的场合行为人具有伪造犯罪现场和掩饰犯罪结果的计划，而持间接故意心态的行为人没有这样的计划。如前所述，在间接故意的场合，行为人虽然不期望发生危害结果，但也容任了危害结果的发生，容任意味着行为人认识到自己的行为有很大的概率会导致危害结果发生。基于这样的认识，持间接故意心态的行为人在实施前行为时就必然也要考虑伪造犯罪现场和掩盖犯罪结果。既然如此，就难以认为在间接故意的场合通过后行为导致危害结果不符合行为人的犯罪计划。

因此，本书不采取这两种观点。综上，本书赞成本案一、二审法院的处理结论，认为王某某构成故意杀人罪（既遂）。④

---

① 克劳斯·罗克辛．德国刑法学总论：第1卷．北京：法律出版社，2005：343－346.

② 高铭暄，马克昌．刑法学．10版．北京：北京大学出版社，高等教育出版社，2022：191－193.

③ 张明楷．刑法学：上．6版．北京：法律出版社，2021：245－246.

④ 此处可以主张相反的结论，但论证难度较大。

第四节　规范性构成要件要素错误与违法性认识错误的处理原则

案例 5－4　赵某某非法持有枪支案[1]

(一) 案情介绍

2016 年 8 月至 10 月，被告人赵某某在天津市河北区李公祠大街附近的海河亲水平台，摆设射击游艺摊位进行营利活动。2016 年 10 月 12 日 22 时许，天津市公安局河北分局民警在巡查过程中，当场在赵某某经营的摊位上查获枪形物 9 支及配件、塑料弹等物，并依法将赵某某传唤到公安机关。经天津市公安局物证鉴定中心鉴定，现场查获的 9 支枪形物中的 6 支，为能正常发射、以压缩气体为动力的枪支。涉案枪支已由公安机关依法没收。

(二) 裁判经过

天津市河北区人民检察院以被告人赵某某犯非法持有枪支罪，向天津市河北区人民法院提起公诉。被告人赵某某无辩解。其辩护人提出赵某某在本案中具有坦白、认罪悔罪等从轻处罚的情节，请求对其从轻处罚并适用缓刑。经审理，天津市河北区人民法院认为，被告人赵某某违反国家对枪支的管制制度，非法持有枪支，情节严重，其行为已构成非法持有枪支罪，被告人赵某某当庭自愿认罪，可以酌情从轻处罚。对于赵某某辩护人所提被告人具有坦白情节，系初犯，认罪态度较好的辩护意见，法院予以采纳；其余辩护意见，法院未予支持。该院依法判决如下：被告人赵某某犯非法持有枪支罪，判处有期徒刑 3 年 6 个月。一审宣判后，被告人赵某某向天津市第一中级人民法院提起上诉。在二审中，赵某某诉辩称其不知道持有的是枪支，没有犯罪故意，原判量刑过重。其辩护人提出，赵某某对行为对象存在认识错误，不具备非法持有枪支犯罪的主观故意，被告人赵某某的行为不构成犯罪。二审法院经审理认为，上诉人赵某某违反国家枪支管理规定，非法持有枪支，其行为已构成非法持有枪支罪，且情节严重，应依法予以处罚。原审判决认定赵某某犯非法持有枪支罪的事实清楚，证据确实、充分，定罪准确，审判程序合法。综合考虑赵某某非法持有的枪支均刚刚达到枪支认定标准，犯罪行为的社会危害相对较小，其非法持有枪支的目的是从事经营，主观恶性、人身危险性相对较低，二审期间能如实供述犯罪事实，认罪态度较好，有悔罪表现等情节，可酌情予以从宽处罚并适用缓刑。对赵某某的部分上诉理由予以采纳。该院依法判决如下：(1) 维持天津市

---

① 天津市河北区人民法院（2016）津 0105 刑初 442 号刑事判决书，天津市第一中级人民法院（2017）津 01 刑终 41 号刑事判决书.

河北区人民法院（2016）津 0105 刑初 442 号刑事判决书对上诉人赵某某的定罪部分；（2）撤销天津市河北区人民法院（2016）津 0105 刑初 442 号刑事判决书对上诉人赵某某的量刑部分；（3）上诉人赵某某犯非法持有枪支罪，判处有期徒刑 3 年，缓刑 3 年。

（三）争点整理

1. 如何处理规范性构成要件要素错误？

2. 如何处理违法性认识错误？

（四）案例分析

本案存在争议的问题主要有两个：其一，在主观要件方面，需要考察赵某某是否具有犯罪故意。这涉及规范性构成要件要素错误的处理原则。其二，在罪责层面，还应当考虑赵某某是否认识到自己行为的违法性。这又涉及如何处理违法性认识错误。

1. 规范性构成要件要素错误的处理原则

在本案二审中，赵某某辩称不知道自己持有的是枪支，没有非法持有枪支的故意。其辩护人也提出赵某某认为自己持有的是玩具枪而非真枪，其对行为对象存在认识错误，不具备非法持有枪支犯罪的主观故意。但是，对于赵某某及其辩护律师所提的前述辩解和辩护意见，法院并未予以采纳。二审法院指出，“涉案枪支外形与制式枪支高度相似，以压缩气体为动力、能正常发射、具有一定致伤力和危险性，且不能通过正常途径购买获得，上诉人赵某某对此明知，其在此情况下擅自持有，即具备犯罪故意。至于枪形物致伤力的具体程度，不影响主观故意的成立”①。前述争议所涉及的就是对于规范性构成要件要素的犯罪故意的认定问题。

如前所述，犯罪故意的成立要求行为人认识到自己的行为会发生危害社会的结果，并且希望或者放任这种结果发生。其中，故意的认识因素不仅要求行为人认识到了与客观构成要件要素相对应的外在事实，而且要求行为人在此基础上认识到客观构成要件要素所蕴含的消极社会意义，因为，只有这样，才能肯定行为人明知自己的行为会发生“危害社会”的结果。② 在考察行为人是否认识到自己行为消极的社会意义内涵时，需要注意区分记述性的构成要件要素与规范性的构成要件要素，两者的认定规则存在差异。记述性的构成要件要素，是指对物理或心理的现实或过程予以描述，人们通过对客观事实的感性认知即可理解其含义的构成要件要素。由于人们通过感性认识就可以把握记述性构成要件要素的内涵，故行为人只要认识到了相应的客观事实，自然就认识到了自己行为的社会意义，从而可以认定其具备了故意的认识因素。譬如，行为人开枪射杀被害人，其只要认识到自己所杀害的对象是“人”，同时就认识到了自己的行为剥夺或缩短他人生命的意义内涵，具有了杀害故意的认识因素。与之相对，规范性的构成要件要素则使用了规范性的概念，人们必须结合法律、文化或社会等方面的价值评价，通过理性认识才能把握其本质内涵。由于仅凭感性认识无法完整把握规范性构成要件要素的内涵，

---

① 天津市第一中级人民法院（2017）津 01 刑终 41 号刑事判决书.

② 张明楷. 刑法学：上. 6 版. 北京：法律出版社，2021：338.

行为人纵然认识到了相应的客观事实，也未必当然能认识到自己行为的社会意义。此时，就需要特别判断，行为人是否在客观事实之外，还在其所属的外行人领域的平行评价的意义上认识到了相应法律概念所表达的社会意义内涵，或者说，行为人作为法学外行人认识到了自己行为所含有的致使立法者将该行为规定为犯罪的特殊意义。这就是为当今刑法学界所普遍接受的“外行人领域的平行评价”理论。①

本案涉及的是非法持有枪支罪，其中的“枪支”并非记述性的构成要件要素，而是规范性的构成要件要素。因为，根据《枪支管理法》第46条的规定，枪支是指以火药或者压缩气体等为动力，利用管状器具发射金属弹丸或者其他物质，足以致人伤亡或者丧失知觉的各种枪形物。其中，“足以致人伤亡或者丧失知觉”显然需要进行规范性的评价。与此相应，在认定行为人是否具有非法持有枪支的犯罪故意时，就不仅要求行为人认识到自己持有的是枪形物的客观事实，而且需要行为人在其所述的外行人领域的平行评价的意义上认识到自己所持有的枪形物的社会意义，即该枪形物具有足以致人伤亡或者丧失知觉的危险性。根据《枪支管理法》第4条，以及公安部2010年12月7日印发的《公安机关涉案枪支弹药性能鉴定工作规定》（以下简称《2010鉴定规定》）等文件的规定，对不能发射制式弹药的非制式枪支，当所发射弹丸的枪口比动能大于等于1.8焦耳/平方厘米时，应认定为枪支。据此，当枪口比动能达到1.8焦耳/平方厘米时，就可以认定枪支具有足以致人伤亡或者丧失知觉的性质。相应地，当行为人认识到自己所持有的枪形物具有能够达到枪口比动能1.8焦耳/平方厘米程度的致伤力（即近距离足以对人体裸眼造成损伤）时，就可以认定其在外行人平行评价的意义上认识到了枪支的社会意义。

根据前述判断标准，应当认定本案中赵某某具有非法持有枪支的犯罪故意。首先，赵某某显然认识到了自己所持有的是外形与制式枪支高度相似，以压缩气体为动力、能正常发射的物品，可以肯定赵某某对于自己持有的是枪形物的客观事实具有认识。其次，赵某某虽然没有认识到枪口比动能1.8焦耳/平方厘米这个具体的数值标准，也没有将自己持有的枪形物评价为刑法意义上的枪支，但是，其长期经营射击摊位，知道自己所持有的枪形物在远距离激发之后便能够打爆气球，应当认为其对于自己所持有的枪形物近距离激发足以对人体裸眼造成损害有所认识，已经在外行人平行评价的意义上认识到了自己所持有的枪形物的消极社会意义，符合了非法持有枪支的犯罪故意的成立要件。②

综上，本书赞同二审法院的处理结论，认为赵某某具有非法持有枪支的犯罪故意。不过，二审法院的部分论证理由仍有待加强。该院认为，“至于枪形物致伤力的具体程度，不影响主观故意的成立”。然而，如前所述，枪支属于规范性的构成要件要素，成立非法持有枪支的故意要求行为人在外行人平行评价的意义上认识到枪支的社会意义，而外行人正是通过认识枪形物致伤力程度的方式把握枪支的消极社会意义。因此，不能脱离枪形物致伤力的具体程度认定非法持有枪支的犯罪故意。

---

① 王钢. 非法持有枪支罪的司法认定. 中国法学，2017（4）：78－79.

② 此处若将非法持有枪支罪中的“枪支”限缩为具有高度危险性和对人体具有显著杀伤力的枪形物，也可能得出赵某某不具有非法持有枪支的犯罪故意的结论。

2. 违法性认识错误的处理原则

除主观要件方面关于是否具有犯罪故意的争议之外，赵某某是否具有违法性认识也是需要讨论的问题。如前文所述，所谓违法性认识是指行为人对于自己行为违反法秩序之性质的认知。刑法意义上的违法性认识既包括现实的违法性认识，也包括潜在的违法性认识。前者是指行为人现实地认识到了自己行为的违法性。后者则是指违法性认识的可能性，即行为人虽然没有现实地认识到自己的行为违反法律，但实际上应该能够认识到自己的行为具有与法秩序相悖的性质。① 对于违法性认识的体系地位与违法性认识错误的处理原则，在刑法理论上均存在较大的争议。

（1）违法性认识的体系地位。

1）违法性认识与犯罪成立条件的关系。

就违法性认识是否是犯罪的成立条件，我国刑法理论和司法实务存在着不同的见解：

我国刑法传统理论采取了“知法推定”的立场，推定所有公民都应当了解国家设置的各种法律规定，因此，“不知法律不免责”，认定行为人构成犯罪原则上不要求其具有违法性认识，即违法性认识不要说。② 受这种观点的影响，我国司法实务也普遍忽视违法性认识对于认定犯罪的意义。例如，在本案中，一、二审法院就均未考察赵某某是否具有违法性认识。依据这种观点，在本案中，即便赵某某没有认识到自己行为的违法性，由于违法性认识不是成立犯罪所必需的条件，也不能以赵某某不具有违法性认识为由认定其不构成犯罪。

与之相对，有力的见解认为，责任意味着对行为人的行为及其意志决定的非难可能性，而这种非难与谴责就建立在行为人可以自由选择实施合法行为却选择实施违法行为。如果行为人无法认识到自己的行为是违法的，也就无法认定行为人是在能够实施合法行为的情况下决意实施违法行为，也就失去了对行为人进行非难和谴责的基础。因此，违法性认识是认定犯罪不可或缺的条件，即违法性认识必要说。③ 按照这种观点，在本案中，如果可以否定赵某某具有违法性认识，就应当认定赵某某不构成犯罪。

从以上论述可知，在本案中若采取违法性认识不要说，则无论赵某某是否具有违法性认识，均可以认定其构成犯罪；反之，若采取违法性认识必要说，就需要考察赵某某是否具有违法性认识，如果其不具有违法性认识，就应当排除犯罪的成立。然而，违法性认识不要说并不妥当。自 1997 年刑法修订开始，辅之以随后陆续推出的 12 部刑法修正案，我国《刑法》中有关法定犯的条文数量激增，我国已经开始进入“法定犯时代”。在这种时代背景下，违法性认识不要说没有立足之地。其原因在于，法定犯的成立以违反行政法律规范为前提，而行政法律规范本身又纷繁复杂，这就导致公民不再理所当然地能够认识到相应犯罪行为的违法性。因此，在认定犯罪时就必须具体考察行为人是否至少具有违法性认识的可能性。④ 有鉴于此，本书采取违法性认识必要说，反对在本案

① 约翰内斯·维塞尔斯. 德国刑法总论. 李昌珂，译. 北京：法律出版社，2008：231.

② 高铭暄. 刑法学原理：第 2 卷. 北京：中国人民大学出版社，2005：130－131.

③ 周光权. 刑法总论. 4 版. 北京：中国人民大学出版社，2021：247－248.

④ 王钢. 非法持有枪支罪的司法认定. 中国法学，2017（4）：81.

中笼统地推定赵某某具有违法性认识。

2）违法性认识与犯罪故意的关系。

在肯定违法性认识是犯罪成立条件之后，还需要明确违法性认识与犯罪故意的关系。对此，刑法理论主要存在如下三种观点：故意说主张，违法性认识是故意成立不可或缺的要素，只有当行为人具有违法性认识时，才能肯定其具有犯罪故意。责任说认为，违法性认识并非认定故意的要素，其是犯罪故意之外独立的责任要素，不能以对犯罪故意的考察替代对违法性认识的考察。区分说要求对自然犯和法定犯作不同的处理，就自然犯而言，违法性认识不是认定故意的要素，而是独立于犯罪故意之外的责任要素，但对于法定犯而言，违法性认识系故意成立必备的要素。[①] 当前我国多数见解采取了责任说。[②] 本书也赞成这种观点。虽然根据我国《刑法》第 14 条的规定，认定故意需要行为人认识到自己行为发生危害社会的结果，但是，这仅意味着故意的成立要求行为人认识到自己的行为会发生符合构成要件的法益损害或者危害结果，而不意味着行为人必须认识到自己行为的违法性。事实上，“行为被法律所禁止”原本就不是客观构成要件的内容。例如，在故意杀人罪的构成要件中，显然没有“法律禁止杀人”这项构成要件要素。[③] 既然如此，在认定故意时自然也就不能要求行为人必须认识到行为的违法性。简言之，违法性认识是独立于犯罪故意之外的犯罪成立条件。[④] 依据这种观点，在本案中，也就不能以对赵某某是否具有非法持有枪支的故意的考察替代对其是否具有违法性认识的考察，在否定赵某某具有非法持有枪支的故意之后，仍然需要进一步认定其是否具有违法性认识。

（2）违法性认识错误处理原则的运用。

在本案中，赵某某虽然认识到了自己所持有的枪形物的消极社会意义，从而具有非法持有枪支的故意，但是其没有认识到自己是违反枪支管理规定在应当获得行政许可而未获许可的情况下持有枪支，没有现实地认识到自己行为的违法性。不过，仅是缺少现实的违法性认识还不能认定赵某某不构成犯罪。如前所述，刑法意义上的违法性认识包含了现实的违法性认识和潜在的违法性认识（违法性认识的可能性）。当行为人未能实际认识到自己行为的违法性时，其还只是不具有现实的违法性认识，只有当行为人的违法性认识错误无法避免时，才能肯定其缺少潜在的违法性认识，从而不构成犯罪。与此相应，在本案中，认定赵某某是否构成犯罪的关键就是其违法性认识错误是否具有避免可能性。

刑法学理普遍认为，对于这里的避免可能性不能作过于严格的要求，否则就将返回“知法推定”的立场。因此，只要行为人陷入违法性认识错误具有相当的理由，或者说，行为人具有合理的理由相信自己的行为是被允许的，就可以认定行为人陷入了不可避免的违法性认识错误。具体而言，在认定可避免性时，应当考虑如下三方面因素：一是行为人是否具有反思自己行为合法与否的契机。如果行为人现实地认识到或者能够认识到

---

① 张明楷. 外国刑法纲要. 3 版. 北京：法律出版社，2020：214 - 215.

② 陈兴良. 刑法总论精释：上. 3 版. 北京：人民法院出版社，2016：411 - 412.

③ 王钢. 非法持有枪支罪的司法认定. 中国法学，2017（4）：82.

④ 在充分论证的基础上，此处可采取相反的观点。

某种外在的、表征其行为违法性的情况，而且这种情况足以驱使有责任感的公民去了解自己的行为是否违反法律规定，但行为人没有去了解自己行为是否合法，那么，行为人的违法性认识错误就并非不可避免。二是行为人是否具有认知法律规范的渠道。只有行为人客观上具有认知法律规范、认识行为违法性的现实可能性，才能认定其具有避免违法性认识错误的可能性。三是能否期待行为人通过上述渠道去认知自己行为合法或违法的性质。如果行为人根据其个人的知识水平、职业与生活状况，在可期待的范围内尽到了充分努力的情况下仍然无法确认自己的行为是否违法，就应当认定其陷入了不可避免的违法性认识错误。①

根据前述认定规则，应当认定本案中赵某某陷入了不可避免的违法性认识错误。首先，赵某某缺少反思自己行为合法与否的契机。在本案中，赵某某仅以所持有的枪形物经营射击游艺摊位，这些枪形物的枪口比动能数值也仅略微超过枪支认定标准，不具有显著的杀伤力和高度的危险性，其并不认为自己的行为可能危及他人或者社会公共利益，故而也就不能认为其需要反思自己行为的违法性。不仅如此，本案中赵某某经营射击游艺摊位获得了市场管理部门的许可，同时，天津公安机关在开展“治枪患”专项行动之前，也未对此处摆设的射击游艺摊位进行过系统整治。相关行政管理部门这种长期放任和容任的态度也使得赵某某有相当的理由相信自己的行为不违法，更不可能去反思自己行为的违法性。其次，也难以认为赵某某具有认知自己行为违法与否的可能性与可期待性。在本案发生前公安机关对于非制式枪支的认定标准作了重大变动。公安部 2001 年颁布的《公安机关涉案枪支弹药性能鉴定工作规定》原本以弹头能够嵌入松木板作为非制式枪支的认定标准。实验表明，枪口比动能达到 16 焦耳/平方厘米时，才可能嵌入松木板。然而，如前所述，在《2010 鉴定规定》中，非制式枪支认定标准骤然下降到枪口比动能 1.8 焦耳/平方厘米，几乎只有 2001 年标准的十分之一。在《2010 鉴定规定》颁布之后，甚至连众多法学专业人士对我国如此之低的枪支认定标准都深感意外，也就更无法期待赵某某这样的法学外行人察觉到行政法律规范关于枪支认定标准的剧烈变化，进而认识到自己行为的违法性。此外，在本案发生前，我国司法机关对于类似案件也没有形成统一的处理意见，虽然在一些案件中司法机关认定行为人构成非法持有枪支罪，但在另一些案件中司法机关并未追究行为人的刑事责任。在这种司法机关对于特定行为违法与否尚且存在见解分歧的情况下，恐怕也很难强求行为人认识到自己行为的违法性。

综上，本书认为，赵某某陷入了不可避免的违法性认识错误，应当认定其不构成非法持有枪支罪。

---

① 张明楷. 外国刑法纲要. 3 版. 北京：法律出版社，2020：218.

第六章 过失犯

知识点概述

我国《刑法》第15条规定："应当预见自己的行为可能发生危害社会的结果，因为疏忽大意而没有预见，或者已经预见而轻信能够避免，以致发生这种结果的，是过失犯罪。过失犯罪，法律有规定的才负刑事责任。"该条是关于过失犯罪的规定，有的学者在解读该条时，仅关注该条文第1款规定的疏忽大意的过失与过于自信的过失两种过失类型，以及第2款确立的过失犯例外处罚原则，这种理解会将过失犯问题简单化，只将其限定在了主观过失的维度上，这并不利于过失犯案件的分析和处理。既然该条文明确表述为"过失犯罪"，即过失实施的犯罪，就不能将其矮化为"犯罪过失"的规定。正如张明楷教授所言："在德语、日语与汉语中，'过失'一词给人的感觉与'故意'的确不同，因为人们无论如何都不可能说故意是行为，但过失一词不仅可以指心理状态，而且有可能指行为本身。当我们说一个人有过失时，既可能指有疏忽行为，也可能指有疏忽的心态，而不只是指心理状态。"① 为此，在理解《刑法》第15条的规定时要朝着过失犯的构造去探讨。

关于过失犯的构造，是刑法理论中争议最激烈的领域之一，目前学界存在着新旧过失论之争。旧过失论立足于结果无价值论立场，也被称为传统的过失论，虽然名称中带有"旧"字，但由于是新过失论者所取的，并不代表这种观点是已经陈旧的学说。按照旧过失论，故意犯与过失犯在构成要件该当性以及违法性方面并无不同，二者的区别只是在责任阶段，过失与故意一样属于主观的心理状态，旨在说明行为人不注意的心理状态。从这一传统的思考方法出发，与故意被理解为对构成要件该当事实的认识、预见相对应，过失也被理解为对构成要件该当事实的认识与预见可能性。② 为此，预见可能性成为旧过失论的核心概念，多数学者支持具体的预见可能性说，对预见可能性的内容和程度都提出了高度的要求。虽然不要求对因果经过的具体细节有预见可能性，但至少要对结果有相当程度的预见可能性，且预见可能性的对象包括了结果本身以及行为与结果之间的因果经过。然而，这一学说未必能较好地限缩过失犯的处罚范围，预见可能性是一个程度概念，即便要求具

---

① 张明楷. 论过失犯的构造. 比较法研究，2020 (5)：5.

② 山口厚.『刑法総論〔第3版〕』. 東京：有斐閣，2016：243.

体的预见可能性，但预见的对象和程度近年来都出现了缓和化趋势，例如认为具体的因果经过的预见可能性是不必要的，只需对“因果经过的基本部分”有预见可能性即可。这就使具体化与抽象化之间没有特别明确的标准，存在大量模糊地带。① 由于旧过失论会不当扩大过失犯的处罚范围，部分学者引入过失犯“实行行为”的概念对它进行了修正，强调只有具备发生构成要件结果的“实质的、不被允许的危险”的行为，才能称得上是过失犯的实行行为。② 这种观点被称为修正的旧过失论，其一方面维持了过失属于责任要素这一基本的观点，另一方面修正了旧过失论不重视过失犯客观要件的不足。

新过失论则是立足于行为无价值论的立场，认为过失不只是责任的问题，同时也是违法性及构成要件该当性的问题。③ 因此，其不仅承认作为心理状态的过失，同时也着眼于行为的侧面，重视结果回避义务的违反，进而将旧过失论以结果预见可能性为中心的过失概念变更为以结果回避义务为中心的过失概念。新过失论将遵守“社会生活中必要的注意的行为”设定为基准行为，过失的实行行为就是对此种基准行为的逾越或懈怠。这样，过失犯和故意犯在违法性上就不相同，将这种观点推至极致，一般不会赞同故意与过失是一种位阶关系，也不支持平行地理解故意犯与过失犯。对此，劳东燕教授作过深入论述，其指出以故意与故意犯为模板理解过失与过失犯的构造，在体系逻辑上存在缺陷，过失犯在归责类型上不同于故意犯，二者的归责结构存在重大差异，故意犯对应于意志归责的类型，而过失犯对应于规范归责类型。④

新新过失论是从新过失论发展起来的一种理论，其由日本藤木英雄教授首倡，虽然该理论也将结果回避义务作为过失犯的核心，但与新过失论不同的是，作为结果回避义务之前提的预见可能性不要求具体的结果预见可能性，只要求有某种不安感、危惧感即可。因此，新新过失论也被称为危惧感说。20 世纪 60 年代后期，公害、药害、食品中毒、企业灾害等现代型过失犯罪频繁发生，在高度发达的工业社会，社会结构变得复杂，即使是轻微的违反行为，也有可能造成巨大的损害。⑤ 受此触动，藤木英雄教授主张通过危惧感说对未知事故追究责任。但这种理论也招致了学界的激烈批判，因存在违反责任主义和不当扩大处罚范围的疑问而被主流观点否定。前田雅英教授刑法教科书中的一张图表（见表 6－1）大概能归结出当前学界对新旧过失论之争的“基本印象”⑥。

表 6－1　新旧过失论的对比

过失的含义	旧过失论	新过失论	新新过失论
体系论	责任要素	违法要素	违法要素
注意义务	以预见义务为中心	以回避义务为中心	以回避义务为中心
预见可能性	具体的	（具体的）	危惧感（抽象的）
处罚范围	—	限定	扩大

① 周光权. 刑法总论. 4 版. 北京：中国人民大学出版社，2021：161.
② 曾根威彦.『刑法原論』. 東京：成文堂，2016：339 参照。
③ 山中敬一.『刑法総論』. 東京：成文堂，2015：388.
④ 劳东燕. 过失犯中预见可能性理论的反思与重构. 中外法学，2018（2）：325.
⑤ 山中敬一.『刑法総論』. 東京：成文堂，2015：390－391 参照。
⑥ 前田雅英.『刑法総論講義』. 東京：東京大学出版会，2019：212.

如表 6－1 所示，新旧过失论一直给人一种相互对立、难以调和的印象，但近年来，二者之间的对立渐渐走向了消弭。① 这并不是因为修正的旧过失论开始强调过失犯实行行为，强调实行行为至多只能算旧过失论在“对立消弭”的道路上迈出了铺垫性的第一步，事实上，以山口厚教授为代表的学者也开始支持结果回避义务概念。② 因为有了实行行为理论的铺垫，在旧过失论那里，结果回避义务之违反才很自然地被放入构成要件阶层，并通过与实行行为尝试建立等价性关联，将其实质内涵吸收进结果回避义务违反的判断中。③ 由于旧过失论开始强调结果回避义务的违反，其与新过失论在构造上已经看不出外在的区别。在此前提下，探讨过失犯就没必要拘泥于新旧过失论之争，只需关注其成立要件即可。一般而言，过失犯的实行行为、因果关系、主观要件是判断过失犯成立与否最关键的内容。本章将结合我国实践中发生的典型案例，对这些问题进行介绍。

第一节　过失犯的实行行为

案例 6－1　额某某过失致人死亡案④

（一）案情介绍

2020 年 9 月 28 日 18 时许，被告人额某某驾驶一辆蒙××××××号小轿车拉载其妻朝某某（被害人）前往巴彦浩特镇通古淖尔牧区看望女儿。额某某驾驶车辆行驶过程中，与坐在后排座右侧位置的妻子朝某某因是否需要去牧区看望女儿问题发生争吵、争执。当车辆行驶至某地时，朝某某突然自行打开车辆后车门并跳车。朝某某落地后因严重颅脑损伤而死亡。

（二）裁判经过

公诉机关以被告人额某某犯过失致人死亡罪向法院提起公诉。被告人额某某对起诉书指控的犯罪事实及罪名均无异议。其辩护人提出被告人额某某发现被害人跳车后进行了及时抢救、等待救援并报案自首，可以从轻或者减轻处罚。本案的发生被害人有重大过错，被害人因为出去吃火锅而拒绝看望女儿引发本案。被害人突然跳车后被告人始料不及，并且及时停车急救、拨打“120”呼叫救护车、为被害人争取宝贵的时间。被告人从事发到案的全过程始终没有拒绝、逃避、抗拒，主动交代犯罪事实，认罪态度好，系初犯，无犯罪前科，积极与被害人家属协商赔偿事宜并取得谅解。本案被害人不尽家庭责任，被告人独自一个人照顾年幼的女儿，一边打工一边偿还双方债务。本案被告人虽然过失致人死亡，但没有主观恶性。被告人额某某是年老的母亲和额某某的女儿唯一的

---

① 大塚裕史.「過失犯論の近時の動向」.法学教室，2013，95 号：6 参照。

② 山口厚.『刑法総論〔第 3 版〕』.東京：有斐閣，2016：246.

③ 杨绪峰.过失犯的结果回避可能性研究.北京：中国社会科学出版社，2023：31.

④ 内蒙古自治区阿拉善左旗人民法院（2021）内 2921 刑初 167 号刑事判决书.

依靠，判处被告人缓刑有利于照顾年幼的孩子和尽快偿还被害人留下的巨额债务。经审理，法院认为被告人额某某因过于自信的过失致一人死亡，其行为已构成过失致人死亡罪。被告人额某某犯罪后让他人帮忙拨打急救电话及报警电话，并在现场等待处理，到案后如实供述自己的犯罪事实，系自首，依法可以从轻处罚。根据被告人额某某的犯罪事实、情节、危害后果、悔罪表现，依法可适用缓刑。据此，判决如下：被告人额某某犯过失致人死亡罪，判处有期徒刑 2 年，缓刑 3 年。

（三）争点整理

如何认定过失犯的实行行为？

（四）案例分析

本案曾在社会上引起较大关注，很多学者也对本案的处理结论提出了疑问。有学者指出，夫妻双方因为琐事争吵是生活中的常见行为，就在案证据来看，不存在其他进一步预示或激发被害人朝某某实施极端举动的危险因素，其是在毫无征兆的情况下突然打开后车门跳车，因而，被告人额某某对于该跳车结果缺乏预见可能性，本案属于意外事件。[①] 有学者指出，针对这种妻子因争吵而跳车的案件，不能站在“事后诸葛亮”的立场谴责丈夫为什么不提前采取结果回避措施，比如将车门锁死，进而认为丈夫需要对妻子的死亡承担过失责任。原因是从一般人的视角来看，双方争吵的内容并不会导致跳车，本案也无证据证明被告人对妻子存在威胁、恐吓等加害行为。由于行为时一般人都没有结果的预见可能性，而预见可能性起到赋予结果回避必要性的作用，既然采取结果回避措施本身是不必要的，就不能苛求被告人采取结果回避措施，本案可以根据缺乏事前的结果回避可能性出罪。[②] 还有学者指出，本案能否根据自我答责的原理否定被告人的刑事责任，关键在于判断被害人自陷危险的举动是否出于自愿，也即判断争执行为是否导致被害人的法益安全面临着现实危险，这需要综合双方的关系、被告人的行为表现以及案发时的环境等因素进行确定。[③] 本案中，妻子选择跳车并不是为了摆脱丈夫对自己的“拘禁”，更多的是愿望没有得到满足时宣泄不满情绪的一种极端表现，妻子跳车的决定并非建立在某种法益冲突的基础上，故无法否定其自陷危险的自愿性，被害人应当自我答责。

上述观点分别从否定主观预见可能性、否定结果回避可能性、肯定被害人自我答责三个方面对被告人予以出罪，都具有道理。本案的出罪思路确实很多，还可以通过否定过失犯的实行行为而对被告人进行出罪。针对本案而言，如果将讨论的重点直接置于因果关系或者主观方面的话，在出罪判断上仍有些迟滞。这也是实务中认定过失犯罪比较容易忽视的问题，即未充分利用好过失犯的实行行为的出罪功能，在未严格对犯罪行为进行筛选的情况下就轻易进入了犯罪体系的后续审查判断中。对于此类案件的分析，需要遵循从客观到主观、从违法到责任的犯罪认定过程，即首先认定被告人的行为性质，其次再考察该行为与死亡结果之间的因果关系与结果归责问题，最后分析被告人的主观罪过，这样才能对

---

① 黎宏，杨轩宇.过失犯中结果预见可能性的认定：危险信号认识说之提倡.吉林大学社会科学学报，2024（1）：47.

② 杨绪峰.过失犯的结果回避可能性：规范构造与实践运用.环球法律评论，2023（4）：156.

③ 陈璇.危险接受的自愿性：分析视角与判断标准.法学，2022（11）：79.

案件予以准确定性。那么，被告人额某某是否存在过失致人死亡罪的实行行为呢?

过失致人死亡罪的实行行为，是指违反结果回避义务而具有侵害生命法益的实质的、不被允许的危险的行为。对实行行为的判断应以行为时存在的所有客观事实为基础，并对客观事实进行一定程度的抽象，同时站在行为时的立场，原则上按照客观的因果法则进行判断。由于过失犯的实行行为的危险不是行为人有意创设的，因此需要对过失犯的实行行为的危险进行限定，否则会严重限制国民的正常生活，这就要求合理地界定“允许的危险”。如果某项行为属于日常生活行为，通常可以将这种行为所具有的一般危险理解为允许的危险。之所以允许其存在，是因为它是日常生活所必需的或无法排除/避免的，只有突破了允许的危险的界限的行为才是值得非难的。本案中，被告人额某某与被害人朝某某因生活琐事发生争吵，这种争吵并未超出一般日常生活行为的范畴，争吵的内容也不涉及刺激朝某某跳车的风险因素。在案证据无法表明，被告人对被害人跳车进行了言语刺激，比如说“不想去牧区看望女儿就跳车”“想去吃火锅就跳车”等，也无法表明被告人对被害人存在威胁、恐吓等加害行为。如果只是一般争吵行为，该行为可能会使被害人情绪激动，但不可能对其生命法益造成实质的、不被允许的危险。因此，本案不存在过失致人死亡的实行行为，被告人额某某不构成过失致人死亡罪。

案例 6-2　吴某过失致人死亡案①

（一）案情介绍

被告人吴某的丈夫胡某与被害人邱某在 2003 年合伙做工程，2005 年结束，吴某夫妻认为邱某欠其工程款 2 000 元，双方为此产生纠纷。2006 年邱某患脑血栓，吴某夫妻曾前往医院探望邱某。邱某患病后，对吴某夫妻提出的欠款 2 000 元一事予以否认，吴某为此产生气愤情绪。后吴某多次向邱某索要所谓的欠款 2 000 元，遭到邱某的拒绝，吴某即多次辱骂邱某。2009 年 11 月 22 日下午，吴某在新浦区南城镇“金世纪”超市遇见邱某，再次向邱某索要欠款，并当众辱骂邱某，后邱某至医院治疗。当晚，邱某妻子武某等人至吴某家告知吴某，邱某当天因被骂到医院治疗，并告诫吴某，邱某身体不好，不能再辱骂邱某。11 月 23 日 14 时左右，吴某骑三轮车带其孙女回家途中，在新浦区南城镇城隍庙路口和邱某相遇，再次发生争吵，吴某以邱某欠款为由当众辱骂邱某，邱某抱住三轮车车轮不让其离开，吴某即摇晃三轮车、推搡被害人邱某。后二人被他人拉开。当天 16 时许，吴某、邱某至南城派出所接受调解。调解过程中，二人为债务纠纷再次发生争吵，后邱某欲站立时突然倒地，经抢救无效于当日 17 时 10 分左右被宣布死亡。经法医鉴定，邱某系外伤、情绪激动等因素诱发冠心病猝死。

（二）裁判经过

公诉机关以被告人吴某犯故意杀人罪向法院提起公诉，辩护人认为公诉机关指控被

---

① 江苏省连云港市中级人民法院（2011）连刑终字第 0030 号刑事附带民事判决书；国家法官学院案例开发研究中心编. 中国法院 2014 年度案例 · 刑事案例. 北京：中国法制出版社，2014：8-10.

告人吴某构成故意杀人罪事实不清，证据不足，不能成立。连云港市新浦区人民法院经审理后认为，被告人吴某在其夫妻与被害人邱某发生债务纠纷后，不是通过诉讼等合法途径予以解决，而是在知道被害人邱某曾患有脑血栓、身体不好的情况下继续自行索债，当索债未果时又辱骂被害人。至案发前一天，被害人被其辱骂后，被害人亲属即专程上门告知被告人，被害人身体不好，不能再辱骂。但之后当被告人与被害人相遇发生争执时，被告人虽然自称没有追求被害人死亡的故意，但疏于对危害后果的充分认识，再次辱骂并推搡被害人。后双方在派出所进行调解时又再次发生争吵，被害人最终因外伤、情绪激动诱发冠心病猝死。被告人的行为符合过失致人死亡罪的特征。公诉机关指控被告人吴某犯故意杀人罪，指控罪名有误，依法予以纠正。被告人吴某过失致人死亡，其行为已构成过失致人死亡罪，应依法追究其刑事责任。据此，判决如下：被告人吴某犯过失致人死亡罪，判处有期徒刑 6 年。

被告人吴某不服，提起上诉。连云港市中级人民法院经审理后认为，上诉人吴某明知其辱骂行为容易导致被害人情绪激动，易诱发其自身疾病的情况下，疏于对危害后果的充分认识，当其与被害人相遇再次发生争执时，辱骂并推搡被害人。后双方在派出所进行调解时又再次发生争吵，被害人最终因外伤、情绪激动诱发冠心病猝死，其行为符合过失致人死亡罪的特征。被告人吴某过失致人死亡，其行为已构成过失致人死亡罪，应依法追究其刑事责任。原审法院认定事实清楚，证据确实充分，审理程序合法，定性准确。但上诉人在本案中应负有的刑事责任与其应受的刑罚并不一致，原审判决量刑不当，应予改判，上诉人（原审被告人）吴某犯过失致人死亡罪，判处有期徒刑 3 年。

（三）争点整理

在明知他人患有特殊疾病的情况下，辱骂他人致其猝死的行为是否属于过失犯的实行行为？

（四）案例分析

本案的难点是审查被告人吴某是否存在过失犯的实行行为。如果得出肯定的结论，后续的审查其实相对容易：由于被害人邱某死亡即出现了法益侵害结果，被告人吴某的行为与邱某的死亡之间具有因果关系，且吴某知道邱某曾患有脑血栓，情绪激动易发病，应当预见自己的行为可能发生危害结果，因为疏忽大意而没有预见，以致发生猝死结果，吴某主观上存在疏忽大意的过失，故能最终肯定被告人吴某成立过失致人死亡罪。因此，本案的关键在于判断被告人吴某是否存在过失致人死亡罪的实行行为。在本案中，被告人吴某存在两个行为：辱骂行为和推搡行为。推搡行为看起来更为严重一点，可以先考察该行为是否属于过失致人死亡罪的实行行为。

本案的推搡行为并不属于过失致人死亡罪的实行行为，理由如下：虽然法医鉴定意见指出，被害人邱某系外伤、情绪激动等因素诱发冠心病猝死，但这一鉴定意见只是说明了诱发冠心病的多种可能因素，并不能直接说明推搡行为对被害人的生理机能造成实质的影响。一方面，被害人是否形成了外伤尚无法证实。另一方面，被告人吴某虽然存在摇晃三轮车、推搡被害人的行为，但该行为并未发生在最后一次争吵的现场。双方争吵停止后转换了场地，隔了两个多小时后都去派出所接受调解，此时距离最后一次争吵已经过了相当长的时间，而现有证据无法证明原来的推搡行为对被害人邱某的生理机能造成了实质影响。根据存疑有利于被告人原则，很难认为被告人吴某之前的推搡行为对被害人邱某的生命法益产生了实质的、不被允许的危险。因此，可以排除将推搡行为作为过失致人死亡罪的实行行为，此时需进一步考察被害人吴某的辱骂行为是否属于过失致人死亡罪的实行行为。

通常情况下，争吵和辱骂行为不会对他人的生命法益产生实质的、不被允许的危险，这是因为普通的语言羞辱和刺激行为，一般只会引起他人情绪激动，如果不夹杂着肢体动作，是不会对他人的人身安全造成威胁的。所以，在很多案件中，如果只存在争吵行为或者辱骂行为，即便出现了死亡结果，法官通常不会认为被告人成立过失致人死亡罪。本案中之所以例外地认为被告人的辱骂行为属于过失致人死亡罪的实行行为，是因为这是针对特殊体质者的刺激性辱骂。一方面，被害人邱某患有不适合接受辱骂刺激的疾病。其曾患有脑血栓，脑血栓患者情绪激动可能引发血管破裂，造成二次脑梗等严重后果，严重的辱骂行为确实能够对被害人的生理机能造成实质的影响。另一方面，被告人邱某此前发生过因受辱骂引起身体不适而需去医院治疗的情况。被害人被辱骂入院后，被害人亲属也专程上门告知被告人，被害人身体不好，不能接受辱骂的刺激。因此，本案的情况较为特殊，被告人的辱骂行为会使被害人的身体健康受到影响，不应当认为被告人吴某的辱骂行为未超出日常生活行为的范畴。在被害人患有特殊疾病不能受到辱骂刺激的情况下，被告人的辱骂行为已经对被害人的身体产生了严重影响，使其处于实质的、不被允许的危险当中，足以被评价为危害他人生命法益的实行行为。法院判处被告人成立过失致人死亡罪是正确的。

第二节　过失犯的因果关系

案例 6-3　周某某过失致人死亡案①

（一）案情介绍

周某某系深圳某物流公司签约司机。该公司《用户行为规范和服务承诺》第 2 章第 5 条第 6 点规定："（司机应当）按照导航规定路线行驶。"《平台安全规则》第 3 条规定："平台不建议跟车，如确需跟车，跟车人数不得超过 2 人。"第 26 条规定："司机在接单过程中应遵守《道路交通安全法》等道路交通安全相关法律法规，做到安全驾驶、文明行车，同时应尽到保障跟车人安全的义务，包括但不限于提醒跟车人系安全带、确保安全带可用、开车不分心、不疲劳驾驶等。"2021 年 2 月 6 日下午，周某某通过平台接到被害人车某某搬家订单，当日 20 时 38 分驾车到达约定地点。周某某因等候装车时间长，车某某又拒绝接受付费装车服务及支付延时等候费，订单赚钱少，心生不满。当日 21 时

① 湖南省长沙市岳麓区人民法院（2021）湘 0104 刑初 1060 号刑事判决书，湖南省长沙市中级人民法院（2021）湘 01 刑终 1436 号刑事裁定书.

14 分，周某某搭载车某某出发，但未提醒坐在副驾驶位的车某某系好安全带。途中，周某某又向车某某提出可提供付费卸车搬运服务，再遭拒绝，更生不满。周某某未按平台推荐路线行驶，自行选择一条相对省时但人车稀少、灯光昏暗的偏僻路线。车某某发现周某某偏离导航路线并驶入偏僻路段后四次提示偏航，周某某态度恶劣，与车某某发生争吵。车某某心生恐惧，把头伸出窗外要求停车。周某某发现车某某用双手抓住货车右侧窗户下沿，上身探出了车外，可能坠车时，其打开了双闪，但未制止或采取制动措施。随后，车某某从车窗坠落。此时周某某制动停车，时间约为当日 21 时 30 分许。周某某下车发现被害人车某某躺在地上，头部出血，随即拨打“120”急救电话，并拨打“110”报警。当日 21 时 45 分许，救护车到达现场，医护人员将车某某送往湖南航天医院救治。车某某因头部与地面碰撞致重度颅脑损伤于 2021 年 2 月 10 日死亡。

（二）裁判经过

公诉机关以被告人周某某犯过失致人死亡罪向法院提起公诉，被告人周某某的辩护人提出其行为不构成过失致人死亡罪，但一审法院并未采纳该辩护意见。法院认为，被告人周某某作为某物流公司的签约司机，因等候装车时间长且两次提议收费搬运服务被拒后心生不满。其违背平台安全规则，既未提醒车某某系好安全带，又在运输服务中态度恶劣，多次无视车某某反对偏航的意见，行车至较为偏僻路段，导致车某某心生恐惧而离开座位并探身出车窗。周某某发现了车某某的危险举动后已经预见到车某某可能坠车，但轻信可以避免，未及时采取有效措施以致发生车某某坠亡的危害结果。周某某的过失行为与车某某的死亡结果之间具有刑法上的因果关系，其行为已构成过失致人死亡罪。被告人周某某过失致人死亡的犯罪情节较轻。周某某自动投案后，如实供述了自己的罪行，系自首，依法对其从轻处罚。周某某自愿认罪认罚，依法对其从宽处理。综上，根据本案犯罪的事实、性质、情节以及其行为对社会的危害程度，判决如下：被告人周某某犯过失致人死亡罪，判处有期徒刑 1 年，缓刑 1 年。

一审宣判后，被告人周某某提起上诉。二审法院认为，上诉人周某某系有多年驾龄的某物流公司签约司机，其违背平台安全规则和保障跟车人安全的义务，既未提醒车某某系好安全带，又擅自偏航行车至较为偏僻路段。其因等候装车时间长，两次提出收费搬运服务、一次提出延时收费建议被拒后心生不满，四次无视车某某反对偏航的意见，在运输服务中与车某某发生争吵，态度恶劣，导致车某某心生恐惧而离开座位并探身出车窗。周某某发现车某某的危险举动后已经预见到车某某可能坠车，但轻信可以避免，未及时采取有效措施以致发生车某某坠亡的危害结果。周某某的过失行为与车某某的死亡结果之间具有刑法上的因果关系，其行为已构成过失致人死亡罪。周某某经公安机关通知后到案，如实供述了自己的罪行，系自首，可对其从轻处罚。综上，原判决认定事实和适用法律正确，量刑适当，审判程序合法。因此，驳回上诉，维持原判。

（三）争点整理

如何认定过失犯的因果关系？

（四）案例分析

本案曾在社会上引起广泛关注，是探讨过失犯的典型案例。一般而言，过失犯的判断主要包括三个关键问题：一是被告人是否存在过失行为，二是过失行为与死亡结果之间是否具有因果关系，三是被告人在主观上是否具有过失。本案其实囊括了上述全部争点，学者们对这些问题也进行了相当激烈的讨论，既有支持法院判决的，也有反对法院判决的。[①] 以下仅分析其中最为疑难的争点，即如何认定过失犯的因果关系。

过失犯罪因果关系的认定涉及事实归因和规范归责的双重判断。在事实归因层面，一般采用条件说来确认行为与结果之间的客观联系；在规范归责层面，相当因果关系说曾长期占据主导地位，但其核心要素"相当性"的认定始终存在争议，围绕以因果经过的通常性为中心和以行为对结果的贡献程度为中心的两种解释路径产生了根本性对立，从而引发了"相当因果关系说的危机"。在此背景下，部分学者开始倡导更具方法论优势的客观归责理论。尽管关于客观归责理论的具体内容存在不同见解，但通说认为，其至少包含风险创设和风险实现两个阶段的判断。该理论在这两个阶段的判断中又发展了更加具体的下位规则，例如，在风险创设阶段，如果降低了风险，则排除归责；如果创设的是允许的风险，也排除归责；在风险实现阶段，如果注意义务的违反与结果之间缺乏规范关联，或者某种损害后果超出了注意义务规范保护目的的范围，也排除归责。

过失犯是典型的结果犯，不仅要求存在注意义务的违反和法益侵害结果，还要求二者之间存在内在的规范关联，即所谓的义务违反关联性。义务违反关联性的判断与事后的结果回避可能性的判断本质上是同一回事，处理的都是规范归责的问题，其判断方法是通过假定"合义务替代行为"来进行分析，即如果行为人履行了注意义务，同一侵害结果能否避免。如果无法避免，则行为人无须对危害结果负责。因此，事后的结果回避可能性或义务违反关联性实际上是在确认注意义务的履行有效性，即履行注意义务对避免结果是否具有确定性（或显著性）效果。此外，注意义务的违反与法益侵害结果之间还需要具有保护目的关联性，这涉及规范保护目的理论。该理论审查保护目的关联性，强调刑法中的注意义务都有预设的法益侵害途径，只有在预设途径中实现法益侵害结果时，才进行结果归责。通过规范保护目的理论排除归责，是因为法益侵害的发生途径超出了注意义务的预设管控范围，对这种超出规范保护目的射程的法益侵害应排除归责。

本案中，因果关系的认定最为疑难，仔细分析各方的观点及理由，可以发现基本上都围绕着结果回避可能性而展开。被告人周某某的辩护人指出，案发时周某某在驾车，时间仅三秒，短促的时间内不可能预见被害人车某某跳车，不存在过失，没有刑法上的因果关系。但法院并未认可该辩护意见，而是认为被告人周某某的过失行为与被害人车某某的坠亡结果之间具有刑法上的因果关系，理由是周某某意识到车某某心生恐惧后，仍然态度恶劣、行为冷漠，且在车某某离开座位探身出车窗喊停车、很有可能坠车的情况下，周某某

---

① 周光权. 刑法判例百选. 北京：中国人民大学出版社，2022：67－70；黎宏，杨轩宇. 过失犯中结果预见可能性的认定：危险信号认识说之提倡. 吉林大学社会科学学报，2024，64（1）：52－53；田宏杰. 我国犯罪过失客观化思潮的反思. 中国刑事法杂志，2023（2）：65－67；陈璇. 危险接受的自愿性：分析视角与判断标准. 法学，2022（11）：79－80.

有停车条件仍然不停车，导致车某某陷入恐惧以致最终坠车死亡的结果。周某某在已经意识到车某某心生恐惧以及预见到车某某可能坠车的情况下，一直未及时采取制止或制动等有效措施，并轻信可以避免，其过失行为与车某某的坠车死亡结果之间具有刑法上的因果关系。

法院的裁判虽然对结果回避可能性问题进行了较为充分的说理，但网络上仍然有一些反对的观点认为本案缺乏结果回避可能性。结果回避可能性可以分为事前的结果回避可能性和事后的结果回避可能性，事前的结果回避可能性作为注意义务之前提，囊括了注意义务的履行必要性和履行可能性的双重判断。前者的判断逻辑是：没有（客观的）结果预见可能性→不具有采取结果回避措施的必要性→不具有事前的结果回避可能性→不存在注意义务（即不存在注意义务之违反）；后者的判断逻辑是：没有注意义务的履行可能性→不具有事前的结果回避可能性→不存在注意义务（即不存在注意义务之违反）。事后的结果回避可能性以“合义务替代行为”作为分析工具，其判断逻辑是：没有注意义务的履行有效性（即缺乏义务违反关联性）→不具有事后的结果回避可能性→法益侵害结果无法归责于注意义务之违反。①

与上述分类相对应，否定本案结果回避可能性的观点也可以分为两类：第一类观点认为，从周某某与车某某发生口角到车某某坠车所经过的时间不超过 1 分钟，由此推断，车某某将上身探出车外直至坠亡所持续的时间很可能只是短暂的十几秒，甚至几秒钟。周某某由于没有预见到车某某会自行跳车，在这么短的时间内不可能立即作出反应进行紧急制动，或者右手离开方向盘去拉车某某，因此其根本没有能力避免、阻止车某某坠车。法律不强人所难，所以周某某不存在过失实行行为或注意义务违反行为。第二类观点认为，即使周某某采取了有效的结果回避措施，也无法避免车某某坠亡的结果发生。根据本案公安部门的侦查实验，如果实验对象自己主动起身，将头部和上半身探出车窗，经多次实验，均能够完成从车窗坠车动作，落地方式为头部着地并与地面翻滚擦碰。这意味着即便周某某紧急制动，车某某在极短时间内将上半身探出车外跳车，也非常有可能导致同一坠亡结果，此时就不应将车某某的死亡结果归责于周某某的注意义务违反行为，所以周某某的过失行为与车某某的坠亡结果之间不具有因果关系。

上述两类观点还值得进一步商榷。第一类观点围绕着事前的结果回避可能性进行说理，通过否定注意义务的履行可能性，否定了事前的结果回避可能性，进而认为被告人不存在注意义务的违反。然而，其判断时点过晚，在车某某已经将上身探出车外时，再要求司机周某某采取结果回避措施，显然是不可能做到的，以这一时点来考察注意义务的履行可能性，自然会得出否定的结论。如果将判断时点回溯至更早一步，在前一时点具有注意义务（结果回避义务）的履行必要性和可能性的话，仍然有认定行为人存在注意义务（结果回避义务）的余地。预见可能性不是通过大致有无的形式予以追问，而是通过与应采取的结果回避措施的关系相对地被确定，即使结果发生的可能性比较低也没有关系，因为结果发生的可能性低，也可以要求行为人承担与该低水平相对应的结果回避义务。由于车窗处于开启状态，当司机知道未系安全带的乘客起身离开座位时，不管乘客跳车与否，基本上都会觉得这样的行为可能存在坠落的危险。被告人周某某系有多

① 杨绪峰.过失犯的结果回避可能性：规范构造与实践运用.环球法律评论，2023（4）：156.

年驾龄的司机，对可能存在的危险（非跳车的危险，而是车窗开启、不系安全带、起身离开座位等动作所具有的危险）显然清楚，只要产生这种危险的感觉，其实就存在一定程度的结果预见可能性，周某某就具有采取结果回避措施的必要性，例如言语提醒，或关好车窗，或要求乘客系好安全带，或减速慢行等。周某某可以采取的结果回避措施很多，其中部分结果回避措施实施起来毫不费力，例如，公安机关的侦查实验表明，副驾驶的车窗从完全闭合到完全开启平均只需要 2.84 秒。所以，无须延迟至车某某上半身已经伸向窗外的时点再去考察周某某的注意义务履行必要性和可能性问题，只要周某某对坠落结果存在一定程度的预见可能性，就可以要求其履行与该程度相对应的结果回避义务，此时周某某显然具有事前的结果回避可能性。

上述第二类观点围绕着事后的结果回避可能性进行说理，通过否定注意义务的履行有效性（义务违反关联性），否定了事后的结果回避可能性，进而认为车某某的死亡结果无法归属于被告人的过失行为。但这考察的是车某某将上半身探出车窗外时，周某某如果采取有效的结果回避措施能否避免同一侵害结果，如上所述，这一判断时点过晚，以至于影响了注意义务履行有效性的判断。在预见可能性的范围内，本案被告人完全可以在更早的时点采取制止或制动措施。由于车窗处于开启状态，车某某既然未系安全带，当其起身离开座位时，其人身法益已经处于实质的、不被允许的危险当中，周某某有采取言语提醒、关闭车窗或紧急停车等有效措施的时间和空间；如果当时采取有效措施，是能够避免结果发生的，但周某某只是打开了双闪。周某某对此事实提出异议认为其采取了有效的刹车制动措施，即轻点刹车，准备缓慢地降低车速，但这与其庭审供述的“把脚放到刹车上，但是没有踩下去”，以及监控视频显示刹车灯不可见等事实证据相矛盾。即便认为周某某采取了轻点刹车的制动措施，由于案发路段人车稀少，有紧急停车的空间条件，涉案车辆行驶速度不快，相较于紧急刹车，轻点刹车显然不利于避免结果发生，难以说是有效的结果回避措施。二审法院在裁判说理中也强调了这一点：“在车某某离开座位探身出车窗喊停车，很有可能坠车的情况下，周某某有停车条件仍然不停车，导致被害人陷入恐惧以致最终坠车死亡的结果”。因此，本案也不存在欠缺事后的结果回避可能性的问题。

案例 6-4 吴某某、杜某某玩忽职守案①

（一）案情介绍

河南省汝州市公路运输管理所（以下简称“运管所”）2013 年 5 月更名为汝州市道路运输管理局。被告人吴某某系原运管所货运科副科长，负责车辆营运证年度审验的外检工作。被告人杜某某系原运管所二级机构汝州市东方机动车检测中心工作人员，负责车辆营运证年度审验时等级评定检测中的外检工作。2012 年 4 月 20 日，被告人杜某某在对车厢加高改装的豫××××××号货车营运证审验进行等级评定检测的外检过程中，违反相关法律规定，为该车出具检测合格报告单，使其通过等级评定检测，营运证审验

① 河南省汝州市人民法院（2014）汝刑初字第 186 号刑事判决书.

顺利进入下一个环节。2012年4月27日，被告人吴某某在对豫××××××号货车营运证审验的外检过程中，未依法对该车车厢加高改装的违法行为责令改正到位，亦未按法律规定处罚到位，便在审验表中加盖“吴某某 Y08205”的印章，并为其出具“2012年初审合格”的结论，最终使该车营运证通过审验。后该车在上路营运过程中于2012年5月29日发生重大交通事故，造成三人死亡、一人受伤的后果。经汝州市公安交通警察大队事故责任认定，豫××××××号货车司机李某某驾驶机动车辆雨天上道行驶，与对面来车有会车可能时超车，应承担事故的同等责任。

（二）裁判经过

公诉机关以被告人吴某某、杜某某犯玩忽职守罪向法院提起公诉。被告人的辩护人提出，被告人的行为与豫××××××号货车发生的交通事故无刑法上的因果关系，该起事故发生的原因是该车驾驶员违章超车造成的，与车辆的加高改装没有关系，被告人不构成玩忽职守罪。

法院认为，被告人吴某某、杜某某不认真履行工作职责，使违法加高改装的豫××××××号货车营运证审验合格，该车在营运过程中发生三人死亡、一人受伤的交通事故，二被告人的行为均已构成玩忽职守罪。公诉机关指控罪名成立，予以支持。关于被告人的辩护人提出无刑法上的因果关系的辩护意见，经查，被告人不认真履行工作职责，致使违法加高改装的豫××××××号货车营运证审验合格而上路行驶，该车在行驶过程中虽然存在该车司机操作不当、违规超车等因素导致交通事故的发生，但是不能就此否认被告人未认真履行职责的行为与该车在道路上行驶发生的交通事故存在客观关联性，有一定的因果关系。故对该辩护意见，不予采纳。二被告人在归案后和庭审中认罪态度较好，可以对其从轻处罚。被告人杜某某在案发后主动投案，如实供述自己的罪行，是自首，依法可以从轻或者减轻处罚。鉴于该起交通事故的发生属于多因一果，其直接原因是豫××××××号货车司机自身的重大过失造成的，二被告人的行为对本次交通事故的发生起次要作用。故二被告人的犯罪情节轻微，不需要判处刑罚，依法可以免除刑事处罚。据此，判决如下：被告人吴某某犯玩忽职守罪，免予刑事处罚；被告人杜某某犯玩忽职守罪，免予刑事处罚。

（三）争点整理

如何认定过失犯的因果关系？

（四）案例分析

本案的关键在于因果关系的判断。一审法院认为，两名被告人不认真履行工作职责，致使违法加高改装的货车营运证审验合格而上路行驶，这一过失行为与该车后来造成的危害后果之间存在一定的因果关系。即便该车在行驶过程中主要是因为该车司机操作不当，在雨天违规超车而引发交通事故，但不能就此否认两名被告人未认真履行职责的行为与该车在道路上行驶发生的交通事故之间的客观关联性，因此被告人的玩忽职守行为与交通事故的严重后果之间存在刑法上因果关系。然而，这一结论的得出比较牵强，其判断逻辑更接近于条件说。条件说缺乏规范判断，可能形成泛化的因果关联。如果在事实归因的基础上，进一步强调规范归责，那么本案还需要进一步检讨义务违反行为与法益侵害结果之间有没有保护目的关联性，这涉及规范保护目的理论。该理论审查的是保护目的关联性，强调刑法注意义务都有预设的法益侵害途径，只有在预设的途径中实现法益侵害结果才能予以结果归责。即便行为人违反了注意义务，且出现了危害结果，但如果该结果在行为所侵害的规范的保护范围之外，也不能进行归责。

之所以通过规范保护目的理论排除归责，是因为法益侵害的发生途径已经超越了注意义务所预设的管控范围，这种保护射程之外的法益侵害理所当然应排除归责。例如，两辆没有打开照明灯的自行车一前一后行走在黑暗中，前面那个人由于缺乏照明而撞上对面的第三人。夜间骑自行车要求开灯的注意规范，其保护目的在于避免自己的车撞上他人而引发事故，而不在于为另一辆车提供照明，从而避免其与第三人相撞，因此事故不能归责于后面骑车的人。本案中，被告人吴某某、杜某某负责车辆的外检工作，未依法对该车车厢加高改装的违法行为责令改正到位，使该车营运证通过审验，确实存在一定的监督过失或工作失误。但外检对加高改装车辆进行查处的规范保护目的是防止车辆非法加高改装，从而给车辆行驶带来安全隐患（撞上横梁或者重心不稳容易打滑等），同时也避免道路运输市场的不公平竞争，促进道路运输市场健康协调发展。本案重大交通事故的发生是由于豫××××××号货车司机在行驶过程中存在重大过失，其明知雨天行驶对面有会车可能的情况下仍违规超车而酿成事故，这一危害结果显然已经超出了车辆外检规范保护目的的范围。

法院判决的说理逻辑似乎是，如果被告人在进行车辆外检时对该车进行查处，该车就不会行驶在高速公路上，也就不会因为违规超车而引发车祸，因此车辆外检工作的失职与危害结果之间具有因果关联。但车辆外检的规范保护目的从来不是防止车辆在某个时间段出现在某个路段，即便有因果关联那也只是归因层面的条件因果关联，而在归责层面可以通过规范保护目的理论的适用排除对被告人的归责。因此，本案的判决结论是值得商榷的，传统的因果关系理论在此种情况下较难进行透彻说理，法院容易基于条件因果关联而作出有罪判决，但在肯定条件因果关联的基础上，还有必要作进一步规范归责的判断。规范保护目的理论有助于合理限定过失犯的成立范围，即只有当行为人违反了规范保护目的，进而导致危害结果发生时，其行为才有可能成立过失犯。当然，注意规范的保护目的范围有时候可能并不明确，运用时有一定的争议，但在本案中适用这一理论并无疑问。

第三节　过失犯的主观要件

案例 6－5　任某过失致人死亡案[①]

（一）案情介绍

2018 年 10 月 16 日 16 时许，被告人任某驾驶某红色小型轿车，行驶至天津市和平区

① 天津市和平区人民法院（2019）津 0101 刑初 277 号刑事判决书，天津市第一中级人民法院（2020）津 01 刑终 471 号刑事裁定书.

建设路与烟台道交口北侧汇融大厦地下停车场入口通道时，与躺卧在此处的被害人张某发生碰撞，致其死亡。经司法鉴定，该小型轿车前保险杠左侧下沿及车体底部与被害人张某身体有接触；小型轿车与被害人张某身体发生碰撞接触时，被害人张某处于躺卧状态；小型轿车碰撞前的行驶速度介于 11～14km/h。经法医鉴定，被害人张某系被机动车碾压致创伤性休克死亡。经被告人任某报警，民警到达案发现场将其带至公安机关。肇事车辆已被依法扣押。另查明，被告人任某系民生银行天津分行某支行的员工，事发时前往民生银行天津分行交送材料，事发地点系民生银行天津分行内部使用停车场入口通道，该通道系机动车单向驶入车道。民生银行天津分行委托某物业管理有限公司天津分公司负责管理，此停车场只供单位内部员工使用，不允许社会车辆通行。

（二）裁判经过

公诉机关认为，被告人任某在公共交通管理范围外，驾驶机动车致人死亡，具有疏忽大意的过失，其行为构成过失致人死亡罪，建议判处被告人任某有期徒刑 1 年至 2 年。被告人任某对公诉机关指控的事实没有意见，提出自己的车速没有达到指控的速度，自己事发当时没有看到被害人张某，不构成过失致人死亡罪。辩护人对起诉书指控的定性不予认可，发表无罪辩护意见如下：被告人在案发时没有饮酒、吸毒，车辆制动性能符合规定，目前没有证据证明被告人能看到躺卧的被害人，因地势情况被告人不能发现张某，地库入口系单行，本案没有视频及目击证人证明事情发生的整个过程，事件成因无法确定，事发前张某没有重大病症且系自行行走，不排除其故意躺卧道路中央。根据规定，张某躺卧行为是违法的。本案属于意外事件，被告人不构成过失致人死亡罪。另一位辩护人提出：被告人任某在进入车库时无法预知被害人躺卧在车道上，被告人正常行驶，没有预见的能力，其行为不构成过失，属于意外事件，被告人应当承担民事责任，不应上升为刑事犯罪。

一审法院认为，被告人任某在地下车库入口通道内驾驶机动车与躺卧状态的被害人接触，造成被害人死亡的结果，并不是出于被告人故意或者过失，根据一般常识和现场情况，被告人无法预见也不应当预见该入口通道有躺卧的行人，因此本案属于意外事件，被告人不应当负刑事责任，即被告人不构成过失致人死亡罪，公诉机关的指控不能成立。一审宣判后，公诉机关提出抗诉，认为原审判决关于任某存在视线盲区，无法看到被害人张某的事实认定错误。根据侦查实验，任某作为驾驶员在行驶至通道入口处时，能够看到倒卧的被害人张某，不存在视线盲区。本案不属于意外事件，任某作为驾驶员具有注意义务和预见能力，应当审慎观察车辆四周情况，通过转头观察等方式保持视线持续移动，确保安全行驶。

二审法院认为，从现有证据来看原审被告人任某在驾车进入地下车库时，难以预见到有人躺卧在车辆前方，不宜苛求原审被告人超出社会一般成员的预见范围和预见能力。原审判决认定事实清楚，审判程序合法。检察院的抗诉理由依据不足，不予采纳；辩护人所提原审被告人的行为不构成过失致人死亡罪的辩护意见，予以采纳。经审判委员会讨论，裁定如下：驳回抗诉，维持原判。

（三）争点整理

如何认定过失犯的结果预见可能性？

（四）案例分析

本案是探讨过失犯的典型案例，涉及结果预见可能性的判断。公诉机关认为案发现场具备预见条件，被告人具有预见义务，其未尽到注意义务，主观上具有疏忽大意的过失。辩护人则认为被告人对损害结果的发生不具有能够预见的条件和能力，损害结果的发生完全出乎被告人的意料，因此本案属于意外事件。依照《刑法》第 15 条的规定，疏忽大意的过失是指行为人应当预见自己的行为可能发生危害社会的结果，因为疏忽大意而没有预见，以致发生这种结果的心理态度。法条规定的“应当预见”其实是“能够预见”的意思，这是从规范和应然的角度而言的，即行为人按理是能够预见自己的行为可能发生危害社会的结果，而认定是否能够预见的关键在于判断行为人是否具有结果的预见可能性。如果具有结果的预见可能性，行为人自然是能够预见到自己的行为可能发生危害社会的结果。因此，本案的关键在于判断行为人是否具有结果预见可能性。

疏忽大意过失致人死亡与意外事件致人死亡存在相似之处：一是客观上都发生他人死亡的危害结果；二是对于死亡结果的发生，行为人事先都没有预见到；三是对于死亡结果本身，行为人都持否定的态度。区分二者的关键在于，行为人在行为当时是否能够预见到自己的行为可能发生他人死亡的危害结果。在疏忽大意过失致人死亡中，行为人事前能够预见到自己行为可能发生死亡结果，由于疏忽大意才没有预见，进而实施了行为，导致死亡结果发生；在意外事件致人死亡中，死亡结果的原因超出了行为人认识能力的范围，是由不能抗拒或者不能预见的原因所引起，这意味着行为人事前不可能预见或者根据当时的条件不应当要求行为人有所预见。由此可见，虽然在结局上都没有预见，但在疏忽大意过失致人死亡中，行为人是具有死亡结果的预见可能性的，而在意外事件致人死亡中，行为人并不具有死亡结果的预见可能性。

结果预见可能性的判断资料包括主客观方面的事实，即应当将行为人的知能水平、行为本身的危险程度以及行为时的客观环境相结合判断能否预见。① 行为人的知能水平越高，其预见危害结果的可能性就越大。在把握行为人的知能水平时，要综合考虑行为人本人的情况，包括行为人的年龄、职业、社会阅历、文化水平、技术熟练程度等。判断基准宜采取“能力区别说”，不过，理论界对此存在较大分歧，主要有三种观点：第一种观点是客观说，主张以一般人的能力为标准；第二种观点是主观说，主张以行为人的能力为标准；第三种观点是折中说，主张以行为人的能力为标准，但在其能力超出一般人之时，则以一般人的能力为标准。客观说并不可取，对行为人进行非难，不应超出其注意能力的范围，在一般人能够预见而行为人确实不能预见的场合，追究行为人的过失责任难以使其信服，这会演变成一种根本无视行为人之存在的责任非难。主观说完全以行为人为标准，会纵容其对他人法益漠不关心的态度，即行为人越不关心周围人的法益，

---

① 张明楷．刑法学：上．6 版．北京：法律出版社，2021：383．

越能够否定存在过失，这并不妥当。折中说对于具有极高的注意能力者，只按照一般人的注意能力处理，在结论上否定预见可能性的做法并不合理。如果行为人的知能水平高于一般人，宜认定其具有过失。相较而言，“能力区别说”更为合理，对于身体能力以及知识这种“手段性能力”，应以行为人为标准；对于法益尊重意识这种“规范性能力”，应以法所设想的一般市民为标准。①

本案在二审环节，控辩双方围绕被告人是否存在结果预见可能性展开了激烈的交锋，其中有两个争议点特别值得关注：

其一，关于行人出入地下车库通道的情况。控方认为，原审判决关于案发地融汇大厦停车场道路系机动车单向驶入车道并禁止行人出入的事实认定错误，该通道实际上存在机动车与非机动车、行人混行的情况；监控录像显示该地下车库平时有人进出，任某作为民生银行员工经常出入该地下车库，对上述情况应当有所了解。辩方则认为，车场仅供内部员工使用，且为单行入口，驾驶人员无法预见到有躺卧的行人；被告人是在民生银行某支行工作，并非每天都去天津分行，没有见过车库入口有行人进出，即便有人进出地库也不代表该行为符合停车场规章制度。双方之所以将此点作为争议点，是因为想结合客观环境对结果预见可能性的情况进行说明，越是偏向于专用通道，越能说明行人不允许自由出入，被告人对有人躺卧在入口通道而被碾压就越缺乏预见可能性。对此，二审法院给出了明确的判断，事故发生地系仅供民生银行内部员工使用的地下车库入口通道，该通道系下坡且为机动车单向行驶；虽然监控录像显示，涉案车库确有个别人员曾步行出入通道，但上述行为本身即违反相关交通法规。

其二，关于被告人是否存在视线盲区的问题。控方认为，原审判决关于任某存在视线盲区，无法看到被害人张某的事实认定错误。根据 2020 年 4 月 24 日侦查实验，一名身高与任某接近的民警作为驾驶员，模拟案发时段的行驶轨迹，驾驶车辆进入民生银行地下车库。人体模特（与被害人身高相近）摆放于被害人初始躺卧位置，结论为：驾驶员进入民生银行地下通道入口后，从前挡风玻璃向左提前观察路况时可以及时、清晰发现人体模特小腿以下位置。任某作为驾驶员在行驶至通道入口处时，能够看到倒卧的被害人张某，不存在视线盲区。辩方则认为，侦查实验的摆放位置不准确，案发现场已经被破坏，一审庭审过程中，交警出庭作证其在实验过程中，无法看到有人躺在行车通道上。对此，二审法院认为，侦查实验是在较为理想的预设条件下作出，客观上对原审被告人的预见能力存在估计不足的可能。据公安机关于 2020 年 4 月 24 日所作侦查实验认定，案发时原审被告人可以看到人体模特小腿以下部分，但该结论是以被害人呈平躺状态为前提进行判定，而目前尚不能查明被害人实际躺卧的具体姿势。此外，参加侦查实验的侦查人员已经提前预知车辆前方有障碍物，客观上会更为聚焦和关注车辆前方地面，故从侦查实验的角度难以客观还原案件真实情况。二审法院对此的说理非常透彻，通过侦查实验确实难以否定被告人存在视线盲区。

应当预见的结果，不是泛指一切可能的危害结果，而是具体过失犯罪中具有定型意

---

① 平野龍一.『刑法総論Ⅰ』.東京：有斐閣，1972：206 頁参照；松原芳博.『刑法総論』.東京：日本評論社，2017：301 頁参照。

义的构成要件结果。在本案中，应当预见的结果是致人死亡的危害结果，如果被告人对该特定结果没有预见可能性，不能因为损害结果严重就倒推行为人具有预见可能性，这违反了责任主义原则。本案的地下车库是较为特殊的驾驶区域，车辆行驶过程中光线较差，案发的环境和实际状况在一定程度上限制和降低了车辆驾驶员的注意能力。如二审法院所指出的，涉案车库出于防止雨水倒灌的需要将入口处垫高，车辆在通过坡道顶部时由于车头轻微上扬，致使驾驶员驾车进入地库时视线存在一定盲区。而且，涉案地下车库的入口两侧宽度相对于通道较窄，且车辆从路面进入地下车库时需拐急弯进入，正常情况下车辆驾驶人进入地下车库时除注意车辆前方外，还需关注入口两侧以防止车辆出现剐蹭，客观上导致驾驶人员进入车库的瞬间难以及时发现或看清车辆前方是否有障碍物，不宜对被告人赋予过高的注意义务。

被告人行驶至入口通道时，车辆速度其实已经有较大降低。控方认为被告人进入坡道未减速慢行，未遵守单位内部停车场相关要求，存在注意义务的违反。这一说法难以成立：一方面，涉案地下车库虽设置了限速 5km/h 的标志牌，但摆放于地下车库下坡后的通道内，而不是在车库入口。公安部交通管理局《城市道路交通标志标线设置指南》规定，“限制速度标志应设置在需要限制车辆行驶速度路段的起点”，故上述标志牌能否适用于车库入口处尚存在一定争议。另一方面，被告人很难预见到入口通道有躺卧的被害人，在这种情况下已经履行了一定的减速慢行义务，只不过没有将速度降到 5km/h，但其行驶速度与对可能的危害结果的认识是相匹配的，且在驾驶过程中，尽到了相应的安全驾驶义务，不应当认为被告人存在注意义务的违反。综上所述，结合被告人的知能水平、行为本身的危险程度以及行为时的客观环境等因素，其在应然上难以预见到有人躺卧在入口通道，不宜对被告人苛求超过社会一般成员的预见范围和预见能力。由于缺乏结果预见可能性，将本案定性为意外事件是非常正确的。

第七章　犯罪未完成形态

知识点概述

在刑法学上，犯罪的未完成形态可以被称为“修正的构成要件”。所谓“修正”，是相较于基本构成要件而言的。刑法分则规定的各种类型化行为作为基本构成要件，是判断犯罪是否成立的基础。与此同时，刑法基于处罚必要性等要求，在基本构成要件的基础上规定了所谓的修正构成要件，例如未遂、中止、共犯等，以更加全面、周延地保护法益。故而在判断行为是否构成犯罪时，有必要在基本构成要件之外，同时考察是否满足修正构成要件。

本章将要探讨的未完成形态是典型的修正构成要件。之所以称之为未完成形态，是因为刑法分则所规定的构成要件并未完全实现。有的是因为符合构成要件的实行行为尚处于准备阶段，这在刑法上被称为犯罪预备；有的是因为实行行为已经开始，但由于种种原因未发生构成要件的结果，根据造成结果未发生的原因不同，在刑法上分别被称为犯罪未遂和犯罪中止。《刑法》第22～24条正好对应了犯罪预备、犯罪未遂和犯罪中止这三种未完成形态。

由于三者关系密切，其间的差别又颇为微妙，在司法实践中出现了大量争议案件，故而在刑法学上引起了广泛的讨论，形成了众多纷繁复杂的学说。以下结合争议性案件，分为三节加以介绍。

关于犯罪的未完成形态，我国《刑法》规定如下：

第二十二条　为了犯罪，准备工具、制造条件的，是犯罪预备。

对于预备犯，可以比照既遂犯从轻、减轻处罚或者免除处罚。

第二十三条　已经着手实行犯罪，由于犯罪分子意志以外的原因而未得逞的，是犯罪未遂。

对于未遂犯，可以比照既遂犯从轻或者减轻处罚。

第二十四条　在犯罪过程中，自动放弃犯罪或者自动有效地防止犯罪结果发生的，是犯罪中止。

对于中止犯，没有造成损害的，应当免除处罚；造成损害的，应当减轻处罚。

第一节　犯罪预备

案例 7－1　张某 1 等抢劫案[①]

（一）案情介绍

2006 年 11 月初，张某 1、张某 2 因经济紧张，预谋到偏僻地段对单身女性行人实施抢劫，并购买了尖刀、透明胶带等作案工具。11 月 6 日至 9 日，张某 1、张某 2 每天晚上携带尖刀和透明胶带窜至安吉县某工业园区附近，寻找作案目标，均因未找到合适的作案对象而未果。11 月 9 日晚，张某 1、张某 2 在伺机作案时提出如果遇到漂亮女性，就先抢劫后强奸，并采用手机游戏定输赢的方式确定张某 1 先实施强奸行为。11 月 11 日晚，张某 1、张某 2 纠集被告人徐某某参与抢劫作案，提出劫得的钱财三人平分，徐某某同意参与抢劫作案，但表示不参与之后的强奸犯罪。张某 1 即交给徐某某一把单刃尖刀。三人商定：发现作案目标后，由张某 2、徐某某各持一把尖刀将被害人逼至路边，张某 1 用胶带将其捆绑后实施抢劫。当晚，三人寻找作案目标未果。11 月 12 日晚，张某 1、张某 2、徐某某在递铺镇某某桥附近寻找作案目标时被公安巡逻队员抓获。

（二）裁判经过

张某 1、张某 2、徐某某三人因涉嫌犯抢劫罪于 2006 年 12 月 8 日被逮捕。浙江省安吉县人民检察院以被告人张某 1、张某 2、徐某某犯抢劫罪（预备）、强奸罪（预备），向安吉县人民法院提起公诉。

安吉县人民法院经不公开审理，判决如下：（1）被告人张某 1 犯抢劫罪（犯罪预备），判处有期徒刑 8 个月，并处罚金人民币 1 000 元；（2）被告人张某 2 犯抢劫罪（犯罪预备），判处有期徒刑 10 个月，并处罚金人民币 1 000 元；（3）被告人徐某某犯抢劫罪（犯罪预备），免予刑事处罚。

一审宣判后，三被告人均未上诉，公诉机关亦未抗诉，判决发生法律效力。

（三）争点整理

本案中三被告人商定作案方式，购买并携带作案工具，寻找作案目标的行为是否可以被认定为抢劫罪（预备）？

（四）案例分析

一般情况下，完整的犯罪会经历犯意产生、准备犯罪、着手实行、造成损害这几个

---

① 《刑事审判参考》2007 年总第 59 辑第 467 号案例.

阶段。其中，如果只是形成犯罪意思，尚未准备实施犯罪，则不具有可罚性，因为现代刑法理念并不单纯处罚思想。在张某1等抢劫案中，三被告人实施了商定作案方式，购买并携带作案工具，寻找作案目标等一系列行为，既可能构成犯罪预备之前的不可罚行为，也可能成立犯罪预备行为，还可能是已经着手但未得逞的犯罪未遂行为，因此有必要厘清三者的界限，准确对被告人的行为定罪量刑。

1.本案中的行为是不可罚的行为还是犯罪预备行为

根据刑法规定，犯罪预备是指为了犯罪，准备工具、制造条件。这为判断犯罪预备提供了比较明确的规范基础。其中，“为了犯罪”属于犯罪预备的主观层面，而“准备工具、制造条件”则属于犯罪预备的客观层面。

“准备工具”是指准备为实施犯罪所用的各种作案工具、器材等用品，例如杀人用的刀具、抢劫用的枪支、逃跑用的车辆等。“制造条件”是积极创造有利于实现犯罪意图和目的的各种便利因素，典型的如制造陷阱、犯罪演练等。在张某1等抢劫案中，被告人购买了尖刀、透明胶带等作案工具并携带至案发现场，属于准备工具；共同商议具体的作案手法，并选择在晚上的工业园区附近寻找作案目标，属于制造条件。此时，实施犯罪所必要时间、地点、手段等要素都已经准备完毕，尽管犯罪的对象尚不确定，但根据作案计划可以肯定是在此时此地经过的路人。因此犯罪预备的客观行为已经具备。

至于犯罪预备的主观要素，即是否是“为了犯罪”也需要讨论。由于犯罪预备不是刑法明确规定的具有类型化特征的构成要件行为，因而必须与不具有可罚性的一般社会行为严格区分开来。前面的例子中，准备枪支可能是专门为了犯罪，但购买刀具完全有可能是家庭厨房日用所需。能够判断是否构成犯罪预备行为的，只能是行为人实施行为的目的和意图。换言之，行为人实施准备工具、制造条件的行为必须是“为了犯罪”，才能成立犯罪预备。准备工具、制造条件的预备行为必须是针对特定目标实行特定犯罪而实施的，而“为了实行某种特定犯罪”的意思必须对这种预备行为形成意志支配。犯罪意思作为主观要素，应当在证据法上予以明确。能够查明存在这种意志支配的，一般来说有行为人事前有犯意或犯意表示，被查获后行为人的如实供述、相关的被害人陈述、证人证言等，并且上述证据要达到刑事诉讼法上必要的证明要求。① 在张某1等抢劫案中，根据被告人供述，三人主观上有明确而具体的作案计划，对于时间、地点、对象、手段等关键要素都已经在预谋中商定完成。其后实施的预备行为也是按照计划进行的，只不过因为突然被巡警发现而未能得逞。相对来说，行为人对于准备实施的强奸行为则缺乏完备的预谋：一方面，行为人辩称强奸只是预备抢劫过程中随便说说的话题，作案计划并不明确，也没有相应的准备行为；另一方面，并非所有行为人都计划参与强奸。故而认定强奸预备行为比较困难。

最后还需要判断该抢劫预备行为是否达到了法律所推定的危险程度。综合全案情况，如果行为危险性极小，不值得刑罚处罚的话，可以根据《刑法》第13条但书的规定不作为犯罪处理。② 在张某1等抢劫案中，被告人实施抢劫的时间、地点都已确定，犯罪工

① 梁根林.预备犯普遍处罚原则的困境与突围：《刑法》第22条的解读与重构.中国法学，2011（2）：164.

② 沈志民.犯罪预备可罚性的本质探究：兼论抢劫罪犯罪预备的认定.吉林大学社会科学学报，2003（5）：27.

具也已备妥，一旦有可能成为作案目标的路人经过，被告人就可能按照其预定的计划实施抢劫行为。所以可以认为，其法益侵害的危险性达到了值得用刑罚加以处罚的程度。

2.本案中的行为构成犯罪预备还是犯罪未遂

如前所述，犯罪是按时间进程逐步发展的过程。即使在某个刑事案件中存在准备工具、制造条件的预备行为，并不意味着一定要按照犯罪预备的法条进行处罚。因为预备行为之后，完全可能进入之后的犯罪未遂，乃至犯罪既遂的阶段（当然，张某1等抢劫案无探讨犯罪既遂之必要）。根据刑法学上的罪数理论，犯罪未遂行为会吸收前面的犯罪预备行为。故而有必要在犯罪预备成立的基础上进一步探讨是否可能构成犯罪未遂。

根据《刑法》第23条的定义，已经着手实行犯罪是犯罪未遂的特征，着手之后的实行行为是判断犯罪的中心概念。犯罪预备是着手的前一阶段，一旦着手就没有成立犯罪预备的空间。张某1等抢劫案中携带作案工具、寻找作案目标的行为是否可以被认定为抢劫罪实行行为的着手，成为分析本案必不可少的一环。

关于着手的判断，在刑法学上形成了主观说、形式客观说、实质客观说等学说。

主观说认为，行为人的主观危险或者犯罪意思通过实施行为被发现时，即可认定着手。该说立足于刑法上的主观主义，该观点认为刑罚处罚的对象并非外在的行为，而是行为人的内心，具体来说就是反社会的危险性格。所以在考察着手时特别强调犯罪意思的表露，当犯罪意思已经确定无疑的时候即可认定为着手。① 如果依循主观说的分析思路，在张某1等抢劫案中，被告人携带作案工具，在工业园区附近寻找作案目标，实施抢劫的犯罪意思已经表露无遗，完全可以认定为犯罪着手。加上后来被公安巡逻队员发现而未得逞，故而应当认定犯罪未遂。然而，主观主义作为一种学说在刑法上已经式微，单纯处罚思想的观念不能为现代刑法所接受。其影响下的主观说也因为极度压缩预备犯、大量认定未遂犯、过度扩大处罚范围而备受诟病。

与主观说相对，客观说立足于刑法上的客观主义，该说重视犯罪的客观层面，将关注点从行为人转移到了行为本身，将行为产生的实际损害作为犯罪本质问题来考察。②这是目前刑法学的主流学说。客观说又可分为形式客观说和实质客观说。

形式客观说认为，着手是指实施一部分符合构成要件的行为。我国传统刑法理论所指的“开始实施刑法分则规范里具体犯罪构成客观要件中的犯罪行为”③ 大体上可以归类为形式客观说。但是如果对于什么是符合构成要件的行为采取过于机械的解释方法，可能会导致不合理的结论。比方说，通说认为盗窃罪的构成要件行为是以非法占有为目的窃取他人财物，其客观行为的本质是财物占有转移，如果严格按照形式客观说的立场分析下去，着手的时点就成了财物开始转移的瞬间。以公交车上的扒手为例，行为人将手伸入被害人包中触摸到被害财物才成立着手，在此之前即使被他人发现也只成立犯罪预备。

针对着手时点过晚的问题，形式客观说在其基础上作出了修正，提出只要实施与构

---

① 井田良.『讲义刑法学〔第2版〕』.東京：有斐阁，2018：433.

② 井田良.『讲义刑法学〔第2版〕』.東京：有斐阁，2018：85.

③ 高铭暄，马克昌.刑法学.9版.北京：北京大学出版社，2019：149.

成要件行为紧密相连的行为，也可以认定为着手。在前文所举的公交车扒手的例子中，就可以将着手认定为财物转移之前的一个行为，即物色财物时成立着手。张某1等抢劫案涉及的抢劫罪属于结合犯，即用暴力、胁迫或者其他手段和劫取财物两个行为的结合，所以只有在实施了作为手段的行为时才成立着手。[①] 例如试图殴打被害人以劫取财物的，可以认定举起拳头的瞬间为着手。在张某1等抢劫案中，携带作案工具，寻找作案目标的行为显然没有进入着手的阶段，所以应当认定为犯罪预备。

实质客观说可以分为实质行为说和实质结果说。实质行为说认为，着手是指开始实施可能导致构成要件结果发生的具有现实危险性的行为。该说和前述修正的形式客观说一样，都是将着眼点放在行为而非结果上，而且修正的形式客观说认为与构成要件紧密相连的行为构成着手，也考虑了实质危险性。[②] 因此这两种学说比较接近，分析结论也基本一致。实质结果说认为，法益侵害的危险达到紧迫程度时可以认定为实行行为着手。如果说前述的实质行为说是行为无价值论的主张，那么相对来说，由于立足法益保护的要求，实质结果说是比较偏向结果无价值论的。实质结果说的特点是，考察是否成立着手并不依赖于行为的具体样态，而是要根据结果发生的危险性进行实质判断。在日本有被告人将被害女性强行拽入车内，意图开往郊外将其强奸，但被害人成功逃脱的案例，审判法官认为被害人在郊外这一特定地点被强奸的危险性并不紧迫，故而认定为强奸行为尚未着手。[③] 这样的判决结果可以认为是实质结果说的充分体现。在张某1等抢劫案中，被告人实施了商定犯罪计划、购买作案工具、寻找作案目标等一系列犯罪预备行为，但是自始至终都未出现现实的被害人，作为抢劫行为手段的暴力、胁迫并没有具体而特定的对象。假设被告人真的对路人实施了抢劫，这种行为可能造成的法益侵害和本案相比差距极大。本案当中的法益侵害并未达到紧迫的程度，不能认定为实行行为的着手，故而应当认定为犯罪预备。

综上所述，采主观说和客观说可能对张某1等抢劫案的分析得出不同的结论，而客观说内部结论差异不大。鉴于客观说的合理性，应当采纳成立犯罪预备而非犯罪未遂的结论。

3. 其他问题

前文的讨论基本上围绕是否构成抢劫罪展开。关于是否成立强奸罪的问题，如前所述，由于缺乏完备的预谋，难以成立该罪的犯罪预备。即使综合全案情况，认为强奸罪犯罪预备的证据充分，也要考虑罪数问题。因为商定犯罪计划、准备作案工具、到达犯罪现场的一系列犯罪预备行为，既可以评价为抢劫罪的预备行为，也可以同时评价为强奸罪的预备行为。根据刑法上禁止重复评价的原则，应当成立处罚较重的犯罪，所以最后仍然是以一罪处罚。对张某1等抢劫案，法院认定成立抢劫罪一罪的犯罪预备是妥当的。

---

① 黎宏.刑法学总论.2版.北京：法律出版社，2016：231.

② 高桥则夫.刑法总论.李世阳，译.北京：中国政法大学出版社，2020：347.

③ 佐伯仁志.『刑法総論の考え方、楽しみ方』.東京：有斐阁，2013：340.

第二节　犯罪未遂

案例 7－2　张某某等运输毒品案①

(一) 案情介绍

1997 年 11 月初，被告人胡某因赌博、购房等原因欠下债务，遂起图财害命之念。先后准备了羊角铁锤、纸箱、编织袋、打包机等作案工具，以合伙做黄鱼生意为名，骗取被害人韩某某的信任。1997 年 11 月 29 日 14 时许，被害人韩某某携带装有 19 万元人民币的密码箱，按约来到被告人胡某的住处。胡某趁给韩某某倒茶水之机在水中放入 5 片安眠药，韩喝后倒在客厅的沙发上昏睡。胡见状即用事先准备好的羊角铁锤对韩的头部猛击数下致韩倒地，又用尖刀乱刺韩的背部，致使韩因严重颅脑损伤合并血气胸而死亡。

次日晨，被告人胡某用羊角铁锤和菜刀将被害人韩某某的尸体肢解为五块，套上塑料袋后分别装入两只印有“球形门锁”字样的纸箱中，再用印有“申藤饲料”字样的编织袋套住并用打包机封住。嗣后，胡某以内装“毒品”为名，唆使被告人张某某和张某 1 帮其将两只包裹送往南京。被告人张某某、张某 1 按照胡某的旨意，于 1997 年 11 月 30 日中午从余姚市乘出租车驶抵南京，将两只包裹寄存于南京火车站寄存处。后因尸体腐烂，于 1998 年 4 月 8 日案发。

(二) 裁判经过

三被告人于 1998 年 5 月 19 日被逮捕。上海铁路运输检察分院以被告人胡某犯故意杀人罪，被告人张某某、张某 1 犯运输毒品罪（未遂），向上海铁路运输中级法院提起公诉。上海铁路运输中级人民法院经审理，于 1999 年 1 月 19 日判决如下：(1) 被告人胡某犯故意杀人罪，判处死刑，剥夺政治权利终身；(2) 被告人张某某犯运输毒品罪，判处有期徒刑 2 年，并处罚金人民币 2 000 元，于判决生效后一个月内一次缴清；(3) 被告人张某 1 犯运输毒品罪，判处有期徒刑 1 年 6 个月，并处罚金人民币 1 000 元，于判决生效后 1 个月内一次缴清；(4) 查获的作案工具予以追缴；(5) 被告人胡某赔偿附带民事诉讼原告人王某某经济损失共计人民币 14.6 万元。

一审宣判后，被告人张某某不服，向上海市高级人民法院提起上诉，但在二审时又表示服判，要求撤回上诉；附带民事诉讼原告人王某某以原判赔偿金额不足为由，亦提出上诉。

上海市高级人民法院经审理，于 1999 年 8 月 23 日裁定如下：(1) 准予上诉人张某

---

① 《刑事审判参考》1999 年总第 5 辑第 37 号案例.

某撤回上诉；（2）驳回王某某的上诉；（3）维持原审各项判决。上海市高级人民法院依法同时裁定核准对原审被告人胡某判处死刑、剥夺政治权利终身的判决。

（三）争点整理

张某某、张某1将尸块误以为是毒品并运输的行为，能否认定为运输毒品罪（未遂）？

（四）案例分析

在张某某等运输毒品案中，胡某残忍杀害被害人的行为构成故意杀人罪没有争议。值得探讨的是，对于张某某和张某1在不知情的情况下，误以为装有被害人尸块的编织袋里面装的是毒品，乘坐出租车将其从余姚运往南京的行为应当如何定罪量刑。该行为可能构成运输毒品罪（未遂），也可能构成刑法理论上的不能犯。以下将加以分析。

1. 未遂犯的概念

根据刑法规定，已经着手实行犯罪，由于犯罪分子意志以外的原因而未得逞的，成立犯罪未遂。其中“已经着手实行犯罪”是区分于犯罪预备的主要标志，前文已有论述；“由于犯罪分子意志以外的原因”是区分于犯罪中止的主要标志，将在下一节详细展开。在此将简要探讨“未得逞”的含义。

“未得逞”是指没有完全具备刑法分则所规定的犯罪构成要件。① 所谓构成要件没有完全具备，在大多数情况下是指未发生构成要件结果，典型的例子是基于杀害他人意图而对被害人开枪，由于被害人躲闪而未能成功将其杀死，此时作为故意杀人罪的法益结果——死亡——并未发生。故意杀人罪属于结果犯，而与之相对的概念——行为犯则有单独讨论的必要。行为犯是指行为和结果同时发生的犯罪，其构成要件——行为本身就包含着法益侵害结果，很难像结果犯那样将行为和结果准确区分开来。但行为犯同样存在未遂的可能性。② 例如，在一部分行为犯中，实施犯罪行为需要持续一定时间，那就有可能因为行为未完成而成立未遂，例如，意图非法侵入他人住宅而在撬锁时被发现，可能成立非法侵入住宅罪的未遂。再如，张某某等运输毒品案涉及的运输毒品罪，也可能由于运输的对象不是毒品而成立未遂。

在张某某等运输毒品案中，被告人主观上基于运输毒品罪的故意，在不知道实为尸块的情况下实施了运输行为，但由于装的不是毒品这一意志以外的原因，而未能成功运输毒品。如是分析，似乎符合刑法关于犯罪未遂的规定，应当以运输毒品罪（未遂）处罚。然而案例分析不能仅止于此，应当全面考察行为是否有其他适用的法条或者理论。张某某等运输毒品案中的行为就涉及刑法理论上的不能犯。

2. 不能犯的概念

某人深信诅咒等超自然力量，便以巫术诅咒仇人，欲置人于死地，却发现仇人毫发未损。这种行为在刑法理论上被称为迷信犯。迷信犯表面上看是因为行为人意志以外的科学规律而不能得逞，似乎符合未遂犯的规定，应受到刑事处罚，但是现代的法治社会

---

① 高铭暄. 中华人民共和国刑法的孕育诞生和发展完善. 北京：北京大学出版社，2012：203.

② 张明楷. 刑法学：上. 6版. 北京：法律出版社，2021：450.

中没有处罚迷信犯的例子[1]，因为根据普遍接受的现代科学知识，单纯的诅咒行为无论如何也无法杀死人。施展巫术的行为不可能造成生命法益的现实危险，不能被评价为符合故意杀人罪构成要件，所以即使行为人主观上有杀人故意，但行为不会有造成死亡结果的危险，不能作为未遂犯处罚，否则就违反了主客观相一致的原则。[2] 由此可以总结出不能犯的概念，即行为人虽然已经打算实行犯罪，但由于结果不可能发生而未能实现的情形。不能犯不作为犯罪处理，是不可罚的。[3] 从法律后果来说，这与未遂犯应当处罚形成鲜明的对比。

然而不能犯和未遂犯的界限未必十分清晰。在张某某等运输毒品案中想要运输毒品、实际上运输的是尸块的情形，上文已经论述过该行为可能构成未遂犯，但结合不能犯的定义分析，可以认为，尽管被告人主观上想要运输毒品，由于客观上根本未出现毒品，所以根本不可能实现运输毒品罪的构成要件，又能得出成立不能犯的结论。[4] 故而张某某等运输毒品案被告人的行为到底是构成运输毒品罪（未遂），还是构成不能犯而不予处罚，就存在争议。不能犯和未遂犯的法律后果差异极大，所以应当结合相应的刑法理论谨慎展开分析。

3. 将尸块误以为是毒品并运输的行为是不能犯还是未遂犯

结合不能犯和未遂犯的定义可以发现，二者的关键区别在于造成法益侵害的危险程度不同。未遂犯是由于行为人意志以外的偶然因素而未发生构成要件结果，所以排除偶然因素完全有可能造成法益的实际侵害，故而危险程度比较高；而不能犯的场合不可能发生法益侵害的结果，危险程度相对来说就极低了。由此，刑法理论围绕法益侵害的危险判断，形成了各种区分未遂犯和不能犯的学说。各种学说林林总总，内容纷繁复杂，但总的来说分歧点无非两点：一是判断危险的资料，二是判断危险的法则。具体来说，当行为人以犯罪的意思实施了某种行为，但没有发生构成要件结果时，应当根据什么样的事实，运用什么样的法则（科学法则还是一般人经验）来判断结果发生的可能性，从而决定成立未遂犯还是不能犯。[5] 各学说的具体主张介绍如下。

主观说认为，应当以行为人本人认识到的事实为基础判断危险。对于主观说来说，客观上发生的事实作为判断资料基本上不起作用。在迷信犯的场合，主观说仅仅检验行为人主观的认知，确定其设想的行为和结果之间的因果关系不符合科学规律，不可能发生构成要件结果，故而认定为不能犯，从而得出不可罚的结论。但除迷信犯之外，几乎所有的案件都成立未遂犯，因为行为人主观上的认知是合乎科学的，就可以在头脑中建立犯罪行为和结果之间的因果流程，应当对这种主观思想进行法的非难。张某某等运输

① 我国古代有比照谋杀处罚的立法例。《唐律疏议・贼盗律》载："诸有所憎恶，而造厌魅及造符书咒诅，欲以杀人者，各以谋杀论减二等"。

② 王作富，黄京平. 刑法. 7版. 北京：中国人民大学出版社，2021：122.

③ 在此未采用绝对不能和相对不能的概念，望读者留意。高桥则夫. 刑法总论. 李世阳，译. 北京：中国政法大学出版社，2020：356.

④ 不能犯可以分为方法不能、对象不能和主体不能，在张某某等运输毒品案中作为犯罪对象的毒品客观上不存在，属于对象不能。

⑤ 井田良.『讲义刑法学〔第2版〕』. 東京：有斐阁，2018：446.

毒品案中的行为当然可以得出运输毒品罪未遂的结论。显然，主观说的处罚范围过于宽泛。

抽象危险说认为，应当以行为人在行为当时所认识到的事实为基础，以一般人的客观角度判断有无危险。这种学说的特点是，假设行为人认识到的情况皆为真实，带入一般人的视角，讨论按照其犯罪计划向前发展的话是否有发生危害结果的危险，如有就是未遂犯，如从一般人的立场出发不能感觉危险则成立不能犯。例如，行为人误以为砂糖能致人死亡而在被害人食物中加入砂糖，构成不能犯。但是，如果误以为是真枪而用玩具枪对人射击的，由于一般人认为举枪射击是危险的，所以构成未遂犯。抽象危险说和前述主观说都以行为人主观认识作为判断资料，尽管加入了一般人的视角，但是倘若行为人不存在异于一般人的重大无知，两种学说的结论差异不大。故张某某等运输毒品案中的行为根据抽象危险说也能得出成立运输毒品罪未遂的结论。

与抽象危险说密切相关的是作为德国刑法学通说的印象说。该说系德国的通说，认为应当将行为人的法敌对意思作为判断标准，当其实现法敌对意思的行为动摇了公众对法秩序效力的信赖与法安定性的感觉（此谓之“印象”）时，才成立未遂犯。该学说的显著特点是，将动摇公众的法印象这一社会心理学的客观标准纳入未遂犯的判断[①]，融合了积极一般预防的理念，使得原本仅仅依赖经验与刑事政策的通说具备了法释义学上的依据，也使得司法判决有了实质理由。[②] 但如何解释公众的法印象是难点，张某某等运输毒品案中难以说明运输尸块的行为动摇了公众对法秩序效力的信赖。

具体危险说认为，应当根据行为人在实施行为时认识到的特别事实以及一般人可能认识到的事实来判断是否成立未遂犯。该说的特点是通常以一般人在行为时的认知为依据，但是如果行为人有异于一般人的特别认知，则在该特别认知符合客观真实的情况下才纳入判断资料。[③] 该说与前述抽象危险说在判断方法上也比较类似，只不过从学说的名字可以看出，抽象危险说是将行为高度抽象以后，剥离出类型化的行为来判断危险；具体危险说会考察行为的所有具体细节，包括时间、地点、环境、手段等，进而得出结论。例如，行为人在医院的太平间误以为躺着的是活人而用刀刺杀尸体时，并不是抽象地判断用刀刺杀这个行为的危险性，而是具体地分析在行为发生的场景，根据一般人的标准判断危险与否。由于一般人不会对在医院的太平间中发生的刺杀行为感觉到危险，故而应当成立不能犯。

由于具体危险说在判断方法上高度具体化，所以细节上的变化可能对结论产生影响。例如，同样是吸毒者想要购买毒品却买到头痛粉，以下两种情形带给一般人的危险感是不同的：某吸毒者向毒贩购买毒品却被临时换成了头痛粉的情形，在一般公众看来很危险；而某吸毒者向普通药店的药剂师求购毒品，药剂师只给了头痛粉的情形，显然并不具备法益侵害的危险。[④]

具体危险说之所以将行为时的行为人和一般人的感知作为判断对象，是因为刑法必

---

① 陈璇. 客观的未遂犯处罚根据论之提倡. 法学研究，2011，33（2）：41.

② 王俊. 未遂犯处罚根据的实践展开. 法学家，2022（4）：172.

③ 井田良.『讲义刑法学〔第2版〕』. 東京：有斐阁，2018：451.

④ 周光权. 区分不能犯和未遂犯的三个维度. 清华法学，2011（4）：51.

须为国民提供行动指南，防止违反规范的不当行为举止出现。在具体的司法案件中区分不能犯和未遂犯事实上起到了塑造国民规范意识的作用，即成立不能犯不予处罚的场合，意味着该行为被评价为无害，即便再次发生也可以被容认；但一旦成立未遂犯，就说明该行为有处罚的必要性，需要杜绝他人效仿。① 具体危险说将不能犯的判断与裁判规范的行为指南功能紧密结合在一起，也能够做到恰当地划定犯罪成立的范围，是比较可取的学说。

在张某某等运输毒品案中，根据具体危险说，要判断被告人的行为是否构成不能犯，要考察其行为当时的具体情况，不能一概而论。如果张某某、张某1和胡某之间有较长时间且比较稳定的毒品往来记录，运输毒品采取的方式是装入编织袋，乘坐出租车运往外地，即和本案中采取的行为并无二致，那么在本案中毒品被调换成尸块显然属于偶然情况，可能会被认定为未遂犯。根据目前在案的材料，并无确切证据证明上述事实，况且装有尸块的编织袋从体积、重量等在一般人看来也很难联想到毒品。就已知案情而言，一般人并不会感受到运输毒品的强烈危险，也没有必要用刑罚宣示，防止他人效仿这样的行为。由此得出的结论是，张某某等运输毒品案中的运输行为应当构成不能犯，不予处罚。

客观危险说认为，应当以行为时存在的一切客观情况为基础，以科学的因果法则进行判断。该说的特点是，不考虑行为人在行为时的认知情况，而是根据事后查明的事实来判断。这一点和具体危险说以行为时认识到的事实为判断资料形成对比。由于该说过于强调自然科学意义上的因果法则，进行严密的事后性、科学性判断，容易走向“一切都是必然的”的决定论哲学立场，几乎无法成立未遂犯，所以很多学者对此进行了修正。其可被称为修正的客观危险说。

例如，有学者认为要在客观危险说的基础上加入自然科学的概率要素，使判断的对象成为结果发生的可能性，即探求结果未发生的原因、情况以及可能导致结果发生的原因，如果仍然能够得出并无结果发生的盖然性，或者盖然性极低的结论，可以成立不能犯。这种客观危险说也可以称为盖然性说。② 此外，在客观危险说看来，还需要探讨判断的法则应当依据科学的自然法则，还是一般人的认知。例如，有刺鼻气味的天然气是否会致人死亡，科学家和普通人可能会得出不同的答案。有的学者认为，在判断危险时，要先基于科学的经验法则，查明结果未发生的原因，并假设可能发生结果的条件，即“假定事实”，再根据一般人的立场，将已经发生的事实和假定事实对比，判断引起结果的危险。③ 这种学说将判断法则回归到了一般人身上。在张某某等运输毒品案中，根据事后查明的事实可以知道，本案从头到尾都未出现毒品，尸体无论如何不可能产生如同毒品那样的法益侵害危险，真正运输毒品的盖然性极低，因此客观危险说倾向于本案的行为成立不可罚的不能犯。

此外，在运用客观危险说进行判断时，要注意对行为抽象程度的认定。客观危险说

---

① 周光权. 刑法总论. 4版. 北京：中国人民大学出版社，2021：304.

② 西田典之. 日本刑法总论. 刘明祥，王昭武，译. 北京：中国人民大学出版社，2007：265.

③ 黎宏. 刑法学总论. 2版. 北京：法律出版社，2016：245.

采取的方式是事后判断，此时所有的案件细节都已经清楚无疑，但是对应到犯罪构成要件上时又需要适当程度的抽象。例如，扒手在公交车上将手伸进乘客上衣左边口袋却一无所获，事后发现财物其实在右边口袋。此时如果认为客观行为是“将手伸进乘客上衣口袋”，就会发现行为危险程度很高，但如果将“口袋”限缩为“左边口袋”，又会得出并无法益侵害危险的结论。[1] 故而此时要恰当地调整对行为抽象程度的认定，得出合适的结论。

4.其他问题

在张某某等运输毒品案中，法院认定被告人的行为构成运输毒品罪（未遂）。作出如此判决可能有以下三个方面的依据。其一是规范依据。本案裁判时存在两个有效的毒品犯罪相关司法解释，[2] 可能是法院裁判的重要依据。这两个司法解释都明确规定贩卖“假毒品”的构成未遂犯。然而，上述两个司法解释规制的是常见的毒品犯罪类型，适用于在成型的贩毒网络中毒贩为了牟取暴利加入假毒品而下属不知情的情形。而本案是将尸体装作毒品而让人代为运输的异常案件，不应该机械适用司法解释，要具体分析是否有毒品扩散的危险，从而决定是否构成未遂犯。其二是学理依据。在我国司法实践中判断未遂犯一般还是根据主观说，基本上完全根据行为人主观认识来判断未遂犯成立与否，自然容易得出未遂犯的结论。其三是刑事政策依据。众所周知，我国对于毒品犯罪一贯采取严厉打击的刑事政策，处罚边界相较于一般犯罪更加广泛，认定成立犯罪更为容易。毒品犯罪的未遂认定显然会受到刑事政策的影响，本案也不例外。

案例 7-3　程某某盗窃、传授犯罪方法案[3]

（一）案情介绍

1.盗窃事实

2017 年 6 月 26 日，被告人程某某使用手机号在 A 公司运营的某某商城 App 平台注册账户，利用该平台的系统漏洞，以发负数金额红包的方式分四次向其账户内充值共计人民币 550 100 元，再将账户内余额提现到绑定的银行卡，后被平台发现。其间，程某某共计提现 21 050 元，另有 94 398 元在提现申请中，其余 434 652 元尚未申请提现。案发后，程某某于 2017 年 6 月 29 日，通过微信转账的方式将人民币 21 050 元退还至受害人周某某的微信账户。

2.传授犯罪方法事实

2017 年 6 月 26 日，被告人程某某利用 A 公司运营的某某商城 App 平台存在系统漏

---

① 陈璇.客观的未遂犯处罚根据论之提倡.法学研究，2011（2）：50.

② 1991 年最高人民检察院《关于贩卖假毒品案件如何定性问题的批复》（已于 2013 年公告废止）规定，“不知是假毒品而以毒品进行贩卖的，应当以贩卖毒品罪追究被告人的刑事责任，对其所贩卖的是假毒品的事实，可以作为从轻或者减轻情节，在处理时予以考虑”；1994 年最高人民法院《关于执行〈全国人民代表大会常务委员会关于禁毒的决定〉的若干问题的解释》（已于 2013 年公告废止）规定，“不知道是假毒品而当作毒品走私、贩卖、运输、窝藏的，应当以走私、贩卖、运输、窝藏毒品犯罪（未遂）定罪处罚”。

③ 《刑事审判参考》2021 年总第 128 辑第 1419 号案例.

洞，进行非法充值、提现成功后，将该方法告知陈某某（已判刑）和徐某某（15 周岁）。其中，陈某某通过程某某教授的方法，在某某商城 App 平台非法充值提现人民币 3 500 元，并将其中 2 000 元给予程某某作为好处费；徐某某通过程某某教授的方法，在某某商城 App 平台非法充值获得 543 164 元账户金额，并申请对其中的 43 164 元提现，平台因发现系统漏洞而终止提现，徐某某未能提现成功。

（二）裁判经过

被告人程某某于 2018 年 3 月 15 日被逮捕。浙江省丽水市莲都区人民检察院指控被告人程某某犯盗窃罪、传授犯罪方法罪，向丽水市莲都区人民法院提起公诉。

丽水市莲都区人民法院经审理，判决如下：以盗窃罪判处被告人程某某有期徒刑 4 年 6 个月，并处罚金人民币 4 万元；以传授犯罪方法罪判处被告人程某某有期徒刑 1 年，决定执行有期徒刑 5 年，并处罚金人民币 4 万元。

一审宣判后，被告人程某某提出上诉。丽水市中级人民法院经审理，裁定驳回上诉，维持原判。

（三）争点整理

以数额特别巨大财物为目标实施盗窃行为，仅窃得数额较大的财物，应当如何认定犯罪未遂及其量刑？

（四）案例分析

在程某某盗窃、传授犯罪方法案中，被告人利用平台系统漏洞，通过负充值并提现的方式，非法窃取平台资金，其行为符合刑法上盗窃罪的构成要件。在充值、申请提现、成功提现的犯罪过程中，充值和申请提现两个动作构成盗窃罪窃取财物的实行行为，而成功提现则说明被害资金已经由被告人控制，实现了盗窃罪既遂。本案的特点在于，被告人在实施充值、申请提现的行为之后，只有部分资金已经提现，而另一部分资金由于平台发现而未成功提现。对于已经成功提现的部分构成盗窃罪既遂应无争议，但是对于未成功提现的部分是否构成犯罪未遂，就存在一定的讨论空间。

如果不成立未遂，根据案发时有效的刑事司法解释，已经成功提现的金额 2 万余元构成数额较大，只能在 3 年以下有期徒刑的幅度内进行量刑。而如果成立未遂，未成功提现的金额 54 万余元构成数额特别巨大，刑法对该行为规定的法定刑是 10 年以上有期徒刑，乃至无期徒刑，即使按照刑法总则关于未遂的规定进行减轻处罚，也至少要以 3 年以上有期徒刑进行量刑。正因为刑罚差异巨大，故而有谨慎讨论的必要。

1. 数额犯是否存在未遂

我国刑法在分则的多个条文中，规定了以“数额较大”作为犯罪成立的条件。以本案所涉及的罪名为例，盗窃公私财物，数额较大的，构成盗窃罪。如果不满足数额较大的条件（以下称作“数额较小”），又不存在法定的多次盗窃、入户盗窃等情节的话，则不成立犯罪。对于这种以满足特定数额要求为犯罪成立条件的犯罪类型，我们可以称为数额犯。在盗窃财物数额较小的场合，虽然不构成刑事犯罪，但有可能构成治安违法行为，面临拘留的行政处罚。[①] 治安管理处罚法并未将数额较大作为违法行为的成立条件，所以被害财物是否达到了数额较大的标准，在实践中就成为划定刑事犯罪和（治安管理）行政违法行为的界限。除此之外，数额不但具备作为犯罪成立条件的功能，在某些法条中还成为法定刑升格的条件。再以盗窃罪为例，盗窃财物数额巨大的，法定刑升至 3 年以上 10 年以下有期徒刑；数额特别巨大的，更是达到了 10 年以上有期徒刑乃至无期徒刑。

关于盗窃罪等财产犯罪中常见的“数额”性质，在刑法学界形成了诸多不同的观点。

传统学说认为，数额犯中的数额体现了犯罪的社会危害性程度，也是划定罪与非罪的重要依据，即只有满足了刑法规定的数额要求才能成立犯罪。基于这种犯罪构成理论，刑法分则所规定的犯罪成立条件是犯罪既遂的基本模式，数额和窃取财物等其他构成要件要素一样，是成立犯罪既遂的条件之一。如果由于行为人意志以外的原因导致缺少某一个犯罪的构成要件要素，那就可以成立犯罪未遂。[②] 例如，行为人着手实施盗窃数额较大的财物之后，由于意志以外的原因而未窃得财物，或者仅窃得数额较小的财物，就可以成立盗窃罪未遂。

这种学说得到了司法解释的支持。如 2013 年最高人民法院、最高人民检察院《关于办理盗窃刑事案件适用法律若干问题的解释》[③]、2018 年最高人民法院、最高人民检察院、公安部《关于办理盗窃油气、破坏油气设备等刑事案件适用法律若干问题的意见》[④] 等，都直接肯定了盗窃罪作为财产犯罪，存在数额未遂的情形，应当按照刑法总则未遂的规定进行定罪量刑。程某某盗窃、传授犯罪方法案中法院的裁判结果基本上依循了司法解释的立场。

对此，部分学者提出了不同意见，认为刑法分则所规定的数额并非犯罪构成要件要素，而是作为法官裁量参考的“量刑规则”[⑤]。这一概念源自德国。德国刑法在基本的盗窃罪之外，规定了几种加重法定刑的情形，例如，在有防盗设备的场所盗窃、职业盗窃、从教堂盗窃用于宗教仪式的物品等。刑法法条在此提醒法官，类似上述的情形属于盗窃罪的情节特别严重，应当按照加重的法定刑进行裁量。但这种列举并不具有强制性的约束力，即上述情形可以不被法官认定为情节特别严重，上述情形之外的场合也可能被认定为情节特别严重。总而言之，德国刑法的量刑规则是给予法官自由裁量的参考。量刑规则说认为，我国刑法关于盗窃罪数额的规定类似于德国刑法的量刑规则，是法官量刑时应当遵循的规则。因为数额或大或小，并未改变犯罪行为、对象等构成要件要素的特殊性，没有使犯罪的行为类型发生变化。这就与入户抢劫、抢劫致人死亡等加重构成要件区分开来，对后者可以认为是在基本的构成要件之外独立的构成要件。加重构成要件存在未遂的可能性，例如，入户抢劫而一分未得的情形可以成立入户抢劫未遂。但是量

---

① 根据《治安管理处罚法》，盗窃公私财物的，处 5 日以上 10 日以下拘留，可以并处 500 元以下罚款；情节较重的，处 10 日以上 15 日以下拘留，可以并处 1 000 元以下罚款。

② 王志祥. 数额犯基本问题研究. 中国刑事法杂志，2007（2）：44.

③ 该解释第 12 条规定：“盗窃未遂，具有下列情形之一的，应当依法追究刑事责任：（一）以数额巨大的财物为盗窃目标的……”

④ 该意见第 2 条规定：“着手实施盗窃油气行为，由于意志以外的原因未得逞，具有下列情形之一的，以盗窃罪（未遂）追究刑事责任：（一）以数额巨大的油气为盗窃目标的……”

⑤ 张明楷. 加重构成与量刑规则的区分. 清华法学，2011（1）：9.

刑规则就没有未遂的空间。只要没有现实地出现数额巨大、数额特别巨大的财物被盗的情形，就不存在需要根据数额进行量刑的必要。

根据量刑规则说，程某某盗窃、传授犯罪方法案中，尽管被告人的盗窃目标数额特别巨大，但实际上仅窃得数额较大的财物，故而只能根据刑法关于基本盗窃罪（数额较大）的规定进行量刑，即 3 年以下有期徒刑。

有学者赞同引入德国刑法量刑规则理论，认为在我国刑法中，当违法所得、首要分子等作为法定刑升格条件时，与法益侵害性大小并无直接关系，并不符合构成要件的品质，倒是类似于德国刑法上的量刑规则。但是在程某某盗窃、传授犯罪方法案中涉及数额犯问题。数额是犯罪成立所需的、表征违法程度的罪量要素，应当将其作为加重构成要件，承认其存在未遂的可能性。[①] 此外，如果根据量刑规则说，在程某某盗窃、传授犯罪方法案中，只能评价犯罪既遂的部分，会导致对未遂的部分完全没有给予评价，数额特别巨大的财物可能遭受法益侵害的现实危险被忽略了。这不符合法益保护的要求。[②]

应该说，将数额作为构成要件要素而非量刑规则，相较之下更符合我国刑法规定和司法实践：我国刑法中明确规定了数额作为成立犯罪乃至法定刑升格的条件，对司法人员约束性极强，应当承认其作为犯罪构成要件要素的地位。即使是对于情节严重这种类似于德国刑法上的量刑规则的表述，也多在司法解释规定中予以明确，对于定罪量刑形成了刚性制约。这与量刑规则只具有软性约束、单纯为法官提供量刑参考的特征明显不符合。

故而在程某某盗窃、传授犯罪方法案中，不能只按照既遂的部分定罪量刑，应当在承认数额作为犯罪的加重构成要件的基础上，将未遂部分纳入考察范围，准确确定刑罚。

2. 对于既遂部分和未遂部分应当如何量刑

如前所述，程某某盗窃、传授犯罪方法案的显著特点是，被告人充值的部分金额成功提现，而部分金额由于平台发现漏洞而未成功提现。正确处理既遂部分和未遂部分的关系，决定着量刑能否实现罚当其罪，满足公平正义的要求。

如果将被告人的行为割裂开来，则可以认为，其每次充值、提现的行为都是一个符合盗窃罪构成要件的行为。在多次充值、提现的场合，一般来说应当将金额累计考察，但由于本案属于既有未遂又有既遂的特殊情况，故而应当分开认定。即对于成功提现的 2 万余元成立盗窃罪既遂，而对于未成功提现的 54 万余元成立盗窃罪未遂，二者属于两个行为，应当数罪并罚。

但是上述观点对于行为个数的认定过于机械。尽管在刑法上考察行为个数时，必须依赖客观的行为外观进行准确的事实认定，但与此同时，也有必要根据规范的要求进行一定程度的抽象考察。表面上看，行为人多次实施了提现的客观动作，但是从规范的视角分析，这些动作都是在同一个犯罪故意的支配之下，在同一时间同一场合内连续实施的，故而应当将其合并考察，从整体上认定为一个符合盗窃罪构成要件的行为。既然如此，被告人实施了一个盗窃行为，却同时触犯了盗窃数额特别巨大财物（未遂）和盗窃

---

① 王彦强. 区分加重构成与量刑规则：罪量加重构成概念之提倡. 现代法学，2013（3）：119.

② 柏浪涛. 加重构成与量刑规则的实质区分：兼与张明楷教授商榷. 法律科学（西北政法大学学报），2016（6）：52.

数额较大财物（既遂）两个法条，应当成立想象竞合，结果是只成立盗窃数额特别巨大财物（未遂）。

司法解释的处理方式也接近于上述立场。例如，2011 年最高人民法院、最高人民检察院《关于办理诈骗刑事案件具体应用法律若干问题的解释》，2013 年最高人民法院、最高人民检察院《关于办理盗窃刑事案件适用法律若干问题的解释》等，都规定了，在诈骗、盗窃等财产犯罪中，既有既遂，又有未遂，分别达到不同量刑幅度的，依照处罚较重的规定处罚。可以认为，这是想象竞合的处理方式。

此外，还有观点认为，既然数额巨大和数额特别巨大是盗窃罪的加重构成要件，那么这两个法条就是在盗窃数额较大这一基本法条之上，由立法者专门规定的特别法条。根据特别法优先适用于一般法的规则，应当只适用数额特别巨大的法条。[①] 当然，在程某某盗窃、传授犯罪方法案中，两种路径的结论是相同的，即对尚未申请提现的 54 万余元，按照盗窃财物数额特别巨大的犯罪未遂进行量刑。

第三节 犯罪中止

案例 7-4 李某某抢劫、故意杀人案[②]

（一）案情介绍

2008 年 6 月上旬，被告人李某某因急需用钱而预谋对其认识的被害人潘某某（女，时年 20 岁）实施抢劫后杀人灭口。2008 年 6 月 19 日 20 时许，李某某在县城租用小轿车，携带作案工具绳子、锄头等，以一同到龙岩玩为名将潘某某骗上车。李某某驾车在杭永公路、上杭县城区至旧县乡角龙村公路行驶，伺机寻找抢劫地点。20 日凌晨，在上杭县某某大桥附近，李某某停车，用绳子将潘某某绑在座位上，抢走潘某某提包内的现金人民币 130 余元及白色奥克斯 859 型手机一部（价值 990 元）、中国农业银行金穗卡一张，并逼迫潘某某说出金穗卡密码。20 日 4 时许，李某某用绳子猛勒潘某某的脖子致其昏迷，并用绳子将潘某某的手脚捆绑后将潘某某扔到汽车后备厢。李某某在回上杭县城途中发觉潘某某未死遂打开后备厢，先用石头砸潘某某的头部，后用随身携带的小剪刀刺潘某某的喉部和手臂，致潘某某再次昏迷。20 日 6 时许，李某某恐潘某某未死，在上杭县临城镇城西村“甲食杂礼品经营部”购买一把水果刀，并将车开到杭永公路某一汽车训练场准备杀害潘某某。苏醒后的潘某某挣脱绳索，乘李某某上厕所之机，打开汽车后备箱逃至公路上向过路行人曾某某呼救，曾某某用手机报警。李某某见状即追赶潘某某，并用水果刀捅刺潘某某的腹部，因潘某某抵挡且衣服较厚致刀柄折断而未能得逞。

---

① 王华伟. 数额犯未遂问题研究：从最高人民法院第 62 号指导性案例切入. 法律科学（西北政法大学学报），2019（5）：124.

② 《刑事审判参考》2010 年总第 73 辑第 611 号案例.

李某某遂以“你的命真大，这样做都弄不死你，我送你去医院”为由劝潘某某上车。潘某某上车后李某某又殴打潘某某。当车行驶到上杭县某公园门口时，李某某开车往老公路方向行驶，潘某某在一加油站旁从车上跳下向路人呼救。李某某大声说“孩子没了不要紧，我们还年轻，我带你去医院”以搪塞路人，并再次将潘某某劝上车。李某某威胁潘某某不能报警否则继续杀她，潘某某答应后，李某某遂送潘某某去医院。途中，潘某某要回了被抢的手机、银行卡等物，并打电话叫朋友赶到医院。20 日 8 时许，李某某将潘某某送入上杭县医院治疗，并借钱支付了 4 000 元医疗费。经鉴定，潘某某的伤情程度为轻伤。

（二）裁判经过

被告人因涉嫌抢劫犯罪于 2008 年 7 月 4 日被逮捕。福建省上杭县人民检察院以被告人李某某犯抢劫、故意杀人罪（未遂）向上杭县人民法院提起公诉。上杭县人民法院经审理，于 2008 年 12 月 12 日判决如下：(1) 被告人李某某犯抢劫罪，判处有期徒刑 6 年，并处罚金人民币 2 000 元；犯故意杀人罪（未遂），判处有期徒刑 10 年，剥夺政治权利 2 年；决定执行有期徒刑 14 年，剥夺政治权利 2 年，并处罚金人民币 2 000 元。(2) 随案移交的作案工具予以没收，备案存查；随案移交的物证拍照随案存查。

宣判后，在法定期间内，被告人李某某没有上诉，检察机关也没有抗诉。

（三）争点整理

本案中被告人中因为多次未能杀死被害人，在可能被路人发现的情况下，将被害人送至医院，该行为应当认定为犯罪中止还是犯罪未遂？

（四）案例分析

根据刑法规定，犯罪中止是指在犯罪过程中自动放弃犯罪或者自动有效地防止犯罪结果发生的犯罪未完成形态。对照前述犯罪未遂的成立要件，可知二者虽然都是犯罪结果未发生，或者说未实现全部构成要件，但是原因有所不同。犯罪中止是行为人基于自由意志主动选择的结果，这在刑法学上被称为具有自动性（也称任意性），然而犯罪未遂则是由于“犯罪分子意志以外的原因”而无法继续犯罪，换言之，是“被迫”放弃犯罪，因而不具有自动性。可见是否具有自动性，是区分犯罪中止和犯罪未遂的关键所在。从二者的法律效果来看，犯罪未遂的场合“可以从轻或者减轻处罚”，总之是必须给予刑罚处罚的，但犯罪中止的法律效果则是“应当减轻或者免除处罚”，存在免除刑罚的空间。正是由于二者法律效果差异非常明显，故而有必要结合相关刑法理论和具体案情仔细分析，谨慎划定处罚范围。

刑法学上关于犯罪未遂和犯罪中止的区分问题涌现了诸多学说，例如主观说、限定主观说、规范主观说、客观说等。大致来说，除客观说借用了客观事实来加以判断以外，各种主观系列学说基本上沿袭了刑法规范的要求，将中止犯和未遂犯的区别着眼于行为人主观上的自由意志，只不过在何种主观意志足以认定中止犯所要求的自动性问题上存在分歧。以下对于各种学说的具体主张加以介绍。

主观说认为，行为人放弃犯罪的动机是基于对外部障碍的认识时成立未遂犯，是基于主观的自由意志时则成立中止犯。主观说的内容清晰，符合一般人的朴素认知，也匹配了关于犯罪中止和犯罪未遂的刑法规范，故而在司法实践中应用非常广泛。德国刑法学者弗兰克对此提出了更为简洁明快的公式，即“能而不欲是中止，欲而不能是未遂”，完整地表达了主观说的内涵，对于司法实践中的大多数案例具有指导作用。例如，行为人正举起刀具想要杀死被害人时，如果因为被害人激烈反抗而未成功将其杀死，可以认为是想要杀人但受到客观条件的阻碍而未得逞，成立犯罪未遂；而如果因为被害人苦苦哀求而心生怜悯，放下屠刀，则应当认为本来可以继续杀人，但因为自己主观上不再有此想法而放弃，成立犯罪中止。

然而，以弗兰克公式为代表的主观说在部分疑难案件中就显得解释乏力了，尤其是所谓“能”和“欲”都缺乏明确的定义，留下了变通解释的空间。例如，某小偷欲盗窃街边的电瓶车，一碰到车就触发警报声响继而仓皇逃跑，然而此时四周无人。此时究竟是想要偷车却因为客观上存在警报声响的“欲而不能”，还是事实上无视警报即可窃得财物却由于内心恐惧不愿再继续行窃的“能而不欲”，往往难以得出统一的结论。在李某某抢劫、故意杀人案中也存在同样的难点：如果认为被告人欲杀人灭口，却由于被害人“命大”，怎么样都“弄不死”，再加上因路人经过而无法继续实施犯罪，则可能成立犯罪未遂；但如果认为被告人明明可以狠下心来杀死被害人，却由于自己主观想法发生变化而停止犯罪，甚至还将被害人送至医院，又可能成立犯罪中止。因此有必要寻求其他更有解释力的学说。

限定主观说认为，只有基于后悔、同情、恐惧等对自己犯罪行为的价值持否定态度的规范意识而放弃犯罪的，才成立中止，其余的一律成立未遂。“限定”一词，顾名思义，即将中止犯的成立范围限定在几种特定的场合。在李某某抢劫、故意杀人案中，被告人没有继续实施犯罪的主观动机较为复杂，难以简单认定是后悔，还是同情，抑或其他心态，所以限定主观说可能因为关注重点不同而导致结论有所差异。但大体上可以肯定的是，行为人并未从内心否定自己犯罪行为的价值，倾向于认定犯罪未遂。

规范主观说认为，当行为人在内心作出放弃犯罪的自由选择，并且这种意思可以认为是有利于实现规范的预防目的时，成立犯罪中止。[①] 相较于其他学说，该学说的特点是，除了要求行为人在内心作出放弃犯罪或者防止结果发生的自由选择，还需要考察规范的层面，即将其认定为中止犯有助于实现刑罚的预防目的[②]，规范主观说也因此得名。既然刑罚目的包括特殊预防和一般预防，那么规范主观说在分析时也必须同时兼顾这两个方面：从刑罚特殊预防目的来说，行为人基于其自由选择下的中止行为，已经实现了犯罪人危险人格的消解[③]，故而没有必要再对其判处刑罚；从刑罚一般预防目的来说，中止犯的行为人已经回归了规范的轨道，行为已经为社会带来良好示范，无须再动用刑罚来警示公众，避免未来再次实施同样的犯罪。此时刑法通过对中止犯的“奖励”，实现了法规范的确证。规范主观说将犯罪认定的过程与刑罚预防目的联系起来，架起了刑法和刑事政策之间的桥梁，是比较恰当的理论选择。

---

① 周光权. 刑法总论. 4 版. 北京：中国人民大学出版社，2021：317.

② 周光权. 论中止自动性判断的规范主观说. 法学家，2015（5）：63.

③ 彭文华. 中止犯自动性的目的限缩. 法学家，2014（5）：100.

用规范主观说来分析李某某抢劫、故意杀人案，可以采取以下思路：如果单纯考察被告人的主观心理活动，确实存在一定的自由选择余地，但综合全案情节可以看出，被告人穷尽了几乎他认为可以采取的手段仍然杀不死被害人，是在发现被害人“命大”时停止犯罪的。此时刑法规范对被告人的提示没有发挥作用。刑法并不鼓励这种费尽功夫都达不到既遂才让犯罪停下来的行为。[①] 从规范意识的角度来看，因对方“命大”而服气，不足以体现行为人具有“放弃法敌对的意思”这种规范意识的觉醒[②]，直到最后也没有回到法规范的轨道上。总之，将被告人的行为认定为犯罪中止，并给予减免刑罚的奖励，并不利于实现刑罚预防目的。故而认定为犯罪未遂是比较妥当的结论。

客观说认为，要根据社会的一般观念对行为人未继续实施犯罪的原因进行客观评价，考察是否能够对一般人产生强制性影响。如果行为人所意识到的外部事实在一般经验上具有强制影响，通常会妨碍犯罪的完成，此时倾向于认定为犯罪未遂；但如果是在客观上存在轻微阻止犯罪继续的外部事实障碍的场合，行为人仍然放弃了犯罪，则属于中止犯。[③] 例如，盗窃时突然发现日子不吉利遂作罢的，构成中止犯而非未遂犯。

值得注意的是，客观说将中止犯的判断基准聚焦于客观的外部情况，而刑法规定中止犯的成立条件——自动性又明显属于主观要素，所以客观说必须解决如何建立主观和客观之间联系的问题。可以肯定的是，外部条件对行为人产生强制性的物理障碍时，例如，犯罪过程中被警察制服，可以认为客观条件对于结果未发生起到了决定性作用，得出未遂犯的结论；相反，外部条件基本上没有物理障碍而仅对行为人的内心起作用时，例如，看到被害人的惨状而停止犯罪，则会认为该决定是基于自我决定的结果，倾向于认定为中止犯。此外，需要将客观说的判断基准放在一般人身上而非行为人本身，其目的在于排除行为人过于胆怯或者过于“勇猛”等特殊情况对结论的影响。

对于李某某抢劫、故意杀人案可以遵循客观说的思路，考察客观障碍的大小，即根据一般人的标准，阻碍犯罪行为继续进行的因素影响较大的，认定为未遂，反之认定为中止。在本案中，有以下情节可以证明，被告人继续犯罪的阻碍因素影响较大：用水果刀捅刺潘某某的腹部，因潘某某抵挡且衣服较厚致刀柄折断而未能得逞；被害人多次呼救，犯罪行为暴露的可能性极大。因此，被告人放弃犯罪更多的是由于受客观条件所限无法继续实施犯罪，而非自己主动放弃。

综上所述，多数学说均倾向于李某某抢劫、故意杀人案中的行为构成犯罪未遂。

案例 7-5 朱某某强奸、故意杀人案[④]

（一）案情介绍

被告人朱某某与被害人陈某（女，时年 20 岁）系租房邻居。2005 年 8 月 2 日 23 时

---

① 周光权.论中止自动性判断的规范主观说.法学家，2015（5）：70.

② 王昭武.论中止犯的性质及其对成立要件的制约.清华法学，2013（5）：85.

③ 文中认为该说属于修正的主观说。但其判断方法明显有客观说的色彩。黎宏.刑法学总论.2 版.北京：法律出版社，2016：250.

④ 《刑事审判参考》2010 年总第 72 辑第 601 号案例.

许，朱某某路过陈某住处，见陈某独自在房内睡觉，遂产生强奸念头，并准备了老虎钳及袜子各一只。次日凌晨1时许，朱某某用老虎钳将陈某住处防盗窗螺丝拧下，从窗户进入室内，把袜子塞入陈某嘴内，又从室内拿了一根绳子将陈捆绑，并将陈拖至隔壁自己住处内实施了奸淫。后朱某某又将陈某捆绑，因害怕陈报警，便用手掐、毛巾勒其颈部，意图灭口。因发现陈某面部恐怖，朱某某心生恐惧，不忍心下手，遂解开被害人手脚上的绳子，逃离现场。

（二）裁判经过

被告人因涉嫌犯强奸罪、故意杀人罪于2009年3月17日被逮捕。安徽省合肥市人民检察院以被告人朱某某犯强奸罪、故意杀人罪，向安徽省合肥市中级人民法院提起公诉。合肥市中级人民法院经审理，判决如下：被告人朱某某犯强奸罪，判处有期徒刑6年；犯故意杀人罪，判处有期徒刑3年；决定执行有期徒刑8年。

一审宣判后，被告人朱某某提出上诉。安徽省高级人民法院经二审审理，依法改判上诉人朱某某犯强奸罪，判处有期徒刑6年；犯故意杀人罪，免予刑事处罚，决定执行有期徒刑6年。

（三）争点整理

故意杀人行为中止后，造成被害人颈部勒痕等轻微伤，是否构成《刑法》第24条第2款的“造成损害”？

（四）案例分析

在朱某某强奸、故意杀人案中，被告人使用暴力手段对被害人实施奸淫的行为构成强奸罪已经既遂，且实行终了，后另起犯意，意图灭口而准备杀害被害人，但由于被害人面部恐怖，出于不忍心而放弃犯罪，构成故意杀人罪（中止），至此，结论并无问题。争议焦点集中在了该行为造成的颈部勒痕等轻微伤，以及可能对被害人产生的心理伤害，能否被评价为《刑法》第24条第2款的“造成损害”，进而影响到中止犯的量刑。

1.对于“损害”的解释

1979年《刑法》第21条规定，“对于中止犯，应当免除或者减轻处罚”。在1997年修订时，根据罪责刑相适应原则的要求，同时考虑到中止犯的人身危害性的大小，对中止犯的处罚方法作了更明确、具体的区分，形成了现行法的处罚格局。[①] 根据现行《刑法》第24条第2款，对于中止犯到底是减轻处罚还是免除处罚，关键在于是否造成了损害。

刑法及相关司法解释没有对何为“损害”作进一步说明解释，因此有赖于运用刑法理论进行阐明。考察《刑法》第24条第2款的立法宗旨，可以认为是中止犯的减免处罚依据和法益保护之间的权衡。关于中止犯为何相较于未遂犯有如此宽厚待遇的依据，刑法学上形成了许多学说。主流的学说从刑事政策的角度分析，认为法律为犯罪行为人搭

---

① 王爱立.中华人民共和国刑法条文说明、立法理由及相关规定.北京：北京大学出版社，2021：66.

建了一座回归的金桥，鼓励行为人主动放弃犯罪，减少法益侵害，并对接受刑法鼓励的行为人予以褒奖。结合刑罚的一般预防目的来看，中止犯体现了行为人通过自己的行为，自觉地回归了法规范的轨道上，因此从法确证的角度来看，没有必要再通过施以刑罚来确认法规范的有效性。但与此同时，如果中止行为造成了法益侵害，那必须从法益保护的角度予以相应的处罚。由此可以说明为何刑法将是否造成损害作为决定刑罚的依据。

正因为刑法中有关中止犯的条文在刑事政策之外，还体现出法益保护的原则，所以在对该条中的“损害”一词作解释时，不能脱离其立法宗旨，孤立片面地作形式上的解释。结合法益保护原则的基本理念分析，既然“损害”与否是科处刑罚的依据，那么，这里的“损害”就必须是值得用刑罚保护的法益侵害，换言之，“损害”必须是在参照整个刑法体系的基础上认为已经符合某种犯罪构成要件①，且达到足以科以刑罚的程度。

如果中止行为造成的损害根本不符合刑法的构成要件，则不能认定为《刑法》第 24 条第 2 款的“损害”，不能给予处罚。例如，尽管对行为人的精神造成一定程度的伤害，但刑法并无处罚精神伤害罪之类的规定，所以这种类型的损害不属于第 24 条第 2 款的“损害”。此外，即使符合某些犯罪的构成要件，但在综合刑法体系分析，不具有刑事可罚性的情况下，仍然不能认为符合《刑法》第 24 条第 2 款的“损害”。例如，行为人杀害被害人的过程中损害了其衣物，在故意杀人行为中止后，其故意毁坏财物的行为一般不具有刑事可罚性，所以不应当再对其进行处罚。理由在于，假如认定为造成损害进而按照中止犯条款进行处罚的话，则对于其他同样程度的损害衣物行为不予处罚，就会造成失衡。

在朱某某强奸、故意杀人案中，故意杀人行为可能给被害人造成了一定精神伤害，但刑法并无单独处罚给精神造成损害的规定，所以不能认为构成中止犯条款中的“损害”。此外，被害人颈部留下了勒痕，看似符合故意伤害罪的构成要件，但是在司法实践中，伤害的程度被分为重伤、轻伤和轻微伤三个等级，故意伤害罪成立的前提是损伤程度达到轻伤以上，轻伤以下的一般给予治安管理处罚。被害人的颈部勒痕充其量不过轻微伤的程度，不具有刑事可罚性。为了处罚上的协调，实现罪行相适应，本案不宜认为存在《刑法》第 24 条第 2 款中所规定的“损害”，对于被告人的故意杀人中止行为应当不予处罚。

2. 其他问题

上述解释方法大体上可以解决朱某某强奸、故意杀人案的处罚问题，但是仍然遗留了一个尚未解决的问题：倘若在朱某某强奸、故意杀人案中，故意杀人中止行为造成了被害人轻伤的结果，应当如何量刑？如果认定为故意杀人（中止）造成损害，需要根据《刑法》第 24 条第 2 款在故意杀人罪的基础上减轻刑罚。考察故意杀人罪的法定刑可知，即使减轻刑罚也要在 3 年以上 10 年以下有期徒刑之间量刑。这与轻伤的故意伤害罪一般

---

① 值得注意的是，损害所涉及的构成要件不能是中止行为本身所成立的构成要件，因为中止犯本身欠缺构成要件结果，所以本身就不能完全符合构成要件。此处要求的损害成立构成要件应当是他罪的构成要件［王骏. 刑法第 24 条第 2 款中的“损害”：解释论与立法论的双重展开. 中国刑事法杂志，2009（5）：25］。在朱某某强奸、故意杀人案中，中止行为涉及的是故意杀人罪，但认定损害时需要考察的是是否符合故意伤害罪的构成要件。

处以 3 年以下有期徒刑、拘役或者管制的刑罚存在较大的差距，容易造成刑罚畸重。有学者指出，此时可以判处 3 年有期徒刑乃至缓刑，以实现罪刑相协调。①

德国刑法的处理方法为我们提供了一种另外的思路。根据德国刑法，中止犯的法律效果是免除处罚，并无像中国、日本一样的减轻处罚规定。倘若出现了故意杀人中止行为造成被害人严重伤害的情况，会以想象竞合的方式解决。具体来说，是将故意杀人中止行为评价为两个行为：一是没有造成损害的故意杀人行为，按照刑法中止犯条款免予处罚；二是造成损害的故意伤害行为，按照普通的故意伤害罪进行处罚。二者构成想象竞合，择一重罪处罚，结果上只处罚故意伤害行为。如是可以实现罚当其罪。

① 张明楷.中止犯减免处罚的根据.中外法学，2015（5）：1322.

第八章　正犯与共犯

知识点概述

我国《刑法》第25条明文规定了共同犯罪，但并未规定正犯概念。正犯是与共犯相对的概念，关于正犯与共犯的区分理论，存在多种学说，下文主要就整体理论、主观说以及客观说的理论作简单评述。

一、整体理论

整体理论以德国学者施米得霍伊泽为代表，他认为在区分正犯与共犯时，单个要素独自从来不起决定作用，而只有在整体关系的内部每一单个要素才起着决定性作用。他以并未穷尽的列举方式指出16个这样的“要素”，如在犯罪现场出现、投入力量、利益、犯罪计划等等……在确定正犯时，各种要素都可能起决定性作用。①

但是，该说并未说明将上述评价要素作为判断正犯性依据的根据，也未能给出这些要素之间的优先顺序，没有给正犯与共犯的区分提供一个指导性的原则，而完全依赖于法官的自由裁量。尤其在我国的司法环境下，该说难言是适当的策略选择，甚至有违反罪刑法定原则的巨大风险，因而并不可取。

二、主观说

主观说一般被认为是德国帝国法院时期以来实务界所采取的正犯理论。该说以因果关系理论中的条件说为基础，着眼于行为人主观的意志与内心态度区分正犯与共犯。根据该理论，与法益侵害结果具有条件关系的人，都是对结果设定原因的人，客观上参与人的行为对结果的作用都是等值的，所以从因果关系的角度出发无法区分正犯与共犯，只能诉诸行为人的主观方面。行为人若是以所谓的正犯意志实施其行为，则属于正犯；

① 克劳斯·罗克辛.德国刑法学总论：第2卷.王世洲，译.北京：法律出版社，2013：16.

行为人若是以所谓参加犯意志实施行为，并且意在引发或者帮助他人犯罪，则属于共犯。①

最早的主观说曾发展至极端主观说的程度，亦即，即使行为人实施了全部构成要件，但由于其主观上意在为他人犯罪，而非为了自己犯罪，所以仅以共犯论处。② 这种极端的主观说不仅在结果上难以令人接受，也因为违背了后来德国刑法的明文规定而很快退出历史舞台。后来，主观说慢慢发展出客观化的判断标准，即不再简单地根据行为人的内心态度来区分正犯与共犯，而是在全部情况（包括行为人的参与程度、对于犯罪的支配、支配的意思等）基础上予以查明，使正犯意志受制于客观事实。其中，最主要的依据是行为人与犯罪结果的利益相关程度，此外还包括行为人参与犯罪实现的程度，以及对犯罪事实的支配（或支配的主观意愿），这些都是判断行为人主观意志的重要材料。③发展至此，也可谓客观化的主观说。

主观说受到的批判主要有以下几个方面：其一，根据该理论得出的结论存在明显不合理的情形。例如，行为人为了第三人的利益实施盗窃、抢劫、杀人等行为时，均不可能成立正犯，甚至会出现“没有正犯的共犯”的荒谬结论。其二，倘若不考虑行为，而完全根据行为人的主观方面区分正犯与共犯的标准，根本不可能清楚地界分二者。例如，当行为人内心同时为了自己和第三人利益而实施犯罪，如共同正犯的场合，便无法适用该标准。其三，如何判断行为人的主观内容，即行为人是基于为自己利益还是为他人利益而行为的内心态度，本身就是十分困难的事情。其四，刑法分则对各罪的描述大多是就该罪的客观构成要件的表述，主观说与不法构成要件理论并不相符，因而主观说实不可采。其五，空洞而不确定。尤其是结合诉讼中证据法的观点来看，主观说几近于毫无证明标准，因此沦为一种可以任由法官操纵结果的学说。极端情况下，即便是亲手杀人的人，也可能被认定为杀人罪的共犯而非正犯。④

上述批判的见解确实揭示了主观说的不足之处，纯粹根据行为人的主观方面根本无法操作也并不科学。可见，主观说的理论本身不仅疑问重重，而且无益于解决间接正犯的问题，因而并非关于正犯理论的科学之选。

三、客观说

（一）形式的客观说

形式的客观说认为，正犯是指以自己的身体动静实施符合基本构成要件的实行行为的人，而共犯是指实施了对正犯的实行行为进行加担的、符合修正构成要件的教唆行为和帮助行为的人。⑤ 换言之，亲自实施不法构成要件之全部或一部分的是正犯，实施基

① 张明楷．外国刑法纲要．3版．北京：法律出版社，2020：261．

② 浅田和茂．『刑法总论』．東京：成文堂，2007：404頁参照。

③ 黄荣坚．基础刑法学：下．3版．北京：中国人民大学出版社，2009：513．

④ 林钰雄．新刑法总则．8版．台北：元照出版有限公司，2020：413．

⑤ 张明楷．刑法学：上．6版．北京：法律出版社，2021：510．

本构成要件之外的行为的是共犯。该观点对构成要件的理解，着眼于构成要件描述的文义，因而其又被称为形式的客观说。限制正犯论最早是以形式的客观说作为其理论基础的，即将正犯的成立范围严格限制在符合构成要件的行为之内，认为构成要件的实现必须由行为人亲自为之。

形式的客观说为1930年之前的德国通说，出发点系相当限缩的正犯概念。该说同样受到了质疑：以形式的客观说为标准，正犯的成立范围十分有限，仅仅及于直接正犯以及一部分共同正犯。具体而言：其一，该理论面临的最大难题是无法解释间接正犯。例如，有学者认为，间接正犯处于幕后，在形式客观层面上无法将其行为评价为正犯之构成要件该当行为。换言之，根据该理论，间接正犯由于是利用他人而非自己亲手实施构成要件行为，因而并不属于正犯。倘若按照这种观点，在教唆3岁幼童实施犯罪的场合，由于幕后操纵者并未实施构成要件行为，便不能以正犯论处，这显然缺乏具体的妥当性。其二，依该理论无法解释共同正犯。根据该理论，行为人只有参与全部或部分构成要件该当行为之实行，才可构成共同正犯，至于在形式客观层面并无实行构成要件该当行为之人，则不能成立共同正犯。如此，对如黑社会性质组织领导者等并非亲手实施构成要件行为的幕后人物，便不能按照正犯处罚。这也是形式的客观说无法解决的。其三，“实行行为”概念本身在形式上也难说是具有明确内容的确定概念，有必要规范评价。故而，形式客观说并不能说是科学的理论。

（二）实质的客观说

从因果关系的角度看，形式的客观说显然有违因果归责理论，而实质的客观说便是为了克服形式的客观说的缺陷而产生的理论。所谓实质的客观说理论，是指从行为之实质支配作用的角度来论断犯罪参与人的刑事责任范围。① 换言之，“正犯与共犯的区分并不是只看行为人是否实施了构成要件行为，而是要看行为人对构成要件实现所起的作用”②。其实，实质的客观说只是一个泛称，由于没有形成统一的认识，其中又包含多种学说：

原因说认为，对犯罪的结果给予原因者即为正犯，仅给予条件者则属共犯。原因说将实施了导致结果发生的行为当作是实行行为，即正犯是实施实行行为之人，而共犯是实施实行行为之外的行为之人。③ 原因说看似并未放弃实行行为的定型功能，但从实质上看，其对实行行为的认定并不以构成要件该当行为为标准，而是将其扩大到只要是与结果有关的行为均为实行行为。这种做法并不妥当。另外，犯罪包括行为犯和结果犯，而行为犯并不把结果的发生作为构成要件内容，因而把造成结果发生的原因行为与实行行为等同起来，显然不够恰当。因此，原因说已被彻底淘汰。

重要作用说认为，对构成要件结果的发生起重要作用的即为正犯，反之则为共犯。

① 黄荣坚.基础刑法学：下.3版.北京：中国人民大学出版社，2009：512.

② 张明楷.刑法学：上.6版.北京：法律出版社，2021：534.

③ 马克昌.比较刑法原理：外国刑法学总论.武汉：武汉大学出版社，2012：570.

例如，平野龙一教授认为，正犯与共犯的区分应当从实质上进行考察，正犯的行为对犯罪的完成必须在实质上起到“必要的或重要的作用”。必要性说与重要作用说类似，认为正犯是对于犯罪事实不可或缺的加功者，而共犯则并非不可或缺。同时性说认为，在犯罪行为的同时对该犯罪事实予以加功者为正犯，而在犯罪行为之前予以加功者则属于共犯。优势说认为，共同正犯与帮助犯之间没有固定的区分标准，需要根据不同情况进行具体判断，而共同正犯与共犯的最大区分标准是，正犯对犯罪事实具有优势关系，而共犯所加功的犯罪事实仅为附属的部分。① 这些学说中有的没有明确的判断标准，如重要作用说、必要性说、优势说，看似提出了正犯与共犯的区分标准，实则其标准本身便难以界定。而同时性说虽然提出了较为明确、方便认定的标准，但无法解释间接正犯。因而前述观点均不是恰当的正犯理论。

犯罪事实支配说（或称“行为支配说”）认为，在实现犯罪中作为关键人物或核心人物对事件施加决定性影响的人，拥有犯罪事实支配，是正犯。② 换言之，犯罪事实支配是论证“正犯是谁”时的指导原理，而谁是正犯，谁是共犯，主要取决于谁在犯罪进程中居于实质性的支配地位。其中，凡是能够以自己的意思驾驭、主导、操纵整个犯罪流程，从而将结果的发生牢牢掌控在自己手中的，就是正犯；凡是对犯罪的实现仅起诱发、启动或促进等参与作用，而不能对犯罪进程实行支配控制的，就是共犯。③ 该说的集大成者罗克辛教授认为，“犯罪事实支配”具体包括以下三种样态：第一种是作为行为支配的直接正犯，第二种是作为意志支配的间接正犯，第三种是作为功能支配的共同正犯。④ 犯罪事实支配说同样受到了学者的质疑。例如，有学者认为，“‘行为支配’这一概念，即便适合于说明间接正犯的正犯性，但在共同正犯中，难以认定对其他共同参与者也存在‘支配’。为此，有观点将‘行为支配’视为仅仅是狭义的正犯的特有性质，而共同正犯作为共犯的一种类型，就在其射程之外”⑤。然而，犯罪事实支配说中“支配”的对象并非犯罪参与人，也不止于对“行为”的支配，而是对包括行为和法益侵害结果在内的整个犯罪事实实现过程的支配。在共同正犯的场合，正犯之间相互补充、相互利用其他人的行为，便使自己的行为与其他正犯的行为结合在一起，共同导致了法益侵害结果的发生，虽然形式上看各自只承担了部分行为，但实质上每个正犯的行为对构成要件的实现都起到了关键作用，也就达到了对整个犯罪事实的支配程度，因而上述批判并不一定妥当。

（三）主客观择一标准说

我国台湾地区的实务界有关正犯与共犯区别的立场可谓独树一格，采取极端扩张的

---

① 张明楷. 外国刑法纲要. 3 版. 北京：法律出版社，2020：262.

② 克劳斯·罗克辛. 正犯与犯罪事实支配理论. 劳东燕，译//陈兴良. 刑事法评论：第 25 卷. 北京：北京大学出版社，2009：5.

③ 钱叶六. 间接正犯与教唆犯的界分：行为支配说的妥当性及其贯彻//陈兴良. 刑事法评论：第 28 卷. 北京：北京大学出版社，2011：364.

④ 克劳斯·罗克辛. 正犯与犯罪事实支配理论. 劳东燕，译//陈兴良. 刑事法评论：第 25 卷. 北京：北京大学出版社，2009：8.

⑤ 松原芳博. 刑法总论重要问题. 王昭武，译. 北京：中国政法大学出版社，2014：284.

“主客观择一标准说”[①]，亦即主、客观标准中“择一”（主观或客观）为正犯者，即可认定为正犯，并据此承认共谋共同正犯。[②] 按照该说的立场，以自己犯罪的意思参与犯罪，不论行为是否属于构成要件行为，均为正犯；以为他人犯罪之意思参与犯罪，但若行为至少符合了构成要件的一部分，则仍属正犯，只有参与者的行为属构成要件之外的行为时，才为共犯。例如，我国台湾地区实务中有观点认为：“……关于正犯、从犯之区别……仅以其主观之犯意及客观之犯行为标准，凡以自己犯罪意思而参与犯罪，无论其所参与者是否犯罪构成要件之行为，皆为正犯，其以帮助他人犯罪之意思而参与犯罪，其所参与者，苟系犯罪构成要件之行为，亦为正犯，必以帮助他人犯罪之意思而参与犯罪，其所参与者又为犯罪构成要件之外之行为，始为从犯（按帮助犯）。”

然而，这种择一立场的缺陷十分明显：一方面，该说一定具有主观说的所有缺陷。例如，按照该说，行为人只要是为了第三人的利益实施盗窃、抢劫、杀人等行为时，均不可能成立正犯，这就为意欲犯罪之人提供了一道护身符，即任何人犯罪之时均可以伪装成为他人犯罪，且这种伪装从证据证明角度很难被识破。另一方面，虽然该说与主观说相比加入了与构成要件相关的考虑，但尚不足以解决主观说过度扩大正犯范围又不当缩小共犯范围的问题，与刑法的谦抑性相违背，亦脱离了犯罪的本质。按照该说，只要参与构成要件行为一部分者，均为正犯，而没有成立共犯的空间，而且即便没有参与构成要件行为，但只要为了自己犯罪，则也要成立正犯。如此，同样是为盗窃望风的行为，甲主观上为帮助盗窃者而望风的，成立共犯；乙主观上为泄私愤而为盗窃者望风的，却要成立正犯。然而，倘若从犯罪的本质是法益侵犯的角度出发，甲与乙的望风行为本质上都是通过盗窃者的行为对法益产生侵害，且作用大小也无异。因此，将甲、乙的行为区别认定，将乙望风的行为等同于盗窃者的正犯行为，明显不合理。

四、犯罪事实支配说之提倡

犯罪事实支配说发轫于德国，并在德国居于通说的地位，在大陆法系其他国家中也可谓主流学说。例如，大谷实教授认为，将间接正犯和直接正犯等同看待的根据在于，利用人按照自己的意思对被利用人的动作或者行为进行支配，也就是按照自己的愿望进行驱使，以实现其所预期的犯罪目的，因此，实质上，行为支配说是妥当的。[③] 在我国，同样有学者认可犯罪事实支配说的观点。例如，张明楷教授指出，在正犯与共犯的区分上，犯罪事实支配说具有可取性。亦即，行为人自己直接支配构成要件事实的（直接正犯），或者通过支配他人的行为进而实现构成要件事实的（间接正犯），以及在共同实现构成要件事实的过程中居于支配地位的（共同正犯），都是正犯。[④] 陈兴良教授也认为：“支配说从幕后操纵者对实际执行者实质的支配关系上来论证间接正犯的正犯性，是较为

---

① 该说仅为我国台湾地区实务界所采，其学理界仍以犯罪事实支配说为通说。

② 林钰雄．新刑法总则．8版．台北：元照出版有限公司，2020：414.

③ 大谷实．刑法讲义总论．2版．黎宏，译．北京：中国人民大学出版社，2008：142.

④ 张明楷．刑法学：上．5版．北京：法律出版社，2016：392.

可取的一种学说。”①

此说以“犯罪支配”这一上位概念，一举解释了直接正犯、间接正犯以及共同正犯所有的正犯类型，理论上居于优势地位。本书也赞成犯罪事实支配说的立场。相比其他学说，犯罪事实支配说具有以下优势：

第一，犯罪事实支配说使得间接正犯与“正犯优先性”这一基本观点相吻合。间接正犯作为本来意义上的正犯，必须从固有之正犯概念论证其正犯性。② 间接正犯的正犯性认定，自然应当立足于正犯自身的属性，其他类似的判断角度及判断标准都是下位的。犯罪事实支配说不像其他类似理论一样将关注焦点过多地集中于实际执行者一方，而是着重揭示幕后操纵者客观上存在的犯罪支配事实，优先考虑行为人是否成立间接正犯，这与“正犯优先性”的路径是相符的。

第二，犯罪事实支配说在解释间接正犯正犯性的问题上具有优越性。详言之，由于参加人对犯罪的实施可以是以有层次的形式实现行为支配，因而区别间接正犯与共犯，就取决于实际执行者的行为是否被幕后者的“意志支配”所决定。间接正犯应当被如此理解：幕后操纵者认识到实际执行者无责任能力，或者认识到可以导致不提起责任谴责的情况，再或幕后操纵者对他正确认识的情况以这样的方式加以利用，即他对该实际执行者如同工具一般把握“在手”，利用他强势的意志支配间接地掌控该实际执行者对行为的实施。③ 间接正犯具有犯罪事实支配性的先决条件是，整个事件表现为幕后操纵者意志操纵的杰作，幕后操纵者通过其影响力将实际执行者控制在手里。对幕后操纵者而言，为了能肯定其对犯罪事实的支配，犯罪工具就必须处于从属地位，从属地位的认定可以强迫、错误、无责任能力等事实为基础。间接正犯的法角色并不是被无限制地适用，在作为犯罪工具的行为人本身是负完全责任的正犯时，间接正犯的可能性将消失。因为刑法认为，直接行为之人在此情况下应当以正犯身份对行为承担后果，其不可能同时成为他人手中的“犯罪工具”④。

第三，相较于其他客观说，犯罪事实支配说可以为包括直接正犯、间接正犯以及共同正犯在内的所有类型正犯的正犯性提供合理的理论依据，并能为正犯与共犯的划分提供清晰的指导原理，因而具有适用上的普遍性。⑤ 在犯罪事实支配说提出之前，学界一直在探求一种将包括直接正犯、间接正犯、共同正犯在内的所有正犯类型与共犯（特别是教唆犯）相界分的有效方法，而犯罪事实支配说恰好满足了这一要求。

第四，犯罪事实支配说对间接正犯与教唆犯的界分起到更加积极的作用。根据意思支配理论，在间接正犯的场合，虽然存在第三者的介入，但该实际执行者仅仅是行为人所操纵的行为工具。行为人居于幕后却能确实主宰、支配实际执行者的行为决定、行为与否以及行为样态等，换言之，行为人掌握着犯罪的整个过程。这与教唆犯显然不同。

---

① 陈兴良. 教义刑法学. 北京：中国人民大学出版社，2010：199.

② 川端博. 刑法总论. 余振华，译. 台北：元照出版公司，2008：358.

③ 约翰内斯·韦塞尔斯. 德国刑法总论. 李昌珂，译. 北京：法律出版社，2008：302.

④ 汉斯·海因里希·耶赛克，托马斯·魏根特. 德国刑法教科书：总论. 徐久生，译. 北京：中国法制出版社，2001：802.

⑤ 钱叶六. 间接正犯与教唆犯的界分//陈兴良. 刑事法评论：第28卷. 北京：北京大学出版社，2011：365.

虽然教唆犯也居于幕后，却具有共犯从属性的本质。在教唆犯的场合，固然被教唆者的意思决定同样受到教唆者的重大影响，教唆者对被教唆者存在一定程度的影响力，然而，被教唆者对于是否实行以及如何实行，仍然具有决定的自由，而非教唆者所能独立支配的情状，教唆者对被教唆者尚未达到“意思支配”的程度。因此，虽然间接正犯与教唆犯在客观上均属幕后之人，但意思支配理论很好地解释了两者存在本质区别。

基于上述理由，本书主张犯罪事实支配说，即正犯是指在犯罪过程中居于核心地位，操控、支配整个犯罪因果流程实现的人物。行为人亲自实施构成要件行为，即为直接支配构成要件实现的直接正犯；二人以上相互支持、相互利用，共同支配犯罪实现，属于共同支配构成要件实现的共同正犯；并非亲自实现构成要件事实，而是通过支配或者操控他人的构成要件行为，从而实现法益侵害结果的即为间接正犯。由此可见，“支配”是正犯类型最本质的特征，间接正犯具备的“支配性”也是其正犯性的根据；间接正犯与直接正犯应当被等同对待。与此相对，多数人参与犯罪的场合，仅仅为构成要件的实现提供条件或者契机，在犯罪的实现过程中只起到诱发或者帮助的作用，对犯罪实现的因果流程尚未达到支配情状的，即为共犯。显然，间接正犯相比狭义共犯最本质的区别在于，正犯对法益侵害的过程具有优越的犯罪支配，而共犯仅起次要或辅助作用。

第一节　共同犯罪的认定方法

案例 8-1　于某某、戴某某故意杀人案[①]

（一）案情介绍

被告人于某某因与丈夫阚某某关系不睦，2000 年外出济南打工，并与被告人戴某某相识，后二人同居。其间，二人商定结婚事宜。于某某因离婚不成，便产生使用安眠药杀害丈夫的念头，并将此告知了戴某某。2001 年 8 月，于某某因母亲有病，同戴某某一起回到成武县田集家中。8 月 13 日上午，于某某与其 10 岁的儿子及戴某某在田集药店买安眠药未果。下午，三人回到家中，于某某又以给戴某某介绍对象为名，到秦淮药店买到 6 片安眠药后回家，乘其丈夫外出买酒之际将安眠药碾碎，并告诉戴某某要乘机害死阚某某。当晚，于某某与阚某某及其儿子和戴某某一起喝酒、吃饭，待阚某某酒醉后，于某某乘机将碾碎的安眠药冲兑在水杯中让阚某某喝下。因阚某某呕吐，于某某怕药物起不到作用，就指使戴某某将她的儿子带至屋外。于某某用毛巾紧勒酒醉后躺在床上的阚某某的脖子，用双手掐其脖子，致其机械性窒息死亡。戴某某见阚某某死亡后，将于某某勒阚某某用的毛巾带离现场后扔掉。次日凌晨，二被告人被抓获归案。

---

① 《刑事审判参考》2006 年总第 49 辑第 388 号案例.

（二）裁判经过

山东省菏泽市中级人民法院认为，被告人于某某为达到与戴某某结婚生活的目的，使用安眠药，又用毛巾勒、手掐压颈部，致其丈夫死亡，其行为构成故意杀人罪，公诉机关指控的罪名成立，且动机卑劣、后果特别严重，应依法惩处。被告人戴某某明知于某某杀死其丈夫，不但不加阻止，反而听从于某某的指使，将于某某的儿子带离现场，以便于某某顺利实施犯罪；在被害人死亡后，又将作案用的毛巾带走，二人共同逃离现场，毁灭罪证。被告人戴某某的行为符合共同犯罪的构成要件，其行为已构成故意杀人罪。公诉机关指控其犯包庇罪，罪名不当，应予纠正。被告人于某某及其辩护人的辩护意见经查不实，不予采纳。被告人戴某某及其辩护人“不知杀人，不在现场，没有将毛巾带走，要求宣告无罪”的辩护意见，与其供述、证人证言等证据矛盾，不予采纳。在犯罪中，被告人戴某某起辅助作用，属从犯，应予从轻处罚。

于某某上诉提出，不是为与戴某某结婚才杀人，戴某某没参与杀人。其辩护人提出，于某某杀人是为了摆脱其丈夫折磨，不应对故意杀人负全部责任。戴某某及其辩护人上诉提出，于某某杀人时其不知道，一直没进屋，无共同犯罪行为，不构成故意杀人罪，也不构成包庇罪。

山东省高级人民法院经审理认为，上诉人于某某因离婚不成，主谋杀害其丈夫，情节恶劣，应予严惩。上诉人戴某某明知于某某要使用安眠药致其丈夫死亡，且辅助其实施，戴某某的行为构成故意杀人罪。其中，于某某在共同犯罪中起主要作用，系主犯，应依法惩处；戴某某在共同犯罪中作用较小，系从犯，原审对其从轻处罚并无不当。二上诉人的上诉理由及其辩护人的辩护意见，与事实证据不符，均不能成立，不予采纳。一审判决认定事实清楚，定罪准确，量刑适当，审判程序合法，应予维持。

（三）争点整理

1. 被告人戴某某能否与于某某构成共同犯罪？
2. 在共同犯罪中戴某某可否被认定为从犯？

（四）案例分析

本案涉及的是共同犯罪的认定问题，具体而言是被告人戴某某能否成立于某某故意杀人罪的共犯问题。

传统理论认为，成立共同犯罪必须具备三个条件：第一，行为主体必须是两个以上达到刑事责任年龄、具有刑事责任能力的人或者单位。第二，二人以上具有共同的犯罪行为。所谓共同的犯罪行为，指各行为人的行为都指向同一犯罪，相互联系，互相配合，形成一个统一的犯罪活动整体。第三，二人以上具有共同的犯罪故意。① 显然，认定共同犯罪的传统方法是，不区分共同犯罪的不同形态，统一确定共同犯罪的成立条件；符合共同犯罪成立条件的，即认定为共同犯罪；共同犯罪中的参与人便是共犯人。然而，

---

① 高铭暄，马克昌. 刑法学. 9 版. 北京：北京大学出版社，2019：160－161.

“从不法的层面来说，共同犯罪的立法与理论所解决的问题是，将不法事实归属于哪些参与人的行为。就具体案件而言，司法机关认定二人以上的行为是否成立共同犯罪，是为了解决二人以上行为的结果归属（客观归责）问题。亦即，只要认定成立共同犯罪，就要将法益侵害结果（包括危险，下同）归属于各参与者的行为（而不论各参与者是否具有责任）。显然，要将结果归属于参与人的行为，就要求参与人的行为与结果之间具有物理的因果性或者心理的因果性”①。具体的认定方法如下：

第一步，从客观不法层面判断犯罪结果应当归属于哪些人的行为，法益侵害结果由哪些人的行为所导致，或者说，哪些人的行为对结果的发生作出了贡献。例如，甲持刀故意伤害他人导致他人重伤的结果（实施了符合故意伤害罪的构成要件行为），乙给甲递刀的行为与他人重伤这一结果之间具有物理的因果性。所以，该结果应当同时归属于甲乙二人的行为。在本案中，于某某先是将碾碎的安眠药冲兑在水杯中让阚某某喝下，后因阚某某呕吐，于某某担心药物起不到作用，就指使戴某某将她的儿子带至屋外，用毛巾紧勒酒醉后躺在床上的阚某某的脖子，用双手掐其脖子，致其机械性窒息死亡。很显然，于某某用毛巾紧勒并用双手掐住阚某某脖子这一行为，直接导致了阚某某死亡的结果，换言之，被害人阚某某死亡的结果能够归属于于某某的行为。本案的关键问题是，如何规范分析戴某某在于某某指使下将她的儿子带至屋外的行为，换言之，该行为是否为阚某某死亡的结果作出了贡献？答案是肯定的。在被害人出现呕吐的情况下，于某某不得不将较为隐晦的下药杀人方式调整为明显地用毛巾勒、用双手掐的方式，而对于一位母亲来说，自己的儿子是否会目睹其杀死他的父亲，是其杀人的唯一顾虑，而戴某某在于某某指使下将她的儿子带至屋外的行为，扫除了于某某杀人的障碍，同时为于某某提供了心理上的支持。因此，阚某某死亡的结果能够归属于戴某某的帮助行为。那么，此时便可以得出结论：于某某与阚某某成立不法层面的故意杀人罪的共同犯罪。

第二步，在法益侵害结果能够归属于二人以上行为时，需要在不法层面区分正犯与共犯。如前所述，按照犯罪事实支配说的观点，正犯是在实现犯罪中作为关键人物或核心人物对事件施加决定性影响的人，是拥有犯罪事实支配的人。换言之，正犯是实现符合构成要件的实行行为这一过程中的中心人物或者核心人物。所以，在处理共同犯罪案件时，正犯的行为与结果之间的因果关系最容易判断。先确定正犯，在正犯的行为符合构成要件且违法的前提下，再判断是否存在共犯，是共同犯罪最佳的判断路径。在本案中，于某某是直接实施杀人行为的人，其行为与被害人阚某某的死亡结果具有最直接的因果关系，在杀死被害人阚某某的过程中起到支配作用、核心作用，因此于某某无疑是共同犯罪中的主犯。而就戴某某将于某某的儿子带至屋外的行为而言，该行为虽然不会直接导致被害人死亡，但客观上对于某某杀害被害人阚某某无疑是一种帮助行为。因此，在不法层面，于某某是正犯，戴某某是帮助犯。

第三步，根据各参与人的责任要素确定其所触犯的罪名，再按照我国刑法关于共犯人的处罚规定，分别量刑。在本案中，于某某是完全刑事责任能力人，具有杀人的故意，因此其成立故意杀人罪；戴某某是完全刑事责任能力人，明知于某某要实施故意杀人行

① 张明楷.刑法学：上.6版.北京：法律出版社，2021：495.

为仍提供帮助，同样具有故意杀人的故意，其成立故意杀人罪。但戴某某在共同犯罪中作用较小，系从犯，根据我国《刑法》第27条的规定，应当从轻、减轻或者免除处罚。

第二节　主犯与从犯

案例8-2　张某等开设赌场案

（一）案情介绍

2018年5月左右，被告人张某、朱某某、韩某某经商议后从A公司处收购甲直播平台的实际经营权，用于为境外赌博网站发展会员从中获利，被告人张某、朱某某、韩某某实际占股比例分别为62%、25%、13%。2018年8月，被告人张某、朱某某、韩某某出资成立了B科技有限公司，后为获得网络文化经营资质，又先后收购了C科技有限公司、D科技有限公司、甲直播平台，以D科技有限公司名义对外运营：被告人张某负责该平台的板块设计、战略规划等，被告人韩某某负责该平台的具体运营，被告人朱某某负责收取赌博网站向该平台支付的费用等。被告人张某、朱某某、韩某某等人与某博、某美等境外赌博网站代理联系后，给为赌博网站服务的主播提供甲直播平台的直播间。主播在直播体育赛事时，采取口播等方式提供QQ号、微信号、微信公众号，诱导观看直播体育赛事的观众添加上述QQ号、微信号、微信公众号后，由赌博网站代理方人员与观众联系，向其推荐下载赌博网站链接，将观众发展成为赌博网站注册会员并参与网络赌博。赌博网站代理按照赌博网站的指示，通过向甲直播平台购买虚拟平台币向主播进行"打赏"的方式，变相向甲直播平台及平台主播支付发展赌博网站会员的服务费，另通过向被告人朱某某提供的银行卡汇款的方式向甲直播平台支付发展赌博网站会员的服务费。甲直播平台先后获得某博体育等赌博网站支付的发展赌博网站会员的服务费共计人民币68 746 814元。

2019年7月左右，被告人张某、朱某某、韩某某、田某为规避甲直播平台的经营风险，经商议后决定另行成立乙直播平台，并将C科技有限公司的法定代表人由被告人韩某某变更为被告人田某。乙直播平台以C科技有限公司名义对外运营，被告人田某负责平台的研发及具体运营，被告人张某、朱某某、韩某某实际占股比例分别为62%、25%、13%。乙直播平台复制甲直播平台的运营模式，按照上述方法为某博体育等赌博网站发展赌博网站会员并收取尚未分配的服务费共计人民币6 800 000元。①

（二）裁判经过

一审法院认为，各被告人为境外赌博网站提供发展会员等服务，成立开设赌场罪。

---

① 江苏省盐城市亭湖区人民法院（2021）苏0902刑初259号刑事判决书.

本案系共同犯罪，被告人张某、朱某某、韩某某在共同犯罪中起主要作用，系主犯，判处张某有期徒刑 5 年，并处罚金人民币 200 万元；判处朱某某有期徒刑 3 年 6 个月，并处罚金人民币 50 万元；判处韩某某有期徒刑 3 年 3 个月，并处罚金人民币 30 万元。被告人田某等人在共同犯罪中起次要作用，系从犯，依法应当从轻或者减轻处罚，判处田某有期徒刑 1 年 5 个月，并处罚金人民币 2 万元。

（三）争点整理

在并非全部犯罪成员归案的情况下，必须认定一个主犯吗？

（四）案例分析

一般认为，对于共同犯罪人，按照其分工不同，可以区分为正犯与狭义共犯（教唆犯与帮助犯）；按照其作用大小，可以区分为主犯和从犯。我国《刑法》第 27 条第 1 款规定："在共同犯罪中起次要或者辅助作用的，是从犯。"所谓起次要作用，就是指行为人实施了构成要件的部分实行行为，但其实行行为在共同犯罪中所起的作用次于主犯。所以，即使行为人实施了构成要件行为，从分工角度来说是实行犯，也可能属于起次要作用的从犯。所谓起辅助作用，就是指行为人仅实施了帮助行为，而没有实施构成要件的实行行为。所以，行为人如果实施的是辅助或者帮助行为，就不可能成为主犯。在量刑时，则需要尽可能区分主犯和从犯，不能把所有实行犯都作为主犯处理，更不能将起辅助作用的帮助犯认定为主犯，从而做到定罪准确、量刑适当。

1. 从行为分工的角度来说，张某等被告人只能被认定为开设赌场罪的帮助犯，而非正犯，在境外开设赌场的犯罪人才是正犯

在处理共同犯罪案件时，要先确定正犯，在正犯的行为符合构成要件且违法的前提下，再判断是否存在共同正犯、教唆犯、帮助犯，就变得相对容易。刑法理论认为，正犯是实施符合构成要件的实行行为这一过程中的中心人物或者核心人物。因为犯罪的本质是侵害或者威胁法益，具体表现为对法益造成侵害结果或者危险结果，而支配这种结果发生的人正是正犯。

2010 年 8 月 31 日最高人民法院、最高人民检察院、公安部《关于办理网络赌博犯罪案件适用法律若干问题的意见》（公通字〔2010〕40 号）第 1 条明确规定了在网上开设赌场的正犯行为："利用互联网、移动通讯终端等传输赌博视频、数据，组织赌博活动，具有下列情形之一的，属于刑法第三百零三条第二款规定的'开设赌场'行为：（一）建立赌博网站并接受投注的；（二）建立赌博网站并提供给他人组织赌博的；（三）为赌博网站担任代理并接受投注的；（四）参与赌博网站利润分成的。"在本案中，直接实施上述开设赌场行为的是境外赌博网站的相关犯罪人，因此，境外赌博网站的相关犯罪人是本案的正犯。至于境外赌博网站的相关犯罪人是否被抓获，以及是否分案处理，都不影响他们属于正犯的结论。张某等被告人，并没有实施上述司法解释所规定的开设网络赌场的正犯行为，故不能认定张某等被告人构成开设赌场罪的正犯。

《关于办理网络赌博犯罪案件适用法律若干问题的意见》第 2 条规定了在网上开设赌场的共犯行为，其中第 1 款第 1 项规定："明知是赌博网站，而为其提供下列服务或者帮

助的，属于开设赌场罪的共同犯罪，依照刑法第三百零三条第二款的规定处罚：（一）为赌博网站提供互联网接入、服务器托管、网络存储空间、通讯传输通道、投放广告、发展会员、软件开发、技术支持等服务，收取服务费数额在2万元以上的”。此外，2020年10月16日最高人民法院、最高人民检察院、公安部《办理跨境赌博犯罪案件若干问题的意见》（公通字〔2020〕14号）第2条、第3条同样明确区分了通过网络跨境开设赌场的正犯行为和共犯行为。其中第3条“关于跨境赌博共同犯罪的认定”第2款规定：“明知他人实施开设赌场犯罪，为其提供场地、技术支持、资金、资金结算等服务的，以开设赌场罪的共犯论处”；第3款规定：“明知是赌博网站、应用程序，有下列情形之一的，以开设赌场罪的共犯论处：1.为赌博网站、应用程序提供软件开发、技术支持、互联网接入、服务器托管、网络存储空间、通讯传输通道、广告投放、会员发展、资金支付结算等服务的；2.为赌博网站、应用程序担任代理并发展玩家、会员、下线的”。上述司法解释所规定的“共犯行为”，其实都是共同犯罪中的帮助行为。

在本案中，张某等被告人经营直播平台，其实施的具体行为是为境外赌场的代理人指定的主播提供直播间，主播在该直播间中通过口播等方式提供QQ号、微信号等，再由赌博网站的代理人与添加主播QQ号、微信号的观众于线下取得联系，再向观众推荐下载赌博网站，进而从中发展赌博会员。本质上，张某等被告人只是为赌博网站的代理人在线下发展会员提供了帮助。而根据上述司法解释，赌博网站的代理人帮助赌博网站发展会员的行为只能评价为开设赌场罪的帮助犯，而帮助赌博网站的代理人为赌博网站发展会员的行为，更应当评价为帮助行为，而非正犯行为。此外，张某等被告人所获非法利益，并非“参与赌博网站利润分成的”，而系张某等被告人帮助发展线下会员的服务费，因此张某等被告人属于帮助犯即从犯，而非正犯。

2.从作用大小的角度来说，张某等被告人应当被认定为从犯而非主犯

我国《刑法》第27条第1款规定：“在共同犯罪中起次要或者辅助作用的，是从犯。”据此，从犯包括两种人：一是在共同犯罪中起次要作用的犯罪分子，即对共同犯罪的形成与共同犯罪行为的实施、完成起次于共同正犯作用的犯罪分子（包括实施了部分构成要件行为起次要作用的参与人，以及不构成共谋共同正犯的参与人）；二是在共同犯罪中起辅助作用的犯罪分子，即为共同犯罪提供方便、帮助创造条件的犯罪分子，主要是指帮助犯。

就在网上开设赌场的整体犯罪行为而言，建立赌博网站并接受投注、组织他人赌博、为赌博网站担任代理并接受投注、投资并参与赌博网站利润分成的犯罪人，才是整个犯罪行为的核心人物，这些犯罪人在整个网上开设赌场犯罪中起主要作用。在本案中，张某等被告人实施的行为是为那些起主要作用的境外赌场的代理人提供能够输出联络信息的窗口，即便直播平台上的观众添加了直播间播出的QQ号、微信号等联络信息，但后续为境外赌场发展会员这一行为的真正实施者是赌博网站的代理人，而非张某等被告人。本质上，张某等人只是为赌博网站的代理人在线下发展会员提供了帮助。很显然，被告人张某等人在共同犯罪中只是起辅助作用的犯罪分子，应当被评价为从犯而非主犯。

3.主犯未落网或者存在分案处理时，应特别注意从犯的认定

不难想象，共同犯罪中，不论共犯人有多少，一定存在只有一个主犯，其余全是从

犯的情形。司法实践中，也不乏因主犯在逃、主犯死亡等原因，归案者均为从犯的情形。除此之外，因案件涉及人数众多等原因，主犯与从犯分案处理的案件也不在少数。参与人是构成主犯，还是构成从犯或者胁从犯，应通盘考虑参与人的作用大小。换言之，应在全部参与人之间比较作用大小，进而得出妥当结论，而不能只在到案人之间或者分案处理时全部为作用较小的犯罪人之间进行比较，进而得出结论；更不能因为主犯没有在案，就将在案的从犯认定为主犯。例如，18 周岁的 B 将凶器借给 15 周岁的 A，A 使用该凶器伤害 C，导致 C 轻伤。虽然起主要作用的人即不法意义上的主犯是 A，但由于 A 没有达到法定年龄，因而不负刑事责任，但不能据此就认定 B 是故意伤害罪的主犯。换言之，在此案中，司法机关只能认定 B 是故意伤害罪的从犯。所以，在一个被移送到检察机关或者被起诉到法院的案件中，完全可能只有从犯。再如，甲入户盗窃，让乙与丙为其望风，乙和丙在共同犯罪中所起的作用明显小于甲的作用。后甲潜逃未能归案，公安机关只抓获了乙与丙。在此案中，显然只能认定未归案的甲是主犯，不可能因为甲未归案，就一定要认定乙或者丙是主犯。

在本案中，应当通盘考虑实施开设赌场正犯行为的犯罪人与张某等被告人在共同犯罪中的作用大小。如前所述，在境外开设赌场的相关犯罪人是本案的正犯，在整个犯罪行为过程中起主要作用，系主犯；而被告人张某等仅起辅助作用，不能因为开设赌场的主犯未归案或者未与本案一并审理，就将起辅助作用的张某等被告人认定为主犯，相反，应当根据《刑法》第 26 条、第 27 条的规定，规范评价张某等被告人在共同犯罪中所起的客观作用大小，将其认定为从犯。

此外，与《刑法》第 287 条之二相比较，对张某等人的行为按开设赌场罪的从犯论处，更符合罪刑均衡原则。《刑法》第 287 条之二第 1 款规定："明知他人利用信息网络实施犯罪，为其犯罪提供互联网接入、服务器托管、网络存储、通讯传输等技术支持，或者提供广告推广、支付结算等帮助，情节严重的，处三年以下有期徒刑或者拘役，并处或者单处罚金。"张某等被告人也只是为境外赌博网站的相关犯罪人提供了该款所规定的部分帮助行为，既然如此，如果对张某等被告人的行为以开设赌场罪的主犯论处，就明显与该款规定不协调；反之，如若对张某等被告人的行为以开设赌场罪的从犯论处，则能做到罪刑均衡。

第三节　身份犯的间接正犯

案例 8-3　张某某等诈骗案[1]

（一）案情介绍

1995 年年底，A 公司出资 60 万元设立 A 化工厂，该厂系独立法人实体，被告人张某

① 陈兴良. 刑法疑案研究. 北京：法律出版社，2002：67-68.

某任厂长、法定代表人，被告人修某某任副厂长。该厂为股份制企业，张某某、修某某等人以技术入股，占25%的股份。1996年，A公司购买了一辆切诺基汽车，配发给化工厂使用，产权属于A公司。A公司购车后向保险公司办理保险，投保人和受益人均为A公司。后因化工厂拖欠某工程队工程款4万余元，某工程队负责人于1996年12月6日到化工厂将汽车强行开走。张某某随即向派出所报案，该所以此事属于经济纠纷为由，未予受理。张某某遂伙同修某某，于当晚向公安局刑警队报案，谎称汽车丢失，后又向A公司谎报。A公司遂向保险公司索赔。1997年6月，保险公司向A公司支付理赔款12万元。

（二）裁判经过

司法机关在处理本案时存在三种意见：第一种意见认为张某某、修某某的行为构成保险诈骗罪。理由在于，张某某、修某某以非法获取保险金为目的，利用保险进行诈骗活动，向保险人骗取保险金，数额较大，符合保险诈骗罪的特征。第二种意见认为张某某、修某某的行为不构成犯罪。理由在于，向保险公司索赔是由A公司进行的，张某某、修某某没有参与，没有实施诈骗行为。第三种意见认为，张某某、修某某的行为构成诈骗罪。理由在于，张某某、修某某不具备保险诈骗罪的身份要件，但满足诈骗罪的构成要件。

（三）争点整理

在真正身份犯的场合，间接正犯是否需要具备身份要件？

（四）案例分析

本书认为，关于间接正犯的认定，应当将幕后操纵者与实际执行者实现的构成要件要素结合起来作为整体，进而像对待单独犯那样判断幕后操纵者的行为是否具备构成要件符合性。据此，就各罪成立的全部构成要件要素而言，实际执行者没有具备的构成要件要素，幕后操纵者就必须具备，这是间接正犯成立的形式前提。但是，仍需要进一步明确的是，除利用行为以外①，是否还存在着幕后操纵者必须具备而实际执行者不必具备的要素？这里涉及的问题便是构成要件的身份要素。

众所周知，真正身份犯是以特殊身份作为客观构成要件要素的犯罪，无身份者显然不能成立身份犯的直接正犯，那么，就真正身份犯而言，无身份者可否构成以身份者为媒介的间接正犯？换言之，能否将实际执行者的身份评价为幕后操纵者自己的身份呢？就此问题，学界存在着肯定说、否定说以及折中说的见解。

1. 肯定说

肯定说认为，就真正身份犯而言，幕后操纵者没有身份时也能成立间接正犯。例如，我国台湾地区学者韩忠谟认为："既以自身之有责行为惹起客观之犯罪事实，则犯罪之要件即属具备，纵或利用者欠缺某种犯罪成立之身份，只须被利用者有此身份，当无碍于

---

① 本书认为，在刑法总则没有明文规定间接正犯的前提下，利用行为本身并不是构成要件行为，只是将被利用者实现的构成要件事实归属于利用者的条件。

犯罪事实之内容，仍不得不负正犯之责。”[①] 本书难以赞成肯定说的观点。

第一，在刑法语境下，真正身份犯中的身份要素是行为主体必须具备的特殊资格，或者其他行为主体在社会关系中所具备的与一定的犯罪行为有关的特殊地位或状态，如国籍、亲属关系、国家（机关）工作人员、证人、司法工作人员等，这些资格的取得只能是基于法律授予或者行为人所属的社会关系。[②] 一方面，这种社会关系显然是个人专属的，无法将一人的专属社会关系转移给他人，也不能将他人的身份评价为自己的身份。换言之，虽然可以将实际执行者因为受欺骗或者被强制而实施的行为及其造成的结果等归属于幕后操纵者，但不能将实际执行者的身份评价为幕后操纵者的身份。因为幕后操纵者只能支配实际执行者是否实施某种行为，而不可能支配实际执行者有无身份。如果实际执行者没有身份，幕后操纵者无论如何也不可能通过利用行为使之具有身份；反之，如果实际执行者具有身份，幕后操纵者无论如何也不可能通过利用行为使之失去身份。这正是身份的个人专属特征。[③] 另一方面，“作为特殊犯罪主体所要求的身份，必须是在行为人开始实施犯罪行为时就已经具有的”[④]。也就是说，在犯罪实施过程中或者犯罪行为结束后获得的身份，并不属于身份犯的特殊身份。例如，“在犯罪集团中起组织、策划、指挥作用的首要分子，不属于特殊身份”[⑤]。在此意义上，倘若幕后操纵者在实施利用行为之时，并不具备特殊身份，则其不可能成立身份犯的间接正犯。

第二，间接正犯是正犯，不具有从属性，因而与教唆犯、帮助犯不同。有学者认为，“通说认为，一个人如果不是所谓自己犯罪（不法），那么他的行为构成犯罪的管道就在于从属于其他人的犯罪（不法）。以此推论，如果正犯的行为并非不法，那么正犯后面的行为人（不管取名字叫做教唆犯、帮助犯或间接正犯），都无从从属而不应该构成犯罪。然而矛盾就在于，通说一边讲从属原则，一边却又认为，所谓利用他人欠缺构成要件该当性或是利用他人欠缺违法性的行为依然构成间接正犯!”[⑥] 然而，这种理解显然混淆了从属性的概念。刑法理论中的从属性，特指共犯的从属性，即共犯成立犯罪至少要求正犯者着手实施了犯罪的原理[⑦]，简言之，共犯的违法性至少从属于正犯者的构成要件行为。然而，间接正犯是正犯，间接正犯对构成要件的实现具有支配作用，因此，间接正犯的违法性并非来自对幕后操纵者构成要件行为的从属，而是对实际执行者构成要件行为的支配。因此，在无身份者教唆、帮助有身份者实施身份犯罪的场合，无身份者可以成立身份犯的共犯；在无身份者强制、欺骗有身份者实施身份犯罪的场合，无身份者却因无法支配身份要件而无法成立身份犯的间接正犯。

第三，如果将无身份者强制或欺骗有身份者实施身份犯罪的行为认定为间接正犯，

① 韩忠谟. 刑法学原理. 北京：中国政法大学出版社，2002：223.

② 曲新久. 刑法学. 5版. 北京：中国政法大学出版社，2016：74.

③ 故意、目的等也是如此。例如，甲将毒药谎称为治病良药，想利用不知情的乙杀害丙时，如果乙知道了真相仍然将毒药给丙饮用，乙就具有了故意。不能因为甲想利用乙的不知情，我们就认定乙真的不知情。乙是否知情，只能根据乙的心理事实进行判断。

④ 曲新久. 刑法学. 5版. 北京：中国政法大学出版社，2016：75.

⑤ 张明楷. 刑法学：上. 5版. 北京：法律出版社，2016：131.

⑥ 黄荣坚. 基础刑法学：下. 3版. 北京：中国人民大学出版社，2009：519-520.

⑦ 张明楷. 刑法学：上. 5版. 北京：法律出版社，2016：408.

将必然导致定罪的混乱。例如，甲使用暴力强制国有公司的出纳（国家工作人员）将保险柜中的全部财物取出并交给自己。本案中，甲利用了国家工作人员的身份实现了使国有资产遭受损失的法益侵害，按照肯定说的观点，甲应当成立贪污罪的间接正犯而非抢劫罪的直接正犯。这显然违背常理。再如，乙使用欺骗手段使国有企业人员交付财物给自己。这原本是典型的诈骗罪，但按照肯定说要认定乙的行为成立贪污罪的间接正犯。这明显不当。

2. 折中说

牧野英一教授认为，不能成为直接正犯者，是否不能成为间接正犯的问题，应当分情况而论："①一定身份作为犯罪的要件，系法律出于仅仅处罚有其身份者的行为的意思。在这样的场合，不能成为直接正犯者，应当说不能成为间接正犯。②有一定的身份者由于缺乏犯意或者能力，其行为不能发生法益侵害，在这种场合，利用他也不能构成间接正犯。例如受贿罪可以认为是其适例。受贿罪是侵害公务员清廉的行为，如果公务员丧失责任能力或者缺乏利用其职务收受贿赂的犯意，公务员的清廉不会受到任何损害，所以对于这种犯罪不能认为构成间接正犯……③在一般场合，一定的身份作为犯罪的要件，是因为其身份成为法益侵害的事实上的要件，所以没有这种身份者利用有这种身份者时，由此发生法益侵害的事实，从而可以构成间接正犯。例如妇女不能作为直接正犯犯强奸罪，但可以利用无责任能力的男子侵害其他妇女的贞操……"① 然而，折中说的观点在逻辑上存在诸多疑问。

第一，论者认为，当一定的身份作为犯罪的成立要件时，倘若法律的本意在于处罚有身份者的行为，则无身份者不能成立间接正犯；倘若有身份者的身份成为法益侵害的事实上的要件时，无身份者利用有身份者实施构成要件行为导致法益侵害的，则无身份者可以成立间接正犯。然而，这种分类标准违背刑法的基本原理。在真正身份犯的场合，身份的有无决定了能否定罪，因为"身份（例如，是否属于受贿罪的国家工作人员、玩忽职守罪的国家机关工作人员、徇私枉法罪的司法工作人员、逃税罪的扣缴义务人）的有无决定了行为是否可能造成法益侵害，从而影响定罪（构成身份）"②。换言之，在真正身份犯的场合，其处罚依据在于，只有有身份者的行为才能造成法益侵害的结果，有身份者的身份均为法益侵害事实上的要件，并不存在例外情形。

第二，论者认为，无身份者利用缺乏犯意或者能力的有身份者时，由于有身份者的行为不能发生法益侵害，则无身份者不能构成间接正犯。对于这种情形，本书虽然赞同其结论，但难以接受其理由。这是因为，法益侵害是指行为在客观上给刑法保护的法益所造成的现实侵害事实与现实危险状态③，与行为人的主观责任并无关系，实际执行者欠缺责任所实施的构成要件行为同样会产生法益侵害结果。论者以公务员的廉洁性不会因公务员无责任的受贿行为而受损作为例证，但是，法益侵害原本就是与责任要素无关的存在，换言之，当行为满足了各罪的构成要件符合性且不具备违法阻却事由时，客观

---

① 马克昌. 比较刑法原理：外国刑法学总论. 武汉：武汉大学出版社，2002：641 - 642.

② 周光权. 刑法总论. 3 版. 北京：中国人民大学出版社，2016：361.

③ 张明楷. 刑法学：上. 5 版. 北京：法律出版社，2016：166.

上便存在法益侵害。因此，即便公务员没有认识到所收受的是“贿赂”，但其行为所造成的法益侵害已成既定事实，只是因为没有责任而无法成立犯罪。进一步而言，本书也认同利用无责任的公务员无法成立间接正犯的结论，但倘若不承认公务员的行为造成了法益侵害结果，则幕后操纵者便不可能成立犯罪，这显然导致了处罚漏洞。相反，虽然幕后操纵者不成立间接正犯，但应当按照受贿罪的教唆犯论处。

另外，利用无责任能力的有身份者时，只要有身份者实施了符合构成要件的行为且不具有违法阻却事由，无疑将产生法益侵害的结果；相反，倘若有身份者没有实施构成要件行为，则幕后操纵者显然不可能成立间接正犯。

第三，论者认为，幕后操纵者可以通过利用有身份者实现法益侵害，因而应当肯定无身份者能够成立间接正犯。然而，这种观点抛开间接正犯自身的构成要件符合性判断，仅依据无身份者能够通过身份者的行为导致法益侵害结果这一点，就将无身份者认定为间接正犯的做法，必然存在违反罪刑法定原则之嫌。也有个别肯定论者持这样的理由，例如，西田典之教授认为，“间接正犯应当是指利用他人的（违法）构成要件该当行为，实现构成要件结果之情形”①。其核心理由在于：倘若正视作为犯罪实质的法益侵害，既然无身份者能够利用身份者实现法益侵害，则应当认为无身份者成立身份犯的间接正犯。② 然而，这种观点存在疑问。首先，正如张明楷教授所言，倘若认为“只要通过利用身份者侵害法益就可以成立间接正犯，间接正犯的范围就被无限扩大了”③。况且，事实上，西田典之教授是以疑似身份犯来说明间接正犯不需要身份的。亦即，西田典之教授认为以妇女为对象的强奸罪是身份犯（行为主体要求为男性），但妇女可以成为强奸罪的间接正犯，进而说明间接正犯不需要身份。④ 然而，强奸罪并非身份犯，只是疑似身份犯。换言之，强奸罪的正犯既可以是男性，也可以是女性。⑤ 因此，不能以强奸罪为例说明间接正犯不需要具备身份。其次，西田典之教授是从日本《刑法典》第 156 条规定的制作虚伪公文书等罪与第 157 条规定的公正证书原本不实记载等罪之间的处罚均衡来说明间接正犯不需要身份的。亦即，日本《刑法典》第 156 条规定的制作虚伪公文书等罪的行为主体是公务员，行为内容为制作虚伪公文书等，法定最高刑为 10 年有期惩役；而日本《刑法典》第 157 条规定的公正证书原本不实记载等罪的行为主体是一般主体，行为内容为对公务员作虚伪的申述，使公务员在相关证书作不实记载，法定最高刑为 5 年惩役。显然，只有承认一般人可以成为第 156 条的间接正犯，才能使二者之间的处罚协调。⑥ 但是，在本书看来，不能为了处罚的均衡性而违反罪刑法定原则，换言之，只能在行为符合构成要件的前提下考虑处罚的均衡性。

3. 本书见解：否定说

本书主张否定说，认为无身份者不能成立身份犯的间接正犯，“不具有特殊身份的

---

① 西田典之.『共犯理论の展开』. 東京：成文堂，2010：102 参照。

② 伊藤真.『刑法各论〔第 3 版〕』. 東京：弘文堂，2009：360 参照。

③ 张明楷. 身份犯的间接正犯：以保险诈骗罪为中心. 法学评论，2012，30（6）：129.

④ 西田典之. 日本刑法各论. 王昭武，刘明祥，译. 北京：法律出版社，2013：92.

⑤ 山口厚. 刑法各论：第 2 版. 王昭武，译. 北京：中国人民大学出版社，2011：123；张明楷. 刑法学：下. 5 版. 北京：法律出版社，2016：868.

⑥ 西田典之.『共犯理论の展开』. 東京：成文堂，2010：108 参照。

人，即使从形式上看，其对犯罪具有支配、控制作用，是犯罪的核心角色，其行为也不是刑法分则针对身份犯所规定的实行行为，所以不能成为正犯，自然也无法成为有身份者的间接正犯”①。反过来说，在真正身份犯的场合，幕后操纵者自身必须具备身份要素。最基本的理由在于，身份是对正犯的要求，间接正犯是正犯；身份是无法被支配的要素，利用他人的身份不等于幕后操纵者自己具备了身份。

（1）身份犯中的身份不仅具有个人专属性，而且是与身份者及其行为密不可分的要素，因而无法被单独支配。

肯定论者认为，“间接正犯与直接正犯在正犯性的表现方面存在很大的差异，绝不能以直接正犯的正犯性作为标准审视间接正犯。因欠缺身份不能成立直接正犯，并不意味着间接正犯也不能成立。其实，间接正犯的正犯性在于幕后操纵者对犯罪过程的整体支配作用……考察间接正犯的构成要件应当从整体出发，将身份者和构成要件身份区别对待，那么，肯定无身份者也能为身份犯的间接正犯也就是顺理成章的结论了”②。本书并不认同这种观点。

如前所述，身份要素具有个人专属性，不能将实际执行者之身份要素评价为幕后操纵者本人之身份要素。而且，“特殊身份必须是在行为主体开始实施犯罪行为时就已经具有的特殊资格，或者已经形成的特殊地位或状态”③，但是，幕后操纵者无论如何都无法支配或者决定实际执行者在行为当时获得某种特殊身份，也不可能决定实际执行者的社会关系。

另外，身份犯中的身份，总是与一定的犯罪行为紧密联系的，换言之，身份独立于身份者或身份者的行为而单独存在时，将丧失其身份意义。“在身份犯中，身份是正犯必须具备的构成要件要素，而且与身份相联系的‘利用自己身份的行为’也是正犯必须具备的构成要件要素。”④ 也就是说，在身份犯的场合，幕后操纵者支配的是身份者利用自己身份的行为要素，而非身份本身这一单独要素。利用有身份者并不等于利用了单独的身份，更不等于幕后操纵者自己具备了身份。

因此，身份要素无法被他人支配，也就在任何情况下都不可能将实际执行者的身份要素作为幕后操纵者自身的身份要素进行不法评价。

（2）身份是针对正犯而言的，刑法规定的身份犯要求正犯者具备特殊身份。

身份犯的正犯者必须具备身份要素，间接正犯是正犯而非共犯，所以幕后操纵者具备身份要素时才可能具备间接正犯的构成要件符合性。德国刑法理论的通说认为，在真正身份犯的场合，间接正犯必须具有构成要件的身份，否则只能成立教唆犯或帮助犯。⑤德国判例也持相同主张。例如，甲以滥用麻醉品为目的，欺骗不知情的医生以医疗目的为其开出麻醉品处方。在德国，滥用药物罪是真正身份犯，行为主体必须是医生。德国

---

① 周光权.刑法总论.3版.北京：中国人民大学出版社，2016：330.

② 邓毅丞，李小涛.论间接正犯中身份要素之虚无.河南科技大学学报（社会科学版），2008（4）：104.

③ 张明楷.刑法学：上.5版.北京：法律出版社，2016：131.

④ 张明楷.论身份犯的间接正犯：以保险诈骗罪为中心.法学评论，2012（6）：131.

⑤ 冈特·施特拉腾韦特，洛塔尔·库伦.刑法总论Ⅰ：犯罪论.杨萌，译.北京：法律出版社，2006：292，309.

联邦法院1956年的判决认为，无身份者不能成为身份犯的间接正犯。① 日本通说也否认了无身份者构成以身份者为媒介的间接正犯的可能。“这主要是考虑到，间接正犯属于有无构成要件符合性的问题，而无身份者的利用行为不可能该当于身份犯的构成要件。”② 利用身份者的行为，不等于能够利用其身份，更不是幕后操纵者当然具备了该身份，否则刑法规定的身份就丧失了意义。

（3）无身份者利用有身份者实施身份犯罪虽不能成立身份犯的间接正犯，但并不会导致处罚上的漏洞。

肯定论者与折中论者主张无身份者能够成立身份犯的间接正犯，在很大程度上是为了避免处罚上的漏洞：传统刑法理论对教唆犯与帮助犯设定了不合理的限定条件，即要求被教唆者必须产生犯罪故意、帮助犯必须是帮助故意犯罪之人。③ 若按此逻辑，在某些场合，倘若否认无身份者成立身份犯的间接正犯，就会导致无身份者不成立任何犯罪或者强拉硬套相似罪名的结论。④

然而，只要正确理解共同犯罪的本质以及教唆犯与帮助犯的成立条件，否定说便不会造成处罚漏洞。就共犯的处罚根据而言，刑法理论的通说采取因果共犯论，即共犯的处罚根据，在于其通过介入正犯者的行为间接引起法益侵害（构成要件该当事实）。换言之，之所以处罚教唆者和帮助者，原因在于其诱使、帮助正犯者直接引起了法益侵害。⑤ 法益侵害的存在并不以行为人具备责任为前提，正犯行为只要满足构成要件符合性且没有违法阻却事由，教唆犯便具备了当罚性；同样，只要帮助行为使得正犯行为的实现更为容易，便也具备了当罚性，并不要求被帮助的正犯产生了犯罪故意。我国《刑法》第29条关于教唆犯的规定中也并未将被教唆者产生犯罪故意作为教唆犯成立的要件。⑥ 因此，当身份者不成立身份犯的间接正犯时，幕后操纵者依然可能成立教唆犯或帮助犯，甚至在某些场合成立普通犯罪的间接正犯。例如，在甲伪造公文使得监管人员误以为是真实的释放文件而将在押犯人予以释放的情形中，虽然甲无法成立私放在押人员罪的间接正犯，但可以成立私放在押人员罪的教唆犯。将甲认定为教唆犯，在我国也不会造成罪刑不均衡的局面。原因在于，我国刑法对于教唆犯是按照其在犯罪中所起的作用处罚的，起主要作用的应当按照主犯处罚。

在本案中，被告人张某某和修某某利用A公司骗取保险金的行为不成立保险诈骗罪的间接正犯，只能成立诈骗罪的间接正犯。众所周知，保险诈骗罪是真正的身份犯，在身份犯的场合，只有具备身份的人才可能成立间接正犯，因而保险诈骗罪的间接正犯也必须具备投保人、被保险人与受益人的身份。但是本案中的张某某和修某某并不具有上述身份，也就当然不可能成立保险诈骗罪的间接正犯。但因为诈骗罪与保险诈骗罪属于

---

① BGHSt 9.370，转引自松宫孝明.『刑事立法と犯罪体系』.東京：成文堂，2003：259.

② 西田典之.日本刑法总论.王昭武，刘明祥，译.北京：法律出版社，2013：300.

③ 张明楷.论身份犯的间接正犯：以保险诈骗罪为中心.法学评论，2012（6）：132.

④ 邓毅丞，李小涛.论间接正犯中身份要素之虚无.河南科技大学学报（社会科学版），2008（4）：103.

⑤ 张明楷.刑法学：上.5版.北京：法律出版社，2016：407；大谷实.『刑法讲义总论〔第3版〕』.東京：成文堂，2009：404参照；井田良.『讲义刑法学・总论』.東京：成文堂，2008：481参照。

⑥ 张明楷.共犯对正犯故意的从属性之否定.政法论坛，2010（5）：11-19.

法条竞合的关系，属于保险诈骗罪构成要件的行为也就必然属于诈骗罪的诈骗行为，所以，张某某和修某某利用不知情的 A 公司向保险公司骗取保险金的行为，应当成立诈骗罪的间接正犯。另外，因教唆犯不需要具备身份要件，所以其二人的行为也同时成立保险诈骗罪的教唆犯。保险诈骗罪的教唆犯与诈骗罪的间接正犯是一种竞合关系，应当以诈骗罪的间接正犯处罚。

第九章　特殊的共同犯罪

知识点概述

在共同犯罪的认定中，以行为支配、意思支配、功能性支配（针对作为犯）以及结果原因支配（针对不作为犯）为核心内容的正犯性概念，有助于厘清正犯与共犯的边界，并确立单独正犯、间接正犯、共同正犯与狭义共犯（教唆犯与帮助犯）的典型形态。然而，在典型形态的共同犯罪之外，还存在诸如共犯与身份、承继的共犯、不作为的共犯等特殊形态的共同犯罪。其中，所谓共犯与身份，旨在讨论在无身份之共犯对于有真正身份之正犯的特殊不法从属问题；所谓承继的共犯，旨在讨论事先无通谋者于事中加入犯罪的特殊参与阶段问题；所谓不作为的共犯，则旨在讨论有保证人地位者明知法益遭受侵害而不加制止的特殊参与形态问题。以下将以各节主案例的争点为引线，在呈现相关议题的理论诸相的同时，结合相关判例及实务见解，以期明晰相关争点及其法理根据，促进理论与实务交互理解。

关于特殊的共同犯罪，在我国刑法总则中并无具体规定，但是，诸如共犯与身份等问题，在德国、日本等国有专门规定，以下简列相关立法例。至于我国司法解释、规范性文件的相关规定，则在案例分析中具体引述，在此不赘述。

德国《刑法典》第 28 条：

第 1 款　共犯（教唆犯或帮助犯）欠缺正犯可罚性基础之特定个人要素时，依第 49 条减轻其刑。

第 2 款　法律对于特别的个人要素致刑有加重或者免除规定时，该规定仅适用于具有该要素之参与者（正犯或共犯）。

德国《刑法典》第 29 条：

数人参与一犯罪行为时，个人仅就自己之责任受处罚而不受他人责任的影响。

日本《刑法典》第 65 条：

第 1 款　对于因犯罪人身份而构成的犯罪行为进行加功的人，虽不具有这种身份的，也是共犯。

第 2 款　因身份而特别加重或者减轻刑罚时，对于没有这种身份的人，判处通常之刑。

第一节　共犯与身份

案例 9－1　苟某 1 等贪污、受贿案[①]

（一）案情介绍

被告人苟某 1，原系四川省通江县百货公司经理；被告人毕某某，原系四川省通江县百货公司副经理；被告人苟某 2，原系四川省通江县百货公司党支部副书记；被告人刘某某，原系四川省通江县百货公司副经理。

1993 年 1 月至 1995 年 8 月，被告人苟某 1 伙同毕某某、苟某 2、刘某某利用担任通江县百货公司经理、副经理等职务之便，大肆索取、收受他人现金；采取收入不入账和虚开发票等手段，侵吞公共财产。其中，苟某 1 伙同他人或单独索取收受他人现金 14 次，个人分得赃款 68 000 元；伙同他人或单独侵吞公款现金 6 次，个人分得赃款 19 000 余元。苟某 2 伙同他人索贿受贿 8 次，个人分得赃款 49 000 余元；伙同他人贪污 6 次，个人分得赃款 13 000 余元。毕某某伙同他人索贿受贿 5 次，个人分得赃款 26 900 余元；伙同他人贪污 7 次，个人分得赃款 15 500 余元。刘某某伙同他人索贿受贿 4 次，个人分得赃款 17 500 余元；伙同他人贪污 7 次，个人分得赃款 16 000 余元。案发后，苟某 1、苟某 2、毕某某、刘某某均退清全部赃款。

（二）裁判经过

四川省巴中地区中级人民法院依照全国人大常委会《关于惩治贪污罪贿赂罪的补充规定》第 1 条第 1 款，第 2 条第 1 款第 1、2 项，第 2 款，第 4 条第 1 款，第 5 条第 1 款，及 1979 年《刑法》第 22 条、第 23 条、第 24 条、第 64 条、第 51 条、第 52 条、第 53 条第 1 款、第 59 条的规定，于 1996 年 8 月 21 日判决如下：

（1）被告人苟某 1 犯受贿罪判处无期徒刑，剥夺政治权利终身；犯贪污罪判处有期徒刑 10 年，剥夺政治权利 2 年，决定执行无期徒刑，剥夺政治权利终身。

（2）被告人苟某 2 犯受贿罪判处有期徒刑 10 年，剥夺政治权利 2 年；犯贪污罪判处有期徒刑 4 年，决定执行有期徒刑 13 年，剥夺政治权利 2 年。

（3）被告人毕某某犯受贿罪判处有期徒刑 7 年，犯贪污罪判处有期徒刑 4 年，决定执行有期徒刑 9 年。

（4）被告人刘某某犯受贿罪判处有期徒刑 3 年，犯贪污罪判处有期徒刑 4 年，决定执行有期徒刑 5 年。

一审宣判后，被告人苟某 1 以“原判认定索取收受他人现金的数额有出入，不具有

---

① 《刑事审判参考》1999 年总第 4 辑第 30 号案例.

国家工作人员身份，定罪适用法律及量刑均属不当”，被告人毕某某以“量刑过重”为理由分别向四川省高级人民法院提出上诉。

四川省高级人民法院认为：被告人苟某1任通江县百货公司经理期间虽行使管理职权，但不具有国家工作人员身份，其以职务之便索取收受他人现金和采取收支不入账等手段侵吞公司钱财的行为，已构成商业受贿罪和（职务）侵占罪，且数额较大，在共同犯罪中起主要作用，系本案主犯，应依法惩处。被告人苟某2、毕某某、刘某某任通江县百货公司副经理等职务期间，具有国家工作人员身份，其索贿收贿和侵吞公司钱财的行为，已构成受贿罪和贪污罪，在共同犯罪中起次要作用，系本案从犯，均应依法判处，原审判决认定基本事实清楚，审判程序合法。但认定苟某1国家工作人员身份及对其适用法律不当。

四川省高级人民法院依照《刑法》第12条第1款、第382条、第383条第3款、第385条，全国人大常委会《关于惩治违反公司法的犯罪的决定》第9条、第10条，及1979年《刑法》第22条、第23条、第24条、第64条的规定，于1998年11月11日判决如下：

（1）撤销四川省巴中地区中级人民法院一审判决。

（2）被告人苟某1犯商业受贿罪，判处有期徒刑4年；犯职务侵占罪判处有期徒刑2年，数罪并罚决定执行有期徒刑5年。

（3）被告人毕某某犯受贿罪，判处有期徒刑4年；犯贪污罪判处有期徒刑2年，数罪并罚决定执行有期徒刑5年。

（4）被告人苟某2犯受贿罪，判处有期徒刑7年；犯贪污罪判处有期徒刑2年，数罪并罚决定执行有期徒刑8年。

（5）被告人刘某某犯受贿罪，判处有期徒刑2年；犯贪污罪判处有期徒刑2年，数罪并罚决定执行有期徒刑3年。

（三）争点整理

1.在真正身份犯中，无身份的人能否与有身份的人成立共同犯罪？

2.在共同犯罪中，不同身份的人各自利用职权共同实施侵吞企业财产、收受他人财物的，应如何定罪处罚？

（四）案例分析

1.真正身份犯与非真正身份犯

刑法中的身份，是指法律明文规定的、对定罪量刑具有影响的一定的个人要素。其中，作为行为之可罚性基础的身份，直接影响了犯罪的成立，属于定罪身份；而决定罪责之大小的身份，则直接影响了刑罚的裁量，属于量刑身份。① 对应于阶层犯罪论体系，根据身份所发挥的作用，可以区分为违法身份和责任身份。② 以身份作为客观构成要件

① 陈兴良.刑法学的编年史.北京：法律出版社，2019：55，57.

② 周啸天.身份犯共犯教义学原理的重构与应用.中外法学，2016（2）：395.

要素的犯罪，属于身份犯——只有特定身份才能成立的犯罪，即为真正身份犯或构成的身份犯，而特定身份影响刑罚高低的犯罪，即为不真正身份犯或加减的身份犯①，也称非真正身份犯。

至于如何区分真正身份犯与非真正身份犯，则存在着形式说与实质说的分野。就形式说而言，其受具体国别立法的影响，以构成要件为标准对真正身份犯与非真正身份犯加以界分，即前者指向的是仅能由特定身份者所实施的构成要件，如凌虐受照护之人罪（德国《刑法典》第225条），该罪与伤害罪（德国《刑法典》第223条）在主体身份、侵害对象以及损害类型上存在明显差异；后者指向的是非身份者亦能实施的构成要件，如公务伤害罪（德国《刑法典》第340条），该罪明确以“违犯伤害罪”为前提，只不过针对公务员这一特别身份，加重其在“履行职务相关行为或处于职务相关地位时”所犯伤害罪之刑罚。对应到我国刑事立法，通常而言，真正身份犯应具备独立构成要件，而非真正身份犯则仅需援引前款之规定。如负有照护职责人员性侵罪属于真正身份犯，其在主体身份、侵害对象以及手段方式等方面与强奸罪存在重大差别；而非法拘禁罪则属于非真正身份犯罪，国家工作人员这一身份仅仅在其“利用职权犯前三款罪”的情况下，才能从重处罚。

就实质说而言，其认为形式说仅简单对应了立法规定，却并未阐明立法作出此等规定的实质理由，也难以说明真正身份犯中身份具有连带共犯的作用、非真正身份犯中身份仅及于自身的法理依据。据此，力图为形式说赋能，将违法身份与真正身份、责任身份与不真正身份作规范关联的实质说应运而生，大体上存在着两种论证路径。一是立足于义务违反的立场，将违法身份的本质置于义务犯的特别义务违反之中，“义务违反的特别值得刑罚性所具有的深层原因，存在于实行人所处的社会关系之中。这种社会角色创设了一种信赖性行为构成，让这种对法的侵害显得特别应当受谴责……这种质量上的差别，存在于只能由公职人员而不能由局外人享有的个人信赖的基础上，在职务犯罪中为从属性的放宽也就是突破提供了正当化”②。由于这种从属性的放宽，或者说违法性的连带，在真正身份犯的场合，非身份者可以成立真正身份犯的教唆犯或帮助犯；相反，在非真正身份犯的场合，因该身份属于责任身份，故不具有连带性。我国也有学者主张采取义务违反立场，运用义务犯理论解决身份犯类型区分与共犯归属问题。③ 二是立足于法益侵害的立场，将违法身份的本质置于特定身份者对其支配法益的侵害之中，“由于身份的存在，而使主要的保护法益或者次要的保护法益的侵害成为可能，身份为这样的法益侵害的可能性奠定了基础，由此而被规定为犯罪的成立要件”④。正因违法身份奠定了法益侵害的基础，所以非身份者对身份者行为的参与，便具有了从属的违法性。我国同样有主张采取法益侵害立场，运用法益支配概念解决身份犯类型区分与共犯归属问题。⑤

---

① 张明楷. 刑法学：上. 6版. 北京：法律出版社. 2021：123.

② 克劳斯·罗克辛. 德国刑法学总论：第2卷. 王世洲，译. 北京：法律出版社，2013：191.

③ 何庆仁. 义务犯研究. 北京：中国人民大学出版社，2010：285以下；周光权. 论身份犯的竞合. 政法论坛，2012（5）：130.

④ 山口厚. 刑法总论：第2版. 付立庆，译. 北京：中国人民大学出版社，2011：37.

⑤ 陈兴良. 身份犯之共犯：以比较法为视角的考察. 法律科学（西北政法大学学报），2013（4）：81；周啸天. 广义抑或狭义：身份犯中身份概念的再界定. 人大法律评论，2017（3）：151.

2. 真正身份犯场合的共犯认定

在共同犯罪中，与身份有关的核心议题主要集中在真正身份犯的场合，具体而言包括以下内容：其一，无身份者能否与有身份者成立真正身份犯的共同犯罪？其二，无身份者在共同犯罪中能否成立真正身份犯的共同正犯？其三，有身份者教唆、帮助无身份者实施真正身份犯时，能否成立真正身份犯的共同犯罪？其四，不同身份者共同实施犯罪，因不同身份者可以分别成立相应的正犯，如何定罪处罚？至于不真正身份犯，由于理论上普遍认同“违法是连带的，责任是个别的”，影响责任高低的身份只能进行个别判断，因此，不具有加重或减轻身份的人与具有责任身份的人共同实施不真正身份犯时，刑法所规定的责任身份只及于有身份者，无身份者不在此列。以下仅就真正身份犯场合的四个问题作进一步展开。

首先，无身份者与有身份者能够成立真正身份犯的共同犯罪，是我国理论界和实务界普遍的共识。从论理上看：一则个罪中有关身份要素的规定指向的是正犯，并不限制无身份者以教唆或帮助的形式参与正犯的行为；二则无论是教唆犯还是帮助犯，其所教唆或帮助的他人犯罪，也并不排除真正身份犯。从立法上看，《刑法》第 382 条第 3 款规定，“与前两款所列人员勾结，伙同贪污的，以共犯论处”，立法者提示了无身份者可以作为贪污罪的共犯。从判例上看，实务部门也依循了理论和立法的这一共识，如在《刑事审判参考》1999 年总第 4 辑第 29 号案例陈某某等贪污案中，社会无业人员陈某某勾结银行临时工，制造被抢劫假象，非法侵占银行公款。对于该行为，法院最终认定无身份的外部人员与有身份的内部人员构成共同犯罪，并以真正身份犯的侵占罪[①]定罪处罚。

其次，对于无身份者在共同犯罪中能否成立真正身份犯的共同正犯，理论界存在着较大争议。肯定说基于无身份者事实上可分担正犯行为的立场，认为既然肯定无身份者可以以教唆或帮助形式参与身份犯的实行，那么也应肯定其借助身份者的行为实施部分实行行为，这种对实行行为的分担同样导致了法益侵害。[②] 否定说基于立法对正犯身份的限定立场，认为由于刑法条文事先严格限定了真正身份犯的主体范围，只有该特定身份才能体现义务违反性，也因而具有造成法益侵害的可能，无身份者不可能直接产生法益侵害，故欠缺身份者至多成立教唆犯或帮助犯。[③] 对此争议，应当还原回“正犯性”这一概念：正犯类型的实质依据在于，“必要的是对引起了构成要件的结果起了支配作用，严密地说，就必须能说成是支配了引起构成要件结果的原因”[④]。如前有关真正身份犯与非真正身份犯部分所述，无论是基于义务违反，还是基于法益侵害，作为真正身份犯的违法身份，才是奠定其实质不法的关键。换言之，没有这一违法身份者，只是从属

---

① 1979 年《刑法》并未规定侵占罪和职务侵占罪，该案据以认定侵占罪系 1995 年全国人大常委会《关于惩治违反公司法的犯罪的决定》第 10 条所确立，即“公司董事、监事或者职工利用职务或者工作上的便利，侵占本公司财物，数额较大的，处五年以下有期徒刑或者拘役；数额巨大的，处五年以上有期徒刑，可以并处没收财产”。及至 1997 年《刑法》分别规定了侵占罪和职务侵占罪，前述决定中的侵占罪之罪名被司法解释更名为职务侵占罪，系典型的真正身份犯。

② 黎宏. 刑法学总论. 2 版. 北京：法律出版社，2016：301；刘宪权. 刑法学. 上海：上海人民出版社，2016：222.

③ 陈兴良. 共同犯罪论. 北京：中国人民大学出版社，2019：184；周光权. 刑法总论. 4 版. 北京：中国人民大学出版社，2021：381.

④ 山口厚. 刑法总论：第 2 版. 付立庆，译. 北京：中国人民大学出版社，2011：67.

于真正身份犯的不法，难以将其与真正身份犯一并认定为“支配结果”的核心角色。至于肯定说对无身份者积极参与和重大贡献的关注，具有一定的合理性，但不必重构正犯概念，而可径直根据《刑法》第26条之规定，将无身份者认定为主犯。事实上，我国司法实践也主要采取这种以主犯评价无身份者积极参与行为的立场，如在检例第128号彭某2受贿，贾某某受贿、洗钱违法所得没收案中，贾某某、彭某1为彭某2亲属，积极参与彭某2受贿，最终被认定为受贿罪的主犯，并对其依法适用特别程序追缴共同犯罪违法所得。再如薛某某、张某某职务侵占案中，薛某某勾结公司职员张某某，利用张某某的职务便利，由其在称重时采用篡改数据的手段减少称重数据，将9万余元金属废料价值非法占为己有。对此，法院认为“（二人）行为已构成职务侵占罪，且系共同犯罪，不分主从，均应依法予以处罚”①。

再次，有身份者教唆、帮助无身份者实施真正身份犯时，能否成立真正身份犯的共同犯罪，理论上存在多种解释方案，实务中通常作为共同犯罪加以处理。就理论方案而言，主要有以下四种代表性观点②：一为间接正犯方案，即认为无身份者属于被利用的工具，因而将有身份者和无身份者分别认定为间接正犯与帮助犯；二为共犯方案，即认为无身份者为实行犯、有身份者成立教唆犯或共同实行犯；三为直接正犯方案，即认为有身份者具有支配法益侵害的地位，因而属于直接正犯，无身份者只是其侵害法益的共犯；四为分情况处理方案，即根据有身份者对无身份者支配力的强弱，分别成立间接正犯和共同正犯。尽管理论上存在解释方案的竞争，实务部门对“利用有故意无身份工具”的处罚存在高度共识，如根据最高人民法院《全国法院审理经济犯罪案件工作座谈会纪要》（法发〔2003〕167号）之规定，国家工作人员的近亲属向国家工作人员代为转达请托事项，收受请托人财物并告知该国家工作人员，或者国家工作人员明知其近亲属收受了他人财物，仍按照近亲属的要求利用职权为他人谋取利益的，对该国家工作人员应认定为受贿罪，其近亲属以受贿罪共犯论处。在诸如国家工作人员的丈夫教唆、帮助妻子收受贿赂的案件中，实务部门着重审查丈夫与妻子之间是否存在共同受贿的意思联络，如果存在，则属于受贿的共同犯罪，其中有身份者通常会被认定为主犯，无身份者为从犯。如在郭某某等受贿案中③，无身份者柳某某辩称并未与其丈夫郭某某存在犯意联络，至多利用了其丈夫职务的影响力来获取高额利益，但法院认为两人存在着受贿的犯罪分工，存在着共同实施犯罪的犯意联络，对柳某某应定“受贿罪”的共犯。此外，我国刑事立法对“利用有故意无身份工具”的情形亦采取了按真正身份犯的共同犯罪处罚的立场。如《刑法》第248条第2款规定，“监管人员指使被监管人殴打或者体罚虐待其他被监管人的，依照前款的规定处罚”，被监管人员显然不具有虐待被监管人员罪的主体身份，有身份者指使其实施虐待行为时，同样成立虐待被监管人员罪。

值得注意的是，前述“利用有故意无身份工具”的理论方案和实务认定，是以无身份者之行为没有对应的独立构成要件类型为前提的，如仅有针对国家工作人员的受贿罪

---

① 具体案情及司法认定，参见田虎.内外勾结型职务侵占罪的法律适用.人民司法，2023（11）：46。

② 各方案具体内容及利弊优劣，参见周啸天.利用“有故意无身份工具”犯罪定性的法教义学重构.法学评论，2015（3）：90以下。

③ 浙江省温州市中级人民法院（2015）浙温刑终字第1497号刑事判决书.

或者针对公司、企业或其他单位的工作人员的非国家工作人员受贿罪，因无身份者之行为难以入罪，只能将不法评价的重点落在有身份者的参与行为之上。然而，如果无身份者之行为能够单独入罪，则在评价有身份者的参与行为可罚性的同时，还需要评价无身份者的实行行为之可罚性。换言之，在这种情况下，无身份者既是非身份犯之罪的实行者，又是真正身份犯的相关罪之帮助者或共同正犯；而有身份者对应的也既是非身份犯之罪的教唆者、帮助者甚至共同实行者，又是真正身份犯的相关罪之间接正犯、直接正犯或共同正犯。对于无身份者与有身份者的罪数竞合，均应根据想象竞合犯加以处理。例如，侵犯通信自由罪与私自开拆、隐匿、毁弃邮件、电报罪为分别针对无身份者和有身份者实施隐匿、毁弃、开拆他人邮件的罪名，邮政工作人员A教唆无身份人B隐匿、毁弃由A收发的他人邮件，对此，A应当成立侵犯通信自由罪的教唆犯和隐匿、毁弃邮件罪的间接正犯或直接正犯，B则可成立侵犯通信自由罪的正犯和隐匿、毁弃邮件罪的帮助犯或共同正犯。再如，刑讯逼供罪和破坏监管秩序罪都包括了殴打被监管人员的行为类型，司法工作人员A为逼取口供，指使牢头狱霸B对被告人实施殴打行为，在没有导致伤残、死亡的情况下，A成立刑讯逼供罪的间接正犯或直接正犯，也成立破坏监管秩序罪的教唆犯；B则成立刑讯逼供罪的帮助犯或共同正犯，以及破坏监管秩序罪的正犯。

最后，不同身份者共同实施犯罪，因不同身份者各自利用了自己身份，故可分别成立相应身份犯的正犯，对这种身份竞合应当如何处理，理论和实务见解尚未统一。司法实践中长期坚持所谓的“主犯决定说”，如最高人民法院《关于审理贪污、职务侵占案件如何认定共同犯罪几个问题的解释》（法释〔2000〕15号）规定，“公司、企业或者其他单位中，不具有国家工作人员身份的人与国家工作人员勾结，分别利用各自的职务便利，共同将本单位财物非法占为己有的，按照主犯的犯罪性质定罪”。然而，主犯系作用分类下的一种类型，其功能在于评价共同犯罪中发挥主要作用的人，对应于较重的责任与较严的刑罚，属于量刑范畴的概念。而定罪问题显然在量刑之前，只有在判明不同身份者的共同行为应当被评价为何种不法行为后，才能进一步评价各不同身份者所发挥的作用，是故“主犯决定说”存在定罪与量刑逻辑颠倒的弊端。至于理论方案，则主要存在着四种见解：其一，分别定罪说。① 该说认为身份犯系刑法对特殊身份者的专门规定，身份不同，则罪名相异，其法益侵害性也各不相同，故应根据其各自行为分别成立相应的身份犯。案例9-1中的二审立场正是采取了分别定罪说，改判无国家工作人员身份的苟某1商业受贿罪，其他人员则因具有国家工作人员身份而被认定为受贿罪。其二，核心角色说。② 该说认为应当首先判定核心角色，即综合主体身份、主观内容、客观行为以及被侵害的主要法益等方面加以考察，据此以核心角色的关键行为作为定罪的主要依据。其三，重要身份说。③ 该说认为应当按照一般社会观念上身份地位相对较高的人的行为定罪，身份的重要性决定了其属于正犯，行为人虽各有身份，但身份地位相对较低者相对于身份较高者，等于没有身份，只能成立身份较高者所实行犯罪的教唆犯或帮助犯。其四，

① 江溯. 共犯与身份：大陆法系与我国之比较研究//陈兴良. 刑事法评论：第15卷. 北京：中国政法大学出版社，2004：236-237.

② 张明楷. 刑法的基本立场. 北京：中国法制出版社，2002：281-282.

③ 陈兴良，周光权. 刑法总论精释. 北京：人民法院出版社，2016：542.

区分类型说。该说认为应根据具体类型具体判断，如实践中常见两种情形：(1) 公司企业人员与被委派到公司企业的国家工作人员相互勾结侵吞本单位财物；(2) 被保险人与保险公司工作人员相互勾结骗取保险金。对于前者，因贪污罪较之于职务侵占额外侵害了职务行为的廉洁性，故以贪污罪进行评价；对于后者，则根据行为共同说，各身份犯分别成立自己身份的正犯，也同时成立其他共同犯罪人相对应身份犯的参与，二者想象竞合。

就分别定罪说而言，尽管其考虑到了各自身份犯的不同规定，突出了分别处罚的刑法分则立场，但忽略了各行为人系彼此加功、相互合意的共同性，未能有效呼应共同犯罪的刑法总则立场。就核心角色说与重要身份说而言，二者尽管分别突出了“核心角色”“重要身份”在定罪中的作用，但思考进路是相似的，即以实质思维找寻共同犯罪中的支配角色或核心人物，并以此标定该共同犯罪的罪名，只不过前者取法于事实层面的行为重要性，后者问道于规范层面的身份重要性。然而，当各行为人均发挥重要作用时，以行为重要性为视角，自难以判断何者更为核心；而当身份较低者（公司企业人员）实际权限高于身份较高者（委派至公司的国家工作人员）时，以身份重要性为视角，也难以判断何者更高。如案例 9-1 中，荀某 1 虽非国家工作人员，但其系该百货公司的经理，其余人员虽系国家工作人员，但仅为副经理、副书记，显然前者在公司企业中的权责更重。至于区别类型说，其根据不同身份犯在法益上的趋同或相异作不同判断，在保护法益趋同时，以能包容评价额外不法的身份犯定罪，如贪污罪与职务侵占罪在财产法益的层面上一致，但贪污罪还包括了对职务行为廉洁的保护；在保护法益迥异时，则各身份犯分别成立本罪的正犯和他罪的帮助犯，如贪污罪、职务侵占罪与保险诈骗罪的保护法益本质相异。然而，如论者所述，贪污罪与职务侵占罪均指向财产法益，而保险诈骗罪事实上同样也有指向财产法益的一面。若以保险诈骗罪系属破坏社会主义市场经济秩序罪为由，认为其与侵犯财产罪存在保护法益上的异质性，则显然忽略了贪污罪在类罪名（贪污贿赂罪）上与职务侵占罪（侵犯财产罪）同样存在差异的事实。换言之，保护法益的异质性判断，尽管具有启发性，但似乎会在法益趋同与否的问题上产生进一步的争议，难以达到有效消弭身份竞合的理论意图。

事实上，在不同身份者各自利用职权分工实行犯罪的案件中，不同身份者在共同犯罪中均扮演了共同正犯的角色，因而力图在事实或规范层面去判断何者更为重要，或者根据不同身份犯的罪质进行区别对待，似乎都难以完美地契合“各自利用职权实施”这一共同实施的行为样态。“义务之有无是一个决定性质的问题，而义务之大小（重要者与次要者）则是一个程度或者数量的问题。因此，按照义务是重要还是次要这个标准作为界定是否构成对方的共犯的根据，是存在疑问的。”① 因此，应当分别以相应的身份犯评价其各自利用职权实施的行为，并同时将其作为其他身份犯的教唆或帮助等参与形态加以认定，最后根据想象竞合择一重进行处罚。换言之，身份竞合的问题应当交由竞合规则本身来解决，而不应通过解释方案消除竞合状态。由此，不同身份竞合的处理规则与前述有身份者教唆、帮助无身份者实施无身份者单独可以构成的犯罪的处理规则，得以维系论理上的一致性。

---

① 陈兴良.身份犯之共犯：以比较法为视角的考察.法律科学（西北政法大学学报），2013（4）：87.

至于这种处理规则是否会与《刑法》第382条第3款规定的“与前两款所列人员勾结，伙同贪污的，以共犯论处”相互矛盾，重要身份说将该款理解为注意条款，因而“对于身份较低者和身份较高者竞合的情形，完全可以参考该规定”①。应当说，该款规定得相对模糊，既可以理解为完全无身份人员参与到国家工作人员的贪污行为之中，也可以理解为其他身份人员参与到国家工作人员的贪污行为之中，还可以理解为其他身份人员与国家工作人员分别利用职权实施犯罪行为。重要身份说显然采取了最为宽泛的立场加以理解。而将该款限于前两种情形，即将“伙同”理解为未利用自身职权、仅以共犯身份加入国家工作人员作为正犯的职务犯罪之参与行为，自然不会存在与该款抵牾的可能。

3. 小结

其一，在真正身份犯中，无身份的人能与有身份的人成立共同犯罪，如教唆犯、帮助犯等，但因违法身份对不法的实质贡献，无身份的人难以具有正犯性，因而不能与有身份的人成立共同正犯。刑事实务同样认为无身份者可与有身份者成立共同犯罪，但一般不涉及正犯及其参与形态的讨论，更多以行为人在共同犯罪中所发挥的实质作用的大小区分主犯与从犯。

其二，在共同犯罪中，不同身份的人各自利用职权共同实施侵吞企业财产、收受他人财物的行为，根据部分犯罪共同说，可以成立共同犯罪。至于成立何种共同犯罪，则应首先判断各自利用职权行为所构成的具体身份犯为何，继而按照想象竞合犯的归责，确定重罪为共同所犯之罪，最后根据各自在该重罪实施中所发挥的作用，确定主犯与从犯。

第二节　承继的共犯

案例9-2　侯某某、匡某某、何某某抢劫案②

（一）案情介绍

被告人侯某某曾在无锡某个体卖肉摊（摊主为周某某）打过工。2005年5月，侯某某碰到被告人匡某某等人，在谈到如何出去搞钱时，侯某某提出其在无锡打工时的老板有钱，可以带他们去。5月下旬到无锡后，经商议决定由侯某某带匡某某一起到周某某家肉摊上打工，以便利用打工期间与被害人一家同住一套房子的条件伺机动手。5月底，经摊主周某某同意，侯、匡二人住进了被害人租住的套房，并与与其二人同住一室的，

① 陈兴良，周光权.刑法总论精释.北京：人民法院出版社，2016：542.但该说没有实现论理上的一致性，如在教唆无身份者实施其能够构成犯罪的场合中认为，国家工作人员A教唆非国家工作人员B盗窃自己负责管理的金库，A成立盗窃罪（教唆犯）与贪污罪（间接正犯）的想象竞合犯（第541页）。按照重要身份的标准，A径直成立贪污罪（间接正犯），而无须考虑无身份者的行为（盗窃罪）。

② 《刑事审判参考》2008年总第62辑第491号案例.

早于侯、匡二人20多天到周某某肉摊上打工的被告人何某某相识。

其后，侯、匡二人在商议抢劫老板时，认为何某某与其同住，最好拉何入伙。后侯、匡二人分别对何讲，老板对伙计很抠，每天有1万多元的营业额，平时流动资金有三四万元，不如把老板绑起来把钱抢走，每人能分到1万多元；并要何一起参加。何说：如果每人能分到10万元、8万元的，还可以搏一搏，你们这样不值得。后侯、匡二人继续做何的工作，何表示：你们干的事与我无关，最多我不去报警。

6月8日中午三被告人下班回到住处后，侯、匡二人认为老板这几日回安徽老家办事，时机已到，商量马上要对老板娘俞某某动手，何某某听后即离开，直到晚上8点左右才回住处。侯、匡二人因老板娘当日下午出去有事而在当日未及下手。次日中午三被告人下班回到住处后，侯、匡二人认为再不动手，待老板回来就来不及了。午饭后匡某某在其住的房间内从床铺下抽出预先从打工摊位上拿回的剔骨刀，准备马上动手。侯、匡二人随即走出三人住的房间，侯某某在卫生间以窗帘拉不下为由，诱使老板娘走到卫生间门口，匡某某从身后持刀架在老板娘的脖子上，并说：不要动，把钱拿出来。被害人俞某某见状大声呼救、反抗。侯某某为阻止其呼救，捂住被害人的嘴，并将被害人扑翻在地，而后坐在被害人身上继续捂嘴并卡住被害人的喉咙。匡某某在冲进其住的房间拿出胶带纸捆绑被害人双腿被挣脱，被害人仍在大声呼救反抗的情况下，即持剔骨刀对被害人胸腹部、背部等处刺戳数刀；同时侯某某用被子捂住被害人的头部，致被害人俞某某当场死亡。何某某在房间内听到客厅中的打斗声渐小后走出房门，见状，问侯、匡二人：你们把老板娘搞死了？匡某某随即叫何某某一起到老板娘房间去找钱。三人在被害人家中共找出人民币1 000余元。后匡某某叫何某某和其一起将躺在卫生间门口的被害人的尸体拖拽了一下，三被告人分别将身上沾有血迹的衣服换掉后，携带以上赃款逃出被害人家。

（二）裁判经过

江苏省无锡市中级人民法院认为，被告人侯某某、匡某某、何某某以非法占有为目的，共同抢劫他人财物，并致一人死亡，其行为均已构成抢劫罪，依法应予严惩。被告人侯某某、匡某某在共同犯罪中起主要作用，系主犯；被告人何某某在共同犯罪中起次要作用，系从犯，应当从轻处罚；被告人侯某某、匡某某因形迹可疑被司法机关盘问后，主动交代了抢劫犯罪事实，系自首，但两被告人多次进行抢劫预谋，其主观恶性、人身危险性极大，且作案手段残忍，情节恶劣，后果严重，依法不予从轻。据此，判决如下：（1）被告人侯某某犯抢劫罪，判处死刑，剥夺政治权利终身，并处没收个人全部财产；（2）被告人匡某某犯抢劫罪，判处死刑，剥夺政治权利终身，并处没收个人全部财产；（3）被告人何某某犯抢劫罪，判处有期徒刑14年，剥夺政治权利4年，并处罚金人民币5 000元。

一审宣判后，侯某某不服，提起上诉。其主要上诉理由以及其在二审庭审中的主要辩解理由为：其在预谋抢劫时无杀人的故意，在实施抢劫过程中，为阻止匡某某持刀对被害人行凶，其右手曾被匡某某所持之刀划伤。原判对其量刑过重，请求对其从轻处罚。原审被告人何某某当庭的主要辩护意见为：其未同意也未参与侯、匡二人的抢劫行为，后参与在被害人家找钱的行为，系在匡某某手持带血剔骨刀，其内心恐惧的情况下所为。

江苏省高级人民法院认为，上诉人侯某某、原审被告人匡某某以非法占有为目的，共同预谋、携带凶器，当场实施暴力抢劫他人财物，并致一人死亡，已构成抢劫罪，且系共同犯罪，在犯罪过程中侯、匡二人均起主要作用，故均系主犯。该行为严重侵犯了公民的人身和财产权利，危及了社会公共秩序和公民的安全感，手段残忍，后果极其严重，主观恶性、人身危险性、社会危害性极大，应依法严惩。上诉人侯某某在共同犯罪中提起犯意，提供作案对象，积极预谋，在抢劫过程中积极实施对被害人的暴力行为，对被害人死亡的后果负有重要责任。但鉴于其在抢劫犯罪中实施的暴力行为并非被害人死亡的直接原因，案发后有自首行为，具有部分酌定从轻情节，案发后有认罪、悔罪表现等，故对其判处死刑可不立即执行。故侯某某的辩护人对侯某某量刑情节及其量刑问题提出的意见成立，予以采纳。原审被告人匡某某积极参与预谋，在抢劫犯罪过程中持剔骨刀对被害人捅刺多刀，致被害人死亡。其对本案被害人死亡的犯罪后果负有直接责任。其虽有犯罪后自首、检举同案犯共同犯罪事实等从轻情节，但不足以对其从轻处罚。原判对其量刑并无不当。故匡某某辩护人就匡某某量刑情节提出的意见与事实相符，但就量刑问题提出的意见不予采纳。

原审被告人何某某在明知侯、匡二人为抢劫而实施暴力并已致被害人死亡的情况下，应匡某某的要求参与侯、匡二人共同非法占有被害人财物的行为，系在抢劫犯罪过程中的帮助行为，亦构成抢劫罪的共同犯罪，在共同犯罪中起辅助作用，系从犯。其行为亦侵犯了公民的人身权利和财产权利，应依法惩处。因其在被害人死亡前并无与侯、匡二人共同抢劫的主观故意和客观行为，故对其应适用《刑法》第 263 条一般抢劫罪的规定予以处罚。鉴于原审被告人何某某在本案抢劫犯罪中的从犯作用，被动参与犯罪且未实施抢劫犯罪中的暴力行为，主观恶性、人身危险性、社会危害性相对较轻等情节，对其应在法定量刑幅度内从轻处罚。据此，判决如下：

（1）维持江苏省无锡市中级人民法院（2005）锡刑二初字第 038 号刑事附带民事判决的第 2 项，即原审被告人匡某某犯抢劫罪，判处死刑，剥夺政治权利终身，并处没收个人全部财产。

（2）撤销江苏省无锡市中级人民法院（2005）锡刑二初字第 038 号刑事附带民事判决的第 1、3 项，即对原审被告人侯某某、何某某的判决部分。

（3）上诉人（原审被告人）侯某某犯抢劫罪，判处死刑，缓期 2 年执行，剥夺政治权利终身，并处没收个人全部财产。

（4）原审被告人何某某犯抢劫罪，判处有期徒刑 4 年，并处罚金人民币 1 000 元。

（5）案发后侦查机关追缴三原审被告人的赃款发还被害人家属，不足部分继续予以追缴，发还被害人家属。

（三）争点整理

1. 行为人在事先无通谋的情况下，在他人实施部分实行行为后，参与其中并实施了后续行为，能否与他人成立共同犯罪？

2. 行为人在事先无通谋的情况下，在他人抢劫罪既遂后参与共同搜取被害人财物的，能否与他人成立抢劫罪的共同犯罪？

3. 若成立抢劫罪的共同犯罪，对造成加重结果后参与基本犯的行为人可否适用“抢劫致人死亡的”加重法定刑？

（四）案例分析

1.承继的根据：犯罪共同与行为共同

本案所涉的主要问题在于所谓的犯罪承继，即“先行为人着手实行犯罪之后，后行为人知情参与的，后行为人是否对包括自己参与之前由先行为人所引起的事实在内的所有犯罪事实，承担共犯（共同正犯或者帮助犯）罪责，属于是否成立承继的共犯的问题”①。其中，根据后行为人中途参与犯罪的意思，“分为本着共同实行的意思参加实行的承继的共同正犯，与本着加担的意思参与进来的承继的帮助犯。由于已经本着犯意开始了先行行为，所以不存在承继的教唆”②。换言之，在没有事先通谋的情况下，行为人加入他人已经实行的犯罪之中，仅参与了犯罪后半部分行为时，如案例 9－2 中侯、匡二人以抢劫的故意对被害人实施暴力行为，在将被害人杀害后，知情的何某某才参与进来帮助搜索财物，对于后加入的何某某，其仅在取财的行为上与侯、匡二人共同，对其系按照全案共同犯罪之抢劫罪定性，还是仅根据其所涉行为单独认定为盗窃罪？

对此，理论上存在较大争议，大体分为三种阵营：一是认为何某某对其参与之前的侯、匡的行为全面承担责任，成立抢劫罪加重犯的共犯的全面肯定说；二是认为何某某只对其参与后的行为承担责任，从而只对其肯定盗窃罪共犯的全面否定说；三是原则上采取否定说，但如果先行者的行为效果在后行者参与之后仍然发挥作用，并且后行为者对此加以利用，则认为可以肯定承继的共犯，从而将其认定为抢劫罪共犯的中间说。③

具体而言，全面肯定说曾一度属于日本刑法理论和判例的通说，其主要从客观和主观两个方面对后行为人就整体犯罪承担责任展开论证：一方面，一个犯罪属于不可分割的整体，因而即便行为人仅仅参与了犯罪的一部分，也不能认定后行为人仅对分割后的犯罪部分承担责任。另一方面，既然后行为人了解最初先行为人的意思，并且利用了已经成立的事实，那么就能肯定二者之间存在“共同的意思”，而在承继共犯中能够就犯罪行为整体而言存在这种共同意思的话，那便可以认定二者成立共同正犯，进而肯定后行为人对先行为人犯罪事实的承继。简言之，在后行为人对先行为人实施的行为以及由此产生的结果存在认识、容认的基础上介入的场合，应当认为后行为人就整体承担责任。④然而，一方面，诸如结合犯、多行为犯、包括的一罪等虽然是由数个事实组成，但这些事实本身是可以分割的。即便将所谓的犯罪不可分割性理解为规范意义而非事实属性，也会因为要求后行为人承担自己所未实施行为的责任，而产生突破个人责任原则的嫌疑。另一方面，将所谓对先行行为的认识作为共同意思，无异于将这种“事后的故意”作为故意内容加以把握，以此为行为人的责任奠定基础无非是一种心情刑法。⑤ 事实上，全面肯定说以罪不可分以及意思共同为由，将与后行为人无关的前行为及其结果，甚至加

---

① 山口厚.承继的共犯理论之新发展.王昭武，译.法学，2017（3）：146.

② 前田雅英.刑法总论讲义.曾文科，译.北京：北京大学出版社，2017：315.

③ 西田典之.共犯理论的展开.江溯，李世阳，译.北京：中国法制出版社，2017：255.

④ 姚培培.承继共犯论的展开//陈兴良.刑事法评论：第 40 卷.北京：北京大学出版社，2018：116－117.

⑤ 松原芳博.论承继的共犯：以因果共犯论为视角.王昭武，译.东南法学，2023（1）：236－237.

重结果等整体犯罪事实归责于后行为人，不仅在论理上缺乏充分依据，在处罚效果上也显得过于严苛，因而该说在当下鲜有支持者。

全面否定说是在对全面肯定说批判的基础上形成的。早期的学说主要从目的行为论和行为支配说的立场展开论证，其认为共同正犯之所以要对他人行为负责，盖因于共同正犯各自对实行行为具有共通的包括性的行为支配，而承继共犯中由于后行为人对前行为人不存在行为支配，因而只需对后行为负责。① 当下的学说则主要从因果共犯论的角度加以论证，由于因果共犯论认为共犯的处罚依据在于其参与行为引起了法益侵害的结果，因而在承继共犯的场合，后行为人只应对其行为与法益侵害结果之间具有因果关系的犯罪事实负责。"根据常识，行为不可能与发生在之前的行为和结果具有因果性，因此，否定说应是因果共犯论的必然归结。"② 然而，该学说主要面临"难以确保其在适当范围内成立共犯"③的批评，即与全面肯定说扩大处罚相反，该说会导致在后行为缺乏单独不法类型的场合中无法处罚，如后行为人在明知他人实施诈术或利用恶害的场合，加入犯罪并接受被害人基于意思瑕疵处分的财物，由于单纯接受不法取得的财物不为罪，后行为人难以被惩罚。④

中间说则大体存在着效果继承说、积极利用意思承继说、因果关系缓和说、先后行为性质相同说等具体论证路径的分野。就效果继承说而言，先行为的效果在后行为人参与后仍然持续时，如在先行为人实施欺诈行为使被害人陷入错误后参与取财的，虽然单单从陷入错误的人处接受财物不构成犯罪，但由于能评价为共同实施欺诈行为，"从这个意义上讲，参与部分行为对全体犯罪承担责任也是可以的"⑤。就积极利用意思承继说而言，其强调后行为人基于将先行为人之行为作为自己实施犯罪的前提条件，进而加以积极利用的意思，中途加入犯罪，属于后行为人继承了先行为人的行为和结果，即二者具有相互利用、相互补充的关系，故可将后行为人作为前行为人的承继共犯加以处罚。⑥ 就因果关系缓和说而言，其反对全面否定说中对因果共犯论的狭义理解，认为在通过共同行为来扩大正犯范围的共同正犯的情形中，比起单独正犯，因果性也可以稍微缓和一些。"在此意义上，即便自己完全没有实施暴行、胁迫，但在共犯关系成立后仍继续着的，由其他共同正犯所引起的压制反抗的状态下共同实行强调或强奸，是可能的。"⑦ 就先后行为性质相同说而言，当后行为人参与的行为性质与前行为人的行为性质相同时，如中途参与他人抢劫、杀人、诈骗行为的，分别成立抢劫罪、故意杀人罪、诈骗罪的承继共犯。⑧ 具体而言，这种同质性的区分标准在于法益侵害的同一性，如在事后抢劫的场

---

① 姚培培. 承继共犯论的展开//陈兴良. 刑事法评论：第 40 卷. 北京：北京大学出版社，2018：118－119.

② 陈洪兵. 承继共犯否定论：从因果共犯论视角的论证//陈兴良. 刑事法评论：第 25 卷. 北京：北京大学出版社，2009：431.

③ 山口厚. 承继的共犯理论之新发展. 王昭武，译. 法学，2017（3）：147.

④ 当然，也有观点认为可以成立侵占脱离占有物罪的共犯。松原芳博. 论承继的共犯：以因果共犯论为视角. 王昭武，译. 东南法学，2023（1）：243.

⑤ 陈洪兵. 承继共犯否定论：从因果共犯论视角的论证//陈兴良. 刑事法评论：第 25 卷. 北京：北京大学出版社，2009：422.

⑥ 大谷实. 刑法总论. 黎宏，译. 北京：中国人民大学出版社，2008：381. 我国持同样观点的文献，可参见郑泽善. 论承继共犯. 法治研究，2014（5）：3。

⑦ 前田雅英. 刑法总论讲义. 曾文科，译. 北京：北京大学出版社，2017：320.

⑧ 张明楷. 刑法学：上. 6 版. 北京：法律出版社，2021：587.

合，在甲盗取财物之后逃跑的过程中，知情的乙为了防止甲被抓捕，而对被害人实施暴力时，因先前的盗窃行为与后续的暴力行为能够被评价为逃脱返还请求权或保有赃物的手段行为，故可以将乙评价为事后抢劫的共犯；相反，甲在盗窃未遂后逃跑，知情的乙为了防止甲被抓捕，而对被害人实施暴力时，则由于乙的目的仅仅指向使甲逃避抓捕，其暴力行为并不产生赃物返还的效果，因此对乙只能在暴行罪的共同正犯范围内予以处罚。①

从全面肯定说与全面否定说的对立来看，其实质分歧在于对共同犯罪之“共同”内涵理解不同：全面肯定说基于个罪的不可分性，主张既然先行为人已经实施了具体一罪，即使意思的联络发生在行为被实施一部分之后，如果该罪在构成要件上是不可分割的犯罪，那么据此加入者只能成立该个罪的共犯。而全面否定说的论理则更加侧重于后行为人参与前行为人犯罪后所实施的行为，强调其只对自己参与行为具有因果关系的结果承担共犯之责。② 显然，前者系将共同犯罪理解为“犯罪共同”，而后者则突出了共同犯罪中的“行为共同”。就“犯罪共同”而言，其不仅面临诸如结合犯、多行为犯、包括的一罪等事实上可以分割的诘问，而且存在着与责任共犯论主张极端从属性说相同的弊端。申言之，在实质根据上，完全的“犯罪共同”过分强调完整意义犯罪的成立，即以共同犯罪之中至少有一人实施了不法且有责的行为为前提，而其他人由此在罪名上从属于该犯罪，这在结论上与责任共犯论、极端从属性说别无二致。就“行为共同”而言，其主张基于因果共犯论、最小从属性说，切分所谓的共同犯罪，强调后行为人仅对自己所实施的后行为负责，避免在不法上连带前行为人之行为，具有一定的合理性。然而，其完全忽略后行为人对前行为所创设的不法状态的实际利用及事中所形成的共犯合意，一律仅评价后行为的不法，过于绝对，容易出现处罚漏洞。

事实上，尽管论证的进路和侧重的角度各异，中间立场的诸种学说存在两方面的实质共性：一方面，中间说旨在对后行为人实现妥当地处罚，避免全面否定说仅聚焦后行为可罚性的不足，并将其与单独犯③在类型上区别开来。另一方面，中间说通过客观层面的宽缓理解共犯的因果性、后续行为与先前行为的同质性以及不法状态的实际利用等，建构起后行为与前行为之间的承继关系；同时，通过主观层面的积极利用和事中共谋参与，建构起后行为人与前行为人之间的意思联络，进而完成将前行为共同归责于后行为人的不法评价。由此而论，这种创设不同限定条件、部分肯定承继共犯的立场更为妥当。

值得关注的是，在中间诸说中还存在所谓的区别论，即主张区分共同正犯与帮助犯的承继问题。对前者而言，所谓的“部分实行全部责任”是以行为人共谋后实行相互性的行为为前提的，换言之，在承继共犯的场合，后行为人只能在其参与后的范围内与先行为人形成相互性，因而难以将全部责任同时归于后行为人；而对后者而言，其作为狭义的共犯，处罚根据在于对构成要件之保护法益的从属性侵害，故可依其参与后的行为

---

① 桥爪隆. 论事后抢劫罪. 王昭武，译. 法治现代化研究，2019（5）：199.

② 西田典之. 共犯理论的展开. 江溯，李世阳，译. 北京：中国法制出版社，2017：263.

③ 与承继的共犯相似，单独犯同样利用了先前行为所造成的事态，但由于不具有事中共谋，通常只涉及其单独行为的可罚性问题，因而与承继共犯相区别。例如甲在一旁暗中观察乙对丙实施暴力行为，待丙受伤昏迷而乙离开之际，甲上前取走丙的随身财物。对于单独犯，其尽管利用了乙制造的状态，但对其定性也仅应限定在后续的取财行为，成立盗窃罪的单独正犯。

对不法侵害的贡献，认定成立承继的帮助犯。[①] 因我国刑事立法并未明确区分正犯与共犯，刑事司法也多以主、从犯对共同犯罪中的行为人加以定性，故该区分说同样可以为实务肯定承继共犯的可罚性提供相对自洽的解释学方案。

2. 承继的时点：犯罪既遂与实质终结

本案第二个争点在于后行为人何某某系在侯、匡二人杀死被害人后参与取财的情况下，其所承继的犯罪（抢劫罪）是否既遂的问题。根据最高人民法院2005年发布的《关于审理抢劫、抢夺刑事案件适用法律若干问题的意见》，抢劫罪侵犯的是复杂客体，既侵犯财产权利又侵犯人身权利，具备劫取财物或者造成他人轻伤以上后果两者之一的，均属抢劫既遂；既未劫取财物，又未造成他人人身伤害后果的，属抢劫未遂。但学界一般认为，抢劫罪是财产犯罪，其应当以排除被害人对财物的占有，并实际支配被害人财物作为既遂标准。行为人未能取得财物，却导致被害人轻伤的，仍然属于抢劫未遂。导致被害人重伤或者死亡的，则因符合了抢劫罪之结果加重犯之规定，成立加重犯的既遂，同时其基本犯属于未遂。[②] 尽管就基本犯的既、未遂问题，理论上和实务中没有形成一致的通说，但在抢劫致被害人重伤、死亡的场合，大致形成了成立结果加重犯既遂的共识。[③] 由此，何某某能否承继到一个已经既遂的犯罪之中，进而将其参与后的行为从属于侯、匡二人先前所实施的抢劫杀人行为?

对此，存在着肯定说和否定说两种观点。肯定说认为，在行为实质性结束前，承继的共犯均有成立的可能。“共同正犯也可以在行为过程中直至行为实施终了前表示同意”[④]，“这里的终了并不是指犯罪既遂，而是指犯罪行为实质上终结”[⑤]。否定说认为，除继续犯（持续犯）以外，承继的共犯只能存在于犯罪既遂之前，犯罪既遂之后不能成立承继的共犯。主要理由在于：其一，行为实质性结束或实质性终了，并不存在于我国刑事立法之中，援用此一概念，扩大了共犯处罚的范围，有违罪刑法定原则；其二，行为实质性结束的概念只能适用于财产犯罪之中，进而难以与人身犯罪形成统一的标准；其三，主张既遂后实质性终了前可以成立共犯的观点，具有浓厚的主观主义色彩，过于重视正犯的认识与意志，并以此决定后行为人成立共犯，并不妥当；其四，作为最为严重的缺陷，实质性终了的界限极不明确，以所谓的“结果得到保障”为标准，难以实质划定财产犯罪和后续赃物犯罪的边界。

值得肯定的是，否定说以犯罪既遂为标准，的确可以为承继共犯确定相对统一的成立时点，并且为财产犯罪本犯和赃物犯罪划定明确的规范边界。然而，该说也未能形成完全的自洽，没有充分考虑到作为状态犯的财产犯罪在既遂之后存在着持续的不法侵害

---

① 高桥则夫. 规范论与刑法解释论. 戴波，李世阳，译. 北京：中国人民大学出版社，2011：204－205.

② 陈兴良. 刑法各论精释：上. 北京：人民法院出版社，2015：333；张明楷. 刑法学：下. 6版. 北京：法律出版社，2021：1287.

③ 根据最高人民法院《关于审理抢劫、抢夺刑事案件适用法律若干问题的意见》，“抢劫致人重伤、死亡的”，不存在未遂状态，无论是否取得财物，其基本犯、结果加重犯均为既遂。

④ 汉斯·海因里希·耶赛克，托马斯·魏根特. 德国刑法教科书：总论. 徐久生，译. 北京：中国法制出版社，2001：822.

⑤ 姚培培. 承继共犯论的展开//陈兴良. 刑事法评论：第40卷. 北京：北京大学出版社，2018：130.

状态。例如，论者在论述正当防卫之不法侵害的紧迫性要件时提及，“不法侵害财产的行为人，在被当场发现并同时受到追捕时，其不法侵害行为一直延续到其将所取得的财物藏匿至安全场所为止；在此之前，追捕者可以使用强力将财物取回”①。换言之，在财产犯罪既遂后，至藏匿到安全场所为止，正是犯罪尚未实质性终了的阶段，在此期间后行为人在对先行为人的行为明知的前提下协助其藏匿财物，理应承认其对先前犯罪的承继。同时，这种对财物终局转移的参与，与先行为人已经安全藏匿财物后，再协助其掩饰隐瞒的事后处置，也有明显区分，不至于混淆。此外，如果完全不考虑不法侵害的实质结束，则会导致明显的处罚漏洞。如在事后抢劫的场合中，对于明知先行为人已经实施盗窃、诈骗、抢夺行为而故意采取轻微暴力阻碍被害人实施抓捕行为的，因先行为要么已经既遂，要么处于未遂的停止状态，而仅能评价其轻微暴力行为。又因我国刑法没有暴行罪，故后行为人之行为无罪。正因如此，应当考虑财产犯罪在既遂后不法侵害持续性存在的特点，即应当以先行为人与被害人之间的紧迫对立状态是否仍然持续作为标准②，将相关犯罪的承继时点确定在行为实质终结之前。

3. 承继的效果：部分承继与全部承继

既然后行为人何某某在侯、匡二人杀人之后参与取财，可以与侯、匡二人成立抢劫罪的共同犯罪，那么后行为人是否需要全部承继先行为人的不法，特别是能否将抢劫杀人之不法行为共同归属给何某某，便成为本案司法适用的最后一个关键问题。

一般而言，对抢劫罪、敲诈勒索罪、诈骗罪等手段—目的型的结合犯或多行为犯以及非法拘禁罪这样的继续犯来说，肯定承继共犯的立场会认同后行为人全部继承先前行为所产生的结果，例如，行为人中途加入抢劫或者接受陷入错误认识的被害人交付的财物等行为，均可成立抢劫罪或诈骗罪的承继共犯，全部承继先前行为之不法效果。而否定承继共犯的立场则会完全否认这种对先前行为的承继效果，认为在抢劫或诈骗的手段行为已经实施的情况下的中途加入，只要没有继续实施诸如压制反抗或者持续维持被害人错误认识等手段行为，其单纯取得财物的目的行为，仅成立侵占脱离占有物罪的共犯。

然而，对于结果加重犯而言，特别是案例 9－2 所涉结果加重犯已经既遂、基本犯却尚未既遂的场合，后行为人在明知已经导致加重后果时参与到基本犯的行为之中，就会产生仅对抢劫基本犯的部分承继还是对整体抢劫罪的全部承继之疑问。全部承继说的主要理由有三：其一，后行为人了解前行为人的意图，并利用了前行为人已经造成的事态，二者就行为整体形成了共同故意。其二，所谓共同正犯是因相互了解和参与实施而对他人的行为承担责任，至于相互了解的时间并非重要问题。其三，后行为人利用了前行为人已经造成的结果，就如同利用自己引起的结果，故应对结果承担责任。然而，一方面，“利用前行为人已经造成的结果不等于后行为人的行为与结果之间具有因果关系；后行为人不应对与自己行为没有任何因果性的结果承担责任”③。另一方面，结果加重犯的处罚

① 张明楷. 刑法学：上. 6 版. 北京：法律出版社，2021：264.

② 桥爪隆. 论事后抢劫罪. 王昭武，译. 法治现代化研究，2019（5）：193－195.

③ 张明楷. 刑法学：上. 6 版. 北京：法律出版社，2021：589.

依据在于基本行为与加重结果之间具有的危险关联，属于基本犯的“类型性危险”①，当该种加重危险已经现实化后，后行为人对基本行为的参与，自始不可能再产生该种加重结果，既不存在实质利用先前行为事态的客观行为，也没有继续产生相关加重后果的主观意图。据此，部分承继说的观点值得肯定。

从案例 9-2 的定谳来看，裁判者基本上认可了承继的共犯这一概念，并将承继的最后时点确定为不法行为的实质终结之时，如判词所述，“原审被告人何某某在明知侯、匡二人为抢劫而实施暴力并已致被害人死亡的情况下，应匡某某的要求参与侯、匡二人共同非法占有被害人财物的行为，系在抢劫犯罪过程中的帮助行为，亦构成抢劫罪的共同犯罪，在共同犯罪中起辅助作用，系从犯”。同时，裁判者对后行为人是否承担先行为人已经产生的加重结果的问题，给予了部分承继的答案，“因其在被害人死亡前并无与侯、匡二人共同抢劫的主观故意和客观行为，故对其应适用刑法第二百六十三条一般抢劫罪的规定予以处罚”，即只承认后行为人对抢劫罪基本犯的共同参与，对参与之前的结果不予归属。这一部分承继说的立场值得肯定。惟一处表述存在矛盾嫌疑，即判词认为，“其行为亦侵犯了公民的人身权利和财产权利，应依法惩处”，事实上，何某某所参与的后行为仅仅指向取财这一目的行为，因被害人已经死亡，并不涉及人身权利。若认为同时侵犯了人身权利，则意味着其既存在取财行为，也实施了压制反抗行为，对于这样的承继的共犯，则应全部继承先前行为之效果，对何某某适用加重的法定刑。

应当说，该判例的立场代表了刑事实务界的多数意见②，如张某等敲诈勒索案③中，被告人李某某明知被告人张某等人在实施敲诈勒索行为，仍继续为其提供车辆运输服务等帮助行为，并且在被害人任某某被放回时，李某某为了掩饰自己身份，将机动车号牌进行遮挡。法院认为，李某某在张某等人实施犯罪之后、行为尚未终了之时参与其间，存在着与张某的事中合意，具有概括的共同犯罪故意。但由于其客观上仅提供了运输服务，并非直接实施勒索财物行为，加之主观上不存在积极勒索财物的目的，且其报酬的取得与勒索财物的结果之间没有直接关系，因而认定其承继了张某等实施的敲诈勒索罪，成立承继的帮助犯。至于承继的效果，该裁判要旨也采取了部分承继说的立场，即针对被承继的犯罪作了一定的区分：单一犯的情况下，承继的犯罪行为人承担全部责任；复合犯的情形之下，当没有证据证明先行为人和后行为人具有完全一致的犯罪故意时，后行为人只对介入后的行为及其后果承担责任。再如李某某诈骗、妨害信用卡管理案。④该案的裁判要旨认为，电信诈骗中，取款者在诈骗犯罪实施前介入，则属于收取赃款、

---

① 王若思. 结果加重犯的基本理论与中国问题. 北京：法律出版社，2022：111.

② 少数意见往往形式上承认了承继的共犯的概念，但强调后行为人仅对参与行为承担责任，这主要集中在继续犯中侵害时间长短的认定、财产犯罪数额是否累计计算等认定上。既然只对后行为或者数额负责，那自然无效果继承可言，故实为承继的共犯的否定论立场。如刘某甲等强奸、非法拘禁案，法院认为，本案四原审被告人参与共同非法拘禁犯罪的时间有早晚先后，与各被害人分别被骗至该传销窝点失去人身自由的时间并不完全重合，但其中时间最短的也达十余日，其行为均已严重侵犯公民的人身自由，社会危害大，依法应予处罚，故四原审被告人均应当对自己参与以后的非法拘禁行为承担责任。浙江省杭州市中级人民法院（2014）浙杭刑终字第 126 号刑事判决书.

③ 浙江省余姚市人民法院（2012）甬余刑初字第 581 号刑事判决书.

④ 案情经过及裁判要旨，可参见张榆. 应根据介入时间认定电信诈骗中的帮助取款行为. 人民司法，2019（5）：23。

保管赃款和取款行为的结合，成立诈骗罪的共犯；取款者接受信用卡发生在电信诈骗过程中，则属于承继的共犯。此外，有的实务判例还侧重审查了后行为人参与犯罪后所实施行为的性质，从实质上把握犯罪承继的根据。如何某某等故意杀人、故意伤害案①中，针对事中参与殴打被害人的沈某等四人，法院认为，该四人事初未参与、事中临时加入何某某等人先前实施的非法拘禁行为之中，其与被害人虽同处一个空间，但对拘禁无阻止的实际能力，亦未对拘禁本身起到实际的作用，故不构成拘禁的事中参与，仅在故意伤害的范围内与何某某等成立承继的共犯。

4. 小结

其一，行为人在事先无通谋的情况下，在他人实施部分实行行为后，参与其中并实施了后续行为，可以与他人成立共同犯罪。至于其成立承继的共同正犯，或是承继的帮助犯，应当采取区别论的立场：对于成立“部分实行全部责任”的共同正犯而言，必须要以行为人共谋后实行相互性的行为为前提，承继的共同正犯只能在其参与后的范围内与先行为人形成相互性，由此不应分担先前行为的责任；对于成立“促进实行行为之实现”的帮助犯而言，其不法来源于对实行行为侵害的从属性，由此根据其参与行为的实际贡献，认定其作为帮助角色在犯罪中所发挥的作用，以区分主从关系。

其二，行为人在事先无通谋的情况下，在他人抢劫罪既遂后参与共同搜取被害人财物的，仍然存在与他人成立抢劫罪的共同犯罪的空间。这是因为犯罪的实质终结与既遂并非一一对应，存在着既遂之后犯罪未终了的情形，例如，财产犯罪在既遂后不法侵害仍然持续性存在。因此，应当以先行为人与被害人之间的紧迫对立状态是否仍然持续作为标准，将相关犯罪的承继时点确定在行为实质终结之前。

其三，若成立抢劫罪的共同犯罪，对后行为人不应适用“抢劫致人死亡的”加重法定刑。这是因为结果加重犯的处罚依据在于基本行为与加重结果之间具有的危险关联，属于基本犯的“类型性危险”，当该种加重危险已经现实化后，后行为人对基本行为的参与，自始不可能再产生该种加重结果，既不存在实质利用先前行为事态的客观行为，也没有继续产生相关加重后果的主观意图。因此，应当将后续承继的行为人利用前行为已经造成的加重结果，与促成前行为造成加重结果相区别，对于前者，不应将加重结果归属于承继者。

第三节　不作为的共犯

案例 9-3　徐某某等强奸案②

（一）案情介绍

上海市奉贤区人民检察院指控，2011 年 6 月 2 日 23 时许，被告人徐某某将被害人陈

① 案情经过及裁判要旨，可参见吴小军、解帅. 共同犯罪情形下转化型杀人罪的认定. 人民司法，2019（14）：20。

② 上海市奉贤区人民法院（2011）奉刑初字第 879 号刑事判决书.

某带至上海市奉贤区××镇××村××号被告人陈某某（系徐某某之舅舅）暂住地，采用打耳光、按压等手段强行与被害人陈某发生性关系。其间，被害人陈某反抗并向在同一房间居住的被告人陈某某求救，被告人陈某某放任不管，致使被告人徐某某强奸得逞。公诉机关认为，被告人徐某某、陈某某的行为已构成强奸罪。

庭审中，被告人徐某某对强奸罪的罪名和犯罪事实无异议。被告人陈某某辩称其没有实施和帮助被告人徐某某实施强奸的行为，反而对被告人徐某某的行为进行了口头劝阻，故认为公诉机关指控其犯强奸罪不能成立。

上海市奉贤区人民法院经审理查明，2011 年 6 月 2 日上午，被告人徐某某将被害人陈某带至本市奉贤区××镇被告人陈某某的暂住地。当天晚上 11 时许，被告人徐某某采用打耳光、按压身体等手段强行与被害人陈某发生性关系。其间，被害人陈某反抗并多次向在同一房间内睡在另一张床的被告人陈某某求救，被告人陈某某仅对被告人徐某某作一般言词劝阻，之后即对被告人徐某某继续实施的强奸行为听之任之，致使徐某某强奸行为得逞。

（二）裁判经过

上海市奉贤区人民法院经审理认为，被告人徐某某违背妇女意志，采用暴力手段，强行与妇女发生性关系，其行为已触犯《刑法》第 236 条第 1 款之规定，构成强奸罪。被告人陈某某留宿被告人徐某某和被害人与其同房居住，两床间仅有布帘相隔，作为房间提供者，被告人陈某某负有相应的安全保障义务；作为被告人徐某某的长辈亲属，被告人陈某某负有约束晚辈不当行为的责任。作为被害人当时唯一的求助对象，在其人身未受到暴力胁迫、实施救助不会损害自身权利，且有救助的能力时，被告人陈某某并未积极履行上述义务与责任，致使被告人徐某某的强奸行为得以实行完毕，该消极不作为行为与被害人的性自由权遭受侵害具有刑法上的因果关系。在主观方面，虽然被告人陈某某与被告人徐某某并未实施强奸的事前通谋，但在被害人明确向陈某某求救以后，陈某某仅以言辞稍微制止，其后便任由徐某某肆意实施奸淫行为，对事态的发展持听之任之的放任态度，具有间接故意，构成共犯关系上的事中故意。因此，被告人陈某某与被告人徐某某构成强奸罪的共犯。被告人徐某某直接实施了强奸行为，在共同犯罪中起主要作用，系主犯。鉴于被告人徐某某在庭审中能自愿认罪，可酌情从轻处罚。被告人陈某某为强奸行为提供帮助，在共同犯罪中起辅助作用，系从犯，依照《刑法》第 27 条之规定，并根据其犯罪情节，依法可对其免除处罚。为严肃国家法制，保障妇女的性权利不受侵犯，依照《刑法》第 236 条第 1 款，第 25 条第 1 款，第 26 条第 1 款、第 4 款，第 27 条之规定，判决：（1）被告人徐某某犯强奸罪，判处有期徒刑 3 年 6 个月；（2）被告人陈某某犯强奸罪，免予刑事处罚。

一审宣判以后，两名被告人没有提出上诉，检察机关没有提出抗诉，一审判决发生法律效力。

（三）争点整理

1. 在共同犯罪中，对以作为形式的犯罪参与与以不作为形式的犯罪参与，应当如何界分？

2. 具有作为义务的人，以不作为形式参与到作为犯之中，其属于作为犯的共同正犯还是作为犯的帮助犯?

（四）案例分析

1. 行为类型的判断：作为的共犯与不作为的共犯

本案涉及被告人陈某某以不作为形式参与到被告人徐某某强奸的作为犯罪之中的共同犯罪认定问题，而不作为犯与共犯是刑法教义学中两个不同的问题：不作为犯属于行为论的范畴，而共犯属于共犯论的范畴。然而，在现实生活中，不作为犯与共犯之间又存在着一定的交叉与重合。在共犯是由不作为构成的情况下，就形成所谓不作为的共犯。[①] 正是由于行为论的判断先于共犯论的认定，行为人系以作为还是不作为形式参与到他人的犯罪中，便成了讨论不作为的共犯的前提性问题。

在多数犯罪中，行为人所实施动作的举止具有作为或不作为的典型性特征，即若将身体举止的“动”理解为作为的话，那么不作为便是身体举止的“静”，二者之间存在互斥关系[②]，在规范评价上不至于出现犹疑不定的情形。例如，某人以利刃捅刺的方式袭击被害人，致其死亡，自然属于作为形式的杀人。而母亲以拒绝喂养的方式静观婴儿饿死，则属于不作为形式的杀人。然而，在一些非典型的场合，二者不仅在事实上的界限并非不证自明，而且存在着同时并存的可能性。例如，在某一举止兼具作为与不作为意义的场合（多义举止方式），工厂主未履行消毒义务即将受到炭疽病毒感染的山羊毛交付给工人加工，进而导致工人感染死亡（“山羊毛案”），工厂主既存在将羊毛交付工人的积极行为，也存在未按规定进行消毒的消极行为。再如，在“通过作为的不作为”的场合，医生通过关闭维持生命体征的医疗器械的方式，放弃了对不具有继续医疗意义的患者的治疗行为，医生系通过一个具有能量投入的积极身体动作，进而放弃了继续抢救的努力。还如，在“作为与不作为竞合”的场合，司机醉酒驾驶机动车而刹车不及导致行人伤亡的行为，司机同时违反了禁止规范和命令规范：其不应醉酒驾驶汽车却依然驾驶，其应及时刹车而未能履行该义务。

前述不典型情形仅系针对单独实行者而展开的，在对他人犯罪的参与过程中，同样也会存在这些不典型的评价难题。如在李某1强奸案[③]中，李某1明知李某2在其出租车上意欲强奸被害人，仍然听从李某2的要求，不断驾车绕路，最终使李某2顺利完成奸淫行为。对于这一绕路行为，既可以理解为李某1事中与李某2形成合意，为其实施强奸提供了帮助行为，也可以从作为义务的角度，理解为基于“司机—乘客”间的合同义务，李某1负有保护乘客安全之义务，其应履行，且能履行而不履行，属于不作为。对此，该案承办人认为，“（驾车绕路的行为）系对李某2强奸行为的帮助，因此已构成强

---

① 陈兴良. 不作为的共犯：规则与教义. 法学，2022（6）：72.

② 作为与不作为是一种对立关系，一个犯罪行为不可能同时包含作为与不作为。陈兴良. 本体刑法学. 2版. 北京：中国人民大学出版社，2017：211.

③ 该案具体案情参见本书第二章之案例2-1。至于李某1的绕路行为，系不作为犯还是帮助犯，可参见方鹏. 论出租车载乘行为成立不作为犯和帮助犯的条件//陈兴良. 刑事法判解：第13卷. 北京：人民法院出版社，2013：52以下。

奸共犯”①。而在曹某强奸案②中，法院在认定曹某明知涂某某对醉酒者刘某某实施性侵后，并没有径直将其下车离去的行为判断为帮助，而是选择将其与被害人之前约酒的先前行为视为整体，认为曹某等人对醉酒的被害人负有安全保护义务，因此，曹某对涂某某实施性侵行为应加以有效制止，当为而不为，构成涂某某强奸罪不作为的共犯。尽管两案被告人均存在作为义务，但前者被判定为作为的共犯，后者则被认定为不作为的共犯，如何区分二者值得研究。或有观点认为，二者的参与形态均被认定为共犯，不会导致罪刑失衡问题，实质界分二者，意义不大。应当看到，在曹某强奸案中，法院仅仅论证了其保证人地位，便径直判定其为不作为共犯，并未就其能否成立不作为正犯展开论说。换言之，若将其评价为不作为的共同正犯，则两案在罪责评价上难以统一，甚至可能产生“加功越多责任越轻”的质疑。③

对此，理论上存在着经验性区分和规范性区分两种代表性的立场：就经验性区分而言，其早期观点以自然主义的因果行为论为依据，主张以有无现实因果力来区分作为与不作为；其后期观点则以能量投入说为主导，强调作为系“在特定方向上的能量花费”，不作为是“在特定方向上的能量不花费”。然而，立足于经验性立场，难以对前述“多义举止方式”“通过作为的不作为”等情形加以厘定。而就规范性区分而言，其早期观点与自然主义的因果行为论针锋相对，强调举止行为与因果力的有无只是规范评价的起点，所谓作为系一个意志动作，其作为结果发生的条件，在构成要件的“事物本质”中体现了“社会意义”，而不作为则被理解为“构成要件结果的不避免”；后期观点则在“社会意义”的延长线上，强调二者的区分应当在于“可谴责性的重心”，主张二者的区分不在于具体案件的外在形态，即并非一个事实问题，而是关乎法谴责的评价问题。然而，何谓可谴责性的重心，往往言人人殊，其标准存在较大模糊性。④

基于此，有论者基于规范性区分立场提出了目的理性的区分方案，主张区分作为与不作为的根本目的在于，以辅助性法益保护的刑法任务为指导，通过保证人地位精确限制处罚范围，将自然意义属于作为但应在规范意义评价为不作为的情形筛选出来。⑤ 前述“多义举止方式”“作为与不作为的竞合”，由于不作为往往伴随于作为或系作为之效果，尽管最终逾越法所允许的风险部分系不作为所致，但若消去作为部分，则足以排除

---

① 鹿轩. 出租车司机构成强奸共犯. 检察日报，2011-05-25（7）.

② 该案的具体案情如下：2019年10月11日21时许，被害人刘某某（户籍信息证实：女，2005年11月15日出生）应翟某某邀约到六盘水市钟山区××酒吧喝酒。当时参与喝酒的人还有被告人曹某及涂某某（已判刑）、涂某甲、涂某乙、王某某、刘某某的另一个朋友。喝到23时许，刘某某已经喝醉，翟某某、涂某甲、曹某、涂某乙、涂某丙、王某某从酒吧出来后，将刘某某扶上涂某丙驾驶的丰田牌黑色汉兰达越野车（贵B×××某某），刘某某的朋友先行离开，涂某丙驾车将王某某送到钟山区××小区期间，刘某某出现了呕吐的情况，涂某某提出到湿地公园透风，后涂某丙将车开到钟山区湿地公园图书馆旁停下，涂某丙、涂某乙下车上厕所，翟某某、曹某下车后站到车旁，涂某某在车辆后座上趁刘某某在酒醉不清醒的情况下强行和刘某某发生了一次性关系。涂某某发生完性关系后下车去上厕所，曹某此时上车，趁刘某某还在酒醉不清醒的情况下，也在车辆后座上和刘某某发生了一次性关系。贵州省六盘水市钟山区人民法院（2020）黔0201刑初251号刑事判决书.

③ 前案被告人采取不断绕路的方式，加功他人强奸行为；后案被告人则采取下车等候的方式，促成他人强奸。前者在物理和心理意义上的加功更为明显，却仅评价为作为行为的帮助；后者则会因直接认定不作为，面临更重正犯评价的可能性。

④ 吕翰岳. 作为与不作为之区分的目的性思考. 环球法律评论，2017（4）：100-101.

⑤ 吕翰岳. 作为与不作为之区分的目的性思考. 环球法律评论，2017（4）：101.

具体结果的发生。在此前情形下，就应当将该行为评价为作为而非不作为。至于“通过作为的不作为”，尽管停止维持生命装置属于典型的能量投人，若将其评价为作为，将在事实上禁止保证人从事实性负担中解脱出来，这是一种超出辅助性法益保护任务的过度要求。相反，将该行为评价为不作为，通过判定无救助可能或救助义务已经达到极限而否定其保证人地位及其作为义务，进而排除医生中断治疗行为的不法性。在此意义上，以下区分作为与不作为的逻辑思路便具备了实质认定依据：“首先探讨属于基本类型的作为犯，在不够该当作为犯的构成要件场合，再探讨是否成立不作为犯。”①

具体到案例 9-3，行为人陈某某具有作为性质的行为主要包括同意被告人徐某某与被害人陈某入住、对被告人徐某某作一般言词劝阻等。就前者而言，接纳外甥入住是社会正常交往行为，不具有可罚性。就后者而言，言辞劝阻在一般语义和具体场景中，都无法被理解为事中的帮助行为。由此而论，该案并不存在值得单独评价的作为犯类型。因此，法院基于陈某某先前收留被害人入住行为而产生的作为义务，认定其为不作为形式的犯罪参与形态，值得肯定。同理，前述李某 1 强奸案中，李某 1 可以被评价为作为的行为大体包括接载被害乘客、驾车绕路，但由于接载行为属于业务行为，并不具有可罚性，唯驾车绕路具有可罚性。假如其单纯停止驾车绕路行为，是否足以阻止李某 2 继续侵害被害人？因相关行为在相对封闭的出租车内实施，即便李某 1 起初不实施驾车绕路行为，也无法阻止性侵行为。据此，李某 1 对强奸行为的作为帮助，与后续不作为之间不存在附属关联，因而应当分别讨论作为帮助的可罚性与后续不作为的可罚性，二者存在竞合关系。在曹某强奸案中，曹某可以被评价为作为的行为在于一同与被害人饮酒、下车等待，但共同饮酒系日常行为，不具有可罚性，仅下车等待存在事中帮助的可罚性。然而，若曹某并非下车等待，而系拂袖离去，该作为的放弃不能一并阻止结果的发生，因而其对强奸行为的不作为难以依附于帮助的作为之上，同样需要考虑先前作为和后续不作为之间的竞合问题。当然，在竞合判断之前，还需要进一步讨论不作为的具体参与类型，才能明晰后续不作为能否成立，以及以正犯还是共犯的形式成立等问题。

2. 参与类型的判断：共同正犯与帮助犯

以不作为的形式参与到共同犯罪之中，理论上围绕着能否成立狭义的共犯（帮助犯），存在着原则正犯论、原则共犯论以及区别论三种代表性的观点。

原则正犯论认为，不作为是以行为人能够防止危害结果的发生却没有防止该结果的发生为基础，其行为的特殊性决定了不作为者原则上只能是正犯。该说立论的基础在于，不作为与作为具有不同的存在论构造，因此有关作为犯的正犯共犯区分标准不能适用于不作为犯。② 申言之，根据构成要件的不同表现形式，犯罪可以分为支配犯、义务犯和亲手犯，这三类犯罪的正犯共犯区分标准各有不同：在支配犯中，正犯是支配犯罪并导致犯罪实现的人；共犯虽然对构成要件的实现具有一定作用，但他的行为不具有决定性。在义务犯中，正犯是通过违背构成要件规定的特别义务而造成侵害结果的人；不负有该

---

① 桥爪隆. 有关不作为与共犯. 王昭武，译. 苏州大学学报，2018（1）：126. 同样观点，可参见张明楷. 刑法学：上. 6 版. 北京：法律出版社，2021：193。

② 欧阳本祺. 论不作为正犯与共犯的区分. 中外法学，2015（3）：718.

义务的人就只能成立共犯。在亲手犯中，只有亲手实现构成要件的人才是正犯。[①]

原则共犯论认为，即便是不作为犯，也应该根据是否存在掌控事态进程意义上的行为支配来区分正犯和狭义共犯。相比于以作为方式引起结果的人，以不阻止这种不作为的方式对发生结果作出贡献的，通常列在第二顺位，原则上成立共犯。这是因为在这种场合，结果发生与否取决于正犯，而不阻止者只是借助于正犯行为间接地对结果产生影响。[②] 申言之，不应按照不作为和作为等多元形态分别讨论正犯与共犯的标准，而应以对结果所具备的行为支配作为统一标准加以区分，“将不阻止他人犯罪理解为不作为参与的场合，实际上是不阻止者与他人一道，共同引起了作为犯的犯罪结果，其中，未被阻止的他人起着主导支配作用，成立主犯即正犯；而不阻止者基于其义务性质以及实际所起的作用，只能实质地评价为共犯即帮助犯”[③]。

区别论则认为，应当根据实质作为义务的不同，分别讨论不作为能否成立帮助犯的问题。由于实质作为义务的履行与法益保护之间存在着直接保护和间接保护两种样态，因而存在着对处于危险的脆弱法益加以直接保护的法益保护义务，与管控可能产生法益侵害风险的危险源，由此实现间接保护的危险源管控义务。对于法益保护义务的保证人而言，其义务在于防止结果发生，无论由何种原因导致结果发生，对其而言都是等效的，因此只能成立正犯；对于危险源管控义务的保证人而言，因其对法益保护的间接性，故其参与到正犯的侵害行为之中时，其行为便是单纯的共犯。[④] 事实上，区别论与原则正犯论具有共同的立论基础，即认为不作为的共犯标准应与作为形态相区别。在法益保护义务的场合，由于被害法益与不作为者之间存在特别保护关系，所以即便法益侵害是由第三人实施所引起，也不影响保证人成立正犯。相反，在危险源管控义务的场合，不作为者与被害法益之间存在着直接实施侵害行为的正犯，根据溯及禁止的原则，不作为的参与至多成立帮助犯而已。[⑤]

就原则正犯论而言，其主要面临两方面的攻讦：一方面，该论过于强调不作为犯的义务违反性与作为犯的支配性的区别，导致正犯性判断的多元化。“既然原本不真正不作为犯是由于其能够和作为犯同等对待而成为处罚对象的，那么在不作为场合的正犯与共犯的区别就必须是和作为的场合两者的区别是一致的”[⑥]，换言之，这种主张不作为犯与作为犯的存在论构造具有明显差异的立场，忽视了不真正不作为犯与作为犯共同适用同一构成要件的规范前提。另一方面，该论以义务违反性这一要素同时解释不作为性和正犯性，存在着论证正犯性不足的缺陷。作为义务的功能在于确认保证人地位，并通过命令行为人履行积极义务的方式，与作为行为形成等价关系，即为不作为犯奠定基础。而正犯性的判断，“必要的是对引起构成要件结果起了支配作用，严密地说，就必须能说成

① 克劳斯·罗克辛.德国刑法学总论：第2卷.王世洲，译.北京：法律出版社，2013：11.

② 松原芳博.刑法总论重要问题.王昭武，译.北京：中国政法大学出版社，2014：364.

③ 黎宏.不阻止他人犯罪的刑事责任.中国法学，2020（4）：218.相类似的观点，还可参见何龙.不阻止他人故意犯罪的行为性质认定.中外法学，2017（6）：1477。

④ 弗尔克尔·哈斯.不作为的共同犯罪.王德政，译.吉首大学学报，2017（2）：61.

⑤ 松宫孝明.刑法总论讲义.钱叶六，译.北京：中国人民大学出版社，2013：206.

⑥ 山口厚.刑法总论：第2版.付立庆，译.北京：中国人民大学出版社，2011：365.

是支配了引起构成要件结果的原因”[①]，即为正犯判断提供依据。因而，正犯性与作为义务的认定系属两个范畴概念，彼此难以相互替代或者省略。事实上，“即便是违反作为义务的行为，也不一定要成立正犯，还有可能成立帮助等狭义共犯，这要从不作为与作为之间的等价性的角度以及不阻止者与实施犯罪的他人之间的作用大小来进行区分”[②]。如案例 9－3 中，若径直以陈某某同意被害人入住其封闭住所为由，认定其存在保证人地位，并确认其成立徐某某强奸行为的不作为正犯，便属于仅论证不作为犯之成立，而忽视正犯性的判断。显然，若确认了保证人地位之存在，裁判者仍需要判断作为直接正犯的徐某某对于侵害结果的支配力，也应当进一步审查其阻止徐某某继续实施犯罪的可能性大小。

而就区分论而言，其与原则正犯论一样，会面临对其多元化判断正犯合理性的质疑。此外，该论还存在形式标准不清、实质论理不足的缺陷：一方面，根据直接保护和间接保护区别而提出的机能二分说，在很多场合中难以作出清晰的类型划分。例如，对于游泳池的管理员这一角色而言，其既可以被评价为保护客人免于溺水的脆弱法益保护者，也可以被当作防止泳池安全事故发生的危险源管控者。[③] 另一方面，无论是直接保护还是间接保护，其实质指向的都是一个阻止结果发生的义务：“这里不存在或多或少的余地。所有的保证人地位都同样构造出了‘一个不可再细分级别的阻止结果的义务’。这个义务内容的特性就决定性地说明了要给予所有保证人义务以同样的对待。”[④] 具体到案例上，陈某某同意被害人入住其封闭住所，其既因自愿承担而成立法益保护义务，也可能因对其独立支配场域的风险具有管控阻止义务，二者殊难界分。事实上，这种基于对法益危险发生领域而产生的支配义务指向的是结果发生的领域，而法益保护义务指向的是结果发生的原因，危险源管控义务指向的是结果发生的过程，无论是原因还是过程，其均以一定场域发生危险为必要，因而对特定领域的支配义务，通常会与法益保护义务、危险源管控义务相重合。[⑤] 换言之，区分论将正犯性的讨论转化为实质作为义务类型的分析，却并未因此提供明确界定不作为参与者正犯与共犯区分的判断标准。

在作为义务的判断上，原则共犯论与原则正犯论、区分论没有差异，所分野者在于原则共犯论并未限于以作为义务讨论正犯，而是强调正犯判断应区别于不作为犯的判断，同时，应将一元正犯标准统一适用于作为犯与不作为犯。如该阵营中的结果原因支配说认为，作为犯的正犯性在于通过“行为支配”而支配了结果的原因，而不作为犯之所以能够与作为犯实现等价，是因为通过了“保证人支配”而支配了结果的原因。具体而言，不作为犯中的保证人支配包括保护支配和监督支配两种：前者是对法益无助性的支配，如基于生活共同体、危险共同体和对无助法益的照顾承担所产生的支配；后者是对一项

---

① 山口厚. 刑法总论：第 2 版. 付立庆，译. 北京：中国人民大学出版社，2011：67.

② 黎宏. 不阻止他人犯罪的刑事责任. 中国法学，2020（4）：218.

③ 克劳斯·罗克辛. 德国刑法学总论：第 2 卷. 王世洲，译. 北京：法律出版社，2013：510.

④ 克劳斯·罗克辛. 德国刑法学总论：第 2 卷. 王世洲，译. 北京：法律出版社，2013：510.

⑤ 张明楷. 刑法学：上. 6 版. 北京：法律出版社，2021：198.

重要的结果肇因的支配，如对危险物的支配、对危险的人支配、对危险工作的支配等。① 对“保证人支配”而言，其不仅包括了事实支配，也应包括规范支配，“不能单纯从客观事实上考察行为人事先是否支配了危险源或者脆弱的法益，还必须根据社会分工的原理，规范地考察行为人是否支配了危险源或脆弱的法益”②。由此可见，这种方法论的核心在于为存在论和规范论寻求一个平衡点，实质上属于存在与规范的并存论。

相对于并存论而言，原则共犯论阵营中还有存在论的主张，即强调应将正犯性判断统一到基于自我意思的对因果流程的排他性支配的排他性支配说。该说认为，至少就不真正不作为犯而言，其尽管在行为方式上区别于作为，但最终按照作为犯的条款来处罚，在讨论不作为共犯时仅聚焦于作为义务论，有违反罪刑法定原则之嫌。“作为是引起因果关系，而不作为是利用因果关系，二者之间的这种结构性差别，使得在不真正不作为犯的成立上，必须以消除该种差别，实现二者之间的等价为出发点。而这种结构性差别的消除，只有在行为人主动设定了对法益的排他支配时，才能实现。”③ 申言之，对于不作为成立正犯而言，应着眼于正犯对因果关系的现实支配，既包括了不作为者中途介入了导向结果进程的支配，也包括了不作为者对导向结果的潜在危险的创设与支配。由于该说过于强调事实性因果支配，并且忽略了对原因进行规范性支配的可能性，因而过分限缩不作为犯正犯的成立，可能导致处罚漏洞。例如，在父母未事先合意，将幼儿独自留在家中后分别离家出走，导致幼儿饿死的场合，父母显然属于不作为的同时犯，但由于彼此均可主张因还存在其他保证人，自己的离开并未现实地支配了幼儿的死亡，故不能评价为不作为正犯。再如，故意将无独立生存能力的被抚养人弃置于冬夜的犯罪高发街区，当被害人死于重度失温时，则行为人成立不作为的正犯；而当被害人死于暴力犯罪者之手，由于不存在意志支配，行为人也不能成立间接正犯，而仅成立不作为的共犯。要言之，“排他性支配”过于强调直接行为对结果产生的作用，忽视了事前原因设定与结果发生之间的实质关联。事实上，“即使作为犯也明显地不要求直到最后结果发生也一直完全地支配因果经过，因此比起像排他的支配说那样将‘因果经过的支配’作为问题，倒不如将有无引起结果的支配、更进一步说有无‘结果原因的支配’作为问题更为合适”④。

我国实务判例的多数见解采取了原则共犯论的立场，如在前述曹某强奸案中，法院认为曹某对被害人应当负有安全保护义务，应阻止而未阻止涂某某实施性侵行为，成立涂某某强奸行为的不作为共犯。再如郑某强奸案⑤中，对于李某而言，其积极作为表现

---

① 许内曼. 论不真正不作为犯的保证人地位. 陈晰，译//刑法与刑事司法编辑部. 刑法与刑事司法：第 1 卷. 北京：法律出版社，2013：69.

② 张明楷. 不作为犯中的先前行为. 法学研究，2011（6）：140 - 141.

③ 黎宏，等. 不作为犯研究的新展开. 北京：法律出版社，2022：115.

④ 山口厚. 刑法总论：第 2 版. 付立庆，译. 北京：中国人民大学出版社，2011：88 - 89.

⑤ 具体案情为：被告人郑某和李某预谋“找个女的抢钱”，郑某事先已打算在抢劫过程中进行强奸，但李某事先对此并不知情。2011 年 8 月 6 日深夜，二被告人开车把被害人陈某（女）骗上车，后带至江边。二被告人共同以暴力、胁迫方法强行把被害人陈某拖至江边一偏僻树林内，被告人郑某把陈某推倒在地，并让被告人李某去拿刀恐吓陈某，郑某威胁陈某把衣服脱光，被告人李某站在一旁没有说话也没去拿刀。后被告人郑某对被害人陈某进行了强奸，并让被告人李某去翻陈某包内财物。李某看到郑某在强奸陈某而未作声，在相距约一米的旁边将陈某包内钱物取走。所劫取财物，二被告人平分。江苏省南京市建邺区人民法院（2011）建刑初字第 184 号刑事判决书.

为对被害人实施暴力、胁迫的压制行为与将被害人包内钱财取走的取财行为，其消极不作为在于对同案犯郑某实施奸淫行为时的默不作声。对于该案，存在着两种意见：第一种意见认为，郑某实施奸淫行为时，李某只是在一旁翻陈某的包，李某既没有奸淫的故意，更没有强奸行为。因此，李某不构成强奸罪的共犯。第二种意见认为，李某虽然没有实施奸淫行为，但他先前与郑某共同实施的暴力、胁迫行为作为李某的先行行为产生作为义务，李某具有阻止郑某强奸犯罪的义务却没有阻止，对郑某实施侵害陈某性的自决权起到促进作用，李某应成立强奸罪的不作为帮助犯。对此，检察官认为，"本案是典型作为与不作为相结合的共同犯罪，作为者郑某处于主动地位，而不作为者李某是对作为者郑某实施奸淫的侵害行为的促进。作为者郑某能够单独实现对陈某性自决权的侵害，不作为者李某则不能直接侵害这一法益"[①]，故李某仅能成立不作为的帮助犯。以对法益侵害是否具有直接性和排他性来判断不作为参与者的正犯性，正是原则共犯论的基本思路。

除了多数以不作为帮助犯认定的案例，少数案例例外地承认了不作为的共同正犯，如朱宗某、朱某强奸案。[②] 针对该案，核心争议之一即为"具有救助被害人义务的朱某构成不作为的共同正犯还是帮助犯"。对此，检察官认为，被告人朱某提议将被害人付某骗至安宁区，并在与付某发生性行为之后授意另一被告人朱宗某强奸付某，应该构成强奸罪的共同正犯，而不是帮助犯。这一判断显然是考虑到朱某对于付某被害存在着原因设定，并由此成立对结果的规范性支配。因此，尽管系朱宗某以作为形式直接地侵害了被害人，但由于朱某在先前引诱行为中设定了对结果具有支配力的原因，朱某因此不再仅仅属于促进犯罪发生的角色，而一跃成为主导结果产生的核心人物。

回到案例 9－3，被害人系与徐某某一同入住陈某某住处，陈某某并不存在明知被害人有被侵害的风险，而邀请其入住的原因设定，因而没有所谓对结果的原因支配。同时，被害人遭受侵害的直接原因系徐某某的积极侵害，陈某某未能积极采取有效的制止措施，是被害人遭受侵害的间接原因。由此可见，陈某某不仅在事实层面上不具有对结果发生的排他性支配，而且在规范层面上也没有对导致结果的原因加以排他性的设定，因而将其认定为徐某某强奸行为的不作为帮助犯是妥当的。

3. 小结

其一，在共同犯罪中，对以作为形式的犯罪参与与以不作为形式的犯罪参与，首先探讨属于基本类型的作为犯，在不够该当作为犯的构成要件场合，再探讨是否成立不作为犯。就其判断规则而言，应当针对兼具作为与不作为的不同类型分别讨论：对于"多义举止方式""作为与不作为的竞合"，应先假定消除作为部分时，能否足以排除具体结

---

① 吴超令. 不作为能否成立强奸罪的帮助犯. 中国检察官，2015（3）：50.

② 具体案情如下：2003 年 6 月 25 日 21 时许，被告人朱某、朱宗某与朱爱某等人在安宁区费家营喝啤酒过程中，朱某提议将其前女友付某以聊天为由，骗至安宁区与其发生性关系。朱宗某与朱爱某亦有此意，朱某表示同意。后 3 人将付某从城关区骗至安宁区××乡××村××号朱某家中（无人居住）。在朱某与付某发生性关系后，被告人朱某借口上厕所，至隔壁房间，授意朱宗某与付某发生性关系。当朱宗某欲与付某发生性关系时，遭付某反抗，付某多次向朱某大声呼救，朱某均置之不理。被告人朱宗某对付某进行殴打、威胁，并将付某强行奸污。其间，朱爱某离开现场。关于承办人员的具体分析，参见［2024－01－20］. https://china.findlaw.cn/lawyer/jdal/d186799.html。

果的发生。若足以排除，则属于作为类型；若相反，则意味着不作为对后续风险的实现具有单独支配力，属于不作为类型。对于“通过作为的不作为”，则应将其评价为不作为类型，可根据无救助可能性等事由，否定其保证人地位，排除不作为犯的成立。

其二，具有作为义务的人，以不作为形式参与到作为犯之中，由于不作为者不存在对损害后果的直接侵害，其不法仅在于未能阻止正犯的直接侵害，实质上促成了犯罪的实现，故不作为者原则上成立共犯（帮助犯）。但是，若不作为者对损害后果发生的原因具有支配力，则构成对结果原因的支配，与作为犯成立共同正犯。

第十章　单位犯罪

知识点概述

新中国成立初期，刑法学界全面否定单位（法人）犯罪的提法。例如，中央政法干部学校刑法教研室编著的《中华人民共和国刑法总则讲义》就明确指出，“根据我国刑法，法人在任何条件下都不能成为负担刑事责任的犯罪主体”①。在立法方面，我国早期法律也以单位犯罪否定说为基本取向，但同时又试图兼顾打击与单位有关的犯罪活动的刑事政策需要，最终体现在规范上就是一种妥协折中的方案：仅追究单位特定成员的刑事责任，而不涉及单位自身。例如，1979 年《刑法》第 127 条规定：“违反商标管理法规，工商企业假冒其他企业已经注册的商标的，对直接责任人员，处三年以下有期徒刑、拘役或者罚金。”在计划经济时代，采这种调整方案尚可勉强应对。但自改革开放以来，我国市场经济迅速发展，越来越多的严重犯罪开始以单位面目出现，打击犯罪的功利需要促使部分学者开始重新审视有关单位犯罪的命题。1981 年李济玲等人在《上海司法》上发文，宣示性地提出“应当重视对法人违法犯罪的处理”②。随后，徐建在《法人不会犯罪吗?》一文中，首次通过学术论证的方式在经济犯罪领域肯定“法人具有犯罪能力”③。这些当时的少数派意见点燃了学界关于单位犯罪的论战。

围绕“单位是否具有犯罪能力、能否成为犯罪主体”这一议题，学界形成了否定说与肯定说两派观点。论战前期否定说占据绝对优势地位，其主要理由在于，单位不能像自然人那样思想和行动，无法满足犯罪成立的主客观要件。④ 犯罪本来是自然人基于精神的肉体活动，而单位自身不可能作出任何有意识的举止（包括犯罪），其所有

---

① 中央政法干部学校刑法教研室.中华人民共和国刑法总则讲义.北京：法律出版社，1957：108.

② 李济玲.应当重视对法人违法犯罪的处理.上海司法，1981（7）.转引自何秉松.法人犯罪与刑事责任.北京：中国法制出版社，1991：435。

③ 徐建.法人不会犯罪吗?.法学季刊，1982（3）：23－26.

④ 郭锋.法人不能成为犯罪主体：与徐建同志商榷.法学季刊，1982（4）16；高铭暄，姜伟.关于“法人犯罪”的若干问题.中国法学，1986（6）：19；赵秉志.关于法人不应成为犯罪主体的思考.法学研究，1989（5）：58；张智辉.法人不能成为犯罪主体.学员之家（法律版），1986（2）：32.

活动都要依靠自然人才能开展；并且，刑事责任建立在心理、精神的可谴责性上，而单位在这些方面是空洞的，不具备滋生伦理责任的土壤。除不承认单位的犯罪能力之外，部分否定论者还从“刑罚的目的在单位身上无法实现”“处罚单位有违罪责自负的刑法原则”等角度展开论证。① 为了回应否定说的上述主张，当时少数支持肯定说的学者尝试借助单位中特定自然人人为地构造出单位的思想和行为。例如，针对“单位精神世界空洞，缺乏成立犯罪的主观要件”这一意见，有学者便回应称：“任何一个法人都有自己的决策机关，由法人的决策机关调动、指挥法人的活动，这很类似人的大脑。法人决策机关的命令和要求，决定法人活动的方向与形式，所谓法人犯罪，就是指由于决策机关的故意和过失给社会造成严重危害的行为。法人决策机关的意思表示，就是法人的意思表示。因此，承认法人犯罪与犯罪构成理论要求行为人的主观心理状态并不矛盾”②。

1987 年《海关法》首次正式确立单位走私犯罪。随后颁行的单行刑法、附属刑法也陆续规定了各种可以由单位构成的犯罪。伴随着实定法对单位犯罪的确认，肯定单位具有犯罪能力、能够成为犯罪主体的呼声日益高涨，在论战前期一直占据优势地位的否定说逐渐成为少数意见。③ 1997 年 3 月通过的现行《刑法》在总则第二章以一节专门规定单位犯罪，这场始于 20 世纪 80 年代的论战以肯定说的胜利告终。④

《刑法》第 30 条规定：“公司、企业、事业单位、机关、团体实施的危害社会的行为，法律规定为单位犯罪的，应当负刑事责任。”这表明，我国刑法中的犯罪主体以自然人为常态、以单位为例外。单位实施刑法规定的危害社会的行为，法律未规定追究单位的刑事责任的，根据 2014 年 4 月 24 日全国人大常委会《关于〈中华人民共和国刑法〉第三十条的解释》（以下简称《第 30 条解释》）的规定，对组织、策划、实施犯罪的自然人仍予以处罚。《刑法》第 30 条只涉及单位犯罪的形式概念，从中无法直接推导出单位犯罪的成立条件，本章第一节将对这个在实践中争议颇多的问题展开讨论。

单位犯罪的法律后果以双罚制为原则、以单罚制为例外。《刑法》第 31 条规定：“单位犯罪的，对单位判处罚金，并对其直接负责的主管人员和其他直接责任人员判处刑罚。本法分则和其他法律另有规定的，依照规定。”作为双罚制和单罚制的共同对象，单位犯罪中“直接负责的主管人员”如何认定，是本章第二节拟讨论的核心议题。

---

① 高铭暄. 刑法总则要义. 天津：天津人民出版社，1986：114.

② 陈广君. 论法人犯罪的几个问题. 中国法学，1986（6）：4.

③ 这一时期不乏立场发生重大转变者，例如，朱华荣教授在论战前期明确支持单位犯罪否定说［朱华荣. 刑事案件中法人的责任问题. 法学，1982（3）：19－20］，但在 1987 年后转向肯定说［朱华荣，林建华. 我国法人犯罪的立法及其完善. 政法论坛，1988（5）：26－27］。

④ 1997 年《刑法》修订后仍有学者质疑追究单位刑事责任的正当性与合理性，参见朱建华. 单位犯罪主体之质疑. 现代法学，2008（1）：90－95；杨兴培.（法人）单位犯罪立法理论与实践运作的逆向评价. 华东政法学院学报，2001（3）：21－22。

第一节　单位犯罪的成立条件

案例 10－1　郑某等侵犯公民个人信息案①

（一）案情介绍

2011 年至 2013 年 9 月，郑某、杨某分别在担任雀巢（中国）有限公司西北区婴儿营养部事务经理、兰州分公司婴儿营养部甘肃区域经理期间，为了抢占市场份额，推销雀巢奶粉，授意该公司兰州分公司婴儿营养部员工杨某某、李某某、杜某某、孙某通过拉关系、支付好处费等手段，多次从兰州大学第一附属医院、兰州军区总医院、兰州兰石医院等多家医院的医务人员手中非法获取公民个人信息。其中，郑某自 2012 年 2 月开始，通过上述手段，非法获取公民个人信息 40 507 条。杨某自 2011 年开始，通过上述手段，非法获取公民个人信息 45 659 条。杨某某通过上述手段，非法获取公民个人信息 20 085 条。李某某通过上述手段，非法获取公民个人信息 14 163 条。杜某某通过上述手段，非法获取公民个人信息 10 448 条。孙某通过上述手段，非法获取公民个人信息 963 条。

其间，王某某利用其担任兰州大学第一附属医院妇产科护师的便利，将其在工作中收集的公民个人信息 2 074 条非法提供给杨某某、孙某，收取好处费 13 610 元。丁某某利用其担任兰州军区总医院妇产科护师的便利，将其在工作中收集的公民个人信息 996 条非法提供给李某某，收取好处费 4 250 元。杨某甲利用其担任兰州兰石医院妇产科护师的便利将其在工作中收集的公民个人信息 724 条非法提供给杜某某，收取好处费 6 995 元。

（二）裁判经过

甘肃省兰州市城关区人民法院审理兰州市城关区人民检察院指控被告人郑某、杨某、杨某某、李某某、杜某某、孙某、王某某、丁某某、杨某甲犯侵犯公民个人信息罪一案，于 2016 年 10 月 31 日作出一审判决，认定郑某、杨某、杨某某、李某某、杜某某、孙某以非法方法获取公民个人信息，情节严重；王某某、丁某某、杨某甲违反国家规定，将本单位在履行职责或者提供服务过程中获得的公民个人信息，出售或者非法提供给他人，情节严重，其行为均已构成侵犯公民个人信息罪。杨某、杨某某、李某某、杜某某、孙某、王某某、丁某某、杨某甲经公安机关电话通知后，主动到案，如实供述自己的罪行，属自首，依法可从轻处罚。依照《刑法》第 253 条之一第 1 款、第 2 款，第 12 条，第 25 条 1 款，67 条 1 款，第 37 条，第 72 条之规定，以郑某犯侵犯公民个人信息罪，判处有期徒刑 1 年 6 个月，缓刑 2 年，罚金 4 000 元；以杨某犯侵犯公民个人信息罪，判处有期徒刑 1 年 6 个月，缓刑 2 年，罚金 4 000 元；以杨某某犯侵犯公民个人信息罪，判处有期

① 甘肃省兰州市城关区人民法院（2016）甘 102 刑初 605 号刑事判决书.

徒刑 1 年，缓刑 1 年，罚金 3 000 元；以李某某犯侵犯公民个人信息罪，判处有期徒刑 10 个月，缓刑 1 年，罚金 2 000 元；以杜某某犯侵犯公民个人信息罪，判处有期徒刑 8 个月，缓刑 1 年，罚金 2 000 元；以孙某犯侵犯公民个人信息罪，免予刑事处罚；以王某某犯侵犯公民个人信息罪，判处拘役 6 个月，缓刑 10 个月，罚金 1 000 元；以丁某某犯侵犯公民个人信息罪，判处拘役 5 个月，缓刑 6 个月，罚金 1 000 元；以杨某甲犯侵犯公民个人信息罪，判处拘役 4 个月，缓刑 6 个月，罚金 1 000 元。

郑某以自己的行为是公司行为为由提出上诉；其辩护人提出原判认定事实不清、证据不足，本案属于单位犯罪，郑某无罪的辩护意见。杨某以其没有给下属下达过任务，也没有和医院接触过为由提出上诉。杨某某以对非法获取的产妇信息数量有异议为由提出上诉，其辩护人提出本案属于单位犯罪的辩护意见。李某某以自己的行为都是公司下达的任务，所获取的信息都是新生儿父母自愿提供的为由提出上诉。杜某某以自己的行为是按公司的要求所做，所获取的信息都是提供给公司为由提出上诉。

关于各上诉人及其辩护人所提上诉理由及辩护意见，甘肃省兰州市中级人民法院综合评判如下：(1) 郑某、杨某、杨某某、李某某、杜某某、孙某违反国家有关规定，非法获取公民个人信息，情节严重的犯罪事实……不仅有案件来源及视频资料，且有证人证言，书证账户明细、合同等证实……上述证据间能够形成完整的证据链，足以认定；(2) 单位犯罪是为本单位谋取非法利益之目的，在客观上实施了由本单位集体决定或者由负责人决定的行为。雀巢公司政策、员工行为规范等证据证实，雀巢公司禁止员工从事侵犯公民个人信息的违法犯罪行为，各上诉人违反公司管理规定，为提升个人业绩而实施犯罪属于个人行为。甘肃省兰州市中级人民法院认为，原判认定事实和适用法律正确，量刑适当，审判程序合法，故裁定驳回上诉，维持原判。①

(三) 争点整理

单位中层、基层管理人员为了本单位利益，授意员工以单位名义实施的犯罪行为，是否构成单位犯罪？

(四) 案例分析

我国《刑法》第 30 条不是给单位犯罪下定义，没有揭示出单位犯罪之所以成为单位犯罪而不构成其他犯罪的本质属性，所以，明确单位犯罪成立条件的任务实际上被分配给法律的解释者，而非法律本身。关于单位犯罪的成立条件，实践中争议不断，前期的代表性观点包括：

(1) 违法所得归属说。例如，1988 年《关于惩治走私罪的补充规定》(现已失效) 第 5 条规定："……企业事业单位、机关、团体走私，违法所得归私人所有的，或者以企业事业单位、机关、团体的名义进行走私，共同分取违法所得，依照本规定对个人犯走私罪的规定处罚"。

(2) "单位名义" 和 "违法所得归属" 并重说。例如，1999 年 6 月 25 日最高人民法

① 甘肃省兰州市中级人民法院 (2017) 甘 01 刑终 89 号刑事裁定书.

院《关于审理单位犯罪案件具体应用法律有关问题的解释》第 3 条从反面指出："盗用单位名义实施犯罪，违法所得由实施犯罪的个人私分的，依照刑法有关自然人犯罪的规定定罪处罚"。2001 年 1 月 21 日最高人民法院《全国法院审理金融犯罪案件工作座谈会纪要》(以下简称《金融纪要》) 第 2 条则从正面确认："以单位名义实施犯罪，违法所得归单位所有的，是单位犯罪。"

(3) 同一视的单位意志说。例如，《刑事审判参考》2004 年总第 39 辑第 305 号案例马某方等贷款诈骗、违法发放贷款、挪用资金案在"裁判理由"部分强调，"单位犯罪是在单位整体意志支配下实施的"，"未经单位集体研究决定或单位负责人决定、同意的行为，一般不能认定为单位意志行为"，不成立单位犯罪。

一般认为，同一视的单位意志说是我国前期通说。该观点的影响力很大程度上来自 1996 年以后《刑法修订草案》第三稿至第七稿，在这一时期，"经单位决策机构决定或负责人决定（经单位集体决定或由负责人员决定）"与"为单位谋取利益"并列，成为立法者界定单位犯罪的两个核心要素。① 虽然上述规定在 1997 年第八届全国人大第五次会议上未获通过，但反对观点主要针对"为单位谋取利益"这一要素，认为"分则规定的单位犯罪中，有的是过失犯罪"，而过失犯罪很难说有非法谋利的目的②，其并未明确否定根植于民法同一视原理的另一要素——经单位决策机构或负责人决定。

我国《刑法》分则所规定的单位犯罪实际上包括两种情况：一种是通常由单位决策机构或负责人决定实施的犯罪。资助危害国家安全犯罪活动罪、合同诈骗罪、单位行贿罪以及案例 10－1 所涉侵犯公民个人信息罪等大多属于这种情况。另一种是并非基于单位决策机构决定或负责人决定，而往往与单位普通员工的业务活动有关的犯罪。污染环境罪、非法处置进口的固体废物罪等大多属于这种情况。上述两种情况都在单位犯罪制度的实定法效能内，但显然，若坚持根植于民法的同一视原理，那么，司法适用上就很难将后一种情况纳入单位犯罪的实际调整范围，如此便造成单位犯罪实定法效能在司法中的不当收缩，使得部分实定法规定形同虚设。以污染环境罪为例，由单位决策机构或负责人决定、授权排污的情况不多，即使有，也很难证明单位对非法排污行为存在意志上的直接主动控制。③ 这样一来，虽然法律规定该罪可以由单位构成，但通过对单位犯罪成立条件的一般性限制，解释者便在司法适用中事实性地架空了法律对该罪单位刑事责任的规定。实践中很难因这些犯罪追究单位，特别是大型单位的责任。因为单位规模越大，决策机构或负责人与具体业务活动的距离就越远，在这种体制下，单位决策机构或负责人几乎不会直接介入某项具体违法行为的决定与实施。④

鉴于此，同时考虑到现实中组织体运行方式的多样性和复杂性，有观点将同一视为单位意志的自然人意志从"单位决策机构或负责人决定"扩大到"单位集体研究决定，或者由单位的负责人或者被授权的其他人员决定、同意"⑤，甚至认为还可以包括"对单

---

① 高铭暄. 中华人民共和国刑法的孕育诞生和发展完善. 北京：北京大学出版社，2015：213.

② 高铭暄，赵秉志. 新中国刑法立法文献资料总览. 北京：中国人民公安大学出版社，2015：1099.

③ 王志远. 环境犯罪视野下我国单位犯罪理念批判. 当代法学，2010 (5)：76.

④ 黎宏. 论单位犯罪的刑事责任. 法律科学（西北政法学院学报），2001 (4)：67.

⑤ 最高人民法院、最高人民检察院、海关总署《关于办理走私刑事案件适用法律若干问题的意见》第 18 条。

位活动性质有相对独立的决策权的部门或个人决定”①。

按照这种改良方案，可能得出与两审法院不同的认定结论——雀巢公司成立单位犯罪。首先，雀巢公司婴儿营养部全国事务经理陈某某的证言显示，DR（0～3个月月龄的婴儿用雀巢奶粉的客户）、EDR（成为DR后，4个月还在继续使用雀巢奶粉的客户）任务由总公司下发给各大区经理，各大区经理再将任务下发给每个区域经理，区域经理将任务分配给每个营养专员。可见，采集DR、EDR名单在雀巢公司西北区婴儿营养部经理郑某和兰州分公司婴儿营养部甘肃区域经理杨某的职权范围内。对于指派营养专员采集DR、EDR名单及具体采集方式等事项，郑某、杨某有相对独立的决策权，其授意员工以非法方法获取公民个人信息，符合同一视的单位意志要件。其次，郑某、杨某授意兰州分公司婴儿营养部员工杨某某、李某某、杜某某、孙某非法获取公民个人信息的目的，是抢占市场份额，推销雀巢奶粉，符合单位利益要件。

上述改良方案在一定程度上缓和了我国单位犯罪制度的司法效能小于实定法效能的问题，减少了因决策机构或负责人决定难以证明而架空单位责任条款的情况。但是，无论能够上升为单位意志的自然人范围如何扩大，其逻辑起点并未改变，单位意志的形成过程始终被认为是单位犯罪的具体决策过程。解释进路上的个人视角主要存在三个弊端：其一，在实定法能够涵摄到的司法效能范围内，对单位的处罚有不当扩大、与自己责任原则相悖之虞。尽管有相对独立决策权的部门或个人是单位意志的重要来源，但其毕竟也是具有独立人格的主体，单位意志与自然人意志、单位行为与自然人行为之间的“错位”客观存在。如果某单位自身配备有一套组织管理体制，其章程也设定了本单位的目标、宗旨，那么，当有相对独立决策权的部门或个人决定实施犯罪，但此决定与单位自身的管理模式、宗旨、目标完全背离时，若还要求单位承担责任，恐怕相当于让单位为其成员的意思和行为负责。② 其二，既然单位意志生发自有相对独立决策权的部门或个人，那么只处罚决定实施犯罪的内部责任人员即可，同时处罚单位有重复评价之嫌。其三，单位的犯罪能力和犯罪意思来自单位特定成员的见解，实际上是在为主张单位犯罪实际上是单位中自然人犯罪的单位犯罪否定论提供佐证。③

为了校正上述弊端，司法实践中开始部分放弃将单位特定成员的思想和行为同一视为单位自身的思想和行为的惯常做法，转而将单位自身的管理运营因素同步纳入单位犯罪论体系。以厦门市翔安区某某镇某某村村民委员会主任陈某某非法转让土地使用权案为例：表面上看，案涉土地使用权转让事项由村委会负责人陈某某决定，以村委会名义实施，土地转让款项也归属于村委会。公诉机关据此认为，该案系某某村村委会的单位犯罪。但法院持不同意见：“陈某某虽为某某村村委会的负责人，但其……决策、行为违背了村委会的基本宗旨、议事规则和程序，无法体现村委会的单位整体意志，不能认定为单位犯罪，而应认定为个人犯罪。”④ 该案中，法院虽然也认同区分单位犯罪和自然人犯罪的最主要标准在于犯罪行为是否体现单位意志，只有体现单位整体意志的场合，才能认

---

① 席若. 单位犯意的形成形式辩证. 中国刑事法杂志，2016（5）：26-29.

② 耿佳宁. 单位固有刑事责任的提倡及其教义学形塑. 中外法学，2020（6）：1498.

③ 黎宏. 组织体刑事责任论及其应用. 法学研究，2020（2）：75.

④ 福建省厦门市中级人民法院（2015）厦刑终字第55号刑事裁定书.

定为单位犯罪，但在单位意志的判断上，单位自身宗旨和议事规则的影响力初步显现。二审法院在反驳抗诉意见时强调："以单位名义实施、经单位决策机构研究决定或单位负责人决定、违法所得归单位所有等特征，都是用于判断是否属于单位犯罪的辅助性标准……在判断犯罪行为是否体现单位意志时，多数情况下可以将单位决策机构或者负责人的意志视为单位本身的意志；但在单位负责人的意志背离单位的基本宗旨和目的……决策行为违背单位的既定议事规则和程序时，则不能简单地认定为体现单位意志。"①

2019 年 2 月 20 日最高人民法院、最高人民检察院、公安部、司法部、生态环境部联合印发《关于办理环境污染刑事案件有关问题座谈会纪要》(以下简称《环境纪要》)，其中单位犯罪的分析视角也开始由个人部分转向单位整体。② 一方面，对于仍需借助自然人认定单位犯罪的情形，先前司法解释中"集体研究决定""决策机构决定"的用语变为"经决策机构按照决策程序决定"，"负责人"一词也被进一步细化，直观反映出单位组织架构中不同层次的管理人员，反映出对组织架构和管理运营方式等单位自身因素的重视；另一方面，补充了不需借助自然人认定单位犯罪的情形，即直接根据独立于自然人行为和意思的单位整体情节认定单位犯罪。

从单位自身的固有特征，即组织架构和管理运营方式等因素中寻找处罚单位的实质根据，以摆脱传统观点只能借助单位中自然人的行为和意思来说明单位犯罪的片面性，此即组织体固有责任论的创见之所在。单位是有别于其成员个人的独立存在，单位承担刑事责任的根据原本就不是它故意或过失地借成员之手作出了某种具体犯罪行为，而是单位（不合规的）组织结构、治理方式、运营体制等导致其中的自然人实施了刑法规定的危害行为。③ 如果单位的组织结构、治理方式、运营体制等容许或默认犯罪的发生，或者在防止犯罪方面措施不力，便可以考虑将其作为引发业务活动中违法犯罪行为之原因，进而将该行为及其结果归属于单位自身。此时，单位中任何成员犯罪，实际上都可视为单位组织管理模式的结果，所以，在处罚单位之际，没有必要将其中的个人加以特定；同时，反向而言，特定个人（包括有决策权的领导）的行为和意思也不能等同于单位的行为和意思。

伴随社会的迅猛发展，危险行为明显增多，单位等组织体的运营本身可能就存在侵犯法益的抽象危险。但社会生活离不开单位，其存在极大地推动了社会进步，利明显大于弊，所以，即使单位运营活动所蕴含的风险现实化为对法益的实际损害或具体危险，在一定范围内也可以被法律秩序所容许，此即"法所容许的风险"。通过被容许的风险理论，刑法的处罚范围实质上被限缩。当然，法不是随意容许风险，容许的前提是创设了

---

① 福建省厦门市中级人民法院（2015）厦刑终字第 55 号刑事裁定书. 类似意见参见四川省成都市中级人民法院（2019）川 01 刑终 383 号刑事裁定书、湖北省荆门市中级人民法院（2019）鄂 08 刑终 253 号刑事裁定书。

② 根据《环境纪要》第 2 条的规定，为了单位利益，实施环境污染行为，并具有下列情形之一的，应当认定为单位犯罪：(1) 经单位决策机构按照决策程序决定的；(2) 经单位实际控制人、主要负责人或者授权的分管负责人决定、同意的；(3) 单位实际控制人、主要负责人或者授权的分管负责人得知单位成员个人实施环境污染犯罪行为，并未加以制止或者及时采取措施，而是予以追认、纵容或者默许的；(4) 使用单位营业执照、合同书、公章、印鉴等对外开展活动，并调用单位车辆、船舶、生产设备、原辅材料等实施环境污染犯罪行为的。

③ 时延安. 合规计划实施与单位的刑事归责. 法学杂志，2019 (9)：28；佐伯仁志. 制裁论. 丁胜明，译. 北京：北京大学出版社，2018：3.

抽象危险的单位遵守预防性注意义务。以谨慎的态度开展活动。可见，所谓“容许”实质上是缓和结果回避义务：为了社会的顺利发展，从功利的角度来看，刑法并不要求单位履行满分的结果回避义务，只要其采取的结果回避措施达到及格线，即准确识别本单位具体运营中的刑事风险，设置并有效落实足以预防上述风险现实化的组织管理模式，就可认为该单位履行了客观注意义务。此时，不宜再将风险现实化的结果归责于它，即使单位成员（包括有决策权的领导）为了本单位利益而在业务活动中实施违法行为，也不成立单位犯罪。

以邓某甲行贿案为例。邓某甲系南部县药业有限责任公司（以下简称“南部药业公司”）名誉董事长，在药品销售过程中，违反国家规定，为了谋取非法利益，给予国家工作人员以回扣、手续费共计 10.16 万元。公诉机关在指控邓某甲行贿犯罪的同时，还认为南部药业公司构成单位行贿罪。对此法院未予支持，理由主要在于：(1) 南部药业公司作为四川省基本药物集中采购服务中心确定的药物供销中标单位，其药品销售价格由省药物采购服务中心定价；(2) 南部药业公司按照市场经济营销管理模式制定了营销纲要，明文规定禁止药品销售人员有任何形式送礼及行贿等商业行为，一经发现公司将终止劳动合同，责任由销售人员自己承担。因此，邓某甲违反公司营销管理规定，以个人药品销售提成的劳务报酬向邓某乙、杨某某、范某进行商业行贿，尽管相关行为指向南部药业公司的非法商业利益，但该公司不构成单位行贿罪。①

将上述组织体固有责任论的分析方法适用于案例 10－1，应当认为雀巢公司不构成单位犯罪，与两审法院裁判意见一致。

首先，雀巢公司的 DR 任务目标、政策方针、运行方式中不包含鼓励、纵容或默许员工以非法方式收集公民个人信息的内容。其一，雀巢公司的 DR 相关文件、雀巢公司婴儿营养部全国事务经理陈某某的证言证实，DR 是营养专员通过专业推广确认使用雀巢奶粉的客户，任务目标不是收集消费者个人信息，DR 工作完成的实际效果由中国健康促进与教育协会承办的营养咨询中心通过电访来了解和评估。为了完成电访调研，需要用到消费者自愿提供的部分个人信息（如姓名和电话），但雀巢公司不允许为此向医务人员支付任何资金或其他利益。其二，雀巢公司中国儿科临床营养管理项目介绍、中国医师协会中国儿科临床营养管理项目委托书、弘睿元医药信息咨询（北京）有限公司与雀巢公司签订的服务合同等证实，雀巢公司参与的中国儿科临床营养管理项目要求加入该项目的医师签署“医师倡议书”，并征得愿意加入该项目的家长同意，不允许私自收集公民个人信息。其三，雀巢公司在《雀巢指示》《关于与保健系统关系的图文指引》等文件中明确规定，“对医务专业人员不得进行金钱、物质引诱”。

其次，雀巢公司有效执行了其制定的个人信息保护政策。其一，雀巢公司员工培训教材和情况说明证实，雀巢公司已经通过业务培训向员工充分传达公司的个人信息保护政策：既不允许员工因推销 0～12 月龄健康婴儿使用的婴儿配方奶粉目的，直接或间接地与孕妇、哺乳妈妈或公众接触，也不允许员工以非法方式收集消费者个人信息。其二，雀巢公司要求所有营养专员接受培训并签署承诺函。医务渠道 WHO 在线测试成绩、测

① 四川省南部县人民法院（2016）川 1321 刑初 166 号刑事判决书.

试卷、关于在高风险国家与医务专业人员和医疗保健机构交往的指示、员工奖金表证实，被告人郑某、杨某、李某某、杜某某、杨某某、孙某均参加过雀巢公司不允许营养专员向医务人员支付费用获取公民信息的培训、测试。其三，雀巢公司确立了符合前述个人信息保护政策的经费使用规则，公司从不为以非法方式收集消费者个人信息向员工、医务人员提供资金。

最后，考虑到郑某、杨某等被告人供述，从医务人员处非法获取消费者个人信息的资金来自公司总部分配的事务运作经费，如果补充查明雀巢公司关于 DR 相关业务的决策程序、事务运作经费的使用规则及监督方式、不遵守前述个人信息保护政策及经费使用规则的惩处机制，则可能更为彻底地切割单位与侵犯公民个人信息这一违法事实之间的主客观联系。

本案虽系单位中层、基层管理人员为了本单位利益授意员工实施违法犯罪，但从中提炼出的审查策略，对审查单位高层管理人员组织、策划的案件也有指导意义。如果在单位业务活动中发生违法事实，应当先从单位成员个人犯罪的角度启动调查，此时，如果能够查明该个人行为背后存在单位组织管理缺陷，则再考虑将其作为单位犯罪追究单位的固有责任。这意味着，在查明与违法事实有关的具体决策过程的同时，还需重视对单位自身组织特征的审查，仅将单位受此影响在业务活动中发生的违法事实认定为单位犯罪。

第二节 单位犯罪中“直接负责的主管人员”的认定与处罚

案例 10 - 2 苏州市安派精密电子有限公司虚开增值税专用发票案[①]

（一）案情介绍

（1）被告单位苏州市安派精密电子有限公司（以下简称“苏州安派公司”）及该公司采购部主管被告人庞某某、该公司总经理被告人罗某某于 2012 年 3 月至 2012 年 5 月间，在无真实货物交易的情况下，以支付开票费为对价，接受销货单位为三门峡天一实业有限公司（以下简称“天一公司”）的河南增值税专用发票合计 5 份，价税合计 3 699 803.1 元。其中税款 537 578.22 元已于同期向税务部门申报抵扣。

（2）被告单位苏州安派公司及该公司采购部主管被告人庞某某于 2013 年 8 月间，在无真实货物交易的情况下，以支付开票费为对价，接受销货单位为深圳市浩瑜环贸易有限公司（以下简称“浩瑜环公司”）的深圳增值税专用发票合计 11 份，价税合计 1 285 515 元。其中税款 186 784.18 元已于同期向税务部门申报抵扣。

（3）被告单位苏州安派公司及该公司采购部主管被告人庞某某于 2013 年 11 月间，在

---

① 江苏省苏州市吴中区人民法院（2017）苏 0506 刑初 114 号刑事判决书.

无真实货物交易的情况下，以支付开票费为对价，接受销货单位为深圳市顺畅通贸易有限公司（以下简称“顺畅通公司”）的深圳增值税专用发票合计 36 份，价税合计 4 207 788 元。其中税款 611 388 元已于同期向税务部门申报抵扣。

事发后，被告人罗某某至公安机关自动投案，并如实供述了犯罪事实。另查明，案发后被告单位苏州安派公司已退缴全部增值税。

（二）裁判经过

江苏省苏州市吴中区人民检察院以被告单位安派公司、被告人庞某某、被告人罗某某犯虚开增值税专用发票罪，向苏州市吴中区人民法院提起公诉。

庞某某的辩护人提出：公诉机关指控的安派公司、庞某某接受浩瑜环公司、顺畅通公司虚开增值税专用发票一节，因为这两家公司均处于非正常经营状态，相关负责人未到案，庞某某所作的“与深圳两公司没有真实货物交易”“相关发票都是出开票费买来的”等有罪供述缺乏开票单位印证，属于孤证，应不予采信。公诉机关指控的犯罪事实不清，证据不足。

罗某某的辩护人提出：公诉机关指控的苏州安派公司、庞某某、罗某某接受天一公司虚开增值税专用发票一节，罗某某虽名为安派公司总经理，但实际并无总经理的地位和职权，其只分管市场开拓和销售，平时经常在外公关客户，公司内部的生产、采购、财务等事务均由庞某某负责；在原材料采购付款方面，只要有庞某某签字审核即可，罗某某签字只是履行公司财务惯例，并无实际意义，如没有庞某某签批，只有罗某某签批，公司财务不会同意付款。因此，罗某某在公司内的实际职务只相当于部门经理，其并不具有总经理职务所应有的全面管理职权，在庞某某向其表明犯罪意图、实施犯罪时，其无法对庞某某施加有效制约，不属于单位犯罪中直接负责的主管人员，不构成犯罪。即便认为罗某某属于单位犯罪中直接负责的主管人员，其也系初犯、偶犯，且在共同犯罪中起辅助作用，应当认定为从犯。

苏州市吴中区人民法院未采纳上述辩护意见。法院认为，被告单位苏州安派公司在没有货物交易情况下让他人为自己虚开增值税专用发票，数额巨大，其行为已构成虚开增值税专用发票罪；被告人庞某某、罗某某为被告单位的直接负责的主管人员，应以虚开增值税专用发票罪追究其刑事责任，部分系共同犯罪。在共同犯罪中，被告人庞某某、罗某某均起主要作用，均系主犯。被告人罗某某犯罪后自动投案，并如实供述自己的罪行，系自首，可以从轻或减轻处罚。被告人庞某某当庭自愿认罪，可以酌情从轻处罚。

综合考虑本案情节、被告人的悔罪表现，法院决定对被告单位苏州安派公司、被告人庞某某均从轻处罚，对被告人罗某某减轻处罚，并对被告人庞某某、罗某某适用缓刑。据此，对苏州安派公司依照《刑法》第 205 条第 1、2、3 款，第 64 条之规定；对庞某某依照《刑法》第 205 条第 1、2、3 款，第 25 条第 1 款，第 26 条第 1、4 款，第 72 条第 1 款，第 73 条第 2、3 款之规定；对罗某某依照《刑法》第 205 条第 1、2、3 款，第 25 条第 1 款，第 26 条第 1、4 款，第 67 条第 1 款，第 72 条第 1 款，第 73 条第 2、3 款之规定：判处苏州安派公司罚金 30 万元；庞某某有期徒刑 3 年，缓刑 4 年；罗某某有期徒刑 2 年 6 个月，缓刑 3 年。

(三) 争点整理

1. 如何认定单位犯罪中“直接负责的主管人员”?
2. 处罚单位内部责任人员时，是否要区分主犯与从犯？如何区分？

(四) 案例分析

1. 单位犯罪中“直接负责的主管人员”的认定

关于单位犯罪中“直接负责的主管人员”的概念，目前没有正式的立法解释或司法解释给出明确界定。比较权威的意见来自 1994 年 1 月 27 日最高人民法院研究室《关于如何理解“直接负责的主管人员”和“直接责任人员”问题的复函》(以下简称《复函》)。根据《复函》，“直接负责的主管人员”指在企业事业单位、机关、团体中，对本单位实施犯罪起决定作用的，负有组织、决策、指挥责任的领导人员；单位的领导人如果没有参与单位犯罪的组织、决策、指挥，或者仅是一般参与，并不起决定作用的，则不应对单位犯罪负刑事责任。1994 年 3 月 3 日公安部在对辽宁省公安厅的答复函（公法[1994] 27 号）中，原文转述了最高人民法院研究室的上述意见。

参照《复函》的精神，司法实践中主要从三个方面把握“直接负责的主管人员”。

第一，直接负责的主管人员应当是单位的各级管理人员。这部分人辐射多个层级，既可以是单位的高层管理人员，如董事会成员、党组成员、法定代表人等；也可以是单位的中层、基层管理人员，如分公司负责人、部门负责人等。相对于各级管理人员，单位普通员工往往不负担决策、指挥、监督等职责，其参与单位事务的主要方式限于执行工作任务，通常无法决定单位犯罪的发生及进程，因此，不属于直接负责的主管人员，只能作为其他直接责任人员而存在。①

第二，直接负责的主管人员应当与单位犯罪有直接关系。② 2001 年《金融纪要》第 2 条规定：“直接负责的主管人员，是在单位实施的犯罪中起决定、批准、授意、纵容、指挥等作用的人员，一般是单位的主管负责人，包括法定代表人。”

从字面意思出发，直接负责包括“直接”和“负责”两个部分，在强调“负责”的同时，不能忽视“直接”。本案所涉虚开增值税专用发票活动一般来说要多部门配合才能完成。其间，可能会先由采购部门填写付款申请单，报采购部门主管审批同意，再报分管业务的经理审批同意，最后交由董事长审批同意后付款。如果董事长向各部门管理人员通报了公司购买发票抵扣税款的决定，并要求他们在各自负责的环节（如合同签订、对公转账、货物入库、单据制作等）提供审批便利，则可以认为，这些管理人员均便利了单位犯罪的实施，与单位犯罪有直接关系，应当对单位犯罪直接负责。

实践中，各个单位、各个案件的情况千差万别，不同管理人员在单位组织经营活动中的实际地位、职权也需审慎甄别。以新天地环境集团有限公司（以下简称“新天地集团公司”）等污染环境案为例：公诉机关认为，对于下属单位非法接收、贮存危险废物

---

① 《刑事审判参考》2019 年总第 117 辑第 1284 号案例.

② 黎宏.论单位犯罪中“直接负责的主管人员”和“其他直接责任人员”.法学评论，2000 (4)：67.

和非法销售危险废物两类行为，新天地集团公司副总经理赵某某均系直接负责的主管人员，应当承担污染环境罪的刑事责任。法院在审查了新天地集团公司对下属单位的管理方式及赵某某在集团公司的实际职权后，选择区别评价这两类行为：（1）赵某某作为集团公司负责销售的主管人员，应当对下属单位非法销售危险废物负直接责任；（2）赵某某虽系集团公司副总经理，但在案证据不能充分证明赵某某分管危险废物的收集、贮存工作，以及曾在董事长韩某某不在时指使、授意、安排过案涉 2 万余吨危险废物的收集、贮存，故不能认定赵某某对该部分犯罪承担刑事责任。①

还需注意的是，在判断管理人员是否应当对单位犯罪直接负责时，可以将职务高低作为参考，毕竟较之于单位中层、基层管理人员，高层管理人员在单位中的地位更高、职权更大，影响单位犯罪的能力也更强，但是，高层管理人员不等于直接负责的主管人员，关键还要看其在单位犯罪中是否起到 2001 年《金融纪要》所列“决定、批准、授意、纵容、指挥等”作用。如果没有起到上述作用，即便是单位的法定代表人、主要负责人，也不对单位犯罪直接负责。《刑事审判参考》2003 年总第 33 辑第 251 号案例北京匡达制药厂偷税（罪名已变更为逃税）案即强调：“未参加策划、组织、实施单位犯罪行为的单位法定代表人，不是直接负责的主管人员，不能因单位犯罪而追究其刑事责任。”②

第三，直接负责的主管人员可以包括起纵容作用的管理人员。2001 年《金融纪要》第 2 条将“纵容”这一不作为行为与“决定”“批准”“授意”“指挥”等作为行为并列规定为判断管理人员是否对单位犯罪直接负责的关键因素。秀山县天雄锰业有限公司、阮某某污染环境案中，法院也持相同意见。法院认为阮某某作为公司总经理，对公司生产生活产生的废水达标排放和公司环保工作负有领导责任，但是在实际履职进程中，怠于行使职责，在明知生活废水锰含量超标的情况下，不组织公司进行污染隐患排查，不采取措施进行整改，纵容公司外排生活废水，最终造成污染环境事件，应当追究刑事责任。③

关于“纵容”是否包括事后认可，学界存在肯定说④与否定说⑤的对立。司法实务则更倾向于肯定说。例如，根据 2019 年《环境纪要》第 2 条的规定，单位实际控制人、主要负责人或授权的分管负责人得知单位成员个人实施环境污染犯罪行为，为了单位利益并未加以制止或及时采取措施，而是予以追认的，是单位犯罪。又如，前述新天地集团公司等污染环境案中，青岛新天地固体废物综合处置有限公司（以下简称“固废公司”）

---

① 山东省青岛市中级人民法院（2019）鲁 02 刑终 100 号刑事判决书.

② 该案中，被告单位北京匡达制药厂为偷逃税款，故意将生产的部分产品隐匿，销售后收入不入账，偷逃增值税税款 655 043.42 元，其行为已构成偷税罪。该制药厂由总经理王某霖负责。将其中 358 313 盒登记在药厂正式账上，其余 208 287 盒采用不登记入库的方法，另做记录可由药厂销售科人员以打白条形式领走，系王某霖授意为之。王某林虽为制药厂的法定代表人，但无证据证明其实施了决定、批准、授意、指挥企业人员不列或少列收入，从而偷税的行为。二审法院认为，一审判决认定王某林系匡达制药厂偷税犯罪直接负责的主管人员，应当追究偷税罪的刑事责任证据不足。

③ 重庆市黔江区人民法院（2018）渝 0114 刑初 54 号刑事判决书.

④ 黎宏.论单位犯罪中“直接负责的主管人员”和“其他直接责任人员”.法学评论，2000（4）：68.

⑤ 马松建.单位犯罪直接责任人员的认定.山东警察学院学报，2006（6）：44.

总经理王某某及其辩护人上诉辩称，王某某对固废公司的销售、财务、人事等事务均没有决定权，一审判决认定其系直接负责的主管人员错误。二审法院未采纳该辩护意见，并重点论证了高层管理人员对单位犯罪的事后认可型直接责任："王某某系固废公司的总经理和负责人，虽然部分危险废物在王某某任职前已在公司非法贮存，但王某某作为固废公司的负责人，明知该非法贮存危险废物的行为会给环境造成危害，却未采取有效措施解决，且在其任职期间仍大量接受危险废物长期非法贮存，对环境造成危害，故王某某应当对该部分犯罪承担相应的刑事责任。"①

回归案例 10-2，应当认为，在苏州安派公司接受天一公司虚开增值税专用发票一节中，罗某某是单位虚开增值税专用发票犯罪的直接负责的主管人员，理由在于以下几点：

首先，苏州安派公司章程、组织架构图等材料证实，罗某某作为公司总经理，其职权范围包括"制定管理架构和流程，统筹江苏工厂之管理"，具有全面管理公司的权限；而庞某某作为采购部主管，只负责"采购、仓库等管理工作"。"各部门签字审批流程"也显示，"各事业部采购物料时，需要总经理（罗某某）确认，总经理（罗某某）直接管理各下属部门，同时监督采购、人事行政、财务"，"下属部门所发生的单据要由主管部门审核，再由总经理（罗某某）签字"。

其次，从苏州安派公司的日常管理情况分析，罗某某对公司进行了全面管理，参与公司重要事务的决策，实际承担着总经理的全部职权。谢某、罗某某等人的往来电子邮件显示，公司涉及高层管理人员的薪资调整、年度工作汇报、主持召开会议等事项的上传下达均由罗某某来完成，例如，罗某某向下属部门发送的邮件中有"按照谢董（谢某）的意见，现就公司各位总经理、副总的薪资、福利做重新调整：罗某某 25 000 元，庞某某 20 000 元""需要特别调整的，请提交给我和谢董审批""庞总（庞某某），2011 年度总结报告还剩张某某所属部门没有更新，请跟进"等内容。可见，罗某某不仅要向庞某某等部门负责人传达董事长谢某的指示，还要做好审批人力资源调整、薪酬待遇调整、召开会议、听取工作汇报等各类日常管理事务，其对公司的经营管理职权是全方位的。

针对罗某某的辩护人所提"没有罗某某本人签字，只有庞某某签字，财务照样可以付款"的意见，2012 年 5 月前后财务部邓某某发给庞某某的电子邮件显示，财务人员在将付款申请表附件发给庞某某的同时，还将该邮件同步抄送给罗某某等人。换言之，之所以部分书面单据上没有罗某某的签名，是因为财务人员在执行公司审批流程时采取了变通方法，但罗某某知道或应当知道这些单据的内容及相关付款事项。

罗某某作为苏州安派公司总经理，具有全面管理公司的实际职权。庞某某系罗某某下属，应当接受罗某某领导，事实上罗某某也能够对庞某某实施有效制约。在苏州安派公司接受天一公司虚开增值税专用发票一节，当庞某某向罗某某表明犯意后，罗某某不仅没有阻止庞某某实施犯罪，反而予以赞同，在单位犯罪中起到了纵容下属人员实施犯罪的作用，属于单位犯罪中直接负责的主管人员，应当构成虚开增值税专用发票罪。

最后，关于苏州安派公司接受浩瑜环公司、顺畅通公司虚开增值税专用发票一节，

---

① 山东省青岛市中级人民法院（2019）鲁 02 刑终 100 号刑事判决书.

购买发票是由庞某某一人组织、策划并主导实施的，诸如联系中间人、约定开票费和资金走账回流等犯罪的具体细节，庞某某均未向罗某某汇报，罗某某对此不知情，也未利用领导职权为单位犯罪的实施提供便利，在单位犯罪中未起到实质作用，不应承担刑事责任。

同理，并参照前述《刑事审判参考》2003 年总第 33 辑第 251 号案例北京匡达制药厂偷税案之精神，应当认为，对于案涉三起单位犯罪，苏州安派公司董事长、法定代表人谢某不是直接负责的主管人员，不能因单位犯罪而追究其刑事责任。因为根据谢某的证言，其作为苏州安派公司董事长、法定代表人，长期在深圳办公，苏州公司的事务由罗某某和庞某某负责，平时公司经营上的各项支出（包括原材料采购、生产耗材等支出）由庞某某、罗某某签字即可付款，不需要再经其审批；在接受天一公司、浩瑜环公司和顺畅通公司虚开发票的事前、事中和事后，庞某某、罗某某都没有向其汇报过，其对此并不知情。

2. 单位内部责任人员之间可以区分主犯与从犯

关于单位内部责任人员之间可否成立共同犯罪，以及是否要区分主犯与从犯的问题，实务中立场犹疑，学界也存在分歧。

2000 年 9 月 30 日最高人民法院《关于审理单位犯罪案件对其直接负责的主管人员和其他直接责任人员是否区分主犯、从犯问题的批复》指出："在审理单位故意犯罪案件时，对其直接负责的主管人员和其他直接责任人员，可不区分主犯、从犯，按照其在单位犯罪中所起的作用判处刑罚。"2001 年《金融纪要》第 2 条则采取了原则与例外的表述方式："对单位犯罪中的直接负责的主管人员和其他直接责任人员，应根据其在单位犯罪中的地位、作用和犯罪情节，分别处以相应的刑罚，主管人员与直接责任人员，在个案中，不是当然的主、从犯关系，有的案件，主管人员与直接责任人员在实施犯罪行为的主从关系不明显的，可不分主、从犯。但具体案件可以分清主、从犯，且不分清主、从犯，在同一法定刑档次、幅度内量刑无法做到罪刑相适应的，应当分清主、从犯，依法处罚。"

学界呈现出肯定说、否定说与折中说三种主张。肯定说认为，单位内部责任人员之间可以成立共同犯罪，可以区分主犯与从犯。① 否定说认为，单位内部责任人员之间不是共同犯罪关系，否则有悖于单位犯罪的基本原理。② 折中说包含两种具体观点：一种是原则与例外意义上的折中，即在单位故意犯罪的场合，对单位内部责任人员原则上不区分主犯与从犯，只按照其在单位犯罪中所起的作用处罚即可，但不排除在量刑明显失衡的场合例外地予以区分③；另一种是定性与处罚脱节意义上的折中，即单位犯罪既不是单位与单位成员的共同犯罪，更不是单位内部成员的共同犯罪，虽然可以根据各责任人员在单位犯罪中的地位、作用和各自行为与单位犯罪结果之间的因果关系及关系程度等因素裁量刑罚，但不必刻意寻求共同犯罪理论的支持。④

---

① 聂文峰，刘洋. 走私案件中单位共同犯罪的主从犯认定问题//魏昌东，顾肖荣. 经济刑法. 总第 18 辑. 上海：上海社会科学院出版社，2018：192-193.

② 熊选国. 关于单位犯罪的若干问题//万鄂湘. 中国司法评论. 总第 2 卷. 北京：人民法院出版社，2002：77.

③ 陈兴良. 刑法总论精释. 北京：人民法院出版社，2016：586.

④ 郜超. 对单位犯罪责任人不必适用共犯理论. 检察日报，2007-12-06 (3).

本书认为，肯定说的立场更为妥当。无论是直接负责的主管人员和其他直接责任人员之间，还是数名直接负责的主管人员之间，都可以按照自然人共同犯罪的一般规则，区分主犯与从犯。除罪刑均衡的现实考虑之外，承认单位内部责任人员之间可以成立共同犯罪，可以区分主犯与从犯，还更契合组织体固有责任论的派生规则——单位刑事责任与单位成员刑事责任的二元分离。

对单位内部责任人员的处罚，不以追究单位刑事责任为必要前提。2014 年全国人大常委会《第 30 条解释》规定，单位实施刑法规定的危害社会的行为，法律未规定追究单位的刑事责任的，对组织、策划、实施犯罪的自然人追究刑事责任。对于“单位实施刑法规定的危害社会的行为”可以考虑作如下理解：所谓“单位实施”，只是在事实层面将刑法规定的危害社会的行为与单位联系起来。刑法规定某罪追究单位刑事责任主要是为了更有效地预防犯罪，对特定犯罪是否追究单位责任，是立法者基于刑事政策的需要所作的功利选择。因此，即使可以在事实层面将分则规定的危害社会的行为与单位联系起来，原本也不意味着法律必须追究单位的刑事责任；而分则或其他法律未规定追究单位刑事责任的，原本也不影响自然人刑事责任的承担。对于组织、策划、实施分则规定的危害社会的行为者，根据分则各本条及总则共同犯罪的规定定罪处罚即可。①

将这种思路向下推演，法律未规定追究单位刑事责任尚不影响对单位内部责任人员的处罚，何况成立单位犯罪的情形。如前所述，单位犯罪是单位自身的犯罪，单位是因自身的组织管理缺陷而承担刑事责任；单位成员犯罪也是其自身的犯罪，而非因单位犯罪受到牵连，在单位犯罪中起到决定、授意、纵容、指挥等作用，或直接实施了具体犯罪行为，才是其受到处罚的根本原因。② 单位成员的行为责任与一般自然人的行为责任并无本质不同，以后者为模板的经典犯罪论体系同样适用于前者。据此，单位内部责任人员之间可以成立共同犯罪，并按照各自在单位犯罪中所起的作用区分主犯与从犯。需要注意的是，作用大小的衡量不能唯职务高低论，而应当综合犯意的提起，组织、策划介入程度，实行行为和辅助行为参与程度，犯罪结果发生的原因力以及犯罪完成的主要途径等事实，全面客观公正认定。③

案例 10-2 中，法院之所以未采纳“罗某某系从犯”的辩护意见，不是因为单位内部责任人员之间不能区分主犯与从犯，而是因为无法认定罗某某在单位犯罪中起次要作用。

现行《刑法》取消了 1979 年《刑法》第 23 条第 2 款关于“对于主犯，除本法分则已有规定的以外，应当从重处罚”的规定，只在第 27 条第 2 款规定“对于从犯，应当从轻、减轻处罚或者免除处罚”。可见，对于共同犯罪人而言，主犯是其处罚的基准样态，直接适用《刑法》分则各本条规定的法定刑，而从犯是基准态的从宽样态。这对司法人员区分主犯与从犯的实践偏好产生了重要影响：1979 年《刑法》施行期间，司法人员认定主犯更为审慎；现行《刑法》施行以来，司法人员认定从犯更为审慎。④ 根据现行

---

① 耿佳宁. 单位固有刑事责任的提倡及其教义学形塑. 中外法学，2020（6）：1507.

② 刘艳红. 企业合规中国化的民行刑体系性立法. 北京：法律出版社，2022：16.

③ 刘晓虎. 涉企轻罪案件量刑要点论纲. 人民法院报，2021-08-19（5）.

④ 阮齐林，耿佳宁. 中国刑法总论. 北京：中国政法大学出版社，2019：242-243.

《刑法》第 26 条、第 27 条的规定，认定为主犯意味着不是从犯，不适用从轻、减轻的法定量刑情节，所以，现行《刑法》中的主犯指从犯之外的其他共同犯罪人，较之于 1979 年《刑法》第 23 条，这相当于扩大了主犯的范围，缩小了从犯的范围。在此背景下，如果各共同犯罪人所起作用不相上下，难以区分主次，则可以均按主犯处罚，但不能都认定为从犯。

回归到案例 10 - 2，在案证据表明，罗某某在苏州安派公司内具有总经理职务所应有的全面管理职权，当庞某某向其表明犯意及实施犯罪时，其可以对庞某某施加有效制约，进而阻止犯罪的实现。例如，当罗某某收到公司会计邓某某同步抄送的电子邮件时，如果其不同意邮件附件中的付款申请，则公司的后续付款流程将无法继续推进。可见，罗某某对庞某某犯罪行为的纵容，是苏州安派公司成功接受天一公司虚开增值税专用发票的必要条件，不宜认为罗某某在该单位犯罪中所起的作用小于庞某某所起的作用。在难以识别二人中谁起次要作用的情况下，法院将罗某某按主犯处理并无不妥。

第十一章　罪数论

知识点概述

行为人实施犯罪后，应当成立一罪还是数罪；成立数罪时，又应当如何处罚。关于这一系列问题的学说理论在日本被称为罪数论，在德国则被称为竞合论。[①] 这些理论所要回答的问题是，当行为人实现了数个构成要件（或者数次实现了同一构成要件）时应该怎么办。其用处在于为量刑作准备，因为它决定了提取哪些构成要件的量刑幅度并按照哪些原则进行量刑。[②] 罪数论的问题，是涉及犯罪论、刑罚论、诉讼法的大问题，甚至可以说，“罪数论处于连接实体法与程序法的桥梁位置”[③]。一方面，罪数论决定了行为人将受到何种处罚，“因涉及行为的统一性问题而可纳入犯罪构成理论研究的范畴；又因解决量刑问题可以说它属于犯罪的法律后果的范畴”[④]；另一方面，罪数问题与公诉事实的同一性、一事不再理效力的客观范围、一罪·一逮捕·一拘留的原则等程序法问题也有着深刻的关系。[⑤]

近些年来，多有学者主张以德国的竞合论取代现有的罪数论。但事实上，罪数论与竞合论的任务是大致相同的，即都是在处理“罪名宣告”（罪数认定）与“刑罚决定”（如何处罚）的事项，两者殊途同归。主要的差别是，如果行为人的行为事实自始至终仅是单纯地实现一个犯罪构成要件（即单纯的一罪），就罪数论的立场而言，还是会涉及犯罪个数的问题，故仍属于罪数论的范畴；而从竞合论的观点来看，此等情形确实与竞合问题毫无关联，因为无从与他罪发生竞合。[⑥] 不过这种差别并不会造成罪数论与竞合论两者的任务有何实质不同。[⑦] 故而，较为理性的态度是，我们可以吸收竞合论的部分内

---

① 甘添贵.罪数理论之研究.台北：元照出版有限公司，2006：1.

② 乌韦·穆尔曼.德国刑法基础课.北京：北京大学出版社，2023：736.

③ 黎宏.日本刑法精义.第2版.北京：法律出版社，2008：311.

④ 杜里奥·帕多瓦尼.意大利刑法学原理.注评版.陈忠林，译评.北京：中国人民大学出版社，2004：359.

⑤ 只木诚.罪数论的系谱.王彦强，骆锐鸿，译.法治现代化研究，2023（6）：185-196.

⑥ 除此之外，两者在研究路径上略有不同，部门用语与归类有所不同，因而导致对部分问题（现象）的处理不同。张明楷.刑法学：上.6版.北京：法律出版社，2021：459.

⑦ 吴耀宗.刑法罪数论与竞合论之判断标准之辩证.军法专刊，2012（1）：117-150.

容，但不可能完全由竞合论取代罪数论。①

在确定一罪与数罪的标准上，理论上存在的学说有：(1) 犯意标准说，主张根据行为人的犯罪意思的个数决定罪数；(2) 目的标准说，主张根据行为人犯罪目的的个数决定罪数；(3) 行为标准说，主张根据犯罪行为的个数来决定罪数；(4) 法益标准说，主张根据被侵害的法益的个数，特别是所发生的犯罪结果的个数决定罪数；(5) 构成要件标准说，主张根据构成要件评价的次数来决定罪数；(6) 个别化说，主张根据罪数的种类，实行不同标准。② 目前，占据通说地位的是构成要件标准说。不过，笔者更倾向于综合法益、意思、行为等因素决定罪数。因为罪数的问题，不外乎是就一定的犯罪事实，在给犯罪所定的法定刑范围内，对于犯罪人科刑一次为已足，或以重复科刑为必要的问题。决定罪数的原理，也应当以此为内涵。因此，罪数论必须构筑在实质的犯罪观念上，而非在形式的构成要件论上。③

关于犯罪的个数，不是单数或复数二选一的问题，而是在“完全的一罪”与“完全的数罪”中间，存在很多阶段（形态）。④ 笔者在此借鉴张明楷教授所主张的罪数论体系，将罪数的诸形态区分为单纯的一罪、包括的一罪、科刑的一罪与并罚的数罪。⑤

单纯的一罪，亦称本来的一罪，指一个行为侵犯了一个法益，该当一个构成要件的情形。对于单纯的一罪而言，其不仅在形式上为一罪，在实质上亦是一罪。但即便如此，也可能由于行为的持续性或者法条之间的包容关系，影响罪数的认定。在下文“单纯的一罪”一节中，笔者将主要讨论和继续犯与法条竞合有关的案例。

包括的一罪，指行为人基于一个意思决定，利用同一机会实施该当同一构成要件的数个行为，而侵犯同一法益的情形。对于包括的一罪而言，通过适用一个法条就可以对数个事实进行包括的评价。进行包括的评价主要是基于法益侵害的一体性或者行为的一体性。例如，数个法益侵害事实由数个行为引起，但数个行为具有连续性（连续犯）。⑥ 在下文“包括的一罪”一节中，笔者将主要讨论和连续犯有关的案例。

科刑的一罪，又称处断的一罪，指即便犯下数罪，但一个行为触犯了数个罪名时（想象竞合、一行为数法），与作为犯罪的手段或者结果的行为触犯其他罪名时（牵连犯），作为诉讼上的一罪对待。实体刑法上也将这种情形作为科刑上的一罪对待，对其按照最重的刑罚处断。而对于刑罚最重的犯罪之外的犯罪，不予评价。⑦ 既然是数罪，为什么将其作为与并罚罪相区别的一罪处置呢？这主要是因为科刑的一罪是包括的一罪与并罚罪间的中间形态，其作为一罪处断的根据可以根据可罚的违法性、责任的减少加以说明。⑧ 在下文“科刑的一罪”一节中，笔者将主要讨论和想象竞合与牵连犯有关的案例。

① 张明楷. 刑法学：上. 6版. 北京：法律出版社，2021：459-461.

② 黎宏. 日本刑法精义. 第2版. 北京：法律出版社，2008：311-312.

③ 吴耀宗. 刑法罪数论与竞合论之判断标准之辩证. 军法专刊，2012 (1)：117-150.

④ 前田雅英. 刑法总论讲义. 北京：北京大学出版社，2017：346.

⑤ 张明楷. 刑法学：上. 6版. 北京：法律出版社，2021：462-494.

⑥ 张明楷. 刑法学：上. 6版. 北京：法律出版社，2021：477-478.

⑦ 前田雅英. 刑法总论讲义. 北京：北京大学出版社，2017：354.

⑧ 黎宏. 日本刑法精义. 第2版. 北京：法律出版社，2008：314-315.

并罚的数罪，指需要对数罪分别定罪量刑，然后根据刑法的规定实行并罚的情形。① 在下文“并罚的数罪”一节中，笔者将主要讨论和选择性罪名有关的案例。

最后，不得不指出的是，罪数论一直是理论上的难点，令实务绝望，令学者心碎。② 德国学者也承认“竞合理论无疑是复杂与混乱的”③。刑法理论上想要追求完美、精确的罪数论，就如同人类想要构建“巴别塔”一般，属于不可能完成的任务。④ 因此，罪数论中广泛存在的理论与实践争端也就不足为奇了。但是，我们仍应恪守罪数论背后的主要思想基础，即“禁止重复评价原则”与“充分评价要求原则（全面评价原则）”⑤，并结合具体案件的实际情况，追求最为科学与合理的罪刑评价。

第一节　单纯的一罪

案例 11－1　李某某徇私枉法案⑥

（一）案情介绍

2004 年 11 月至 2009 年 4 月，被告人李某某在担任某县公安局派出所副所长期间，知晓崔某 1、崔某 2、崔某 3 为 2003 年 12 月 21 日重伤王某 1 的网上追逃人员。崔某 1 在投案前，通过法医李某 2 找到李某某，让李某某帮助其与被害人王某 1 调解，李某某接受李某 2 的请托，在某综合楼内促成崔某 1（当时为网上逃犯）与王某 1 最终达成赔偿和解协议。李某某又以崔某 1 已与王某 1 达成赔偿协议，构成自首，且其他同案犯在逃为由，于 2006 年 8 月至 2007 年 9 月期间对先后到案的崔某 1、崔某 2 和崔某 3 办理取保候审的强制措施，并相继撤销三人的网上追逃信息，使该案崔某 1、崔某 3 等人多年来一直处于中断侦查状态。2009 年 4 月，李某某岗位调整，但并未将本案移交。2010 年 2 月中旬至 2018 年 4 月期间，以崔某 1、崔某 2、崔某 3 为首的黑社会性质组织，又以暴力、威胁或其他手段有组织地实施聚众斗殴、寻衅滋事等一系列违法犯罪行为。被告人李某某继续徇私枉法，仍未重启王某 1 被伤害案的侦查取证工作，放任崔某 1、崔某 2、崔某 3 在逃，直至 2018 年案发。

---

① 张明楷．刑法学：上．6 版．北京：法律出版社，2021：491．

② 柯耀程．刑法竞合论．北京：中国人民大学出版社，2008：5．

③ 乌韦·穆尔曼．德国刑法基础课．北京：北京大学出版社，2023：736．

④ 林钰雄．新刑法总则．台北：元照出版有限公司，2022：585．

⑤ 所谓“禁止重复评价原则”，指同一犯罪事实不能援用不同构成要件重复论罪，而构成要件一经援用评价犯罪是否成立，即不可再被援用作为量刑的依据。所谓“充分评价要求原则”，指行为人所实现的全部不法均应加以评价，均应在有罪判决中反映出来。概括来说，“禁止重复评价原则”，是评价行为的上限，而“充分评价要求原则”，是评价行为的下限。二者观察角度虽然不同，但其背后的原理，都是在寻求一个适度的犯罪宣告与刑罚。吴耀宗．刑法罪数论与竞合论之判断标准之辩证．军法专刊，2012（1）：117－150．

⑥ 黑龙江省齐齐哈尔市中级人民法院（2019）黑 02 刑终 81 号刑事判决书．

（二）裁判经过

黑龙江省齐齐哈尔市铁锋区人民法院认为，被告人李某某身为国家司法工作人员，利用职权，徇情枉法，对明知是有罪的人故意包庇不使其受追诉，其行为已构成徇私枉法罪。李某某到案后能如实供述其主要犯罪事实，认罪、悔罪态度较好，可对其从轻处罚。被告人李某某身为人民警察，怠于履行其法定职责，放任崔某1等人违法犯罪的行为属不作为的渎职犯罪，其不作为的犯罪行为持续至2018年崔某1、崔某3、崔某2等人案发。依照《刑法》第399条第1款、第67条第3款、第61条的规定，认定被告人李某某犯徇私枉法罪，判处有期徒刑3年。

宣判后，原审被告人李某某不服，以一审量刑过重、案件已超过法定追诉时效期限为由提出上诉，请求二审法院予以改判。

黑龙江省齐齐哈尔市中级人民法院认为，上诉人李某某身为国家司法工作人员，利用职权徇私枉法，对明知是有罪的人故意包庇不使其受追诉，其行为已构成徇私枉法罪。李某某明知崔某1、崔某2、崔某3为重伤被害人王某1的网上追逃人员，犯罪分子到案后理应按法律规定对涉案人员采取逮捕等强制措施；同时对案件展开侦查取证工作，并对涉案嫌疑人依法予以追诉。李某某徇私枉法为崔某1、崔某3、崔某2三人先后办理了取保候审手续，陆续撤销了对三人的网上追逃信息，并在2009年4月离任后未将此案移交，致使该案被迫中断侦查，崔某1、崔某3、崔某2、汪某等理应受到刑事法律制裁的人逃避法律追究、脱离司法机关侦控达数年之久。李某某身为人民警察，怠于履行其法定职责，放任崔某1等人违法犯罪的行为属不作为的渎职犯罪，其不作为的犯罪行为持续至2009年4月。依照《刑事诉讼法》第236条第1款第1项之规定，裁定如下：驳回上诉，维持原判。

（三）争点整理

1.徇私枉法罪是否属于继续犯？

2.对不作为型渎职犯罪应当如何起算追诉时效？

（四）案例分析

继续犯，是指违法行为与违法状态在一定时间内同时处于继续状态的犯罪。[①] 继续犯的特点是，行为人对同一对象所实施的犯罪行为及其所造成的不法侵害一直处于持续状态，直到行为终了。[②] 继续犯的核心内容，在于行为和不法的同时存在。不过此种区分并无实义，因为任何犯罪都会存续一定的时间。换言之，任何犯罪中都可能出现行为和法益侵害状态一直存在的情形，就此而言并不存在只有某一个或者某一类犯罪是继续犯的场合。应该认为，继续犯只不过是为了和状态犯作出区分，后者即使不法行为已经

---

① 林亚刚.继续犯的若干争议问题探讨.中国刑事法杂志，2003（4）：22-27.

② 陈兴良.刑法学.3版.上海：复旦大学出版社，2016：157.

停止，但是法益仍旧遭受侵害。德国刑法中只区分了继续犯和状态犯。① 而继续犯与即成犯之间并不存在质的差异，只不过继续犯是一条线，即成犯是线段上的一个点。② 继续犯认定的主要意义，除判断正当防卫的时间、共犯的成立范围、结果加重犯的成立范围和溯及力之外，更在于确定追诉时效的起算点。③

通说要求，继续犯中需要行为和不法同时存在。④ 但事实上，继续犯中并不存在实体意义的行为，尤其是不存在或不要求存在作为行为。以非法拘禁罪为例，剥夺他人人身自由的行为实施完毕后，只要不解除此种状态，被害人的法益就持续遭受侵害，而行为人并不需要亲临现场进行监视。因此，继续犯中行为的继续不是一种实体上的，而是一种评价的、拟制的行为持续。⑤ 不过，脱离客观主义认定行为，将会导致行为存在与否完全取决于行为人的主观意思，从而如罗克辛指出的，继续犯中用来表征先前创设不法状态之维持的不是行为人的行为而是行为人的犯罪意思。⑥ 事实上，决定某种犯罪是否属于继续犯的标准是：是否存在值得保护的法益，从而具有持续肯定构成要件符合性的必要。⑦ 在状态犯中，行为人的主观决定不会影响法益侵害的状态，并且无论其主观计划为何，均不会改变行为的法益侵害。例如，无论事后是否归还盗窃的他人财产，被害人对财产的占有、支配利益在行为时就已经被侵犯。在继续犯中（如非法拘禁行为），只要非法拘禁状态持续存在，被害人的人身自由就一直遭受侵犯，法益侵犯的量就在不断增加。

在本案中，被告人李某某利用职权包庇已犯罪的人不受追究，成立徇私枉法罪。徇私枉法包括使无罪的人受到追诉，有罪的人不受到追诉。徇私枉法使无罪之人含冤入狱，虽然被害人的人身自由持续受到侵犯，但这并不是徇私枉法罪的保护法益，本罪仅保护司法机关的正常活动。⑧ 如果使无罪之人被错误羁押的还成立非法拘禁罪，应当数罪并罚。而在单纯导致有罪之人不受追诉的场合中，最直接的后果就是司法正义的延迟实现。具体来说：对被害人而言，案件的拖延往往使其产生被歧视甚至被抛弃的感觉，造成对被害人的第二次伤害；对关注案件的第三方而言，因为公平的裁判被拖延，其对司法公正的信赖也与日递减；对刑事追诉工作而言，时间越长，证据越难以查明，证人可能已经死亡，办案人员可能已经遗忘必要的线索。⑨ 在 2009 年之前，由于该案始终处于李某某的管辖范围之内，其利用职权撤销追逃信息，导致犯罪嫌疑人一直未被抓获，司法公正、刑事追诉活动的正当性也一直处于受侵犯的状态，法益侵害的量更随着时间的持续而不断增加。进言之，在 2009 年 4 月之前，被告人李某某徇私枉法的行为并未中断。显

① 乌尔斯·金德霍伊泽尔. 刑法总论教科书. 北京：北京大学出版社，2015：68-69.

② 只木诚. 罪数论的系谱. 王彦强，骆锐鸿，译. 法治现代化研究，2023 (6)：185-196.

③ 根据我国《刑法》第 89 条的规定，犯罪行为有继续状态的，从犯罪行为终了之日起算追诉时效。

④ 张明楷. 刑法学：上. 6 版. 北京：法律出版社，2021：621；周光权. 刑法总论. 4 版. 北京：中国人民大学出版社，2021：10.

⑤ 陈洪兵. 继续犯范围厘定及适用研究. 兰州学刊，2019 (11)：67-79.

⑥ 张梓弦. 论继续犯的举止判断. 法学论坛，2024 (2)：67-79.

⑦ 陈洪兵. 区分即成犯、状态犯与继续犯的再审视. 中南大学学报（社会科学版），2012 (3)：75-81.

⑧ 陈兴良. 罪名指南：下. 2 版. 北京：中国人民大学出版社，2008：758.

⑨ 陈瑞华. 看得见的正义. 北京：法律出版社，2021：92-93.

然，徇私枉法罪属于继续犯。

一般认为，渎职罪可以分成四种类型：一是超越职务权限范围运用权力；二是未遵循法定要求运用权力；三是未基于服务公共利益的动机运用权力；四是任意放弃职权的行使，包括作为和不作为。[①] 徇私枉法是不纯正的不作为犯，本案需要斟酌的是被告人李某某 2009 年之后未追诉犯罪嫌疑人的行为。不作为犯的着手是违反作为义务、再不履行作为义务就会导致结果的发生迫在眉睫，其与作为犯罪并无实质性差异。[②] 对着手的判断而言，不同类型的犯罪存在不同的判断标准。由于徇私枉法罪保护的是社会法益，因而只要存在抽象的、破坏刑事司法秩序或干扰刑事诉讼工作正常进行的危险，就构成着手。也就是说，被告人李某某自知晓崔某 1 等的犯罪事实之日起，就负有相应的作为义务，但是直到实际接触崔某 1 时才有作为可能性，此时属于不作为的着手。基于继续犯追诉时效系从行为终了之日计算的原理，不作为犯在义务存续期间，不作为行为一直在持续。[③] 换言之，只要有作为义务，其不作为的行为就一直在持续，对法益的侵害也一直在增加。但不存在作为义务或者不具有作为可能性时，不作为的行为就应当终了。在本案中，被告人李某某在 2009 年已经进行了岗位调动，不再负有相应的职责，也不再能履行义务。而且，根据我国《刑事诉讼法》（2018 年修正）第 109 条的规定，“公安机关或者人民检察院发现犯罪事实或者犯罪嫌疑人，应当按照管辖范围，立案侦查”。在此，是否具有作为可能（即有相应的职权）必须具体认定，不能以被告人的公职人员身份进行抽象泛化。因而，李某某徇私枉法行为的追诉时效应当从 2009 年起算，而非 2018 年（案发时）。

案例 11－2　宋某某合同诈骗案[④]

（一）案情介绍

2000 年 11 月 30 日，从事包装服务业务的被告人宋某某接受浙江某公司工作人员的委托，为该公司在沈阳火车站发运药品。当日，被告人宋某某与该公司就代办运输、劳务费用、履行方式等具体内容达成口头协议。次日，被告人宋某某在该公司人员的陪同下，将首批应发运的药品从该公司药品仓库拉到沈阳火车站货场，装入集装箱并加锁。待该公司人员走后，宋某某将钥匙交给李某（搬运工），指使李某将该批药品中的 139 件卸下并藏匿，然后继续办理托运手续将剩余药品依约发运至杭州。3 天后，宋某某采取同样手段扣下药品 8 件。被告人宋某某两次共骗取药品 147 件，价值人民币 20 余万元。被告人宋某某将所扣药品变卖后携赃款逃匿并将赃款全部挥霍。其辩护人提出：被告人宋某某与被害单位之间不存在合同关系，宋某某不是合同当事人；被告人宋某某非法占有了哪些药品不清且公诉机关出具的证据不能证明该公司丢失药品的数量和种类；认定

① 冯军，梁根林，黎宏．中国刑法评注．北京：北京大学出版社，2023：4156.

② 大谷实．刑法讲义总论．第 5 版．黎宏，姚培培，译．北京：中国人民大学出版社，2023：139.

③ 林塑斌．不作为渎职类案件追诉时效起算的实务认定．中国检察官，2022（12）：58－62.

④ 《刑事审判参考》2004 年总第 39 辑第 308 号案例.

数额特别巨大不当，应宣告被告人宋某某无罪。

（二）裁判经过

沈阳铁路运输法院认为，被告人宋某某以非法占有为目的，签订、履行合同过程中，收受对方当事人给付的货物后逃匿，骗取财物数额特别巨大，其行为已构成合同诈骗罪。浙江某公司长期委托宋某某代办托运药品，此次委托由该公司工作人员与宋某某达成口头协议，并就合同内容作出了具体约定，且宋某某已切实部分履行，双方合同关系成立，被告人宋某某的辩护人关于宋某某与被害单位之间不存在合同关系，宋某某不是合同当事人的辩护意见不予采纳。依照《刑法》第 224 条第 4 项之规定，判决如下：被告人宋某某犯合同诈骗罪，判处有期徒刑 13 年，并处罚金人民币 10 万元。

一审宣判后，被告人宋某某未上诉，检察机关也未抗诉，判决发生法律效力。

（三）争点整理

1. 合同诈骗罪与诈骗罪之间是什么关系？
2. 法条竞合和想象竞合有无区分的必要？

（四）案例分析

当前占据主流的观点认为，诈骗罪与合同诈骗罪之间是法条竞合的关系。少部分学者认为因为合同诈骗被规定在破坏社会主义市场经济秩序罪之中，所以其还保护了社会法益，与诈骗罪的保护法益不同一，表面上是法条竞合，实际上是想象竞合。[①]

法条竞合的认定标准存在两种：一种是形式的，另一种是实质的。形式的区分标准认为，法条竞合不需要依赖于事实认定，只需要比较不同条文的规范内容，就能得出两个罪名之间存在包容或者交叉关系。而想象竞合依赖于具体的案件事实，只有通过个案才能将两个原本互不相干的犯罪连接在一起。但是，脱离案件事实就无法解释法律规范，在形式地观察法条之时，解释者就已经带入了特定的案件事实。[②] 例如，有学者认为，“《刑法》第 305 条规定的伪证罪与《刑法》第 310 条规定的窝藏、包庇罪，在行为人都想包庇犯罪分子的情况下，就可能发生交叉性的法条竞合”[③]。事实上，这种对法条竞合的认定完全是基于特定案件事实的。实质的观点则认为，法条之间具有包容或者交叉关系仅仅是前提之一，成立法条竞合还要求两个构成要件之间具有法益同一性。[④] 同一性不是指完全一致，特别法条的保护法益范围只要不少于一般法条即可。合同诈骗罪同时保护社会主义市场经济秩序这一社会法益和公民的财产权这一个人法益，而普通诈骗罪仅仅保护财产法益，由此可见，前者的保护法益完全涵盖了后者，二者之间存在法条竞合的关系。

在本案中，被告人宋某某与浙江某公司虽然没有签订书面合同，但是合同诈骗罪中

---

① 吕英杰.刑法法条竞合理论的比较研究.刑事法评论，2008（2）：464－486.
② 王强.法条竞合特别关系及其处理.法学研究，2012（1）：144－162.
③ 王作富.刑法.4 版.北京：中国人民大学出版社，2009：170.
④ 张明楷.法条竞合与想象竞合的区分.法学研究，2016（1）：127－147.

合同的认定不限于书面形式。我国《民法典》第469条也明确规定，合同包括书面形式、口头形式或者其他形式。当《民法典》未对合同形式作出强制性要求时，当事人可以采取任何形式订立合同。合同诈骗罪旨在保护市场经济秩序和他人的财产权，只要是能够体现市场秩序的经济合同就属于本罪中的合同。而赠与合同、行政协议等不能体现商事交易特征的合同则不被包括在内。被告人宋某某与该公司通过口头协议达成了合同，合同内容为有偿代办托运，被告人宋某某需要通过合同的履行获取利益，而该公司也需要借此销售药品获利，因此该行为属于市场交易行为，该合同属于经济合同。而且，被告人宋某某以非法占有为目的，虚构了自己将会完全履行合同的事实，被害人浙江某公司因此陷入错误认识而处分了相关药品。① 显然，宋某某的行为同时成立合同诈骗罪和诈骗罪，属于法条竞合关系，应当以特别法的合同诈骗罪处罚。

想象竞合的主要观点认为，特殊的诈骗罪侵犯了更多法益但是处罚更轻，不具有从宽处置的实质依据。诚然，如果认为财产法益受到侵害的程度仅仅由数额作为评价标准，则采用想象竞合论的重法优于轻法的适用规则更具有合理性。2022年修订的最高人民检察院、公安部联合发布的《关于公安机关管辖的刑事案件立案追诉标准的规定（二）》第69条规定，"以非法占有为目的，在签订、履行合同过程中，骗取对方当事人财物，数额在二万元以上的，应予立案追诉"。2011年3月1日最高人民法院、最高人民检察院公布的《关于办理诈骗刑事案件具体应用法律若干问题的解释》第1条规定，"诈骗公私财物价值三千元至一万元以上、三万元至十万元以上、五十万元以上的，应当分别认定为刑法第二百六十六条规定的'数额较大'、'数额巨大'、'数额特别巨大'"。可见，如果将合同诈骗罪与诈骗罪视为法条竞合关系，按照特别法优先的适用规则，则合同诈骗1万元就不能成立犯罪，亦无法按照诈骗罪论处。如此一来，想象竞合论者就提出，特殊的诈骗罪侵犯了更多法益但是处罚更轻，因而为了达到实质上的合理性，即便从"量刑反制定罪"的角度，也应当将合同诈骗罪与诈骗罪视为想象竞合关系。

但事实并非如此。财产的本质是满足个人的效用，相同的财产对有的人而言无足轻重，但是对特定个体可能是满足基本生存条件的前提。"财产损失不仅仅是纯粹数学上的计算，还应包括对人尊严的忽视。"② 数额本身并无意义，数额的作用是征表财物对人生活利益的影响，财产是对人格的间接保护。在我国财产犯罪的相关司法解释中，一直秉持此种观点，如诈骗残疾人、老年人或者丧失劳动能力的人的财物时，可以酌情从严惩处，甚至能够达到升级法定刑的效果。③ 再如盗窃残疾人、孤寡老人、丧失劳动能力人的财物，以及在医院盗窃病人或者其亲友财物的情形，数额较大的认定按照一般标准的50％确定。④ 以盗窃病人为例，行为人窃取的往往是就医人的救命钱，对被害人造成的

---

① 至于被告人宋某某将部分药品发出，只将其中部分药品据为己有的事实仅仅有关犯罪金额的认定，不影响案件定性。

② 陈毅坚.诈骗罪中财产损失的概念与认定：以混合型交易为中心.政法论坛，2019（1）：43-59.

③ 最高人民法院、最高人民检察院2011年3月发布的《关于办理诈骗刑事案件具体应用法律若干问题的解释》第2条。

④ 最高人民法院、最高人民检察院2013年4月发布的《关于办理盗窃刑事案件适用法律若干问题的解释》第2条。

实际损害更大。[①] 司法机关的工作人员指出，“数额固然是影响定罪量刑的重要情节，但除此之外……盗窃对象也是影响社会危害性的重要因素”[②]。

而对合同诈骗而言，一定程度上的宽缓处置并非毫无道理。具体而言：（1）合同诈骗中被害人的经济条件往往更强，相同数额的财产对其生活利益的影响也相应更小。合同诈骗涉及的是商业交易，被骗人拥有更加雄厚的经济实力，因此适当地提高合同诈骗数额较大的标准具有合理性。在本案中，被害人作为医药企业，具有更强的抗风险能力，被诈骗的药品是其营利的产品，而非维持生存的基本条件，即使数额特别巨大，对其实际影响也是有限的，因此法院仅判处有期徒刑 13 年。（2）合同诈骗中被害人的识别能力更强，保护必要性降低。“商法是基于个人主义的私法本质，为那些精于识别自己利益并且毫无顾忌地追求自身利益的极端自私和聪明的人设计的”[③]。刑法过多介入商事领域，以诈骗罪保护被害人只会促使交易人审查义务的怠惰。[④] 在本案中，被害人长期委托被告人宋某某从事有偿代办托运，其在选任上显然具有过失，“一些犯罪行为发生之前犯罪人与被害人的相互作用排除了将不法行为完全归咎于犯罪人，在那些案件中，犯罪行为部分应归责于被害人”[⑤]。当然，即便认为以上观点过于激进，被害人的过失（选任失误）依然可以作为宽缓处置的事由。例如，在代为保管他人财物型的侵占中，委托人对被委托人的选任也存在一定过失，属于“识人不明”，因此即使成立财产犯罪其法定刑也较轻，并且设置为亲告罪。（3）合同诈骗中，被害人自行修复法益侵害的可能性更高。相比一般的民事主体，参与市场交易的商人更懂得如何运用法律维护自身权益。一般而言，某种危害行为通过民事救济的可能性越高、成本越低，刑法作为保障法的介入必要性就越低。

对于法条竞合而言，“特别法绝对优于普通法”适用的观点是公认的基本准则，除非法律另有规定，否则不能根据解释者的个人价值判断随意调整法条竞合的处理规则。[⑥] 但值得注意的是，有学者主张大竞合论，认为无须区分法条竞合或想象竞合，凡是一行为构成数罪的都从一重罪处罚，理由是“我国刑法中几乎不存在如其他国家和地区刑法中所规定的同意杀人罪、生母杀婴罪之类，具有减轻处罚根据，需要坚持特别法优先于普通法适用原则的作为封闭特权条款的特别法条，立法者为避免设置每一个构成要件时都因考虑到特例而设置过大的法定刑，同时相信刑法解释者与适用者会充分运用竞合论

---

① 陈国庆，韩耀元，宋丹.《关于办理盗窃刑事案件适用法律若干问题的解释》的理解和适用. 人民检察，2013（11）：29-34.

② 胡云腾，周加海，周海洋.《关于办理盗窃刑事案件适用法律若干问题的解释》的理解与适用. 人民司法，2014（15）：18-25.

③ 拉德布鲁赫. 法学导论. 米健，朱林，译. 北京：中国大百科全书出版社，1997：72.

④ 金融诈骗犯罪亦是如此。金融诈骗犯罪发生在金融交易过程中，交易双方均负有谨慎交易的较高注意义务，被害人所负有的较高注意义务在一定程度上减轻了金融诈骗犯罪行为的社会危害性，同样的诈骗数额对于金融诈骗行为人与（普通）诈骗罪行为人而言其可谴责性是存在区别的，故金融诈骗罪的定罪量刑标准普遍比（普通）诈骗罪高。徐光华. 金融诈骗罪特别从宽于诈骗罪的再认识. 中国法学，2024（1）：85-104.

⑤ 陈旭文. 西方国家被害人过错的刑法意义. 江南大学学报（人文社会科学版），2004（1）：29-31，65.

⑥ 周光权. 法条竞合的特别关系研究：兼与张明楷教授商榷. 中国法学，2010（3）：158-171；阮齐林. 对未溢出特别法的行为排斥“重法优先”规则. 检察日报，2011-02-17；刘士心. 竞合犯研究. 北京：中国检察出版社，2005：110.

原理，从一重罪处罚以做到罪刑相适应”①。

但这种观点值得商榷。其一，全部按照重罪处理将导致所有特殊诈骗罪均成为废条文。体系解释要求“反对透过解释的方式，将一个规范的适用范围紧缩到完全被另一个规范包含”，同时要求“不应将一个规范解释成会把另一个规范的适用范围完全包含进来”②。按照大竞合论的观点，诈骗罪的处罚始终比特殊诈骗罪重，且入罪门槛低，因此无论通过何种方式骗取财物均只会以普通诈骗罪论处，特别诈骗罪则沦为“僵尸条款”。其二，大竞合论将导致我国《刑法》第266条“本法另有规定的，依照规定”的条款不可能被适用。事实上，大竞合论将使刑法典只剩下具有高度抽象化的个罪能够被适用。例如，所有交通肇事罪的基本犯都将以过失致人死亡罪处罚，因为过失致人死亡罪的法定刑更高、对行为人的主观过错要求更低。而大多数的贪污行为也将以盗窃罪、诈骗罪处罚，因为后者入罪门槛较低。其三，大竞合论的前提也不存在，无法认为我国刑法不存在封闭的特权条款。当然，特别法条为何需要从宽处置需要学者进行解释。

“法律解释虽然不是决定性地以历史为导向，但是原则上应以立法者的立法目的及其作出的价值判断为准，因为法治国家的规范理解的目的相关性不是从自身得以证立，而是从立法者的意图推导得出，借助原本的解释因素探究出立法者的意图。”③ 特别法条正是体现了立法者希望该规范被优先适用的愿望，尽管可能导致一类行为不受处罚或者处罚更轻，但这恰恰是立法者有意限缩处罚范围的表现。④ 因此，只要是立法制定了特别法就应该优先适用，而学者的任务是阐明、发现此种竞合适用的原因。

第二节　包括的一罪

案例11-3　姜某某等抢劫案⑤

（一）案情介绍

2004年6月19日14时许，被告人姜某某、成某、廖某、聂某某、李某某伙同龙某某，在娄底火车站货场窜上一列娄底开往株洲方向货车的第二节车厢准备掀盗模子铁，被押运员郭某某发现并予以阻止，六个被告人遂对郭某某进行威胁，强迫郭某某蹲下后掀下模子铁130公斤，价值人民币260元，随后李某某下车捡赃。接着，姜某某提议抢劫押运员的手机和钱，成某就去抢郭某某挂在腰间的手机，郭某某跑向第三节车厢，姜某某、成某、廖某、聂某某、龙某某随即追到第三节车厢，姜某某拿起一块模子铁砸向郭某某

① 陈洪兵.中国式的刑法竞合问题研究.北京：中国政法大学出版社，2016：46.

② 英格博格·普珀，蔡圣伟，译.法学思维小学堂：法学方法论密集班.2版.台北：元照出版有限公司，2023：56.

③ 恩斯特·A.克莱默，周万里，译.法律方法论.北京：法律出版社，2019：98.

④ 周光权.法条竞合的特别关系研究：兼与张明楷教授商榷.中国法学，2010（3）：158-171.

⑤ 《刑事审判参考》2005年总第43辑第338号案例.

的右足背，致其轻微伤并放弃反抗，成某解下郭某某腰间价值人民币 375 元的“诺基亚”牌 3310 型手机交给姜某某，随后在姜某某的指使下，成某将郭某某捆绑起来，从郭某某身上搜得人民币 1 660 元交给姜某某。在抢完郭某某后，被告人姜某某、成某、廖某、聂某某和龙某某又开始抢第三节车厢的押运员张某某，成某从张某某的钱包内抢得人民币 70 元交给姜某某，并将张某某捆绑起来。之后，聂某某、龙某某留在第三节车厢看守两名押运员，被告人姜某某、成某、廖某又爬到第一节车厢，从该车厢押运员许某某处抢得人民币 90 元，并将许某某的手脚捆住，然后又回到第二节和第三节车厢搜押运员的行李，成某从张某某的行李中搜出价值人民币 385 元的“诺基亚”牌 3310 型手机 1 台。事后，姜某某与成某各分得手机 1 台和赃款 400 元，廖某和龙某某各分得赃款 300 元，聂某某分得赃款 295 元。破案后收缴了部分赃款赃物。

（二）裁判经过

长沙铁路运输法院认为，被告人姜某某、成某、廖某、聂某某、李某某目无国法，以非法占有为目的，采取暴力和以暴力相威胁的手段，抢劫公私财物，其行为已经构成抢劫罪。被告人姜某某、成某在 2004 年 6 月 19 日的抢劫过程中起主要作用，系主犯；被告人聂某某、廖某、李某某在 6 月 19 日的抢劫过程中起次要作用，系从犯，依法应从轻或减轻处罚；被告人姜某某系累犯，应从重处罚；被告人成某、廖某、聂某某、李某某犯罪时未满 18 周岁，依法应从轻或减轻处罚。公诉机关将 2004 年 6 月 19 日的抢劫行为认定为 4 次的做法不当，应认定为 1 次。依照《刑法》第 263 条、第 264 条、第 25 条第 1 款、第 26 条第 1、4 款、第 27 条、第 17 条第 1、2、3 款、第 65 条第 1 款、第 69 条、第 64 条、第 53 条之规定，于 2004 年 12 月 7 日判决如下：

（1）被告人姜某某犯抢劫罪，判处有期徒刑 7 年，并处罚金人民币 5 000 元。

（2）被告人成某犯抢劫罪，判处有期徒刑 3 年，并处罚金人民币 5 000 元。

（3）被告人廖某犯抢劫罪，判处有期徒刑 2 年，并处罚金人民币 1 000 元。

（4）被告人聂某某犯抢劫罪，判处有期徒刑 1 年，并处罚金人民币 1 000 元。

（5）被告人李某某犯抢劫罪，判处有期徒刑 8 个月，并处罚金人民币 1 000 元。

（6）本案所扣押的赃款赃物发还被害单位。

宣判后，被告人姜某某不服，提出上诉。广州铁路运输中级人民法院经审理认为原审判决认定的事实清楚，证据确实充分，定性准确，量刑适当，适用法律正确，审判程序合法。依照《刑事诉讼法》第 189 条第 1 项之规定，裁定驳回上诉，维持原判。

（三）争点整理

1. 一行为与数行为的认定标准是什么？

2. 连续犯的场合，是否构成多次抢劫？

（四）案例分析

只有行为人实施了数个行为才有可能适用数个罪名进行处罚，行为人只实施一个行为的场合，无论符合多少个犯罪的构成要件也只能以一罪论处。正如林钰雄教授所言，

"犹如铁轨的转辙器……经判定为一行为或数行为之后，竞合关系从此各奔前程，一行为不可能实质竞合，数行为不可能想象竞合"①。

认定行为人实施的是一个行为还是数个行为存在两种最主要的观点，其判断标准分别基于事实判断和规范评价。具体而言，"自然意义下的一行为说"主张通过自然、物理观念认定行为数量，只要是一个人在一个意志下所实施的一个身体举动，就是刑法上的一个行为，也称"单纯的行为单数"。"单纯的行为单数是最无异议的行为单数"，凡是从事实上进行拆分只能得出属于一个行为的场合，无论规范上如何评价，都只成立一罪。例如，摁下遥控器引发爆炸，无论导致多少人伤亡，无论是否同时危及公共安全和人身法益，都只存在一个行为。就本案而言，被告人姜某某等在火车上连续实施了多次抢劫行为，具有多个身体举动，按照"自然意义下的一行为说"的观点，显然属于多行为，应当成立多罪。

"构成要件上的一行为说"则认为，行为的数量必须从法律规范的层面或者从社会生活意义层面进行认定。② 此说认为，"自然意义下的一行为"虽然是行为的最小单位，却仅仅进行了初步的判断，不具有最终的决定意义。犹如搭积木一般，自然意义下的一行为就是最小的积木零件，不能再进行拆分；但是构成要件上的一行为是由积木组成的作品，作品既可能仅由一块积木构成也可能由多块积木建成，但是作品本身依然只有一个。例如，强奸行为包括强制行为和奸淫行为，但是就强奸罪的构成要件而言，其仅仅存在一个行为；再如，绑架他人为人质的绑架案中，既有剥夺他人人身自由的非法拘禁行为，又有向第三人索要财物的敲诈勒索行为，但是两个行为均被绑架罪的构成要件所包含，因此仅存在一个行为。就本案而言，被告人姜某某等人先在火车上实施盗窃行为，后对押运员实施暴力威胁，表面上看已经存在数个行为。但是由于存在"转化型抢劫"的规定，这两个行为已经被《刑法》第 269 条规定为一个行为，因此成立抢劫罪一罪。

本案中的第二个争议是在连续犯的场合，行为人究竟是否构成多次抢劫。对此，首先，要判断被告人姜某某等究竟存在一个行为，还是数个行为。其次，如果认为姜某某等存在多个行为，是否能够评价为多次抢劫（满足法定刑升格条件）。

当前主流的观点认为，连续犯应被认为存在数个行为。日本自 1947 年之后、德国自 1871 年之后均不存在连续犯的规定；其余大陆法系的国家，如瑞士、奥地利、法国也不存在连续犯的明文规定。③ 可见，比较法的通行做法是否定连续犯具有将数行为评价为一罪的效果，只要符合数个犯罪构成，且法益具有主体性（如人身法益）就予以并罚。按照此种处理思路，本案中被告人姜某某等连续实施的多次抢劫行为，本来应该数罪并罚，但是由于存在多次抢劫的特别规定，因而就应该优先适用多次抢劫的法定刑。

但是，承认连续犯存在数个行为，并不意味着应当适用多次抢劫的规定。连续犯应当认定为数罪还是一罪，除了参考比较法的因素，更要依据我国司法实践予以阐释。因为我国司法机关的一贯做法是对同种数罪不进行并罚，只在量刑中作为法定的或者酌定

---

① 林钰雄. 刑法与刑诉之交错适用. 北京：中国人民大学出版社，2009：133.

② 王皇玉. 刑法总则. 4 版. 台北：新学林出版股份有限公司，2018：551.

③ 陈子平. 刑法总论. 4 版. 台北：元照出版有限公司，2017：731.

的量刑情节予以考虑，或者因刑法分则的特别规定而予以入罪。例如，在强奸罪中，强奸二人以上的并不以数个强奸罪进行数罪并罚，只有强奸三人以上的才能按照加重处罚的规定升级法定刑。仅强奸两人的情形，既不符合加重处罚的条件又不能数罪并罚，只能在量刑中作为酌定情节考虑。可见，在连续犯的场合，只能认为行为人连续实施的数个行为构成一罪。如此一来，被告人姜某某等就不可能符合多次抢劫的要求。况且，如果承认连续犯场合下适用多次抢劫的法定刑，则实际上实现了比数罪并罚更重的处罚效果。因为多个抢劫罪（基本犯）予以数罪并罚后最高处 20 年有期徒刑，但是多次抢劫的法定最高刑为死刑。可见，认定成立多次抢劫（法定刑升格）实际上相当于变相地将抢劫罪进行数罪并罚，这并不符合我国的司法实践。

不过，也有学者主张连续犯仅存在一个行为。从行为客观上的连续性出发，连续犯中的行为人“利用同一个机会或者与同一个机会有关的机会不间断地、一而再再而三地实现同一个构成要件地犯罪。由于数个同质行为具有一系列相同的特点……在法律上将其视为一个行为”①。按照此种观点，本案中被告人姜某某等在火车上接连实施的抢劫行为具有连续性，因为其在犯罪时间上具有连续性，且多个抢劫行为均发生在同一列火车上，均基于同一个犯罪故意实施，应当认定为仅存在一次抢劫，不能适用抢劫罪中多次抢劫的法定刑。从主观主义的刑法理论出发，因为连续犯中行为人仅仅基于同一个法敌对意思发动、实施犯罪行为，所以不认为是数罪。② 刑法的目的是禁止人作出违法的决定，不管人的身体行动有多么复杂，也不管身体活动持续了多长时间，只要是出于一个相同的决定，针对同一个法益侵害，刑法就只能进行一次处罚。“多数的行为决定都有其独立支配利益侵害与否的作用，因此刑法对于人类每一次的意志发动与控制，就有一次的期待……一个行为决议所支配之身体现象是一行为，另行起意所生之身体现象是另一个行为。”③ 因此，本案中被告人姜某某等实施的多个抢劫行为均是基于一个犯罪决议，不宜认定存在多个犯罪行为，只能将所抢劫的财物的数额进行累计计算。

上述将连续犯解释为一个行为的观点，也具有一定的法教义学依据。我国《刑法》第 89 条规定，犯罪行为有连续或继续状态的，其追诉时效从行为终了之日起算。这说明立法上将连续犯和继续犯作相同处理，认为二者具有相同的性质。继续犯是一行为触犯一罪，是单纯的一罪。如果人为地进行时间拆分，则继续犯也是数个行为。例如，非法拘禁他人之后，就产生释放他人的义务，那么持续剥夺他人的人身自由完全可以解释为“持续未履行自身的作为义务”，从而存在作为的非法拘禁罪和不作为的非法拘禁罪一罪。但是，此种观点并不被接受，行为数量并非仅依赖于时间间隔进行认定，事实上，只要处于紧密的时空连续中实施的，都是一个行为。连续犯亦能作出同样的解读。因此，将连续犯视为一个行为也未尝不可。

可见，无论将连续犯解释为一行为还是数行为，都不能认同连续犯场合下的多次抢劫。在此，连续犯的概念有助于控制重刑倾向，这背后有结果正义与合目的性的考量，

① 弗兰茨·冯·李斯特，埃贝哈德·施密特.德国刑法教科书.北京：北京大学出版社，2021：311.

② 甘添贵.罪数理论之研究.台北：元照出版有限公司，2006：216.

③ 黄荣坚.基础刑法学.台北：元照出版有限公司，2012：907.

“之所以要引入连续关系，一方面是以下努力非常重要，即让自然观察下相互关联的历程与提供正义结果顺应生活的需求，另一方面是以下合目的性的权衡，即必须将刑事法官调查大量相似不当行为时的任务划定在能够忍受的范围内”①。同理，作为法定刑升格条件的“多次”，如聚众斗殴（第 292 条），多次纠集他人寻衅滋事（第 293 条），多次组织偷越国（边）境（第 318 条），多次盗掘古文化遗址、古墓葬（第 328 条）等，在连续犯的场合均不符合法定刑升格的要求。按照这种精神，对于犯罪成立要件的多次而言，如多次盗窃（第 264 条），多次敲诈勒索（第 274 条），多次抢夺（第 267 条），多次扰乱国家机关工作秩序（第 290 条），多次组织、资助他人非法聚集（第 290 条），多次参加淫乱活动（第 301 条），在连续犯的场合下亦不符合犯罪成立的要求。

第三节　科刑的一罪

案例 11－4　梁某某招摇撞骗案②

（一）案情介绍

2001 年 11 月，被告人梁某某与王某相识，梁某某谎称自己是安徽省公安厅刑警队重案组组长，后王某与之恋爱并租房同居。其间，梁某某又先后对王某谎称自己任省公安厅厅长助理、池州市公安局副局长等职。为骗取王某及其家人、亲戚的信任，梁某某先后伪造了安徽省公安厅文件、通知、荣誉证书、审查登记表；印制了职务为池州市公安局副局长的名片和刑警执法证；购买了仿真玩具手枪等；2001 年 10 月至 2002 年 8 月梁某某多次从合肥、池州等地公安机关盗取数件警服、警帽、持枪证以及相关材料；多次租用京××××××号出租车，冒充是省公安厅为其配备。在骗取王某及其家人、亲戚的信任后，2002 年 4 月至 2002 年 8 月期间梁某某以种种谎言骗得王某家人及亲戚现金 39 750 元，并挥霍。2002 年 5 月梁某某又冒充安徽省公安厅刑警，骗取另一受害人张某与其恋爱并发生性关系。后以请人吃饭为由，骗取张某现金 500 元。2002 年 8 月初，梁某某冒充池州市公安局副局长前往潜山县，骗取了该县人大、公安局有关领导的信任，陪同其游玩。

（二）裁判经过

安徽省合肥市包河区人民法院审理后认为：被告人梁某某伪造公安机关的文件、印章，盗取警服、警帽，多次冒充人民警察招摇撞骗，骗取多名受害人钱款 40 250 元，并

---

① 乌韦・穆尔曼. 德国刑法基础课. 北京：北京大学出版社，2023：757. 例如，借由社会的角度来评价行为，自然能够得出相近时间内接二连三地从仓库中偷出大米仅仅属于一次盗窃的结论。松宫孝明. 刑法总论讲义：第 4 版补正版. 钱叶六，译. 北京：中国人民大学出版社，2013：251.

② 《刑事审判参考》2003 年总第 34 辑第 264 号案例.

骗取了其他非法利益，严重妨害了国家机关的正常管理活动，侵犯了公民的合法权益，情节严重，其行为已构成招摇撞骗罪。梁某某冒充人民警察招摇撞骗，且系累犯，依法均应从重处罚。依照《刑法》第 279 条、第 64 条、第 65 条第 1 款之规定，判决：

（1）被告人梁某某犯招摇撞骗罪，判处有期徒刑 10 年；

（2）追缴被告人梁某某违法所得人民币 40 250 元；

（3）没收作案工具玩具手枪一把及伪造的文件等。

一审宣判后，被告人梁某某不服，提出上诉。在二审审理期间，梁某某申请撤回上诉，法院裁定予以准许。

（三）争点整理

招摇撞骗罪与诈骗罪之间是法条竞合还是想象竞合的关系？

（四）案例分析

招摇撞骗罪和诈骗罪的竞合适用，在司法实践中具有高发性，有实证分析表明，竞合关系按照罪名类型频数进行排列时，诈骗罪和招摇撞骗罪在所有案件类型之中位列第 7。[①] 但在理论上，关于两者之间的关系还存在着诸多理论争议，这主要包括牵连犯说、法条竞合说、想象竞合说等。

其一是牵连犯说。持此观点者认为冒充国家机关工作人员骗取他人财物首先实施了招摇撞骗的行为，其次实施了诈骗取财的行为，两行为之间有原因和结果、手段和目的的关系，因此属于牵连犯，应该择一重罪论处。[②] 但是此种观点在行为数量的认定中存在重复评价，因为冒充国家机关工作人员就是诈骗行为中虚构事实的行为，此时仅存在一个行为，不符合牵连犯有两个以上行为的要求。

其二是法条竞合说。持此观点的学者认为冒充国家机关工作人员就是一种特殊的诈骗手段，招摇撞骗罪属于诈骗罪的特殊法条，应该优先予以适用。但是，由于招摇撞骗罪和诈骗罪之间法定刑的差异，要限缩招摇撞骗罪优先适用的范围，在诈骗数额特别巨大或者有其他特别严重情形的时候应以诈骗罪处罚。[③] 可见，这种观点存在前后矛盾的现象，在主张两罪之间是法条竞合关系的同时却放弃了特别法优先的适用规则。诚然，法条竞合的场合也可能优先适用重法，但前提是必须由法条进行明确规定。例如，《刑法》第 149 条第 2 款规定生产、销售特别的伪劣产品同时构成第 140 条的生产、销售伪劣产品罪的，应该依照处罚较重的规定处罚。但是诈骗罪中没有此种规定，恰恰相反，《刑法》第 266 条规定了“本法另有规定的，依照规定”。而且，按照法条竞合说的处理观点将导致逻辑上的谬误：冒充国家工作人员诈骗数额较大、数额巨大的财物时，同时符合招摇撞骗罪和诈骗罪；但是一旦诈骗数额特别巨大，反而不再符合招摇撞骗罪的构成要件。

---

① 李正新，王杰．想象竞合的实践处断与理论审视：以 706 份裁判文书为研究中心．政法学刊，2021（5）：32－42.

② 苏长青，章志祥．新刑法导论．北京：中国人民大学出版社，2000：674.

③ 王林才，缪中兴．招摇撞骗罪与诈骗罪中的“骗”可作量上的区分．检察日报，2011－06－17（003）.

其三是想象竞合说。持此观点的学者认为诈骗罪保护的法益是财产权，而招摇撞骗罪保护的是国民对国家机关的公共信赖、国家机关的威信和正常活动[①]，二者的保护法益完全不同。因此，通过冒充国家机关工作人员的方式诈骗他人财物的，同时符合诈骗罪和招摇撞骗罪的构成要件属于想象竞合而非法条竞合，应该择一重罪论处。[②]

笔者认为，想象竞合说的观点更具有说服力：

第一，法条竞合说所要实现的其实就是想象竞合说的结果：择一重罪处罚。在获取数额特别巨大财物或者有其他特别严重情节时，法条竞合说主张例外地排除招摇撞骗罪的适用，因为诈骗罪法定刑更高。可见，法条竞合说的处理导致罪刑失衡，只不过为了弥补自身缺陷而被迫修改了特别法优先的规则。但是这种解释已经凌驾于法律规范之上，而“在罪刑法定原则之下，超越法律就没有正义”[③]。

第二，法条竞合说不符合体系解释。“文义解释与体系解释的区别在于，体系解释通过诉诸其他规范而探访与整个体系的关联性。”[④] 认定法条竞合的前提是存在某一法条能够完整评价行为的全部不法，其他法条便没有了适用的必要，因此，法条竞合也被称为假性竞合、不真正竞合。诈骗罪被规定在《刑法》分则第五章“侵犯财产罪”中，本罪保护的法益不是受骗者的意思表示健全性，而是财产。[⑤] 如果将为了谋求社会地位、婚恋关系的欺骗解释为诈骗罪中的欺诈行为，将导致诈骗罪脱离财产犯罪的保护范围，成为侵害国民意思表示自由的犯罪。显然，诈骗罪难以评价行为人冒充国家机关工作人员招摇撞骗行为的全部不法，招摇撞骗罪亦难以评价被害人的财产损失。在案例 11－4 中，被告人梁某某先是冒充国家机关工作人员取得被害人的信赖与之同居，此一行为难以评价为诈骗罪，只能成立招摇撞骗罪。

相反，想象竞合说符合体系解释。体系解释认为“立法不说多余的字、立法不说赘言”，每个法条都必须有自己存在的空间，有自己适用的范围，换言之，如果将刑法典比喻成一片土地，则每个法条都必须拥有自己的领土。或许有论者可能认为按照想象竞合的观点，无论何种情况，只要诈骗财物的，都按照诈骗罪处理，招摇撞骗罪也就失去了自己的处罚空间。然而，招摇撞骗罪是行为犯，法条并不要求造成实际损害后果，因此只要是冒充国家机关工作人员进行广义的诈骗，无论是否获得财产利益或者其他好处，都成立犯罪，不会导致其被虚置。从文义解释来看，“的”是罪状完结的标志，《刑法》第 279 条仅仅规定“冒充国家机关工作人员招摇撞骗的”就成立犯罪，并不要求实际后果。司法实践中曾发生过一起案件，女模特冒充女警身穿警服自拍后上传至微博，称作为警花整天陪政府领导吃喝压力大，法院判决其行为成立招摇撞骗罪。[⑥] 就本罪行为犯的特点而言，案例 11－4 中法院对梁某某行为性质的认定并无错误。从体系解释来看，该罪被规定在《刑法》分则第六章“妨害社会管理秩序罪”，属于第一节“扰乱公共秩序

---

① 高铭暄，马克昌. 刑法学. 10 版. 北京：北京大学出版社，高等教育出版社，2022：533.

② 黎宏. 刑法学各论. 2 版. 北京：法律出版社，2016：353；张明楷. 刑法学：下. 6 版. 北京：法律出版社，2021：1358；周光权. 刑法总论. 4 版. 北京：中国人民大学出版社，2021：392.

③ 陈兴良. 形式解释论的再宣示. 中国法学，2010（4）：27－48.

④ 托马斯·M. J. 默勒斯. 法学方法论. 北京：北京大学出版社，2022：117.

⑤ 许泽天. 刑法分则：上·财产法益篇. 2 版. 台北：新学林出版股份有限公司，2020：108.

⑥ 杨涛. 女模特冒充警花不构成招摇撞骗罪. 深圳商报，2012－11－28（A08）.

罪”，目的是维护“社会公共生活正常开展所必须具备的不混乱、有条理的状态”①。可见本罪是对侵犯社会法益行为的提前打击，因此其处罚范围更广，不论所欺骗的利益为何均成立犯罪，其打击的时点更提前，只要实施招摇撞骗的行为就成立犯罪既遂。例如，冒充人民警察或者交警收取交通费、罚款的场合，无论是否实际取得财物均构成招摇撞骗罪的既遂。这也能合理解释为何招摇撞骗罪其法定最高刑只有 10 年有期徒刑，而诈骗罪最高刑是无期徒刑，因为其属于抽象危险犯、行为犯。如此规定的目的在于严密法网、提前打击，保护的客体不是实体利益而是抽象的国家机关的威信，无力评价具体被害人的财产损失。②

第三，法条竞合说也不符合法益保护原则。冒充国家工作人员骗取财物的行为同时侵犯了国家机关的权威，导致国民信赖水平的降低，还侵犯了公民个人财产；侵犯多种法益的行为除非具有宽缓处置的依据，否则法定刑理应更重。另外，法条竞合说在处理招摇撞骗获取数额较大、数额巨大的财产时也不尽合理。最高人民法院《关于适用刑法第十二条几个问题的解释》第 1 条规定，“法定刑较轻是指法定最高刑较轻；如果法定最高刑相同，则指法定最低刑较轻”，即法定刑轻重应该依次比较应该适用的法定刑幅度的最高刑和最低刑。而当犯罪行为所对应的量刑档次的最高刑、最低刑都一致时，则可以比较二者的罚金刑。诈骗罪还有罚金刑，可见即使在此种情形中适用招摇撞骗罪，亦违背法益保护原则。或许有论者会主张，“法定刑的轻重并非仅取决于保护法益的区别，而是需要考虑多种因素”③。例如，盗伐林木罪同时破坏了生态环境，也侵犯了财产权益，其法定刑仍旧比盗窃罪的轻；再如，故意毁坏财物罪不仅破坏了他人对财物的占有，而且彻底使被害人丧失所有权，侵犯法益更严重却法定刑更轻。不过，这种侵犯更多法益或者侵犯法益更严重但法定刑更轻的场合必须存在一定的正当性事由。例如，盗伐林木罪处罚更轻的原因在于其通常具有的法益侵害较小，如三百多起盗伐林木的案件中能够达到数量巨大标准的仅有 11 起④，换言之，盗伐林木案件通常难以造成数额特别巨大的财产损失。而故意毁坏财物罪中，行为人不具有非法占有目的，其一般预防的必要性较小，所以处罚较轻。但冒充国家机关工作人员进行诈骗时，不存在不法或责任上从宽处置的理由，且国家机关工作人员在社会中享有比一般民众更高的社会声誉，其行为更容易得逞。⑤

第四，想象竞合说符合我国司法解释的规定。2011 年 3 月 1 日，最高人民法院、最高人民检察院发布的《关于办理诈骗刑事案件具体应用法律若干问题的解释》第 8 条规定：“冒充国家机关工作人员进行诈骗，同时构成诈骗罪和招摇撞骗罪的，依照处罚较重

---

① 冯军，梁根林，黎宏. 中国刑法评注. 北京：北京大学出版社，2023：2703.

② 王作富. 刑法分则实务研究. 北京：中国方正出版社，2010：1160；马克昌. 百罪通论. 北京：北京大学出版社，2014：900.

③ 张明楷. 行贿罪的处罚根据：兼议《刑法修正案（十二）》对行贿罪的修改. 政法论坛，2024（2）：3－17.

④ 王强. 法条竞合特别关系及其处理. 法学研究，2012（1）：144－162.

⑤ 在此，民众对国家机关工作人员的戒备心往往更低。类似案例参见湖南省湘西土家族苗族自治州中级人民法院（2013）州刑二初字第 6 号刑事判决书，江苏省连云港市中级人民法院（2019）苏 07 刑终 406 号刑事判决书，河南省驻马店市中级人民法院（2019）豫 17 刑终 591 号刑事判决书，贵州省毕节市中级人民法院（2016）黔 05 刑终 154 号刑事判决书。

的规定定罪处罚。”2021 年最高人民法院、最高人民检察院、公安部发布的《关于依法惩治招摇撞骗等违法犯罪行为的指导意见》第 4 条规定：“冒充国家机关工作人员或者军人招摇撞骗，同时构成非法吸收公众存款罪、集资诈骗罪、合同诈骗罪、组织、领导传销活动罪、诈骗罪的，依照处罚较重的规定定罪处罚。”上述司法解释都表明，想象竞合说的观点更被我国司法机关所接纳。

第五，想象竞合说还有助于发挥明示机能。对于想象竞合犯，法院在进行犯罪宣告时，需要载明被告人所触犯的竞合罪名，并表明从一重处断的过程，从而实现对被告人的充分、全面评价。但对于法条竞合犯，由于其本质并不属于真正的竞合，只是对于某种法益，刑法条文设置了多个罪名加以制衡，因此在犯罪宣告时，只需要宣告最能反映被告人不法行为全貌的罪名即可，不需要对涉及的所有罪名进行一一宣告。[①] 在案例 11－4 中，梁某某冒充国家工作人员骗取财物的行为侵犯了国家机关的威信（权威）与财产法益，理论上无法对其进行数罪并罚，但并不意味着梁某某只是侵犯了重罪的罪名，这不利于实现刑法的一般预防与特殊预防功能。只有通过想象竞合，明示行为人同时触犯了招摇撞骗罪与诈骗罪，“才能让刑法裁判的指示作用发挥出该有的能量”[②]。

在案例 11－4 中，行为人梁某某实施了招摇撞骗的行为，使其他人误以为其具有安徽省公安厅刑警队重案组组长、省公安厅厅长助理、池州市公安局副局长、公安厅刑警等身份，造成国民对国家机关信赖的抽象危险，成立招摇撞骗罪。同时，其虚构事实骗取财物的行为，亦构成诈骗罪。据此，在案例 11－4 中，梁某某符合招摇撞骗罪与诈骗罪的想象竞合犯，应当择一重罪论处。但需要强调的是，虚构国家机关人员身份的行为和欺骗行为要具有同一性[③]，否则，就不能成立想象竞合犯。例如，在另一起案件中，郑某作为协警却谎称自己是人民警察，以此获得被害人好感与之多次发生性关系，后又以结婚为名义收取被害人父母 2 000 元[④]，此时就应当以招摇撞骗罪和诈骗罪进行数罪并罚。[⑤]

案例 11－5　曾某某等破坏计算机信息系统案[⑥]

（一）案情介绍

2016 年 10 月至 11 月，被告人曾某某与王某某结伙或者单独使用聊天社交软件，冒充年轻女性与被害人聊天，谎称自己的苹果手机因故障无法登录“iCloud”（云存储），

① 王志远. 刑法学案例研究指导. 北京：中国政法大学出版社，2019：187.

② 王志远. 刑法学案例研究指导. 北京：中国政法大学出版社，2019：187.

③ 陕西省西安市新城区人民法院（2022）陕 0102 刑初 33 号刑事判决书.

④ 辽宁省抚顺市中级人民法院（2016）辽 04 刑终 121 号刑事判决书.

⑤ 值得讨论的是协警冒充警察是否属于招摇撞骗，毕竟协警承担了一定的辅助执法功能。对此，主流观点认为招摇撞骗中的冒充行为不限于非公职人员冒充公职人员，不同部门的公职人员相互冒充也成立此罪。因而，协警冒充警察也成立招摇撞骗罪。黎宏. 刑法学各论. 2 版. 北京：法律出版社，2016：353；张明楷. 刑法学：下. 6 版. 北京：法律出版社，2021：1357；周光权. 刑法总论. 4 版. 北京：中国人民大学出版社，2021：391.

⑥ 江苏省海安县人民法院（2016）苏 0621 刑初 548 号刑事判决书. 本案同时也是最高人民检察院发布的第九批指导性案例（检例第 35 号）。

请被害人代为登录，诱骗被害人先注销其苹果手机上原有的账号（ID），再使用被告人提供的ID及密码登录。随后，曾、王二人立即在电脑上使用新的ID及密码登录苹果官方网站，利用苹果手机相关功能将被害人的手机设置修改，并使用“密码保护问题”修改该ID的密码，从而远程锁定被害人的苹果手机。曾、王二人再在其个人电脑上，用网络聊天软件与被害人联系，以解锁为条件索要钱财。采用这种方式，曾某某单独或合伙作案共21起，涉及苹果手机22部，锁定苹果手机21部，索得人民币合计7 290元；王某某参与作案12起，涉及苹果手机12部，锁定苹果手机11部，索得人民币合计4 750元。2016年11月24日，二人被公安机关抓获。

（二）裁判经过

江苏省海安县检察院于2016年12月23日，以被告人曾某某、王某某犯破坏计算机信息系统罪为由，向海安县人民法院提起公诉。2017年1月20日，海安县人民法院作出判决，认定被告人曾某某、王某某的行为构成破坏计算机信息系统罪，分别判处有期徒刑1年3个月、有期徒刑6个月。一审宣判后，二名被告人均未上诉，判决已生效。

本案被选为最高人民检察院第九批指导性案例，其在指导意义中指出：计算机信息系统包括计算机、网络设备、通信设备、自动化控制设备等。智能手机和计算机一样，使用独立的操作系统、独立的运行空间，可以由用户自行安装软件等程序，并可以通过移动通讯网络实现无线网络接入，应当认定为刑法上的“计算机信息系统”。行为人通过修改被害人手机的登录密码，远程锁定被害人的智能手机设备，使之成为无法开机的“僵尸机”，属于对计算机信息系统功能进行修改、干扰的行为。造成10台以上智能手机系统不能正常运行，符合《刑法》刑法第286条破坏计算机信息系统罪构成要件中“对计算机信息系统功能进行修改、干扰”“后果严重”等情形，构成破坏计算机信息系统罪。行为人采用非法手段锁定手机后，以解锁为条件，索要钱财，在数额较大或多次敲诈的情况下，其目的行为又构成敲诈勒索罪。在这类犯罪案件中，手段行为构成的破坏计算机信息系统罪与目的行为构成的敲诈勒索罪之间成立牵连犯，应当从一重罪处断。破坏计算机信息系统罪在后果严重的情况下，法定刑为5年以下有期徒刑或者拘役；敲诈勒索罪在数额较大的情况下，法定刑为3年以下有期徒刑、拘役或管制，并处或者单处罚金。本案应以重罪即破坏计算机信息系统罪论处。

（三）争点整理

以破坏他人计算机信息系统的方式勒索财物是否成立牵连犯？

（四）案例分析

牵连犯，是指虽然有两个犯罪行为，但是由于前后行为之间存在原因和结果，目的和手段的关系，因此不进行数罪并罚，只以一罪论处。对此，理论界不乏质疑的声音，认为这种处理本身违背了罪数理论中数行为触犯数罪就应当数罪并罚的原则。牵连犯的概念源自日本。日本《刑法典》第54条规定：“一个行为同时触犯二个以上的罪名，或者作为犯罪的手段或者结果的行为触犯其他罪名的，按照其最重的刑罚处断。第 49 条第 2 项的规定，也适用前项情形。”[①] 但是，日本从 1940 年改正刑法刍议到 1961 年的改正刑法准备草案，再到 1972 年的改正刑法草案，都要求删除牵连犯的规定，理由在于“即使删除牵连犯规定，认为是想象竞合之情形亦相当多，并不会对被告造成不利益”[②]。但是牵连犯中存在两个行为，而想象竞合犯中仅存在一个行为，换言之，废除牵连犯概念后，客观上存在牵连关系的两个犯罪行为有可能被并罚，但是想象竞合的场合无论如何都不可能数罪并罚。想要通过想象竞合取代牵连犯，可以预见的结果是一行为实际成为数行为。

牵连犯认定的难点，主要在于牵连关系的判断标准。笔者认为，牵连关系的认定还应回到牵连犯的本质，即为什么实施了数个行为却能够仅以一罪处罚。首先应当明确，对于具有牵连关系的数行为进行并罚将会不可避免地导致同一情节重复评价的问题。与此同时，完全按照牵连犯的处罚规则，也有可能导致处罚过轻的后果。因此，有学者主张要限制牵连犯的成立范围，要求只有刑法分则的具体条文以及司法解释才能够规定牵连犯，不允许司法裁判创设。[③] 还有学者提出，曾经明文规定牵连犯概念的国家和地区都已考虑删除或已经删除相关规定，我国的理论移植必然导致水土不服，应该放弃。[④] 此外，也有学者认为，仅仅对牵连犯从一重罪处罚还不够，应该从一重罪从重处罚。[⑤] 以上论述，都表明了牵连犯确实存在未全面评价行为不法性、导致刑罚较轻的缺陷。

但是，上述解决方案均有不足之处。其一，连续犯、继续犯、吸收犯等都不是我国《刑法》的明文规定，允许司法解释创设牵连犯但禁止法官认定新的牵连犯不具有合理性。其二，比较法相关立法动向虽有参考意义，但是其对于具备牵连关系的数行为最终仍旧是按照一罪论处。德国刑法就通过扩大一行为的概念，以想象竞合容纳牵连犯的内涵。[⑥] “比较法学的权威著作中认为比较法学不是进行概念类比的研究，而是进行任务、功能的比较”[⑦]。质言之，是否存在牵连犯的概念并不重要，问题在于此种具有牵连关系的数个行为不并罚的现状客观存在，应当如何予以合理化或如何限定范围。进言之，不应认为将牵连犯称作想象竞合就化解了部分数罪不并罚的法理危机。其三，罪刑法定原则的基本思想是限制国家刑罚权，要求从重处罚必须具有法律明确规范。因此，要求牵连犯从一重罪从重处罚并不符合罪刑法定原则的根本要求。

对此，较为可行的思路只能是限制牵连犯的成立范围。山口厚教授认为，牵连犯不并罚的原因在于“行为虽是复数的，但在这些行为之间存在着手段与目的或者是原因与结果的关系的场合，属于可以按照一个意思决定看待的场合，能够肯定相对的责任减

---

① 日本刑法典·2006 年版. 张明楷，译. 北京：法律出版社，2006：24.
② 只木诚. 罪数论之研究. 台北：新学林出版股份有限公司，2019：277.
③ 邵维国. 我国的牵连犯是刑法分则和司法解释规定的一罪. 法治社会，2021（3）：101-116.
④ 路军. 移植与限度：牵连犯教义学理论引入之反省. 法学杂志，2019（6）：93-103.
⑤ 牛忠志，秦立超. 我国牵连犯定罪处罚规则的立法完善. 河南财经政法大学学报，2017（6）：25-33.
⑥ 甘添贵. 罪数理论之研究. 台北：元照出版有限公司，2006：211.
⑦ 茨威格特，克茨. 比较法总论. 北京：中国法制出版社，2017：58.

少”[①]。就此而言，牵连犯获得从宽处置效果的理由在于，行为人只有一个犯罪目的，主观的可谴责性降低；而且行为具有类型的关联性，实践上通常连续实施，二者缺一不可。显然，牵连犯必须存在着客观化、类型化的牵连关系，而不是行为人的犯罪目的本身和手段行为的牵连，也不是指犯罪动机与结果行为的牵连。[②] 此种观点也具有法律依据的支撑，我国《刑法》第 171 条第 3 款、第 208 条第 2 款、第 229 条第 2 款、第 253 条第 2 款、第 399 条第 4 款中规定的牵连犯，都是两种犯罪行为具有典型的客观牵连的场合。在本案中，被告人曾某某先侵入、控制他人的计算机信息系统，后实施了勒索行为，但是此类行为并不具有高概率的伴随性，换言之，仅仅是个案中行为人主观上存在的牵连。“如果现实中犯下的罪只是偶然地具有手段、结果的关系，仅凭此还不能说是牵连犯。”[③] 有学者认为，“通过破坏性方式来实现非法控制移动智能终端，是为了以恢复移动智能终端的正常使用为由实施敲诈勒索犯罪……行为人采用非法手段锁定手机后以解锁为条件索要钱财是目的行为，与手段行为之间成立牵连犯”[④]。但是，这仅仅评价了牵连关系中的一方面，单纯按照行为人的目的计划认定牵连犯将不可避免地导致牵连犯的泛化。不过，有必要作出说明的是，何种程度上可以说两种行为之间具有客观牵连并不明确。例如，为了杀人而盗窃枪支，有的学者认为具有通常的客观牵连[⑤]，有的学者则认为杀人的方法很多，大多不需要通过盗窃枪支实现。[⑥]

在本案中，两名被告人的宣告刑均在 3 年有期徒刑以下，通过敲诈勒索罪或破坏计算机信息系统罪都能实现相同的评价结果。但是，由于牵连犯本身就是对行为人的从宽处置，因而不应抽象比较两个罪的法定刑来得出孰为重罪的结论，而应比较其应该适用的具体刑罚。从这个意义上说，敲诈勒索罪还能并处罚金刑，因此或许可以考虑适用敲诈勒索罪，判处有期徒刑的同时并处罚金。

第四节　并罚的数罪

案例 11 - 6　何某某等出售、购买、运输假币案[⑦]

（一）案情介绍

2010 年 9 月，被告人何某某、江某某、熊某某等人因丁某某需要购买假币，为非法获利，经预谋、分工，于同年 9 月 27 日，由被告人何某某将购买款 12 000 元通过银行转

---

① 山口厚. 刑法总论：第 3 版. 付立庆，译. 北京：中国人民大学出版社，2018：406.

② 张明楷. 论“依照处罚较重的规定定罪处罚”. 法律科学（西北政法大学学报），2022（2）：59 - 73.

③ 前田雅英. 刑法总论讲义. 北京：北京大学出版社，2017：356.

④ 高铭暄，孙道萃. 网络时代刑法解释的理论置评与体系进阶. 法治研究，2021（1）：22 - 37.

⑤ 魏红. 刑法原理与案例解析. 北京：知识产权出版社，2011：259.

⑥ 张明楷. 刑法学. 4 版. 北京：法律出版社，2011：439.

⑦ 浙江省宁波市镇海区人民法院（2011）甬镇刑初字第 148 号刑事判决书.

账给上家，并约定在舟山交付假币。同年 9 月 29 日夜，被告人何某某、熊某某、江某某雇佣司机臧某超驾驶别克轿车至舟山沈家门取得 20 万元假币。后被告人何某某一行驾车将上述假币从舟山运至镇海区欲与丁某某在镇海区某街道交易，途经高速公路镇海蛟川卡口时，车辆被设卡民警查获，上述假币均被扣押。被告人何某某、熊某某、江某某趁乱逃离现场。

经中国人民银行清点，被查获的假币为 1 995 张百元假钞，共计 199 500 元。

案发后，被告人熊某某协助公安机关抓获同案犯。公诉机关认为，被告人何某某、熊某某、江某某伙同他人以非法获利为目的，购买、运输假币，数额巨大，其行为均已构成购买、运输假币罪；又出售假币，但因意志以外的原因未得逞，构成出售假币罪，但系未遂。因此，对被告人何某某、熊某某、江某某应以购买、运输假币罪和出售假币罪（未遂）数罪并罚。

（二）裁判经过

浙江省宁波市镇海区人民法院经审理认为：被告人何某某、熊某某、江某某，以非法获利为目的，为出售而购买、运输假币，数额巨大，其行为均已构成购买、运输假币罪。公诉机关指控被告人何某某、熊某某、江某某犯购买、运输假币罪罪名成立。被告人何某某、熊某某、江某某归案后均能供述自己的犯罪事实，并自愿认罪，依法均予以酌情从轻处罚。被告人熊某某能协助公安机关抓获同案犯，有立功表现，依法可从轻处罚。关于公诉机关对被告人何某某、熊某某、江某某同时还构成出售假币罪（未遂）的指控，以及被告人何某某、江某某的辩护人提出的本案被告人只构成出售假币罪（未遂）的辩护意见，审理认为，出售、购买、运输假币罪为选择性罪名，本案中被告人的最终目的是出售假币，虽然被告人尚未到达出售假币的交易地点即案发，未能实施出售假币行为，但被告人已实施了购买、运输假币的行为，故本案应以购买、运输假币罪定罪处罚为宜。

据此，根据被告人何某某、熊某某、江某某各自的犯罪事实和具体情节，对被告人何某某、熊某某、江某某均依照《刑法》第 171 条第 1 款、第 25 条第 1 款的规定，对被告人熊某某还依照《刑法》第 68 条第 1 款，及最高人民法院《关于处理自首和立功具体应用法律若干问题的解释》第 5 条的规定，判决如下：

（1）被告人何某某犯购买、运输假币罪，判处有期徒刑 7 年 6 个月，并处罚金人民币 5 万元；

（2）被告人熊某某犯购买、运输假币罪，判处有期徒刑 6 年 9 个月，并处罚金人民币 5 万元；

（3）被告人江某某犯购买、运输假币罪，判处有期徒刑 7 年 3 个月，并处罚金人民币 5 万元。

（三）争点整理

1. 选择性罪名是否需要并罚？

2. 选择性罪名既有既遂又有未遂时应当如何处理？

（四）案例分析

选择性罪名，是指“刑法分则条文把两种以上具有独立意义但有紧密联系的犯罪行为、犯罪主体或者犯罪对象规定在一起而形成的罪名”[①]。选择性罪名因罪状所包含的犯罪构成的具体内容比较复杂，所以在罪名形式上表现为并列的特点[②]，在选择性罪名中，常见的是犯罪主体、犯罪行为、犯罪对象、犯罪后果等可供选择性的构成要件要素。选择性罪名在我国司法实践中的一贯做法是不进行数罪并罚，只按照实际实施的行为确定罪名并以一罪处罚。但理论上一直有观点认为选择性罪名存在违背罪数理论、违反罪刑相适应原则等固有缺陷。[③] 选择性罪名似乎是中国刑法的特产，例如日本刑法中虽然有可能在一个条文中规定数种罪行，但其判决并不指明具体罪名，只需明确触犯的法条即可。

有学者指出，选择性罪名的存在价值在于节约立法资源，实现条文简化，同时避免对侵犯同一法益的犯罪事实作出重复评价。[④] 的确，设立选择性罪名可以避免刑法分则罪名规定过于烦琐，满足刑法条文简约性的要求，但这也给选择性罪名的确定带来了较大争议。[⑤] 还有学者认为，选择性罪名的设置在于选择性行为之间具有高概率的并发性，通常行为人仅基于一个总的犯罪目的从而主观恶性更小。[⑥] 选择性罪名不并罚的主要原因在于，各种行为之间常常具有吸收、牵连、并发的关系，或者行为对象之间具有同质性。[⑦] 具体而言：一则，主观上行为人仅有一个或一类犯罪目的，可谴责性降低；二则，客观上数个行为具有紧密联系，按照罪数理论不宜并罚；三则，选择性罪名保护的法益相同。

在本案中，被告人何某某、熊某某、江某某等为了出售假币而购买、运输假币，购买、运输和出售行为之间具有牵连关系，因此不宜进行并罚。一方面，被告人购买和运输假币的行为都可以视为出售行为的预备，按照实行行为吸收非实行行为的原则，不宜进行数罪并罚。同时，购买和运输行为都是基于出售假币这一犯罪目的而实施，相较于有多个犯罪目的和犯罪意图的行为，主观恶性较小。另一方面，其所有行为均侵犯的是相同的法益，即国家对货币的发行权、货币的公共信赖。且相比于购买行为和运输行为，出售假币的行为将直接导致假币流入市场，对货币公共信赖造成严重侵害，而本案所有行为的危害性均未达到出售假币罪的法益侵害程度。

然而，选择性罪名不并罚的做法绝非必须有利于行为人，而应当进行一定程度的限制。当选择性罪名侵犯的法益具有明显的人身专属性时，选择性罪名不并罚具有明显缺陷，既有可能导致处罚过轻，又有可能导致处罚过重。例如，拐卖妇女、儿童罪中，由

---

① 胡云腾. 论社会发展与罪名变迁：兼论选择性罪名的文书引用. 东方法学，2008（2）：70－77.

② 周岸岽. 毒品共同犯罪相关实务问题研究. 法律适用，2023（4）：108－117.

③ 李运才. 论毒品犯罪的死刑立法控制：以走私、贩卖、运输、制造毒品罪的罪名调整为切入点. 贵州师范大学学报，2010（6）：28－33.

④ 陈洪兵. 选择性罪名若干问题探究. 法商研究，2015（6）：145－152.

⑤ 王萌，陆铭科，姚伟波. 办理网络贩枪案件的司法难点. 中国检察官，2023（1）：39－42.

⑥ 吴情树. 论选择性罪名的立法基础. 河北科技大学学报，2009（3）：44－49.

⑦ 刘凌梅. 选择性罪名的司法适用. 人民司法，2015（13）：94－98.

于每个人的人身自由、人格尊严都是专属的，因此拐卖不同主体时法益侵害在质和量上都有所改变。当拐卖妇女或者儿童的人数未达到三人时，仅仅拐卖一个妇女或者仅仅拐卖一个儿童，与同时拐卖一个妇女和一个儿童的法定刑幅度是相同的。然而，拐卖二人的法定刑幅度为 5 年以上 10 年以下；而一旦拐卖三人以上，法定刑幅度就陡然升级为 10 年以上有期徒刑或者无期徒刑，情节严重的甚至可以处死刑，这显然是不合理的。还有选择性罪名虽然不并罚，但是在数额犯中，所有行为的数额都会被累计计算，从而在实质上达到了超过数罪并罚的效果。例如，本案中购买、运输、出售的是同一批假币，数额不累计计算，但是如果行为人分别购买、运输、出售不同的假币，假设每一次都未达到数额特别巨大的标准，则三个罪均只能判处 10 年以下有期徒刑，数罪并罚最高不超过 20 年有期徒刑。但不进行数罪并罚而是进行累计计算，就有可能符合数额特别巨大的情况而被判处无期徒刑。

此外，部分选择性罪名的设置不具有合理性，需要按照法益保护的同质性进行一定程度的扩张解释。例如，非法制造、买卖、运输、邮寄、储存枪支、弹药、爆炸物罪是选择性罪名，实施多种行为、存在多种行为对象都不并罚。但是如果还实施了《刑法》第 125 条第 2 款规定的非法制造、买卖、运输、储存危险物质罪，就因为两罪不属于选择性罪名而要并罚，实在欠缺合理性。因为枪支、弹药、爆炸物就是最具有危及公共安全危险的危险物质，当同时买卖枪支、弹药时，其基础刑是 3 年以上 10 年以下有期徒刑；而当同时买卖枪支和比弹药危险性更低的其他危险物质时，则可能要数罪并罚处 6 年以上 20 年以下有期徒刑。而且，《刑法》第 127 条第 1 款还将枪支、弹药、爆炸物、危险物质作为选择性的行为对象，不进行数罪并罚。因此，应根据法益的危险性，结合当然解释，在有利于行为人的前提下扩大选择性罪名不并罚的范围。实际上，很多选择性罪名的存在只不过是因为汉语表达词汇的欠缺，例如，拐卖妇女、儿童罪就是因为欠缺既能涵盖妇女，又能涵盖儿童的上位概念而造就的。国外拐卖成年男性也成立犯罪，因此罪名就规定为贩卖人口罪。而所谓的选择性行为，也可能仅仅是表达词汇不足导致的，例如，《刑法》第 240 条第 2 款规定，“拐卖妇女、儿童是指以出卖为目的，有拐骗、绑架、收买、贩卖、接送、中转妇女、儿童的行为之一的”，完全可以将该罪名理解为拐骗、绑架、收买、贩卖、接送、中转妇女、儿童罪。因此，确定选择性罪名不并罚的基础，不是根据最高司法机关的罪名确定，而是应当认真解释和判断犯罪行为、犯罪对象之间是否具有同质性，其侵犯的法益是否相同。

对于第二个问题，即选择性罪名中出现部分行为未遂、部分行为既遂时，应当如何处理，存在三种具体观点①：

第一种观点认为，本案中被告人已经实施了购买、运输假币的行为，只不过出售行为没有既遂，应以购买、运输假币罪和出售假币罪（未遂）予以数罪并罚。但是此种观点不具有合理性，如果行为人出售假币既遂，则按照选择性罪名不并罚的观点，对被告人只能以购买、运输、出售假币罪一罪处罚，法定刑更轻。而且，此种观点还存在重复评价的嫌疑，因为本案中只有一笔假币，予以数罪并罚则无异于将假币的数额进行了两

① 胡乾锋. 选择性罪名中既遂与未遂并存时应定既遂犯罪. 人民司法，2012（14）：62-64.

次计算。

第二种观点认为，被告人的目的是出售假币，最终其犯罪目的并未实现，应以出售假币罪的未遂处罚。但是，购买、运输假币罪不是目的犯，不要求行为人具有特定的目的才成立犯罪。质言之，当行为人不具有出售目的时，实施购买、运输假币的行为依然能够成立购买、运输假币罪的既遂，而行为人以出售为目的实施购买、运输行为时，不能在整体上反而得出未遂的结论。犯罪是否既遂，不是按照行为人的犯罪计划来认定的；未得逞也不是犯罪人的目的未实现，而是犯罪构成要件没有完全齐备、满足。①

第三种观点认为，对被告人的行为应做通盘考量，以购买、运输假币罪处罚，出售未遂只需要作为量刑情节予以认定。此种观点具有合理性：一方面，本案中行为人并未实施出售行为，如果将购买、运输假币行为评价为出售行为的预备，则只能以出售假币罪的预备犯处罚，可以比照既遂犯从轻、减轻或者免除处罚。如果同时评价为购买、运输、出售假币罪，则无论整体评价为既遂或未遂，均违反了禁止重复评价的原则。另一方面，仅仅具有出售的目的，尚未实施出售行为时并不存在实行行为，此时评价为出售的未遂可能过于主观主义。

行为人所实施的行为究竟应该以一罪还是数罪来论处，最核心和最根本的问题在于对刑法分则构成要件的解释，只要能够用一个犯罪来评价行为的所有不法，就不应该数罪并罚。罪数论的目的是对罪行进行全面而不重复的评价，遵守全面评价原则和禁止重复评价原则，犯罪的所有不法要素都应该通过构成要件而在量刑中得到考量，并且所有犯罪事实只能被实质的处罚一次。②

---

① 赵秉志.犯罪未遂形态研究.2版.北京：中国人民大学出版社，2008：109-110.

② 英格博格·普珀.德国刑法总论：以判例为鉴.徐凌波，喻浩东，译.北京：北京大学出版社，2023：445-446.

第十二章　刑罚论

知识点概述

刑罚论或许是刑法理论中受关注较少的内容，却是司法实践中格外受重视的部分。对于被告人和被害人而言，对判处多长刑期的关注甚至超过对判处何种罪名的关注。本章将围绕刑罚论展开，选取刑罚论部分的几个重要问题，通过案例进行阐述。

在“量刑基础”一节，选择 3 个案例，分别就多个量刑情节的适用顺序、多主犯时死刑的适用以及多因一果情况下的归责问题展开论述。就多个量刑情节的适用顺序，根据 2021 年 6 月 16 日最高人民法院、最高人民检察院《关于常见犯罪的量刑指导意见（试行）》的规定，具有多个量刑情节的，“一般根据各个量刑情节的调节比例，采用同向相加、逆向相减的方法调节基准刑”，“量刑情节对基准刑的调节结果在法定最高刑以上的，可以依法确定法定最高刑为宣告刑”。该规定没有区分责任刑与预防刑，造成在法定刑之上量刑的结果，殊非合理，应当在区分影响责任刑情节与影响预防刑情节的基础上，在责任刑之下裁量预防刑。就多主犯如何适用死刑的问题，案例选取的是毒品犯罪，对于有多名主犯的毒品共同犯罪案件，应当全面考察各主犯实际发挥作用、具体犯罪情节、危害后果以及主观恶性、人身危险性，综合考量毒品数量、犯罪性质等因素，进一步区分主犯中罪行更为严重者，通过合理、平衡的量刑梯次实现罚当其罪，严格审慎地决定死刑适用，确保死刑只适用于极少数罪行极其严重的犯罪分子。就多因一果的归责问题，选取的是被害人特殊体质的案例，对此不应当直接将被害人特殊体质作为量刑情节考虑，而是应当先判断客观上死亡结果与伤害行为之间是否具有因果关系，再判断主观上行为人对死亡结果是否具有预见可能性。在肯定因果关系及预见可能性从而认定成立犯罪的基础上，再考虑被害人特殊体质对量刑的影响。如果行为人的伤害行为对结果贡献不大，即不是被害人死亡的主要原因力，或者行为人不可能通过被害人年龄、外部特征等判断被害人存在特殊体质，则应当在定罪阶段就认定行为人无罪，而不能进入量刑阶段仅对行为人从宽处罚。

在“自首与立功”一节，选取形迹可疑型自首认定案例与协助抓捕型立功案例、主动规劝型立功案例。形迹可疑型自首的认定关键是区分“形迹可疑”与“犯罪嫌疑”。如果侦查人员已经掌握了指涉行为人犯罪的物证或人证，导致行为人的交代对确定犯罪嫌疑人不具有实际意义的，行为人的交代便不能再认定为自动投案，其也无法再成立自首。

如果侦查人员只是因为行为人外表或举止可疑而进行盘问，并没有掌握行为人涉嫌犯罪的线索，行为人不主动交代也能自圆其说，作出合理解释以打消侦查人员的怀疑，其之后交代犯罪事实就具有主动性，其交代对确定犯罪嫌疑人就具有重要意义，应当认定为自动投案，如也符合如实供述的条件，就应当认定为自首。协助抓捕型立功是否成立的关键在于该行为是否对抓获犯罪嫌疑人起到了决定性作用，即协助抓捕行为为抓捕创造了直接性条件，具有不可替代性，以及协助抓捕行为达到了其他犯罪嫌疑人被抓获的实效性结果。带领侦查人员抓捕同案犯，不要求当场捕获，只要是司法机关根据行为人提供的线索将同案犯抓获的，也应当认为协助抓捕行为具有直接性与实效性，能够成立立功。就主动规劝型立功而言，主动规劝不属于"协助司法机关抓捕"，因此不能归于协助抓捕型立功的范畴。但犯罪分子规劝他人投案并成功的行为，从效果上看并不亚于"协助司法机关抓捕其他犯罪嫌疑人（包括同案犯）"行为的作用和效果。规劝他人投案并成功，一方面体现出本人在犯罪后能悔罪，另一方面又节约了司法诉讼成本，有利于及时实现对其他犯罪嫌疑人的刑罚权。因此，规劝他人投案并成功应当视为"其他有利于对国家和社会的突出表现"，在符合一定条件时，应当认定为立功。

在"认罪认罚"一节，选取认罪认罚对法院的效力的案例进行分析。综合考虑认罪认罚从宽的制度设计初衷，检察权与审判权的分立结构，以及我国刑事诉讼法的规定，应当认为在符合采纳量刑建议的前提条件且不具有不采纳量刑建议的情形时，法院应当采纳量刑建议。但是，基于检察权与审判权的权力分离结构以及庭审中心主义原则，法院有必要对量刑建议进行审查。在量刑建议不符合一般量刑原理或者庭审中出现分歧时，法院有权不采纳量刑建议，在告知控辩双方不采纳之前的量刑建议的基础上，听取控辩双方意见，通过庭审程序重新认定事实，依据法律规定和审理认定的罪名作出判决，改判新罪名或重新确定量刑结果。

第一节　量刑基础

案例 12-1　梁某环等拐卖儿童案①

（一）案情介绍

2003 年 3 月至 2006 年 3 月 6 日期间，被告人梁某环单独或者伙同赵某军、王某平、田某申、赵某虎、双某华（同案被告人，均已判刑）等，以出卖为目的，以 16 000 元到 22 000 元不等的价格，接送、中转、贩卖、男婴 14 次 14 人，卖至山东省冠县。其中，梁某环参与拐卖男婴 14 次 14 人。

被告人梁某环归案后，协助公安机关抓获同案被告人赵某军、王某平，并主动供述

① 山东省聊城市中级人民法院（2007）聊刑一初字第 3 号刑事判决书，山东省高级人民法院（2007）鲁刑三终字第 45 号刑事裁定书.

了公安机关尚未掌握的其本人的12次拐卖儿童事实。

（二）裁判经过

山东省聊城市中级人民法院于2007年2月14日作出（2007）聊刑一初字第3号刑事判决书：被告人梁某环犯拐卖儿童罪，判处无期徒刑，剥夺政治权利终身，并处没收个人全部财产。宣判后，同案被告人提出上诉。山东省高级人民法院于2007年4月28日作出（2007）鲁刑三终字第45号刑事裁定书：驳回上诉，维持原判。

山东省高级人民法院认为，被告人梁某环拐卖儿童三人以上，具有法定加重情节，同时具有立功的法定从宽情节和坦白、认罪态度较好、有悔罪表现的酌定从轻情节，对其量刑时，首先要考虑加重情节。拐卖妇女犯罪的加重情节，按照刑法的规定，有两个法定刑幅度，即“十年以上有期徒刑或者无期徒刑，并处罚金或者没收财产”和“死刑，并处没收财产”。梁某环利用当地农村个别家庭需要男孩抚养以及自己身处农村的便利条件，以牟利为目的，将婴儿作为商品，经人介绍或主动联系买主，贩卖儿童达10余次，涉案儿童多达10余名，犯罪情节特别恶劣，社会影响极坏；在共同犯罪中，梁某环行为积极，主动联系买主、将拐来的儿童交付买主，起主要作用，系主犯，因而，其犯罪行为属情节特别严重，应在死刑的法定刑幅度内量刑。其次，再考虑从宽情节。梁某环归案后积极协助公安机关抓获二名同案犯，此二人均被判处有期徒刑，应认定有一般立功表现；梁某环在归案后主动坦白公安机关尚未掌握的同种犯罪，其主动坦白的犯罪事实有12次12人，占其全部犯罪事实的绝大多数，且认罪态度较好，有悔罪表现，依法可以减轻处罚。其量刑幅度由“死刑，并处没收财产”修正为“十年以上有期徒刑或者无期徒刑，并处罚金或者没收财产”。根据梁某环的具体犯罪情节，对其减轻幅度不宜太大，适用最小的减轻幅度即无期徒刑较为合适。故一、二审法院依法作出如上裁判。

（三）争点整理

存在多个量刑情节时应当如何适用量刑情节量刑？

（四）案例分析

本案中既有加重情节，也有从宽情节，法院在量刑时先考虑加重情节，再考虑从宽情节，即先突破基本的量刑幅度，在此幅度的上一格确定刑罚，然后予以减轻或从轻，对第一次修正的刑罚再行修正。由此推及的一般问题是：存在多个量刑情节时，应当按照何种顺序适用各个量刑情节予以量刑。

根据最高人民法院、最高人民检察院《关于常见犯罪的量刑指导意见（试行）》的规定，具有多个量刑情节的，“一般根据各个量刑情节的调节比例，采用同向相加、逆向相减的方法调节基准刑”，“量刑情节对基准刑的调节结果在法定最高刑以上的，可以依法确定法定最高刑为宣告刑”。该规定也得到部分学者支持。有学者指出，“逆向冲突情节，是指多个法定情节在量刑方向上不同的情况……应按先从严，再从宽的顺序适用”①。

---

① 李洁.定罪量刑情节若干问题研究.北华大学学报，2001（11）：20-21.

然而，《关于常见犯罪的量刑指导意见（试行）》没有区分量刑情节的不同性质，也没有考虑不同性质量刑情节之间的关系，因此出现了“对基准刑的调节结果在法定最高刑以上的”情形。但量刑情节性质不同，有些影响行为人的可谴责程度，有些关涉行为人的再犯可能性，因此应当在区分影响责任刑情节与影响预防刑情节的基础上，在责任刑之下裁量预防刑。如此，也就不会出现基准刑超过法定刑的情况。

1. 量刑基准与量刑步骤

“任何法律都必须有其根据，即根据某种明确的观点或信念，否则便无法解释和毫无意义。”① 刑罚的正当化根据一方面在于报应的正当性，一方面在于预防犯罪目的的合理性。因此，在量刑时一方面必须坚持责任主义原则，另一方面必须以预防犯罪为目的，亦即在坚持责任主义的前提下追求预防犯罪的目的。根据责任主义确定的刑罚即责任刑，责任刑反映行为人的可谴责程度；出于预防犯罪目的考虑的刑罚即预防刑，预防刑反映的是行为人的再犯可能性。责任刑决定刑罚的上限，预防刑只能在责任刑的限度内考虑，即对特殊预防与一般预防的追求不能超出责任刑的限度。②

责任刑情节与预防刑情节地位不同，在量刑时不能简单地“同向相加，逆向相减”，而是应当先依据责任刑情节确定责任刑的点，再依据预防刑情节在责任刑之下调节，责任刑与预防刑的情节不能相加或相抵。无论预防必要性多大，都不能超过责任刑的点。

2. 责任刑的裁量

在确定责任刑时，只能考虑对不法的责任以及影响非难可能性的要素，不得考虑预防必要性的大小。例如，累犯或者再犯都是反映再犯可能性的情节，不能因为行为人是累犯或再犯就增加责任刑。影响责任刑的情节包括两方面内容：一是不法事实，二是影响非难可能性的事实。

不法事实是指法益侵害事实，构成要件之外的法益侵害结果、行为手段、犯罪的时空条件等，都能影响法益侵害程度，成为影响责任刑的情节。例如，抢劫未成年人导致未成年人轻伤的，抢劫对象为未成年人以及造成抢劫对象轻伤，都属于可以增加责任刑的不法事实。基于责任主义原则，增加责任刑的情节，必须是有责的不法事实，即行为人对不法事实至少具有预见可能性。没有责任的不法事实，不能成为增加责任刑的依据，否则会违反责任主义原则。当然，减轻责任刑的情节，不需要行为人对此有认识或者认识可能性，因为责任是对不法的责任，当不法程度减少时，行为人的责任程度自然也相应降低。③

影响非难可能性的事实指的是有责的不法之外的影响行为人可谴责程度的事实，故意、过失、目的、动机、违法性认识、期待可能性等都属于影响非难可能性的事实，只不过这些事实通常只能减轻非难可能性而不能增加非难可能性，即只能减轻责任而不能增加责任。④

---

① 鲍桑葵. 关于国家的哲学理论. 汪淑钧，译. 北京：商务印书馆，1995：78.

② 张明楷. 责任刑与预防刑. 北京：北京大学出版社，2015：126－135.

③ 张明楷. 论影响责任刑的情节. 清华法学，2015（2）：9－10.

④ 张明楷. 论影响责任刑的情节. 清华法学，2015（2）：10－14.

3. 预防刑的裁量

基于预防犯罪目的所裁量的刑罚是预防刑。裁量预防刑时考虑的是行为人的再犯可能性。体现行为人再犯可能性的情节十分宽泛，例如已经被刑法明确规定的自首、立功、坦白等法定量刑情节，已经被司法解释认可的退赃、退赔、当庭自愿认罪等情节，以及大量没有被类型化，但的确能够表明犯罪人特殊预防必要性大小的情节，如自动投案但没有如实供述的行为。其虽然不完全符合自首的条件，但的确有助于犯罪行为的发现，节约司法资源。不管是类型化的情节，还是非类型化的情节，都有程度的不同。例如，同样是坦白或者认罪，坦白或认罪的时间越早，从宽的幅度越大。①

4. 本案的分析

本案先适用加重情节，再适用从宽情节，从结论上说没有问题。但按照如此顺序适用量刑情节，并非先重后轻，而是先考虑责任刑再考虑预防刑。被告人梁某环拐卖儿童三人以上，造成了构成要件之外的法益侵害结果，具有增加责任刑的情节，此情节刑法也有规定，是法定加重情节，应当在考虑此情节的基础上确定责任刑。被告人梁某环同时具有立功的法定从宽情节和坦白、认罪态度较好、有悔罪表现的酌定从轻情节，这些情节都是反映行为人再犯可能性降低的因素，应当在责任刑之下，考虑上述情节，确定宣告刑。

案例 12－2　杨某明等人制造毒品案②

（一）案情介绍

1. 被告人杨某明、温某安与另案被告人丘某河均系福建省龙岩市人。丘某河曾长期从事服装加工销售，与被告人黄某苟及黄某兵均来往多年。2016 年 3、4 月间，丘某河指使黄某兵在江西省永丰县租赁一处偏僻房屋用于制造甲基苯丙胺（俗称“冰毒”），黄某兵经过黄某苟介绍，租赁了黄某苟姐姐黄某兰位于永丰县某镇某村的老屋。4 月底，丘某河纠集丘林某、朱某先和黄某苟、黄某兵、肖某制造甲基苯丙胺；同年 5 月中旬，丘某河又纠集丘林某、朱某先、肖某豪和黄某苟、黄某兵、肖某在黄某兰老屋内制造甲基苯丙胺。之后，黄某兵组织黄某苟、肖某将制毒设备藏匿于被告人曾某峰家中。

2016 年 6 月中旬，被告人黄某兵租赁了位于江西省永丰县某乡某村的某养鸭场用于制造甲基苯丙胺，并将制毒设备从被告人曾某峰家中运至该养鸭场内。丘某河纠集被告人杨某明、温某安、黄某苟、曾某峰以及黄某兵、丘林某、肖某豪、肖某、温某明、范某晓、温某琪等人在该养鸭场内制造甲基苯丙胺共计 300 千克。

2016 年 8 月初，被告人丘林某起意利用丘某河购买的制毒设备及剩余制毒原料再次制造毒品，并委托被告人杨某明购买麻黄碱 200 千克，又纠集杨某明、黄某苟、曾某峰

① 张明楷. 论预防刑的裁量. 现代法学，2015（1）：115.

② 湖南省常德市中级人民法院（2017）湘 07 刑初 36 号刑事判决书，湖南省高级人民法院（2019）湘刑终 212 号刑事裁定书，最高人民法院（2020）最高法刑核 75306492 号刑事判决书.

以及黄某兵、肖某、肖某豪和谢某保、温某洲在黄某兰老屋内制造甲基苯丙胺120千克。

2.另案被告人丘某河在从事服装加工、销售中与被告人姚某勇有多年往来。2016年7月底，丘某河指使姚某勇在湖南省石门县寻找制毒场地，姚某勇同意并带着丘某河提供的专用手机及活动经费2 000元从福建省晋江市回到石门县，并通过羊某海在石门县新铺乡某某坪村选定李某建家老屋。2016年8月16日，丘某河与被告人曾某峰、黄某勇一同前来查看后表示满意，又指使姚某勇再选一处制毒地点，并接通水电。姚某勇通过羊某海在石门县磨市镇某某村又选定杨某勇家老屋。其间，姚某勇收到丘某河给其用于单线联系的专用手机卡8张，姚某勇用羊某海的身份证在石门县农业银行开户用于接收丘某河汇入的制毒资金。在制毒期间，丘某河先后多次通过该账户或其他渠道给姚某勇转款，用于购买部分制毒设备、制毒用品，支付租赁车辆、房屋和各种物资的运输经费及制毒人员的食宿开支等各项费用。

8月19日，按照丘某河的指使，被告人黄某兵租用王某刚驾驶的车牌号为赣D××B90的大货车将制毒设备及原材料从被告人曾某峰家转运至石门县，被告人黄某苟及肖某随车押运并同日抵达，被告人姚某勇租用袁某干的货车，共同将该设备物资运至李某建家老屋。随后，姚某勇、黄某苟、肖某及羊某海又安装了水电、空调。8月23日，姚某勇、黄某苟、肖某、羊某海在石门县购买毛巾、手套、煤气、液化气灶及租赁氧气瓶等物品为制毒作准备。8月24日，丘某河通过电话告知姚某勇准备接运一批制毒原材料并验收后运至制毒场所。当日下午，湖南省津市市司机刘某驾驶车牌号为湘JA××09大货车将大量制毒原材料从广东省东莞市樟木头镇“某宝石油化工有限公司”运至石门县，姚某勇带领黄某苟、肖某和杨某君等人前往约定地点接应。姚某勇对该批制毒原材料验收后，即安排司机袁某干、文某略驾驶两辆小货车将制毒材料运抵杨某勇家老屋。

8月25日，丘某河安排被告人杨某明与谢某保乘坐车牌号为闽FMD××8的别克商务车从福建省长汀县接温某洲来到江西省余干县黄金埠镇，与同日乘坐车牌号为闽FLZ××9大众轿车从福建省龙岩市出发的被告人温某安、丘建某及温某安邀集的温某明、范某晓、周某全等人会合后，一起装运麻黄碱并运至石门县。同日，丘某河还安排他人驾驶车牌号为闽C9R××0的金杯面包车装载部分制毒工具从龙岩市出发前往石门县，途经江西省宁都段时，车辆出现故障，丘某河又安排黄某兵联系司机王某刚从江西省赣州市出发接运物资。被告人曾某峰从江西省永丰县乘车到达石门县并由被告人姚某勇接至宾馆。

8月26日凌晨，被告人杨某明、温某安以及谢某保、丘建某、范某晓、周某全、温某明和温某洲抵达石门县，由被告人姚某勇统一安排在宾馆住宿。当天下午，被告人姚某勇根据丘某河的安排，带领温某安、范某晓、周某全、温某明等人将王某刚从宁都东高速出口运抵石门县的制毒设备等物资欲转运至杨某勇家老屋。因下雨路滑，无法上山，上述人员返回石门县城。当日，黄某兵按照丘某河的指使，在永丰县向姚某勇提供的羊某海农业银行账户分五笔存入人民币18 000元。

8月27日，被告人姚某勇带被告人杨某明、温某安、黄某苟、曾某峰以及谢某保、范某晓、周某全、温某明、肖某、杨某君、温某洲等人到达杨某勇家老屋。在杨某明组织指挥下，温某安、谢某保、温某洲安排其他人员共同制造甲基苯丙胺的半成品熟麻黄碱。杨某君则受姚某勇的指使与黄某苟一起在制毒现场附近望风。黄某兵当日亦从永丰县乘车来到石门县。

8 月 28 日上午，被告人温某安打电话给被告人姚某勇，让姚某勇把制造出来的熟麻黄碱及制毒设备运走。姚某勇遂与黄某兵来到杨某勇家老屋，并安排货车司机袁某干等人将熟麻黄碱及制毒设备运送至李某建家老屋，对熟麻黄碱进行晾晒。同时，姚某勇安排杨某君处理杨某勇家老屋内的垃圾。当日 10 时许，温某安带领温某明、范某晓、周某全离开石门县。

8 月 29 日上午，被告人姚某勇指使羊某海开车带被告人杨某明及黄某兵等人到李某建家老屋安装调试制毒设施。8 月 30 日中午，姚某勇将被告人曾某峰、黄某苟和肖某送到李某建家老屋参与制造毒品，并于当晚生产出甲基苯丙胺。制毒过程中，杨某明及谢某保、温某洲等人负责操作反应釜这一制毒主要工序，黄某兵、曾某峰、肖某、黄某苟等人负责过滤、结晶、脱水、成品称重装袋等工序。杨某明、谢某保、温某洲完成该主要工序后返回石门县城，其余工序由黄某兵等人继续完成。8 月 31 日，羊某海来到制毒现场并从事洗桶等杂事。

9 月 1 日，被告人曾某峰、黄某苟及黄某兵、肖某继续制毒至天亮后离开现场，杨某君在此期间负责望风。当晚 23 时许，被告人姚某勇被抓获后带公安人员到达李某建家老屋，公安人员当场查获甲基苯丙胺白色晶体物 26 包 128.745 5 千克，初次过滤脱水后的甲基苯丙胺淡黄色晶体物 3.685 千克；查获正处于结晶状态的甲基苯丙胺晶体、液体混合物 78 箱 1 783.9 千克，其中固态晶体物 351.83 千克。

（二）裁判经过

湖南省常德市中级人民法院于 2019 年 1 月 25 日作出（2017）湘 07 刑初 36 号刑事判决书，以制造毒品罪判处被告人杨某明、姚某勇、温某安、黄某苟、曾某峰死刑，剥夺政治权利终身，并处没收个人全部财产（其他判项略）。宣判后，五被告人均提出上诉。湖南省高级人民法院于 2019 年 12 月 27 日作出（2019）湘刑终 212 号刑事裁定书，驳回上诉，维持原判，并依法报请最高人民法院复核。最高人民法院于 2022 年 11 月 28 日作出（2020）最高法刑核 75306492 号刑事判决书，以制造毒品罪核准被告人杨某明、姚某勇、温某安死刑；改判被告人黄某苟死刑，缓期二年执行，并处没收个人全部财产；改判被告人曾某峰无期徒刑，并处没收个人全部财产。

（三）争点整理

多主犯毒品共同犯罪案件中如何适用死刑？

（四）案例分析

毒品犯罪的死刑适用是一个重大而复杂的法律问题。为保证死刑适用的公正、慎重，最高人民法院于 2008 年印发《全国部分法院审理毒品犯罪案件工作座谈会纪要》（《大连会议纪要》，现不再适用），对毒品犯罪的死刑适用问题作了较为系统的规定，对统一死刑适用标准发挥了重要作用；2015 年印发《全国法院毒品犯罪审判工作座谈会纪要》（《武汉会议纪要》，现不再适用），对《大连会议纪要》予以规范、细化，对死刑适用问题作了补充和完善；2023年再次印发《全国法院毒品案件审判工作会议纪要》（《昆明会议纪要》），对《大连会议纪要》《武汉会议纪要》作了充分吸收，并对两个会议纪要存在的问题作了修改。

1.毒品共同犯罪判处死刑的标准

针对毒品共同犯罪判处死刑的标准，《昆明会议纪要》作出了进一步规范。通常而言共同犯罪具有比单独犯罪更大的社会危害性①，如果仅因共同犯罪人地位和作用相当或者责任大小难以区分就一概不判处死刑，不利于实现对毒品犯罪的有力打击，因此，《昆明会议纪要》增设了“均不具有法定从重处罚情节”的限定条件。在毒品数量达到巨大以上可以判处二人以上死刑的规定中，对于罪责稍次的从重处罚情节，《昆明会议纪要》删除了“重大酌定”的表述，仅保留具有“法定”从重处罚情节的表述，有利于进一步规范控制死刑适用。②

根据《昆明会议纪要》，判处死刑的具体标准必须如下。（1）对涉案毒品数量“超过实际掌握的死刑适用数量标准，但未达到数量巨大”的，一般至多判处一人死刑。（2）共同犯罪中一案判处二人以上死刑的，应当具备以下条件：1）涉案毒品达到数量巨大以上；2）两名以上主犯的罪责均很突出，或者个别主犯罪责稍次但具有法定从重处罚情节；3）判处二人以上死刑符合罪刑相适应原则，并有利于全案量刑平衡。这三个条件缺一不可，必须同时满足。（3）共同犯罪人均不判处死刑的情形。共同犯罪人地位和作用相当或者责任大小难以区分，且均不具有法定从重处罚情节的，都不判处死刑。

概言之，对于有多名主犯的共同犯罪案件，应当全面考察各主犯实际发挥作用、具体犯罪情节、危害后果以及主观恶性、人身危险性，综合考量毒品数量、犯罪性质等因素，进一步区分主犯中罪行更为严重者，通过合理、平衡的量刑梯次实现罚当其罪，严格审慎地决定死刑适用，确保死刑只适用于极少数罪行极其严重的犯罪分子。③ 对于毒品共同犯罪，判处一人死刑属常态，判处二人死刑属于少数情形，需严格把握条件、慎之又慎；判处三人以上死刑是极为例外的做法，虽不能完全禁止但绝不应鼓励，此种情形应少之又少。④

2.本案的分析

本案中法院在认定各被告人的刑事责任时，考虑了犯意提起、出资、参与制造毒品数量、具体分工以及共犯之间的相互关系等方面，对地位相对较低、作用相对较小的被告人没有判处死刑立即执行。

被告人杨某明、姚某勇、温某安、黄某苟、曾某峰违反国家毒品管理法规，伙同他人制造甲基苯丙胺，其行为均已构成制造毒品罪。多名同案被告人的供述均证实被告人杨某明负责组织技术生产，组织实施制造毒品，虽非唯一制毒技师，但系制毒现场技术总负责人，且曾出资并分红，在其参与的制毒共同犯罪中作用突出。在江西省永丰县制造毒品犯罪中，杨某明接受另案被告人丘某河纠集参与制造毒品，现场调试制毒设备，组织操作关

---

① 高铭暄，马克昌. 刑法学. 10版. 北京：北京大学出版社，高等教育出版社，2022：163.

② 李睿懿. 毒品案件刑事政策的理解与把握：以《全国法院毒品案件审判工作会议纪要》为切入点. 中国应用法学，2023（6）：58.

③ 李睿懿，等.《全国法院毒品案件审判工作会议纪要》的理解与适用. 法律适用，2023（10）：110.

④ 方文军，何鑫. 当前毒品犯罪适用死刑的若干问题. 法律适用，2021（9）：162-163.

键工序；接受另案被告人丘林某纠集参与制造毒品，参与出资并分红，购买、转运制毒原料，纠集同案被告人并负责制毒技术；在湖南省石门县制造毒品犯罪中，杨某明接受丘某河指使并纠集两名同案被告人共同前往制毒现场，接收、运输制毒原料，组织操作关键工序，共制造甲基苯丙胺 904.260 5 千克，数量大，罪行极其严重；在所参与的三起制造毒品共同犯罪中，杨某明均系罪责最为严重的主犯之一，应依法判处死刑。

被告人姚某勇在湖南省石门县制毒犯罪中，接受丘某河纠集和指使，在石门县选定、租赁两处制毒场所，协调购买、租赁、接收、运输制毒设备、原料，接转江西籍、福建籍参与制造毒品的同案被告人，负责制毒人员食宿、转运等保障事宜，纠集两名同案被告人参与制造毒品，共制造甲基苯丙胺 484.260 5 千克，数量大，罪行极其严重。在其参与的共同犯罪中，被告人姚某勇作用突出，系罪责最为严重的主犯之一，应依法判处死刑。

被告人温某安接受丘某河指使后纠集多名同案被告人两次参与制造毒品，在现场接受杨某明等技师指挥，带领福建籍制毒人员负责完成毒品生产第一道关键工序，共制造甲基苯丙胺 784.260 5 千克，数量大，罪行极其严重。在其参与的共同犯罪中，温某安作用突出，系罪责最为严重的主犯之一，应依法判处死刑。

被告人黄某荀在江西省永丰县制造毒品犯罪中，四次接受丘某河及同案被告人黄某兵或另案被告人丘林某纠集和指使，帮助介绍制毒场所，在现场辅助制毒或望风；在湖南省石门县制造毒品中，按照黄某兵指使，运送部分制毒设备，在现场辅助制毒或望风，共参与制造甲基苯丙胺 904.260 5 千克，数量大，应依法惩处。在共同犯罪中，黄某荀系主犯，但其被雇佣、被纠集的特征明显，且在现场均从事辅助性事务，并非罪责最为严重的主犯，故判处死刑，缓期二年执行。

被告人曾某峰在江西省永丰县制造毒品犯罪中，接受丘某河、黄某兵或丘林某纠集，两次参与制造毒品，曾利用家中房屋保管制毒设备并在现场辅助制毒；在湖南省石门县制造毒品犯罪中，跟随丘某河查看制毒场所，在现场辅助制毒，共参与制造甲基苯丙胺 904.260 5 千克，数量大，应依法惩处。在其参与的共同犯罪中，被告人曾某峰系主犯，但其被雇佣、被纠集的特征明显，且在现场均从事辅助性事务，亦非罪责最为严重的主犯，故判处无期徒刑。

案例 12-3　孙某某故意伤害案[①]

（一）案情介绍

被告人孙某某与被害人孙某更系亲兄弟，二人因财物管理多次发生纠纷。

2017 年 2 月 16 日 15 时许，孙某某在唐山市丰南区××庄镇××村孙某更家老宅院内，再次向孙某更索要钱款时与其发生争执并互殴。孙某某从孙某更家院子里拿起一个木制的拍子殴打孙某更头面部，拍子一端的木板折掉后，其持木棒从孙某更家南院至院外街道上孙某平家北门口处与持树根的孙某更继续互殴，后孙某更倒地死亡。经鉴定，

① 河北省唐山市丰南区人民法院（2017）冀 0207 刑初 154 号刑事附带民事判决书，最高人民法院（2018）最高法刑核 62909928 号刑事裁定书.

孙某更符合外伤疼痛、情绪激动等因素诱发冠心病急性发作引起胃内容物反流进入气管导致窒息死亡。因此造成附带民事诉讼原告人刘某芬丧葬费、交通费、误工费等各项经济损失共计人民币 29 294.7 元。

（二）裁判经过

河北省唐山市丰南区人民法院于 2017 年 10 月 9 日作出（2017）冀 0207 刑初 154 号刑事判决书，判决：（1）被告人孙某某犯故意伤害罪，判处有期徒刑 6 年。（2）被告人孙某某赔偿附带民事诉讼原告人刘某芬丧葬费、交通费、误工费等各项经济损失共计人民币 29 294.7 元。宣判后，在法定期限内没有上诉、抗诉，河北省唐山市丰南区人民法院依法逐级报请最高人民法院核准。最高人民法院作出了（2018）最高法刑核 62909928 号刑事裁定书，予以核准判处被告人孙某某有期徒刑 6 年。

对于公诉机关指控的被告人孙某某构成故意杀人罪，以及其指定辩护人提出的孙某某的行为不构成故意杀人罪，应当属于意外事件的观点，经查，孙某某虽在侦查阶段的供述中称与其三哥孙某更因经济问题多次发生纠纷，遂产生杀人的主观故意，且有证人证言证实其曾有过要钱不给就杀了他的言语，但孙某某在庭审过程中对其具有故意杀害被害人的主观故意予以否认，且其与孙某更互殴过程中，持随手捡拾的工具殴打孙某更，致孙某更因殴打所致的疼痛、情绪激动诱发冠心病急性发作导致死亡，综合其使用的工具、对被害人造成的实质性伤害后果及被害人死亡的原因等客观情节，不足以证明孙某某具有杀人的故意。法院认为，公诉机关指控孙某某犯故意杀人罪不当，但孙某某对被害人孙某更的死亡后果应承担刑事责任，不属于意外事件，故对该辩护观点不予支持。孙某某故意伤害他人身体健康，致人死亡，其行为已构成故意伤害（致死）罪。孙某某与被害人孙某更因家庭矛盾产生纠纷导致互殴，孙某某的伤害行为是孙某更死亡的诱发因素之一，情节较轻，虽无法定减轻处罚情节，但判处 10 年以上刑罚①，量刑明显过重，应报请最高人民法院批准在法定刑以下判处刑罚。对给附带民事诉讼原告人刘某芬造成的经济损失，孙某某应承担全部民事赔偿责任。

（三）争点整理

故意伤害行为导致被害人心脏病发作猝死的，应当如何量刑？

（四）案例分析

故意伤害行为造成被害人心脏病发作猝死应当如何处理，属于被害人特殊体质的归责问题。对此，应当基于法益保护原则与责任主义，先判断客观上死亡结果与伤害行为之间是否具有因果关系，再判断主观上行为人对死亡结果是否具有预见可能性。在肯定因果关系及预见可能性从而成立犯罪的基础上，再考虑被害人特殊体质对量刑的影响。

1. 因果关联性的判断

对存在被害人特殊体质时死亡结果与伤害行为的因果关系，肯定说认为，特殊体质

---

① 《刑法》第 234 条第 2 款规定："犯前款罪，致人重伤的，处三年以上十年以下有期徒刑；致人死亡或者以特别残忍手段致人重伤造成严重残疾的，处十年以上有期徒刑、无期徒刑或者死刑。本法另有规定的，依照规定。"

或者隐性病变不属于介入因素，应纳入因果关系判断的客观素材之中，伤害行为导致其疾病发作而死亡的，也是行为所包含的危险在结果中的现实化，应当肯定因果关系。① 持否定意见的学者指出，在轻微的侵害行为引起严重后果的场合，很难说现实结果是行为危险的现实化，因此应当否认因果关系。② “被告人造成的伤害成为诱发被害人另一疾病的条件，由另一疾病导致被害人死亡的，不应将死亡结果归属于被告人的伤害行为。”③

刑法作为最严厉的制裁措施，对因果关系不仅有质的要求，也有量的要求。在法益侵害系多种因素共同作用造成时，要注意造成结果的主要原因力为何。在实行行为和结果之间只存在微弱的关联性时，要谨慎地肯定刑法中的因果关系。④ 概言之，在存在被害人特殊体质的场合能够肯定结果与行为之间的因果关系，要看行为对结果的贡献大小，即被害人死亡究竟主要是因为自身疾病，还是因为行为人的伤害行为。

2. 预见可能性的判断

司法实践有将欠缺对特殊体质的预见可能性也定罪的情况⑤，但将行为人没有预见可能性的结果也作为定罪与量刑的事由，显然是违反责任主义原则的。将加重结果作为定罪或量刑事由的前提是，行为人对此至少具有预见可能性，即至少具有过失。这里尤其要注意的是，当发生被害人死亡的结果时，如果无法肯定行为人主观上具有故意，不能理所当然地肯定行为人主观上具有过失。

对于预见可能性的成立条件，司法实践中目前存在两种思路。一种思路是将行为人预见到被害人具体的疾病作为肯定其对于结果具有预见可能性的条件。例如，在刘某过失致人死亡案中，裁判理由指出：“被告人刘某在事发当时无法预料到被害人张某发患有心脏病并会因心脏病发作导致死亡结果的发生，对于被害人张某发的死亡，被告人在主观上既无故意也没有过失”⑥。另一种思路则强调，应综合考虑“被告人自身的年龄、智力状况、文化水平和生活经验等认识能力”“行为本身的危险程度”“被告人事前对被害人身体有病有所耳闻”等因素，确定行为主体是否具有预见可能性。⑦

行为人对被害人的特殊体质不具有预见可能性，并不等于对被害人的死亡结果不具有预见可能性，只要其能预见到“与介入因素具有关联性或者能表征介入因素存在的事实”⑧，即可肯定其对结果发生具有预见可能性。例如，如果被害人的特殊体质是与年龄阶段密切相关的特殊体质即加龄性体质，只要行为人认识到被害人的相应年龄状况，即可以肯定对发生的结果具有预见可能性。再如，很容易从被害人的外部特征认识到其身体不健康的情形，也应当认为行为人对结果的发生具有预见可能性。⑨

---

① 钱叶六. 刑法因果关系理论的重要发展与立场选择. 中国刑事法杂志，2022（4）：111.

② 黎宏. 因果关系错误问题及其应对：以行为危险现实化说的再阐释为中心. 法学研究，2022（1）：116.

③ 张明楷. 刑法学：上. 6 版. 北京：法律出版社，2021：245.

④ 何荣功. 轻微暴力引起被害人死亡的刑法学分析. 法学，2024（2）：75，82.

⑤ 河南省漯河市中级人民法院（2014）漯刑一终字第 31 号刑事附带民事裁定书指出，“虽然死亡后果超出其本人主观意愿，但这恰好符合故意伤害致人死亡的构成要件”。

⑥ 北京市宣武区人民法院（2005）宣刑初字第 244 号刑事判决书.

⑦ 河南省睢县人民法院（2014）睢刑初字第 163 号刑事判决书.

⑧ 蒋太珂. 危险现实化评价的类型构造. 中外法学，2020（2）：532.

⑨ 蒋太珂. 被害人特殊体质案件的结果归责：预见可能性要件的意义及其认定规则. 政治与法律，2023（7）：106.

3. 本案的分析

本案中，法院并未详细分析孙某某殴打行为与孙某更死亡之间的因果关系以及孙某某对死亡结果的预见可能性，而是直接肯定了孙某某应当对死亡结果承担过失责任，径行将孙某某的行为认定为故意伤害致人死亡，对于孙某更的特殊体质，只是在量刑时予以考量。实际上，本案应当首先分析孙某某的殴打行为对孙某更死亡的贡献度，或者说原因力的大小。只有在孙某某殴打行为是孙某更死亡的主要原因或全部原因时，才能肯定因果关系。在肯定因果关系的基础上，还需要考虑孙某某是否知道孙某更的疾病，或者是否可能从孙某更的外部特征上认识到其患有疾病，以此判断孙某某对孙某更的死亡是否具有预见可能性。只有在认定犯罪成立的基础上，才能进入量刑的考量。

对于行为人实施伤害后诱发被害人已经患有的严重疾病，从而造成被害人死亡的情形，最高人民法院在其核准的案件中，也主张被告人应当成立犯罪，只不过不应对结果负全部责任，在量刑上可以从轻。

在杨某章故意伤害案中，被告人杨某章持木棍殴打田某山，致田某山手臂、右肩等部位多处散在软组织挫伤，田某山生前患晚期门脉性肝硬化、巨脾症、冠心病等严重疾病，在遭受外伤等诱因的作用下引起与肝脏连结的腹膜撕裂出血休克死亡。最高人民法院核准了一审法院认定杨某章犯故意伤害罪的判决，在刑事裁定书中指出，“本院认为，被告人杨某章用木棍殴打他人，并致人死亡的行为已构成故意伤害罪。但鉴于被害人死亡的主要原因是其生前患有严重疾病，杨某章的伤害行为只是被害人死亡的诱因。杨某章不应对被害人的死亡结果负全部责任”①。

可见，司法实践目前对此类案件的认定缺乏在定罪环节的分析，即没有在定罪环节分析行为人的伤害行为与被害人死亡之间的因果关系，没有详细考察行为人对结果的预见可能性，而只是在量刑环节将被害人特殊体质作为从宽处罚情节予以考虑。

第二节　自首与立功

案例 12－4　于某等抢劫、盗窃案②

（一）案情介绍

1. 抢劫事实

2006 年 4 月 6 日晚，被告人于某向被告人张某、王某（均系未成年人）提议抢劫出租车司机，张某、王某均表示同意。三被告人准备了剪刀、电线、绳子等作案工具，于某对抢劫进行了分工，并提出：如司机不反抗，抢劫后将其捆绑；如司机反抗，就用剪

① 最高人民法院（2006）刑复字第 121 号刑事裁定书.

② 江苏省南通市中级人民法院（2006）通中刑一初字第 23 号刑事附带民事判决书，江苏省高级人民法院（2007）苏刑终字第 9 号刑事裁定书.

刀捅刺，将其控制后抢劫。次日凌晨，三被告人携带作案工具，以租车为名，在江苏省南通市经济技术开发区小海镇某网吧门前骗乘由被害人黄某驾驶的车牌号为苏FQ10××的出租车。当车行至姜张公路小海镇某路段时，于某要求黄某停车，并用电线勒黄的颈部，张某掏出剪刀，威逼黄某交出财物。黄某呼救并反抗，于某用电线猛勒黄某的颈部，将电线勒断，又拿绳子企图继续勒黄某。王某抱住黄某双腿，张某用剪刀捅刺黄某的颈部。黄某借机逃下车，于某将黄某抱住摔倒在路边，并按住黄某的头部使其不能反抗，张某、王某先后持剪刀捅刺黄某的头部、颈部等处数下。其间，张某误将于某、王某的手捅伤。三被告人从黄某身上劫得现金人民币460.20元、诺基亚手机一部（价值1 090元），后逃离现场。被害人黄某经送医院抢救无效死亡。

案发后，群众听见现场传来呼救声，循声看见有三人从出租车内下车向南逃窜，即报案，公安人员迅速展开侦查。当日凌晨2时40分许，在距案发地南约1.5公里处的通启大桥上，负责走访排查的公安人员发现该三名被告人深夜携带行李在路上行走，其中一人头发潮湿，形迹可疑，遂拦截盘问，并从王某身上搜得诺基亚手机一部（实为被害人手机），三人均不能说清该手机号码。与此同时，公安人员发现于某右手始终缩在衣袖里，问其原因，于某自称残疾人。公安人员强行将其右手拉出，发现其右手缠有纱布、正在滴血，问其因何受伤，于某即供述了抢劫出租车的犯罪事实。公安人员随即将三被告人带回审讯，三人均如实交代了抢劫犯罪事实。被告人张某归案后，揭发于某有盗窃犯罪，经查证属实。

2. 盗窃事实

2006年3月，被告人于某伙同他人到南通市经济技术开发区某住宅楼，窃得该楼梯间铝合金窗户六扇（价值1 210元）。在审理期间，被告人王某的法定代理人主动缴纳民事赔偿款4 000元。

（二）裁判经过

江苏省南通市中级人民法院于2006年11月21日作出（2006）通中刑一初字第23号刑事附带民事判决书：被告人于某犯抢劫罪，判处死刑，剥夺政治权利终身，并处罚金人民币2 000元；犯盗窃罪，判处有期徒刑6个月，并处罚金人民币1 000元；决定执行死刑，剥夺政治权利终身，并处罚金人民币3 000元。被告人张某犯抢劫罪，判处有期徒刑13年，并处罚金人民币500元。被告人王某犯抢劫罪，判处有期徒刑11年，并处罚金人民币500元。宣判后，三被告人均提出上诉。江苏省高级人民法院于2007年5月22日作出（2007）苏刑终字第9号刑事裁定书：驳回上诉，维持原判，并依法报请最高人民法院核准。最高人民法院经复核，依法核准对被告人于某的死刑裁定。

法院认为，被告人于某、张某、王某共同预谋劫财，在共同实施抢劫过程中致人死亡，其行为均已构成抢劫罪。于某以非法占有为目的，秘密窃取他人财物，数额较大，其行为又构成盗窃罪。于某一人犯数罪，应数罪并罚。本案抢劫罪系共同犯罪，在共同犯罪中，三被告人均起主要作用，均系主犯。于某首先提出抢劫犯意并对分工和作案手段进行安排，在实施抢劫过程中首先动手，当被害人反抗逃跑时，又首先追赶并控制住被害人，且带领两名未成年人实施犯罪，主观恶性极深，手段极其残忍，罪行极其严重。

张某、王某作案时均未满16周岁，依法可从轻处罚。张某揭发他人盗窃犯罪，经查属实，有立功表现，依法可从轻处罚。王某的家属能积极赔偿被害人家属部分经济损失，可作为量刑情节酌情予以考虑。

（三）争点整理

接受公安人员盘问时，当场被搜出与犯罪有关的物品后交代犯罪事实的，能否认定为自动投案？

（四）案例分析

1.“犯罪嫌疑”与“形迹可疑”的区别

根据1998年最高人民法院《关于处理自首和立功具体应用法律若干问题的解释》第1条第1项的规定，罪行未被司法机关发觉，仅因形迹可疑被有关组织或者司法机关盘问、教育后，主动交代自己的罪行的，应当视为自动投案。依据2010年最高人民法院《关于处理自首和立功若干具体问题的意见》（以下简称《意见》）的规定，“罪行未被有关部门、司法机关发觉，仅因形迹可疑被盘问、教育后，主动交代了犯罪事实的，应当视为自动投案”，此种情形即属于形迹可疑型自首。司法实践中，认定形迹可疑型自首关键在于准确界分行为人交代犯罪事实时仅系形迹可疑，还是具有犯罪嫌疑。前一种情形，行为人主动交代犯罪事实的，成立自首；后一种情形，因行为人已具有犯罪嫌疑，其再交代犯罪事实的，属于坦白，不再认定为自首。

“形迹可疑”与“犯罪嫌疑”的区别在于，形迹可疑仅仅是一般性怀疑，不具体针对某个犯罪，而犯罪嫌疑则是已经将行为人和某种具体犯罪相关联，怀疑其实施了某项具体犯罪。作出上述判断的基础是司法机关是否掌握了足以合理怀疑行为人实施了犯罪的证据。如果侦查人员已经掌握了指涉行为人犯罪的物证或人证，导致行为人的交代对确定犯罪嫌疑人不具有实际意义的，行为人的交代便不能再认定为自动投案，其也无法再成立自首。如果侦查人员只是因为行为人外表或举止可疑而进行盘问，并没有掌握行为人涉嫌犯罪的线索，行为人不主动交代也能自圆其说，作出合理解释以打消侦查人员的怀疑，其之后交代犯罪事实就具有主动性，其交代对确定犯罪嫌疑人就具有重要意义，应当认定为自动投案，如也符合如实供述的条件，就应当认定为自首。

2.行为人因形迹可疑被盘问时，当场被搜出与犯罪有关的物品后，才交代犯罪事实的，不能视为自动投案

如上所述，对于形迹可疑型自首的认定，重点在于审查行为人主动交代犯罪事实对确定犯罪嫌疑人是否具有实质意义。如果其交代对确定犯罪嫌疑人不具有实质意义，不能认定为自动投案。一般情况下，如果侦查人员从行为人身上或住处查获赃物、作案工具等客观性的证据，或者现场目击证人直接指认行为人系作案人，就可以认为司法机关已经掌握了足以合理怀疑行为人犯罪的证据，行为人已经和某种具体犯罪相关，其罪行已被司法机关发觉，其已成为犯罪嫌疑人，交代犯罪事实对确定犯罪嫌疑人再无实质意义，不能认定为自首。

基于此，《意见》第1条中明确规定："罪行未被有关部门、司法机关发觉，仅因形迹可疑被盘问、教育后，主动交代了犯罪事实的，应当视为自动投案，但有关部门、司法机关在其身上、随身携带的物品、驾乘的交通工具等处发现与犯罪有关的物品的，不能认定为自动投案"。

3.本案的分析

本案的争议焦点在于，被告人于某在接受盘问时交代了犯罪事实，能否认定为形迹可疑型自首。根据上述标准，此时要看司法机关是否掌握了能够合理怀疑于某犯罪的证据，于某的交代对于确定犯罪嫌疑人是否还有意义。

法院在否定于某成立自首时指出，公安人员设卡排查时发现于某等三人形迹可疑而拦截盘问，仅是因为三人深夜携带行李、其中一人头发潮湿等异常举止与形态，此时公安人员尚没有掌握三人涉嫌犯罪的证据，即尚无确实具体的证据将三人与刚刚发生的抢劫案件建立联系。此时，三被告人尚属"形迹可疑"，如在该阶段就交代犯罪事实，可以认定为自动投案，成立形迹可疑型自首。之后，公安人员发现于某右手缠有纱布且正在滴血，同行的王某身上有一部手机来路不明，属于从行为人身上查获赃物，此时足以令人怀疑三人实施了与手机有关的犯罪，且三人均不能作出合理解释以消除公安人员对其产生的合理怀疑，三人已属于具有"犯罪嫌疑"。此时，在证据面前被迫交代犯罪事实对于确定犯罪嫌疑人已无意义，于某等人已经不属于自动投案，不能成立自首。

案例12-5　江某、余某灵、陈某保险诈骗、诈骗案①

（一）案情介绍

1.被告人江某、余某灵诈骗部分

2013年3月至7月，被告人江某分别驾驶浙H59×××号东南菱帅轿车（被保险人系邵某某）、浙HZ6×××号桑塔纳轿车（被保险人系陈某），在浙江省衢州市柯城区××大道××菜场附近等地，以驾车故意碰撞路边电线杆、指示牌石墩、护栏，致使轿车撞击电线杆、指示牌石墩、护栏的虚假事故等方式，由其本人或者指使被告人余某灵冒充车辆驾驶员并提供相关材料，分别向中国某某财产保险股份有限公司衢州中心支公司（以下简称"某某财产保险公司甲"）、中国某某财产保险股份有限公司衢州市分公司（以下简称"某某财产保险公司乙"）报案并定损理赔，骗得理赔金共计人民币22 130元。

2014年12月1日12时许，被告人江某驾驶浙H93×××号东南菱帅轿车（被保险人系陈某）搭载张某良，徐某南驾驶浙H0D×××号丰田凯美瑞轿车，至衢州市柯城区××小区南侧道路，故意制造了两车刮擦的虚假事故，后江某指使张某良冒充浙H93×××号东南菱帅轿车驾驶员并提供相关材料向某某财产保险公司甲报案并定损理赔，骗得理

① 浙江省柯城区人民法院（2016）浙0802刑初358号刑事判决书，浙江省衢州市中级人民法院（2016）浙08刑终326号刑事裁定书.

赔金 4 830 元。

2.被告人江某、陈某保险诈骗部分

2013 年 10 月 30 日 12 时许，被告人江某驾驶浙 H11×××号名爵轿车（车辆实际所有人系江某）至浙江省开化县长虹乡附近路段，故意制造了车辆碰撞路边山体的虚假事故，后提供相关材料向人民财产保险公司报案并定损理赔，骗得理赔金 9 075 元。

2014 年 7 月 8 日 9 时许，被告人江某驾驶浙 HAD×××号马自达轿车（被保险人系陈某、车辆实际所有人系江某），行驶至 320 国道衢州市火车站至梅家村路段，故意制造车辆碰撞路边护栏的虚假事故，后江某指使陈某赶往现场，冒充该车驾驶员并提供相关材料向某某财产保险公司甲报案并定损理赔，骗得理赔金 4 240 元。

2014 年 8 月 1 日 19 时许，被告人江某与陈某为谋取非法利益，预谋故意制造保险事故实施诈骗。江某驾驶浙 HAD×××号马自达轿车行驶至衢州市柯城区双港街道孙姜村老鹰潭路口，故意制造了车辆碰撞路边树墩的虚假事故，后陈某冒充该车驾驶员并提供相关材料向某某财产保险公司甲报案并定损理赔，骗得理赔金 6 200 元。

2015 年 4 月 25 日 12 时许，被告人江某与钟某锦为谋取非法利益，预谋故意制造保险事故实施诈骗。后钟某锦驾驶浙 K30×××号大众帕萨特轿车（车辆实际所有人系钟某锦），搭载江某至浙江省开化县长虹乡附近路段，故意制造了车辆碰撞路边山体的虚假事故，后钟某锦提供相关材料向某某财产保险公司甲报案并定损理赔，骗得理赔金 6 940 元。

综上，被告人江某单独或伙同被告人余某灵、陈某等人以非法占有为目的，故意制造保险事故，骗取保险金。其中，被告人江某参与诈骗金额为 26 960 元，参与保险诈骗金额为 26 455 元，被告人陈某参与保险诈骗金额为 10 440 元，被告人余某灵参与诈骗金额为 8 040 元。江某获得赃款 50 375 元，陈某、余某灵未参与分赃。2015 年 9 月 16 日，江某退赔保险公司共计 50 375 元保险金。

2015 年 8 月 18 日，公安机关对被告人江某抓捕未果后，以通知其领取他案退赔款为由将其传唤到案。江某归案后主动提供了公安机关尚未掌握的同案犯陈某的租住地，并带领公安机关前往该地址进行抓捕，虽未当场抓获，但公安机关根据其提供的线索于次日将陈某抓获。

（二）裁判经过

浙江省衢州市柯城区人民法院于 2016 年 10 月 27 日作出（2016）浙 0802 刑初 358 号刑事判决书：被告人江某犯保险诈骗罪，判处有期徒刑 3 年 2 个月，并处罚金人民币 2 万元；犯诈骗罪，判处有期徒刑 10 个月，并处罚金人民币 5 000 元，决定执行有期徒刑 3 年 4 个月，并处罚金人民币 2.5 万元；被告人陈某犯保险诈骗罪，判处有期徒刑 1 年，缓刑 1 年 6 个月，并处罚金人民币 1 万元；被告人余某灵犯诈骗罪，判处罚金人民币 5 000 元。一审宣判后，三被告人均未上诉。柯城区人民检察院提出抗诉。浙江省衢州市中级人民法院于 2017 年 2 月 20 日作出（2016）浙 08 刑终 326 号刑事裁定书：驳回抗诉，维持原判。

二审法院认为，被告人江某、余某灵以非法占有为目的，多次利用他人车辆制造保险事故，骗取保险金，数额较大，其行为均已构成诈骗罪；被告人江某、陈某以非法占有为目的，虚构事实、隐瞒真相，故意制造保险事故，骗取保险金，数额较大，其中江某以故意造成保险事故方式骗取保险金三次以上，并具有其他严重情节，其行为均已构成保险诈骗罪。江某一人犯数罪，应实行数罪并罚。江某系在公安机关对其抓捕未果后，以通知其领取他案退赔款到案的，可见江某不具有投案的自动性和主动性，不能认定为自首。本案部分属共同犯罪，江某在共同犯罪中起主要作用，是主犯，应按其参与的全部犯罪处罚；余某灵、陈某起次要、辅助作用，是从犯，应从轻处罚。江某主动向公安机关提供同案犯的租住处，协助公安机关抓获同案犯，具有立功表现，可减轻处罚；江某、余某灵、陈某归案后如实供述自己的罪行，可从轻处罚；江某已退赔全部赃款，可酌情从轻处罚。根据陈某的犯罪情节、悔罪表现及社会危害程度等情况，陈某符合缓刑的适用条件，可对其宣告缓刑。

(三) 争点整理

带领侦查人员抓捕同案犯，但并未当场捕获的，是否成立立功?

(四) 案例分析

1. 协助抓捕型立功的内涵和外延

协助抓捕型立功是立功的一种类型，指的是协助司法机关抓获其他犯罪嫌疑人的情形。其他犯罪嫌疑人既可以是与已归案犯罪分子无关的犯罪分子，也可以是同案犯。[①]协助抓捕型立功一方面可以有效地协助司法机关及时侦破案件，节约司法资源；另一方面也体现了犯罪分子悔过自新、弃恶从善，符合我国立功制度的立法初衷。

最高人民法院《关于处理自首和立功若干具体问题的意见》(以下简称《意见》)中对协助抓捕型立功进行了进一步细化。犯罪分子具有下列行为之一，使司法机关抓获其他犯罪嫌疑人的，属于协助抓捕型立功：(1) 按照司法机关的安排，以打电话、发信息等方式将其他犯罪嫌疑人(包括同案犯)约至指定地点的；(2) 按照司法机关的安排，当场指认、辨认其他犯罪嫌疑人(包括同案犯)的；(3) 带领侦查人员抓获其他犯罪嫌疑人(包括同案犯)的；(4) 提供司法机关尚未掌握的其他案件犯罪嫌疑人的联络方式、藏匿地址的；等等。该意见对协助抓捕型立功的内涵和外延进行了限缩，要求协助行为对抓捕起到实质作用。最高人民法院、最高人民检察院《关于办理职务犯罪案件认定自首、立功等量刑情节若干问题的意见》中也规定，“据以立功的线索或者协助行为对于侦破案件或者抓捕犯罪嫌疑人要有实际作用”。

因此，犯罪分子协助司法机关抓捕其他犯罪嫌疑人时能否成立立功，关键要看该行为是否对抓获犯罪嫌疑人起到了决定性作用。决定性作用体现在两个方面：一是协助抓捕行为为抓捕创造了直接性条件，二是协助抓捕行为达到了其他犯罪嫌疑人被抓获的实效性结果。

2. 协助抓捕行为的直接性

从《意见》规定的协助抓捕型立功的几种情形看，协助抓捕行为必须对司法机关抓

---

① 最高人民法院《关于处理自首和立功具体应用法律若干问题的解释》第5条。

获犯罪嫌疑人创造了直接条件，起到了不可替代的作用，即“如果没有该协助行为，公安机关难以抓获同案犯；正是有了被告人的协助，公安机关才能顺利抓获同案犯”①。如果仅仅是提供同案犯姓名、住址、体貌特征等基本情况，或者提供犯罪前、犯罪中掌握、使用的同案犯联络方式、藏匿地址，还达不到为抓捕创造直接条件的程度，不能认定为协助司法机关抓捕同案犯。协助抓捕的行为还必须指向明确的对象，有明确的人、明确的地点、明确的时间，无须司法机关进一步摸查或辨认，而是目标明确可以直接实施抓捕。

3. 协助抓捕行为的实效性

无论何种类型的立功都需要满足立功有效性的要求，协助抓捕型立功也不例外，必须具有抓捕到犯罪嫌疑人的实际效果，否则便无法达到立功制度设立的实质要义。②《意见》规定的前二种协助抓捕同案犯的行为，均要求产生当场抓获其他案件犯罪嫌疑人（包括同案犯）的效果。问题是，对于《意见》规定的第三种情形，即带领侦查人员抓获其他犯罪嫌疑人（包括同案犯）的，是否也要求当场抓获。

从设立立功制度以利于发现、侦破其他犯罪案件的目的看，协助抓捕行为的实效性在于，协助抓捕行为与抓获结果之间具有直接的因果关系，即对于最终抓获其他犯罪嫌疑人这一结果而言，协助抓捕行为起到了不可替代的作用。可以说，当场抓获只是认定直接因果关系的充分条件，却不是认定直接因果关系的必要条件。《意见》中也只强调“使司法机关抓获其他犯罪嫌疑人的”这一最终结果，而并没有规定要当场抓获其他犯罪嫌疑人。因此，是否当场抓获并不当然阻却立功的认定。

本案中，江某主动提供了公安机关尚未掌握的同案犯陈某的租住地，并带领公安机关前往该地址进行抓捕，虽未当场抓获，但公安机关根据其提供的线索于次日将陈某抓获，应当认为江某的协助抓捕行为起到了不可替代的作用，没有该协助行为，公安机关难以抓获同案犯，协助抓捕行为与抓获同案犯具有直接性；同时协助抓捕行为与抓获结果之间具有因果关系，即协助抓捕行为具有实效性。综上，法院认定江某成立立功是妥当的。

案例 12－6 王某保等六人盗窃案③

（一）案情介绍

2008 年 3 月初某天，被告人王某保以拖运煤渣为名，邀约被告人王某良、王某平、王某刚、王某文共同盗窃南昌铁路局南昌南车辆段存放的铁路器材。在作案过程中，王某保驾驶一辆桑塔纳汽车、王某良驾驶一辆农用车，与其余三被告人趁夜晚，采取拆卸无人看守铁门的方式进入该单位轮轴车间，共同作案 3 次，盗得客车制动盘 41 个，共计

① 周光权. 协助抓捕同案犯型立功的认定. 国家检察官学院学报，2012（4）：39.

② 徐科雷. 刑法立功制度若干问题刍议. 中国刑事法杂志，2012（3）：38－44.

③ 南昌铁路运输法院（2008）南铁刑初字第 124 号刑事判决书.

价值18 450元。作案后，王某保、王某良将所盗赃物均销售给经营废品店的被告人魏某华，魏某华明知物品来路不明，仍予以收购并转手销赃。案发后，公安机关追缴被盗的客车制动盘12个，价值5 400元。六被告人已退清全部赃款。

2008年3月10日，公安人员在南昌市抓获魏某华。同年6月11日、19日公安人员在南昌市分别抓获王某保、王某文，后对王某保、王某文取保候审。在取保候审期间，经王某保、王某文劝说，并在二人的带领下，王某良、王某平、王某刚到公安机关投案自首。

（二）裁判经过

南昌铁路运输法院认定被告人王某保、王某文在取保候审期间，主动规劝并带领同案犯投案，应认定其有立功表现，于2009年1月4日作出（2008）南铁刑初字第124号刑事判决书：被告人王某保犯盗窃罪，判处有期徒刑3年，缓刑3年，并处罚金人民币3万元。被告人王某文犯盗窃罪，判处有期徒刑1年6个月，缓刑2年，并处罚金人民币1.5万元。被告人王某良犯盗窃罪，判处有期徒刑2年，缓刑2年，并处罚金人民币2.5万元。被告人王某平犯盗窃罪，判处有期徒刑2年，缓刑2年，并处罚金人民币2.5万元。被告人王某刚犯盗窃罪，判处有期徒刑2年，缓刑2年，并处罚金人民币2.5万元。被告人魏某华犯掩饰、隐瞒犯罪所得、犯罪所得收益罪，判处有期徒刑1年，缓刑1年，并处罚金人民币1.5万元。赃物客车制动盘12个予以追缴，返还被害单位。宣判后，在法定期限内未上诉、抗诉，判决已发生法律效力。

（三）争点整理

主动规劝并带领同案犯投案的行为是否成立自首？

（四）案例分析

1. 主动规劝行为成立立功的可能性

首先要说明的是，主动规劝行为不属于“协助司法机关抓捕”，因此不能归于协助抓捕型立功的范畴。刑法意义的抓捕，是指司法机关依法对行为人采取拘留、逮捕等强制措施，或者行为人在犯罪时或者犯罪后被及时发现，群众强制性地将其扭送到司法机关的行为。规劝同案犯投案显然缺乏强制性，指的是经行为人动员、劝说，同案犯主动到司法机关投案的行为。既然是主动到司法机关投案，便不存在对其的抓捕，自然也谈不上协助抓捕。从规劝的结果看，同案犯被规劝后投案且如实供述主要犯罪事实的行为，应当认定为自首，既然如此就不能认为同案犯是被“抓捕”到案的，行为人的行为也就不是协助抓捕。①

主动规劝行为不属于不能成立协助抓捕型立功，不意味着不成立立功。最高人民法院《关于处理自首和立功具体应用法律若干问题的解释》（以下简称《解释》）第5条规定将“具有其他有利于国家和社会的突出表现的”规定为立功的兜底条款。行为人的行

① 陈石松.规劝同案犯投案构成立功.人民司法，2016（8）：21.

为即便不属于《解释》第5条规定的前四种具体情形，但如果符合立功制度的设立初衷，即能体现出行为人的悔罪态度，能有效节约司法诉讼资源，也应当认定为立功。

犯罪分子规劝他人投案并成功的行为，从效果上看并不亚于“协助抓捕司法机关抓捕其他犯罪嫌疑人（包括同案犯）”行为的作用和效果。规劝他人投案并成功，一方面体现出本人在犯罪后能悔罪，另一方面又节约了司法诉讼成本，有利于及时实现对其他犯罪嫌疑人的刑罚权。因此，规劝他人投案并成功应当视为“其他有利于国家和社会的突出表现”，在符合一定条件时，应当认定为立功。

2. 主动规劝行为成立立功的条件

主动规劝行为虽与协助抓捕属于不同性质的行为，但在提升司法效率、节约司法资源、体现犯罪分子悔过自新、弃恶从善方面，具有同质性。因此，认定主动规劝能否成立立功时，也需要考虑主动规劝行为与同案犯投案之间是否具有直接性关联，以及主动规劝行为对于同案犯投案是否发挥了不可替代的作用。

例如，在李某刚集资诈骗案中，以打电话、发短信息等方式向同案犯转告司法机关投案公告，没有积极的劝说行为的，只是起到了中间传话作用，没有明确的指向，不会对同案犯的投案意志具有强制力，对同案犯自首没有实质性作用，并非不可替代，因此不能认为是立功。①

案例12－6中，法院认为，被告人王某保、王某文到案后因取保候审，人身自由并没有受到完全限制，其出于赎罪或减轻处罚等目的，在司法机关没有安排的情况下，主动规劝并带领同案犯投案的行为，有效地提高了司法机关的办案效率，应认定为具有立功表现。

由于成立立功还需要实效性，即立功行为与同案犯处于司法机关控制之下具有因果关系，因此如果劝说无效，被劝说人并没有去投案，则劝说人的行为不能认定为立功；但是基于其在劝说行为中体现出的真诚认罪、悔罪态度，可以酌情对其从轻处罚。被劝说人在劝说后自动投案，即便不如实供述犯罪的，也不影响认定劝说人成立立功，只是被劝说人不成立自首。

第三节　认罪认罚

案例12－7　孙某中以危险方法危害公共安全案②

（一）案情介绍

2018年12月23日20时45分许，被告人孙某中驾驶号牌为苏EN×××的黑色福特

① 《刑事审判参考》2022年总第132辑第1479号案例.

② 上海市杨浦区人民法院（2019）沪0110刑初992号刑事判决书，上海市第二中级人民法院（2020）沪02刑终247号刑事裁定书.

蒙迪欧轿车（下称“孙车”），夏某（另案处理，已判刑）驾驶号牌为沪 DZ×××的白色比亚迪秦轿车（下称“夏车”），两车沿上海市杨浦区周家嘴路由西向东在兰州路至凤城路路段内超速行驶。其间，夏某危险变道招致孙某中不满。孙某中驾车至周家嘴路黄兴路路口遇左转红灯，遂停在与直行车道相邻的左转车道最前面，待直行绿灯亮时，为泄愤，不顾左转红灯，从左转车道违章向右变道至夏某车前，行至内环高架下突然停车，阻碍夏某及后面车辆通行 10 余秒，见夏某欲变道又继续直行。夏某为斗气，随即驾车在黄兴路至源泉路路段与孙某中危险变道追逐，至源泉路口遇红灯停在孙车前方，孙某中下车至夏车左前门侧，探进车内采取掐颈等方式殴打驾驶座上的夏某，引发肢体冲突，直至直行绿灯提示剩余 7 秒时才驾车驶离，超速左转进入双阳路。夏某为泄愤驾车超速左转紧追其后，车头右侧撞击孙车左后部，致孙车尾部向右，头部向左，发生甩尾，车头高速撞击对面车道上姜某驾驶的号牌为沪 AF×××的白色比亚迪秦轿车（下称“姜车”）左侧前部，致姜车左前悬挂破碎，左前轮胎变形，左侧前大灯破碎，前保险杠损坏。孙车与姜车碰撞后，车体发生 180°转体，车左侧再遭夏车撞击，致左侧车门大面积向内凹陷变形，左后车门变形损坏程度比左前车门较轻。夏车撞击后失控撞破双阳路东侧马路护栏冲上人行道，撞毁李某红停放于该处的电动自行车以及不明车主的自行车等。夏某报警，孙某中在现场等待民警到场处理。

经验伤，被告人孙某中双眼及颜面软组织挫伤、右眼结膜下出血，夏某颈部见皮肤瘢痕，未见明显破损，头部外伤。经物损评估，被告人孙某中的福特蒙迪欧轿车直接物质损失为 14 062 元，夏某的比亚迪秦轿车直接物质损失为 11 507 元，姜某的比亚迪秦轿车直接物质损失为 8 955 元，李某红的爱玛电动自行车直接物质损失为 621 元，无牌自行车的直接物质损失为 195 元，护栏的直接物质损失为 1 380 元。

2019 年 3 月 6 日，被告人孙某中接民警电话通知至公安机关投案，对上述犯罪事实予以供认。在审理期间，孙某中向法院交纳 1 万元用作赔偿。

（二）裁判经过

上海市杨浦区人民法院于 2019 年 12 月 30 日作出（2019）沪 0110 刑初 992 号刑事判决书：被告人孙某中在认为遭到他人别车的情况下，为斗气泄愤，在车流、人流密集的交通主干道路上，置不特定多数人的生命、健康及财产安全于不顾，驾驶机动车先后实施危险变道、别车逼停、在路段中间与他车追逐以及殴打正在操控车辆的驾驶员等行为，后又超速左转驶离，不仅对双方车辆造成危险，亦危及其他正常行驶的车辆等不特定多数人的安全，符合以危险方法危害公共安全罪的主客观构成要件，公诉机关指控孙某中犯危险驾驶罪，未全面评价孙某中的上述行为，故指控罪名不当，应予以纠正。孙某中以危险方法危害公共安全，尚未造成严重后果，其行为已构成以危险方法危害公共安全罪，对孙某中依法应予惩处。孙某中自首，交纳 1 万元用作赔偿，依法可以减轻处罚。被告人孙某中犯以危险方法危害公共安全罪，判处有期徒刑 1 年。一审宣判后，孙某中提出上诉。上海市第二中级人民法院于 2020 年 4 月 30 日作出（2020）沪 02 刑终 247 号刑事裁定书，裁定驳回上诉，维持原判。

（三）争点整理

认罪认罚案件中指控罪名与审理认定罪名不一致时，应当如何处理？

（四）案例分析

根据我国现行《刑事诉讼法》第 201 条之规定，“对于认罪认罚从宽案件，人民法院依法作出判决时，一般应当采纳人民检察院的罪名和量刑建议”。由检察官进行追诉、法官进行审判的司法权力分立结构，是当代刑事司法权力配置与运行的基本特征，法院“一般应当采纳”检察院的量刑建议，是否会造成刑法司法权力配置的错乱，是需要讨论的问题。

1.量刑建议对法官的约束力

针对检察机关在认罪认罚案件审前程序向犯罪嫌疑人、被告人提出并经后者同意的量刑建议是否具有拘束法官自由裁判的效力，理论界和司法实务界的观点大致可以分为以下三类。

第一，肯定说。该观点认为，从认罪认罚制度保护被追诉人减刑权利与保障诉讼效率的预期目的看，基于诉讼合意产生的量刑建议不但应当对控辩双方具有效力，法院也应对其予以尊重，此乃“合作性司法理念”之体现，与法院独立行使审判权无关。①

第二，否定说。该观点认为，应当将《刑事诉讼法》第 201 条第 1 款的“一般应当”理解为法律为法院保留的量刑裁量权，检察机关的量刑建议属于公诉权中的一项程序性权力，属于“取效行为而非予效行为”，须经法院裁判方可发生效力，不能直接发生效力。量刑建议作为一种仅具司法公信力的承诺，其本身缺乏实质拘束效力。②

第三，折中说。有的学者认为，“一般应当”的规定体现出量刑建议对法院具有约束力的意味，但不能因此侵犯法院的审判权。③ 也有学者认为，应当让法官成为认罪认罚案件量刑建议的合意参与者，从而规避效力问题上的两难选择。④

综合考虑认罪认罚从宽的制度设计初衷，检察权与审判权的分立结构，以及我国刑事诉讼法的规定，应当认为在符合采纳量刑建议的前提条件且不具有不采纳量刑建议的情形时，法院应当采纳量刑建议。

2.法院采纳量刑建议的前提条件

基于检察权与审判权的权力分离结构以及庭审中心主义原则，法院有必要对事实、证据进行实质化审查，这其中当然包含对量刑建议的审查。如果对认罪认罚案件片面强调诉讼效率，将导致绝大多数刑事案件的开庭审理过程形式化。繁简分流、明案速审、

---

① 卞建林.认罪认罚从宽制度赋予量刑建议全新内容.检察日报，2019-07-29（3）；郭烁.控辩主导下的“一般应当”：量刑建议的效力转型.国家检察官学院学报，2020（3）：16-27；赵恒.量刑建议精准化的理论透视.法制与社会发展，2020（2）：121-136.

② 陈卫东.认罪认罚案件量刑建议研究.法学研究，2020（5）：158-174；陈实.认罪认罚案件量刑建议的争议问题研究.法商研究，2021（4）：157-171.

③ 杨宇冠，王洋.认罪认罚案件量刑建议问题研究.浙江工商大学学报，2019（6）：77-88.

④ 陈瑞华.论量刑协商的性质和效力.中外法学，2020（5）：1125-1149.

认罪从宽不能以牺牲法院开庭审理阶段事实证据调查权与量刑听审权为代价。法院采纳量刑建议的前提是，案件事实证据清楚、罪名认定正确、认罪真实自愿、量刑因子赋值准确、量刑方法科学，因此有必要在庭前会议阶段对之予以审查。①

3. 法院不采纳量刑建议的情形及程序

（1）量刑建议不符合量刑的一般原理。审查起诉阶段的量刑建议是否公正均衡，不仅要依据责任刑情况审查判断，还要审查检察机关是否充分兼顾了预防刑。责任刑以报应刑理念为前提，量刑权重的重心体现在犯罪行为与刑事责任间的均衡度是否相当，预防刑则重在考察犯罪行为人的人身危险性与社会预防可能性。如果量刑建议中以预防刑加重了责任刑，或者没有将考虑预防刑以减轻责任刑，都属于违背量刑一般原理，此时法院不应当采纳。

（2）庭审中出现分歧。从我国《刑事诉讼法》第 201 条明文列举的不采纳情形看，如果出现被告人认罪不真实、被告人可能不构成犯罪或免除刑罚、诉审存在罪名分歧等情形，法院有权不采纳量刑建议。

本案即属于诉审存在罪名分歧的情形。此种情形下，从程序上说，法院应当在告知控辩双方不采纳之前的量刑建议的基础上，听取控辩双方意见，避免诉讼突袭，通过庭审程序重新认定事实，依据法律规定和审理认定的罪名作出判决，改判新罪名或重新确定量刑结果。法院在重新作出裁判时，被告人之前的认罪认罚仍然可作为从宽处罚的情节考虑。

① 刘磊. 量刑建议“一般应当采纳”条款之省思. 交大法学，2024（2）：47.

《　　　　　　　》※任课教师调查问卷

为了能更好地为您提供优秀的教材及良好的服务，也为了进一步提高我社法学教材出版的质量，希望您能协助我们完成本次小问卷，完成后您可以在我社网站中选择与您教学相关的1本教材作为今后的备选教材，我们会及时为您邮寄送达！如果您不方便邮寄，也可以申请加入我社的**法学教师QQ群：436438859（申请时请注明法学教师）**，然后下载本问卷填写，并发往我们指定的邮箱（cruplaw@163.com）。

邮寄地址：北京市海淀区中关村大街59号文化大厦中国人民大学出版社1202室收

邮　　编：100872

再次感谢您在百忙中抽出时间为我们填写这份调查问卷，您的举手之劳，将使我们获益匪浅！

基本信息及联系方式：※

姓名：______________ 性别：______________ 课程：____________________________

任教学校：________________________________ 院系（所）：______________________

邮寄地址：________________________________ 邮编：____________________________

电话（办公）：______________ 手机：______________ 电子邮件：______________

调查问卷：※

1. 您认为图书的哪类特性对您选用教材最有影响力？（　　）（可多选，按重要性排序）

   A. 各级规划教材、获奖教材　　B. 知名作者教材

   C. 完善的配套资源　　D. 自编教材

   E. 行政命令

2. 在教材配套资源中，您最需要哪些？（　　）（可多选，按重要性排序）

   A. 电子教案　　B. 教学案例

   C. 教学视频　　D. 配套习题、模拟试卷

3. 您对于本书的评价如何？（　　）

   A. 该书目前仍符合教学要求，表现不错将继续采用

   B. 该书的配套资源需要改进，才会继续使用

   C. 该书需要在内容或实例更新再版后才能满足我的教学，才会继续使用

   D. 该书与同类教材差距很大，不准备继续采用了

4. 从您的教学出发，谈谈对本书的改进建议：______________________________

____

____

选题征集：如果您有好的选题或出版需求，欢迎您联系我们：

联系人：黄　强　联系电话：010-62515955

索取样书：书名：____

书号：____

备注：※ 为必填项。

图书在版编目（CIP）数据

刑法总论案例研习/曾文科主编. -- 北京：中国人民大学出版社，2025. 8. --（新时代刑事法学系列教材/刘艳红总主编）. -- ISBN 978-7-300-34163-7

Ⅰ. D924. 05

中国国家版本馆 CIP 数据核字第 2025KA7837 号

新时代刑事法学系列教材
总主编　刘艳红
刑法总论案例研习
主　编　曾文科
Xingfa Zonglun Anli Yanxi

出版发行	中国人民大学出版社		
社　　址	北京中关村大街 31 号	**邮政编码**	100080
电　　话	010－62511242（总编室）		010－62511770（质管部）
	010－82501766（邮购部）		010－62514148（门市部）
	010－62511173（发行公司）		010－62515275（盗版举报）
网　　址	http://www. crup. com. cn		
经　　销	新华书店		
印　　刷	天津中印联印务有限公司		
开　　本	787 mm×1092 mm　1/16	**版　　次**	2025 年 8 月第 1 版
印　　张	17. 5 插页 1	**印　　次**	2025 年 8 月第 1 次印刷
字　　数	397 000	**定　　价**	48. 00 元